农田水利工程技术培训教材

水利部农村水利司
中国灌溉排水发展中心　组编

渠道衬砌与防渗工程技术

主　编　何武全
副主编　孔　东

黄河水利出版社
·郑州·

内 容 提 要

本书系农田水利工程技术培训教材的分册。全书共分为十章，主要内容包括概述、渠道衬砌与防渗工程规划、渠道衬砌与防渗材料及结构、渠道衬砌与防渗工程设计、渠基及渠坡的稳定、渠道衬砌与防渗工程的冻害防治、渠道衬砌与防渗工程施工、渠道衬砌与防渗工程的测验、渠道衬砌与防渗工程的管理和工程实例及六个附录等。

本书较系统地总结了近年来我国在渠道衬砌与防渗工程技术方面所取得的先进经验和科研成果，内容丰富，实用性和可操作性强，主要供培训基层水利人员和从事渠道衬砌与防渗工程规划、设计、施工和管理的工作者使用，亦可供相关专业院校师生及科研人员在教学、科研、生产工作中参考使用。

图书在版编目(CIP)数据

渠道衬砌与防渗工程技术/何武全主编. —郑州：黄河水利出版社,2011.9

农田水利工程技术培训教材

ISBN 978-7-80734-812-2

Ⅰ.①渠…　Ⅱ.①何…　Ⅲ.①渠道-衬砌-技术培训-教材②渠道防渗-技术培训-教材
Ⅳ.①S274.3

中国版本图书馆 CIP 数据核字(2010)第 065559 号

出 版 社:黄河水利出版社

地址:河南省郑州市顺河路黄委会综合楼 14 层　邮政编码:450003

发行单位:黄河水利出版社

发行部电话:0371-66026940、66020550、66028024、66022620(传真)

E-mail:hhslcbs@126.com

承印单位:河南省瑞光印务股份有限公司

开本:787 mm×1 092 mm　1/16

印张:17.25

字数:400 千字　　印数:1—5 000

版次:2011 年 9 月第 1 版　　印次:2011 年 9 月第 1 次印刷

定价:45.00 元

加强农田水利技术培训
增强服务“三农”工作本领

——农田水利工程技术培训教材总序

我国人口多，解决13亿人的吃饭问题，始终是治国安邦的头等大事。受气候条件影响，我国农业生产以灌溉为主，但我国人多地少，水资源短缺，降水时空分布不均，水土资源不相匹配，约二分之一以上的耕地处于水资源紧缺的干旱、半干旱地区，约三分之一的耕地位于洪水威胁的大江大河中下游地区，极易受到干旱和洪涝灾害的威胁。加强农田水利建设，提高农田灌排能力和防灾减灾能力，是保障国家粮食安全的基本条件和重要基础。新中国成立以来，党和国家始终把农田水利摆在突出位置来抓，经过几十年的大规模建设，初步形成了蓄、引、提、灌、排等综合设施组成的农田水利工程体系，到2010年全国农田有效灌溉面积9.05亿亩，其中，节水灌溉工程面积达到4.09亿亩。我国能够以占世界6%的可更新水资源和9%的耕地，养活占世界22%的人口，农田水利做出了不可替代的巨大贡献。

随着工业化城镇化快速发展，我国人增、地减、水缺的矛盾日益突出，农业受制于水的状况将长期存在，特别是农田水利建设滞后，成为影响农业稳定发展和国家粮食安全的最大硬伤。全国还有一半以上的耕地是缺少基本灌排条件的“望天田”，40%的大中型灌区、50%的小型农田水利工程设施不配套、老化失修，大型灌排泵站设备完好率不足60%，农田灌溉“最后一公里”问题突出。农业用水方式粗放，约三分之二的灌溉面积仍然沿用传统的大水漫灌方法，灌溉水利用率不高，缺水与浪费水并存。加之全球气候变化影响加剧，水旱灾害频发，国际粮食供求矛盾突显，保障国家粮食安全和主要农产品供求平衡的压力越来越大，加快扭转农业主要“靠天吃饭”局面任务越来越艰巨。

党中央、国务院高度重视水利工作，党的十七届三中、五中全会以及连续八个中央一号文件，对农田水利建设作出重要部署，提出明确要求。党的十七届三中全会明确指出，以农田水利为重点的农业基础设施是现代农业的重要物质条件。党的十七届五中全会强调，农村基础设施建设要以水利为重点。2011年中央一号文件和中央水利工作会议，从党和国家事业发展全局出发，对加快水利改革发展作出全面部署，特别强调水利是现代农业建设不可或缺的首要条件，特别要求把农田水利作为农村基础设施建设的重点任务，特别制定从土地出让收益中提取10%用于农田水利建设的政策措施，农田水利发展迎来重大历史机遇。

随着中央政策的贯彻落实、资金投入的逐年加大，大规模农田水利建设对农村水利工作者特别是基层水利人员的业务素质和专业能力提出了新的更高要求，加强工程规划设计、建设管理等方面的技术培训显得尤为重要。为此，水利部农村水利司和中国灌溉排水发展中心组织相关高等院校、科研机构、勘测设计、工程管理和生产施工等单位的百余位专家学者，在1998年出版的《节水灌溉技术培训教材》的基础上，总结十多年来农田水利建设和管理的经验，补充节水灌溉工程技术的新成果、新理论、新工艺、新设备，编写了农田水利工程技术培训教材，包括《节水灌溉规划》、《渠道衬砌与防渗工程技术》、《喷灌工程技术》、《微灌工程技术》、《低压管道输水灌溉工程技术》、《雨水集蓄利用工程技术》、《小型农田水利工程设计图集》、《旱作物地面灌溉节水技术》、《水稻节水灌溉技术》和《灌区水量调配与量测技术》共10个分册。

这套系列教材突出了系统性、实用性、规范性，从内容与形式上都进行了较大调整、充实与完善，适应我国今后节水灌溉事业迅速发展形势，可满足农田水利工程技术培训的基本需要，也可供从事农田水利工程规划设计、施工和管理工作的相关人员参考。相信这套教材的出版，对加强基层水利人员培训，提高基层水利队伍专业水平，推进农田水利事业健康发展，必将发挥重要的作用。

是为序。

2011年8月

《渠道衬砌与防渗工程技术》
编写人员

主　　编： 何武全（西北农林科技大学）

副 主 编： 孔　东（中国灌溉排水发展中心）

编写人员：（按姓氏笔画排序）

王晓玲（水利部农村水利司）

冯保清（中国灌溉排水发展中心）

邢义川（中国水利水电科学研究院）

杜秀文（中国灌溉排水发展中心）

杨鼎久（扬州大学）

娄宗科（西北农林科技大学）

阎存立（中国灌溉排水发展中心）

谭　翼（水利部农村水利司）

蔡明科（西北农林科技大学）

潘云生（水利部农村水利司）

主　　审： 冯广志（水利部农村水利司原司长）

副 主 审： 刘长余（山东省水利勘测设计院）

前 言

我国是一个水资源严重短缺的国家，水资源总量约为28 000亿m^3，人均水资源占有量仅为世界人均占有量的1/4，耕地单位面积水资源占有量不足世界平均水平的1/2。据统计，2008年我国农业总用水量为3 664亿m^3，约占当年总用水量的62.0%，其中农田灌溉用水量3 306亿m^3，约占农业总用水量的90%。同时，我国农业灌溉仍然存在灌溉效率低和用水浪费严重的现象，灌溉水的利用率仅为48%左右，具有很大的节水潜力。我国渠道输水灌溉的比例很大，输水渠道渗漏是灌溉用水浪费的主要方面。目前，我国渠系水利用系数平均为0.51左右，也就是说49%的灌溉水在渠道输水过程中就损失掉了。渠道衬砌与防渗技术是我国目前应用最广泛的节水灌溉工程技术措施，渠道衬砌与防渗以后，可以极大地减少农业灌溉用水的浪费，具有显著的节水效益。

近十多年来，我国渠道衬砌与防渗工程技术发展较快，自1998年起对大型灌区进行了以节水为中心的续建配套与节水改造，在渠道衬砌与防渗工程技术方面，研究开发了许多新技术、新工艺和新材料。为了及时总结我国渠道衬砌与防渗工程技术的经验和成果，适应即将颁布实施的国家标准《渠道防渗工程技术规范》，满足渠道衬砌与防渗工程建设的需要，推动渠道衬砌与防渗工程技术的发展，水利部农村水利司和中国灌溉排水发展中心组织有关单位，在1998年编写的《渠道防渗工程技术》基础上，总结了近年来渠道衬砌与防渗工程技术的经验和成果，依据新的技术规范，补充了渠道衬砌与防渗新材料和新技术，增加了渠道衬砌与防渗工程规划、渠基与渠坡的稳定和工程实例等内容，使新编的《渠道衬砌与防渗工程技术》更加系统、科学和实用。

本书共十章，包括概述、渠道衬砌与防渗工程规划、渠道衬砌与防渗材料及结构、渠道衬砌与防渗工程设计、渠基及渠坡的稳定、渠道衬砌与防渗工程的冻害防治、渠道衬砌与防渗工程施工、渠道衬砌与防渗工程的测验、渠道衬砌与防渗工程的管理和工程实例及六个附录，内容涵盖了渠道衬砌与防渗工程的规划、设计、施工、测验和管理等各个方面。

本书各章编写分工如下：第一章由何武全、王晓玲、杜秀文编写，第二章由蔡明科、潘云生编写，第三章由娄宗科编写，第四章由杨鼎久编写，第五章由邢义川、孔东编写，第六章由阎存立、何武全、孔东编写，第七章由何武全、蔡明科编写，第八章由孔东、谭翼编写，第九章由冯保清编写，第十章由何武全、杜秀文、蔡明科编写，附录由杜秀文、何武全编写。本书由何武全任主编，由孔东任副主编。

本书由冯广志任主审，由刘长余任副主审。在编写过程中得到有关专家和领导的支持与帮助，在此一并表示衷心的感谢。本书在编写过程中参考和引用了许多国内外文献，在此对这些文献的作者表示衷心的感谢！

由于编者水平所限，书中缺点和疏漏之处在所难免，敬请读者批评指正。

编　者

2011 年 3 月

目　录

第一章 概 述

第一节 渠道衬砌与防渗的重要性和作用

一、渠道衬砌与防渗的重要性

随着全球水资源供需矛盾的日益加剧，合理利用水资源，提高水的利用率越来越成为世界各国重要而迫切的问题。我国是一个水资源严重短缺的国家，水资源总量约为2.8万亿 m^3，人均水资源占有量为2 210 m^3，仅为世界人均水资源占有量的1/4，耕地单位面积水资源占有量不足世界平均水平的1/2。预计到21世纪30年代，我国人口达到16亿高峰时，在降水总量不减少的情况下，人均水资源占有量将下降到1 760 m^3，逼近国际公认的1 700 m^3 的严重缺水警戒线。同时，我国水资源时空分布不均，水土资源不匹配，用水效率不高，用水浪费和水污染严重，更加剧了水资源的短缺。由于受季风气候的影响，降水过分集中，全国大部分地区每年汛期（6~9月）降水量占到全年降水量的60%~80%，不但容易发生春旱夏涝，而且水资源总量中约有2/3是洪水径流量，水资源可利用量仅为8 548亿 m^3，而且开发难度越来越大。全国81%的水资源分布在长江及长江以南地区，但该地区耕地仅占全国的35%，而占全国耕地65%的长江以北地区，水资源却仅占全国的19%，这对农业生产十分不利。近年来，全国正常年份缺水量约为400亿 m^3，其中农业缺水量约为300亿 m^3，干旱缺水已成为我国农业生产的主要制约因素。由于水资源短缺，部分地区江河断流，地下水位持续下降，生态环境日益恶化；部分地区工业与城市生活、农业生产及生态环境争水矛盾突出。

节约用水、高效用水是缓解我国水资源供需矛盾的根本途径，发展高效节水型农业是我国的基本战略。这不仅是我国国民经济和社会可持续发展所要求的，也是我国农业资源，尤其是水资源短缺、水土资源配置失衡等严峻形势所决定的，对保障国家水安全、粮食安全和生态安全，实现水资源高效可持续利用，推动经济社会可持续发展，具有重要的战略地位和作用。农业用水是我国的第一用水大户。据统计，2008年，全国农业总用水量为3 664亿 m^3，占当年总用水量的62.0%，其中农田灌溉用水量为3 306亿 m^3，占农业总用水量的90%。同时，我国农业灌溉普遍存在灌溉效率低和用水浪费严重的现象，灌溉水的利用率仅为48%左右，单方水粮食生产率只有1 kg左右，大大低于以色列和欧洲一些国家灌溉水利用率70%~80%、单方水粮食生产率2 kg以上的水平，具有很大的节水潜力。发展节水型农业行之有效的节水技术有渠道防渗衬砌、低压管道输水、地面灌溉技术、喷灌与微灌、节水灌溉制度等。这些节水技术都十分重要，但是我国渠道输水灌溉的比例很大，输水渠道渗漏是灌溉用水浪费的主要方面。目前，我国渠系水利用系数约为0.51，也就是说49%左右的灌溉水在渠道输水过程中就损失掉了，渗漏损失水量之大相当惊人。2005 年 4 月发布的《中国节水技术政策大纲》指出，农业用水输配水过程中的水量损失所占比重很大，提高输水效率是农业节水的重要内容。同时，我国的基本国情决定了现在及今后很长时间内农业灌溉主要采用渠道输水形式。因此，积极推广渠道衬砌与防渗技术势在必行，对缓解我国水资源供需矛盾和农业经济持续稳定发展具有重要的意义。

二、渠道衬砌与防渗的含义和作用

（一）渠道衬砌与防渗的含义

关于渠道防渗的含义：《农村水利技术术语》（SL 56—2005）中的定义是，减少渠道输水渗漏损失的技术措施；《中国水利百科全书·灌溉与排水分册》中的定义是，减少渠道输水渗漏损失，提高渠系水利用系数的工程技术措施，并指出渠道防渗的措施包括改变渠床土壤透水性的措施、防渗护面措施和化学材料防渗措施等，渠道防渗护面的材料有刚性材料、膜料及复合材料等，其中刚性材料包括混凝土、沥青混凝土、砖、石等，膜料包括塑料薄膜、合成橡胶膜、沥青膜等，复合材料包括灰土、水泥土、止水剂土、复合土工膜等。这种分类方法存在许多问题，如化学材料防渗应属于改变渠床土壤透水性措施，沥青混凝土不属于刚性材料，复合土工膜属于膜料，水泥土属于刚性材料等。关于渠道衬砌，目前尚无明确的定义，一般认为是渠道防渗措施的一种，两者没有严格区分。因此，形成了两种错误的观点：一是认为只有在水资源紧缺的情况下，为了减少渠道渗漏损失，提高渠系水利用系数，才有必要进行渠道衬砌；二是认为渠道衬砌和渠道防渗没有区别，造成两个概念混淆，许多专著、文章等表述混乱，如混凝土防渗、混凝土衬砌、混凝土衬砌防渗、混凝土防渗衬砌等。产生上述问题的主要原因是渠道衬砌与防渗的含义没有区分清楚，对于渠道工程而言，渠道防渗是指减少渠道输水渗漏损失的工程技术措施，渠道衬砌是指在渠道表面浇筑或砌筑刚性材料护面层的工程技术措施。渠道衬砌和防渗既有联系又有区别，渠道衬砌可以减少渠道渗漏损失，本身具有防渗的作用，但不是只有防渗才能采取衬砌措施，如渠道纵坡比降较大为了减小冲刷危害，水源含泥沙较多为了提高渠道水流挟沙能力，渠道内杂草丛生为了美化环境等情况下也需要采取衬砌措施；相反，也不是只有衬砌才能防渗，如采用膜料或渗透系数较小的土料等也可以起到防渗作用。在节水灌溉工程技术中，为了表达明确、一致，建议统称为渠道衬砌与防渗技术。采用刚性材料时称为衬砌，如混凝土衬砌、砌石衬砌等；采用其他材料时称为防渗，如膜料防渗、沥青混凝土防渗、土料防渗等。但应注意的是，采用刚性材料衬砌时，要区分防渗（主要为了减少渠道渗漏）和砌护（主要为了减小冲刷、提高流速、美化环境等）不同要求时其技术措施的区别。

（二）渠道衬砌与防渗的作用

渠道衬砌与防渗技术是我国目前应用最广泛的节水工程技术措施，几乎适用于所有的灌溉渠道。渠道衬砌与防渗的作用主要有以下几个方面。

1. 减少渠道渗漏损失，提高渠系水利用系数

利用渠道将灌溉水由水源输送到田间是农田灌溉的主要输水方式，灌溉渠道在输水过程中只有一部分水量通过各级渠道输送到田间为作物所利用，而另一部分却从渠底、

渠坡的土壤孔隙中渗漏到沿渠的土壤中，不能进入农田为作物所利用，这就是渠道渗漏损失。根据联合国粮农组织调查，无防渗措施的灌溉渠道，其输水损失占总引水量的30%～50%，有的甚至达到60%。渠道防渗衬砌后，一般可以减少渗漏损失3/4以上，使渠系水利用系数达到0.7～0.8，并且节约的水可扩大灌溉面积，进一步促进农业生产的发展。

目前，我国灌溉渠道总长约为450万km，采取防渗衬砌措施的渠道总长约75万km，仅占渠道总长的1/6，渠系水的利用系数约为0.51，远低于其他国家，如美国为0.78，日本为0.61，巴基斯坦为0.58等。大量宝贵的灌溉水资源在输水过程中损失掉了，十分可惜。据河南省人民胜利渠小冀灌区的实测资料，渠道渗漏损失的水量占灌溉水总损失量的80%，其他因管理不善、灌水技术落后造成的田间损失，以及泄水、决口跑水等占18.5%，蒸发损失占1.5%。甘肃省河西走廊有些渠道，在未采取防渗措施以前，渠道渗漏损失占总引水量的60%～70%。河南省鸭河口灌区，渠道多为土渠，渗漏损失严重，仅白桐干渠以下王庄以上15 km渠段为砂砾石渠床，渠道衬砌前每年渗漏损失就达到7 200万m^3。陕西省泾惠、渭惠、洛惠三个灌区，据1955～1963年的资料，每年从各级渠道渗漏损失的水量分别达到10 210.4万m^3、21 755万m^3、4 917万m^3，分别占总引水量的41.5%、64.9%、40.7%。内蒙古河套灌区，渠系水利用系数现为0.42，以年引黄河水量52亿m^3计，大约有30亿m^3的水在渠道输水过程中渗漏损失掉了，并且还导致地下水位升高，土壤盐碱化程度加重。因此，进行渠道防渗衬砌，减少渠道渗漏损失，是灌区节约用水的关键环节。

实践证明，渠道防渗衬砌可以减少渗漏损失的60%～90%。例如：陕西省泾惠渠，四级渠道防渗衬砌后，渠系水利用系数由0.59提高到0.85；福建晋江县晋南电灌站永和二级站12 km长的干渠，采用砌石衬砌后，渠道水利用系数由0.55提高到0.8；湖南涟源县白马水库灌区62 km长的干渠，防渗衬砌后，渠道水利用系数由0.3提高到0.68，并且灌溉面积由原来的0.67万hm^2提高到1.4万hm^2，不仅达到了原设计灌溉面积，而且扩大了灌溉面积0.2万hm^2（该灌区设计灌溉面积约为1.2万hm^2）；陕西省宝鸡峡灌区98 km总干渠，防渗前每千米输水损失为0.425%，用混凝土衬砌以后，每千米输水损失降为0.017%，减少输水损失96%，使原来98 km干渠输水损失水量由19 m^3/s降为0.76 m^3/s，每年可减少渗漏量达2.4亿～2.9亿m^3；广东省青年运河，防渗前渠系水利用系数为0.40，防渗衬砌后，提高到0.52，使灌溉面积由7.8万hm^2扩大到10.53万hm^2；湖南韶山灌区用三合土防渗后，减少渗漏损失86%，已防渗的100多km渠道每年可节水8 075万m^3，可扩大双季稻灌溉面积0.67万hm^2；内蒙古河套灌区永刚分干渠西济支渠，灌溉面积2 867 hm^2，对分干、支、斗、农渠防渗衬砌后，四级渠系水利用系数由原来的0.504提高到0.889，灌溉用水量由7 185 m^3/hm^2下降到5 385 m^3/hm^2，平均节水1 800 m^3/hm^2，1999年共节水448万m^3，节约水费17.9万元，具有显著的节水效益。另外，没有衬砌防渗的渠道中，杂草等植物能摄取大量水分，并通过蒸发作用散发到空气中。根据观测，某些亲水天然植物的耗水量比多数大田作物高出50%～100%。据美国1948年调查，在垦务局管辖下的22 600 km渠道上，每年约有1.85亿m^3的水被杂草消耗掉，采用刚性材料衬砌以后，可以防止杂草生长，从而节约了杂草所消耗的水量。

我国自1998年起对400多个大型灌区进行了以节水为中心的续建配套改造和节水改造，到2008年，累计完成骨干渠道衬砌长度33 596 km，衬砌面积30 359万m^2，配套改造渠（沟）道建筑物共94 152座。新增、恢复灌溉面积1 397万亩，改善灌溉面积6 135万亩，增加粮食综合生产能力120多亿kg，增加输水能力1 324 m^3/s，渠系水利用率平均提高17%，年节水约110亿m^3，取得了显著的节水效益。大量工程实践证明，采用渠道防渗衬砌技术，可以减少渗漏损失的70%～90%，极大地提高了渠系水利用系数，如果我国灌溉渠系水的有效利用系数提高0.10，则每年可节约用水量322.7亿m^3，按我国目前每公顷灌溉用水量6 750 m^3计算，可以扩大灌溉面积478.1万hm^2。由此可见，渠道防渗衬砌的节水效益十分显著。

2. 防止渠道冲刷、淤积及坍塌，保证输水安全

渠道衬砌后，不仅具有防渗作用，而且还具有防止冲刷、淤积及坍塌，稳定渠道，保证输水安全的作用。我国新疆、甘肃等省（区），灌区地形坡度大，对渠道进行衬砌，既防冲又防渗，还缩小了渠道断面，减少了渠道开挖方量和跌水、陡坡等建筑物。例如，新疆头屯河灌区，灌溉面积3.5万hm^2，位于天山中段北麓，准葛尔盆地南缘，地形南高北低，地形坡度较大，其中：总干渠采用浆砌卵石后浇灌水泥砂浆衬砌，比降为1:250，设计最大输水流量为35 m^3/s、最大流速为2.67 m/s；西干渠采用干砌卵石，比降为1:500，设计最大输水流量为15 m^3/s、最大流速为2.27 m/s；东干渠渠底采用浆砌卵石，渠坡采用混凝土衬砌，比降为1:65、1:170、1:500，设计最大输水流量为15 m^3/s，衬砌后渠内流速分别为4.17 m/s、2.94 m/s、1.88 m/s，这么大的流速，如果渠道不衬砌肯定是行不通的。引黄等北方高含沙水源灌区，因水的含沙量大、比降小、流速小，故一般土质渠道容易淤积，每年不仅清淤工作量很大，而且影响正常的灌溉，不能充分发挥工程效益。但采用混凝土等材料衬砌以后，由于糙率降低，流速提高，渠道挟沙能力增大，不仅不再淤积，而且有利于引高含沙水灌溉。例如，山西省尊村引黄灌区，设计引水流量46.5 m^3/s，设计灌溉面积11.07万hm^2，由于渠道糙率大，比降小，输水输沙能力差，而水源含沙量大，导致渠道严重淤积，厚度达到2～3 m，实际过水能力不足设计引水流量的30%，渠系水利用系数仅为0.38，有的渠道甚至因淤积而报废，严重制约了灌溉效益的正常发挥。灌区在续建配套和节水改造时，在加强沉沙设施建设的同时，对渠道采用混凝土衬砌，干渠、分干渠、支渠分别选用弧形坡脚梯形、弧形底梯形和U形断面，水流条件好，流速大，提高了渠道的输水输沙能力，已改造渠道年清淤费用减少了90%。

渠道衬砌后，渠坡崩塌、渠床杂草丛生等现象得到控制，渠道规则、流畅，输水能力大为提高，灌水周期缩短，及时有效地满足作物的需水要求，达到增产增收的效果。衬砌渠道的糙率小、流速大，输水时间可以缩短30%～50%。根据大型灌区中期评估结果，通过对灌区渠道险工险段及渠系建筑物的配套与改造，使渠道输水能力显著提高，项目受益区灌溉周期平均缩短21.1%。四川省大型灌区配套改造项目受益区，渠

道输水能力和输水效率显著提高，平均灌水周期从38 d缩短为33 d，增强了抗御极端旱灾的能力；湖南省长沙县乌川水库灌区的渠首段31 km衬砌后，输水时间由以前的28 h缩短为16 h，时间缩短了43%；福建省莆田县东圳水库灌区46 km干渠衬砌后，输水时间由以前的21 h缩短为13 h，时间缩短了38%。大型灌区续建配套和节水改造工程实施以后，灌水周期平均缩短了6 d，这对于大型灌区以及干旱季节的灌溉，其意义尤为重要。

另外，塬边或傍山渠道，往往渠线长，地质复杂，裂隙发育，渠床不稳定，土渠输水灌溉中经常发生决口、滑坡等事故，造成人民生命财产的巨大损失。渠道衬砌防渗以后，可以防止这类事故的发生。根据大型灌区中期评估结果，项目受益区灾害损失下降率达20%以上的灌区占90.6%，灾害损失估算减少32亿元；灌区改造后，渠道事故发生率明显降低，事故损失下降率达50%以上的灌区占评估灌区总数的67.8%。湖南长沙县乌川水库灌区北干渠31 km渠段，衬砌防渗以前，年平均溃渠4次；涟源县的白马灌区，干渠长62 km，衬砌防渗前，年平均溃渠10次以上。但采用砌石等方法衬砌以后，一直安全行水。陕西省宝鸡峡总干渠，渠床为湿陷性的黄土滑坡体，修建前人们曾担心渠道行水的稳定问题。但由于采取了较好的渠道防渗衬砌措施，竣工运用至今仍安然无恙。同时，通过灌区配套改造，旱灾损失值下降了56.9%，险工险段工程事故损失下降了59.7%。

3. 有利于控制地下水位，防止土壤盐碱化及沼泽化

渠道若不采取防渗衬砌措施，会因渗漏而补给地下水，不但造成输水损失，而且提高了地下水位，在我国北方会导致灌区盐碱化、沼泽化，在南方则会形成冷浸田、反酸田、洋湖田等，造成严重减产，甚至弃耕。更有甚者，引发房屋倒塌，威胁附近工业与民用建筑和人身安全。例如，我国华北平原1956~1961年，大量引黄河水灌溉，没有采取渠道防渗及灌区排水措施，灌溉水的大量渗漏，引起了地下水位升高，导致大面积土壤盐碱化，据调查当时几处大型引黄灌区，次生盐碱化面积竟达到实际灌溉面积的1/3。1958年兴建的三义寨引黄灌区，也是由于没有采取渠道防渗及灌区排水措施，开灌仅2年，引起地下水位普遍升高，产生大面积土壤盐碱化，被迫于1961年停灌。根据江苏省淮阴县水利科学研究站对淮阴地区调查，砂土渠道两侧约20 m宽的农田，由于渠道渗漏的影响，处于饱和状态，一般旱作物减产5%~20%。但上述灌区在采取了防渗措施以后，土壤盐碱化得到制止和改善，农业生产得到恢复和发展。内蒙古河套灌区隆胜2 800 hm^2以渠道防渗为主要节水措施的节水改造示范区，实施节水改造3年后，地下水位动态与节水改造工程实施前相比，无论灌溉期、秋浇期和冻融期均呈下降趋势，地下水位降幅为0.28~0.59 m。土壤盐分年内变化比较稳定，总的趋势呈脱盐过程，与节水改造前相比，土层脱盐率在土层0~20 cm、0~60 cm、0~100 cm深度分别为34.4%、28.9%、18.7%。

同样，美国西部一灌溉工程，灌溉面积约8 500 hm^2，由于干、支渠道的大量渗漏，土地浸渍严重，被迫弃耕。但对干、支渠防渗后，减少了渗漏，土地又恢复了种植。苏联中亚一带及巴基斯坦的旁遮普省首府拉合尔市周围等地，由于未采取渠道防渗措施，

渠道渗漏水造成了灌区的盐碱化，后采用混凝土、装配式钢筋混凝土和沥青等材料防渗以后，土地盐碱化问题才得到控制和改善。

总之，在地下水位较高的灌区，渠道采取防渗措施后，由于大幅度减少了渗漏，避免了因渗漏水而抬高输水渠道沿线地下水位，对已建灌区可控制或改善土壤盐碱化及沼泽化，对新建灌区则可防止产生土壤盐碱化及沼泽化。另外，渠道防渗衬砌以后，也可免去或减少排水工程所需要的投资。

4. 减少渠道占地面积，降低运行管理费用

渠道防渗衬砌后，可以减少输水损失，与土渠输水相比，从水源引等量的水可以灌溉更多的农田，即如果灌溉同等数量的耕地，渠道防渗衬砌所需建设水源工程的投资比土渠少得多。据新疆的经验，渠道采取防渗衬砌措施后，用其节省下来的水灌溉，每亩❶地的投资约为建水库蓄水灌溉每亩地投资的1/3。从国外看，如印度、美国、塞浦路斯、伊朗、墨西哥、阿尔及利亚等都很重视渠道防渗衬砌工作，而且事实证明它是经济的。例如，塞浦路斯修了3条防渗衬砌渠道，每年减少渗漏量136万 m^3，可以增加柑橘、柠檬等种植面积160 hm^2，一年增加的收入除全部偿还防渗衬砌工程的投资外还有节余；美国一些灌区的防渗衬砌渠道，由于扩大了灌溉面积，其灌水的成本只相当于一般土渠的69%～84%。

工程实践表明，当渠道比降、渠底宽及水深相同时，防渗衬砌渠道的流量大于土渠的流量。当为同一流量时，因为防渗衬砌渠道的流速较大，故渠道断面比土渠的小，可以节省渠道占地面积，特别是U形混凝土衬砌渠道，渠口窄，渠道占地面积仅为梯形渠道的1/2～1/4，节地效果更为显著。据河北省资料，混凝土衬砌防渗渠道较土渠少占土地40%；据江苏省淮阴地区资料，防渗衬砌的斗、农渠较土渠少占土地52%；据黑龙江省资料，大、中型灌区渠道衬砌后，支渠和干渠的宽度比衬砌前分别减小1～2 m，渠道占地平均节省30%～40%，1 km支渠和干渠分别可节约耕地0.1 hm^2 和0.2 hm^2，以庆安县和平灌区为例，该灌区2000年衬砌8 km渠道，在缩小原渠道断面后，可为农民增加宝贵的耕地0.71 hm^2。对于我国土地资源紧缺、人均耕地面积不足0.1 hm^2 的现实来说，防渗衬砌渠道减少占地的意义更大。

对于提水灌区，渠道防渗衬砌后不仅可以节水，还可节能，降低灌水成本。据陕西省宝鸡峡灌区抽水管理站资料，每平方米渠道防渗衬砌工程，每年可节约电量1.9 kWh。据山西省调查，提水灌区，每平方米渠道防渗衬砌工程，每年可节约电量2.7 kWh或节油1.2 kg；井灌区，每平方米渠道防渗衬砌工程，每年可节约电量5.6 kWh或节油3.0 kg。据福建省晋江县永和二级电灌站资料，渠道防渗衬砌前后，灌溉水费减少了46%。对于高扬程提水灌区，其节能效益更为可观。如山西省尊村灌区，从黄河提水，总扬程158.5 m，总装机容量6.14万kW，近年来实施续建配套和节水改造工程，衬砌干、支渠104.8 km，每年减少渗漏损失650万 m^3，节约电费45万元，节能效益十分显著。

❶ 1亩=1/15 hm^2。

渠道防渗衬砌后还可大幅度节约管理养护费用，一般比土渠减少70%。据国外资料：美国用刚性材料衬砌后，可以减少管理养护费70%；印度混凝土衬砌渠道的管理养护费只为同流量土渠的1/3；西班牙每平方米防渗衬砌渠道比土渠每年可节约养护工日0.34个。我国灌区渠道衬砌后，年维修费和管理费也大大降低。据河北省石津灌区资料，朱庄分干渠采用混凝土衬砌后，渠道淤积、坍塌及杂草大幅减少，每次清修渠道用工由原来的300个工日减少到80个工日，灌溉期间每日护渠人数由原来的8人减少到4人，灌溉一次减少用工200个工日；另外，分干渠为土渠时，每3年要大清修一次，其费用每次约2万元，衬砌后基本可省去这笔费用。据山西省尊村灌区资料，渠道衬砌后，年清淤费用比衬砌前可减少90%。

综上所述，渠道衬砌与防渗的效益十分显著。为了节约用水，减少渠道占地，防止土壤次生盐碱化，降低工程维护管理费用，应积极开展渠道衬砌与防渗工程建设。

第二节 渠道衬砌与防渗工程技术发展概况

一、国外渠道衬砌与防渗工程技术概况

水资源短缺已成为一个全球性的问题。早在1972年联合国召开的人类环境会议和1977年召开的水事会议，就向全世界发出警告：水不久将成为一项严重的社会危机，继石油危机之后的下一个危机便是水。1995年8月世界银行调查统计报告公布，目前拥有世界人口40%，占世界陆地面积60%的80个国家正面临着水资源不足问题，使其农业、工业和人民生活受到威胁。联合国把2003年定为国际淡水年，就是希望提高人们对水危机的了解和重视，改变现行的、不可持续的做法和政策。近年来，世界各国都开始对水危机给予前所未有的重视，并采用了多种对策。

在解决水资源匮乏的对策中，除兴建必要的蓄水、引水、调水工程，扩大水源外，更重要的是节约用水，提高水的利用率，防止水的污染等。世界各国如美国、日本、印度、意大利、巴基斯坦、伊朗、加拿大等，由于渠道渗漏损失的水量很大，均非常重视并积极开展渠道防渗衬砌工程建设，因此渠道衬砌与防渗工程建设发展快、技术水平高、节水效果显著。其中，最具有代表性的是美国和日本。

（一）美国渠道防渗衬砌工程技术概况

1. 美国渠道防渗衬砌工程的建设特点

美国把渠道防渗衬砌作为灌区提高渠道输水效率的主要措施。早在1946年就开始研究，到1990年美国共建防渗衬砌渠道9 656 km。其建设的特点是：①已形成统一的设计和施工技术标准，工程质量好；②防渗效果要求高，对混凝土衬砌，要求其渗漏损失不能大于20 L/(m^2·d)；③非常注意就地取材；④对防渗衬砌渠道的基础要求严格，如为土基，压实度要求达到95%以上；⑤对消除防渗层的扬压力非常重视，在管理工作中，要求渠水位下降速度不得大于15 cm/h或45 cm/24 h，对地下水位较高或可能产生扬压力的渠基，要求必须设置排水设施；⑥施工机械化程度高，混凝土现浇法施工，多采用全断面（小型渠）或半断面（大型渠）系列机械一次浇筑成渠，压实土防渗采

用碾压机，塑膜防渗采用铺膜机等。因此，施工质量好，进度快。

2. 美国渠道防渗衬砌采用的技术措施

(1) 渠道防渗衬砌材料。主要包括刚性材料、土料和膜料三大类。刚性衬砌材料尤其是混凝土衬砌应用最为广泛，混凝土衬砌渠道约占全部渠道长度的52%。美国认为混凝土衬砌具有防渗性能好，能适应高流速，占地少，清草、清淤及管护费用低和寿命长等优点，故目前多用此种材料。为了防冻、节约投资和充分利用原有的土坝碾压机械设备，压实土防渗仍占1/3左右。膜料也是渠道防渗衬砌常用的材料，膜料防渗的保护层材料多采用砂砾料，或下层为土料、表面为砂砾料。在无砾料地区，也有采用现浇或喷射混凝土做保护层的。近年来开始研究应用一种新型复合土工合成材料黏土垫GCL（Geosynthetic Clay Liner)，该材料具有防渗性能优越、抗刺穿性能强、自愈合功能等特点。

(2) 渠道防渗衬砌的断面结构形式。混凝土衬砌多采用梯形断面或弧形坡脚梯形断面，压实土及膜料防渗多采用梯形断面。梯形断面的宽深比因流量不同而改变。混凝土衬砌的宽深比，在流量为0.014～566 m^3/s时，为1.0～3.0；压实土防渗的宽深比，在流量为1.4～566 m^3/s时，为2.0～8.0。宽深比一般较大，亦即渠道较宽浅。膜料防渗层的结构为复合形式，亦即膜料层上有不同材料（砂砾石较多）的保护层。当采用混凝土做保护层时，膜料与混凝土的层间一般夹一层土工织物。

(3) 渠道防渗衬砌工程的冻害防治。美国部分地区虽有冻害，但未投入较大力量进行研究。在有冻害地区，采用压实土防渗，不采用冻胀敏感的混凝土材料；渠基设排水设施，无冬灌习惯，且在冻结前一个月渠道停止输水。

(二) 日本渠道防渗衬砌工程技术概况

1. 日本渠道防渗衬砌工程的建设特点

日本十分重视渠道防渗衬砌，现有干、支渠道已经全部衬砌，田间渠道也已基本衬砌。其工程建设的特点是：①大量使用钢筋混凝土预制构件衬砌，便于工厂化、机械化生产，提高质量，加快进度，现场施工也以机械施工为主；②为了减少占用土地，渠道多采用矩形断面，并大力发展暗渠和管道输水；③渠道普遍铺设砂砾石垫层和排水设施，排除地下水，减少冻胀，同时普遍使用高强度钢筋混凝土材料，以增加抗冻能力；④渠道防渗衬砌工程标准高，质量好，经久耐用，维护费用低，管理使用方便。

2. 日本渠道防渗衬砌采取的技术措施

(1) 渠道防渗衬砌材料。日本渠道防渗衬砌所用的材料有硬质类（包括混凝土、钢筋混凝土、钢丝网喷射混凝土、砂浆、沥青混凝土、沥青砂浆、水泥加固土、砌石等)、薄膜类（包括塑料薄膜、沥青膜、合成橡胶膜、膨润土膜等）和土料类等。为了提高软弱基础渠道的承载力，常采用钢板桩、混凝土桩或木桩加固。

渠道防渗衬砌材料的选择与渠道规模、重要性、衬砌形式等有关，尤其与日本的经济发展水平密切相关。例如，第二次世界大战后，日本的经济水平较低，当时多采用薄型素混凝土板、沥青膜及土料衬砌渠道。随着经济的高度发展，近年来，旧渠道的改造或新建渠道多采用钢筋混凝土材料，从而提高了衬砌渠道的耐久性，减少了维修费用，保证了行水安全。

日本对渠道衬砌结构的接缝止水材料非常重视，除采用类似我国的塑料或橡胶止水带外，在止水带的上下尚采用填充性浸沥青的泡沫塑料板，或全部缝隙采用工厂生产的管装密封胶，这种胶经多年运用，与混凝土衬砌板黏结牢固，无缝隙，止水效果好。

（2）渠道防渗衬砌的断面结构形式。日本防渗衬砌渠道的断面结构形式有明渠及暗渠（管）两大类。不同材料明渠防渗衬砌的断面结构形式有梯形、矩形和U形三种，暗渠（管）的断面结构形式有圆形、方形和马蹄形三种。目前，普遍采用的是L形预制混凝土矩形衬砌渠道。边坡预制件可以在工厂机械化生产，施工速度快，质量高，底部为现浇混凝土，渠道断面可以根据需要变宽或变窄，适用范围较广。

混凝土衬砌的厚度根据流量大小而定。一般钢筋混凝土矩形渠道的厚度为10～20 cm；预制板梯形渠道的厚度为10 cm左右；在特殊情况下，现浇混凝土衬砌渠道的厚度达到30～40 cm。

（3）渠道防渗衬砌工程的冻害防治。日本北部有严重的冻害问题，从1972年就开始进行冻害机理和防治措施的研究，1980年提出了《渠系建筑物冻害防治措施研究报告》（综合报告）。根据冻胀的机理，防冻胀的技术措施是本着回避、消除、减轻冻胀影响或与冻胀抗衡的原则制订的。从经济性、耐久性和施工条件考虑，日本目前采用的防冻胀方法有回避法、置换法和隔热法三类。

回避法包括埋设法、置槽法和梯形法。埋设法是将明渠改为暗渠埋在冻土层以下，这种方法能完全避免冻胀，但造价高，受水头的限制。置槽法使侧墙外填土高度降低，避免冻胀，一般填土高度不大于槽深的1/3和侧墙厚度的3倍。这种方法投资低，但受地形限制，因此仅用于平原地区渠宽1 m左右的中、小型渠道上。梯形法是将渠道做成梯形，积雪面积大，利用积雪保温防冻。日本目前多采用矩形渠道，该方法已不再使用。

置换法包括一般置换法和特殊置换法。一般置换法是将冻胀层用能控制冻胀的砂、砾石和碎石置换，以减轻冻胀，但仍有冻胀，因而在设计刚性大、容许变形小的混凝土渠槽时仍必须考虑冻胀力，这是日本目前采用最多的一种方法。特殊置换法是用筛分的材料置换，使之不发生冻胀，较一般置换法可靠，但冻深相应增大，置换厚度从而增加，且要有防细粒侵入的措施，故造价很高，除特殊情况外，已不多采用。置换材料的质量，以含粒径小于0.074 mm颗粒的多少来控制。

隔热法包括一般隔热法、特殊隔热法和完全隔热法。一般隔热法是用聚苯乙烯泡沫板等保温隔热材料代替砂砾料置换层。特殊隔热法及完全隔热法是加厚这种保温置换层，减轻或消除冻胀。这类材料价格高，除特殊需要的情况外，多不采用。目前，正在探寻性能好且造价低的保温材料。

近年来，日本采取“抵抗”冻胀的技术措施，将混凝土改为钢筋混凝土，同时将衬砌层下的土层用砂砾料换填，在砂砾料和混凝土衬砌层之间铺一层塑膜，防止混凝土向底层基土中渗浆。采取这种防冻害措施，效果好，但投资过大。

二、我国渠道衬砌与防渗工程技术概况

我国古代就有采用黏土、灰土、三合土夯实，黏土锤打、砌砖、砌石等进行渠道防

渗衬砌的记载。20 世纪 50 年代，甘肃及新疆就开始因地制宜地采用卵石防渗衬砌渠道，并试验采用沥青混凝土做防渗渠道。20 世纪 60 年代，陕西、山西、河北、河南等省开展了混凝土防渗衬砌的试验研究和推广工作。1976 年，在水利部的组织和领导下，全国 26 个省（区、市）开展了渠道防渗科技协作攻关活动，成立了“全国渠道防渗科技协调组”和“全国渠道防渗科技情报网”，有组织地进行了大量的试验研究工作，有力地促进了渠道防渗衬砌技术的发展，大大推动了防渗工程建设。从 1998 年起国家发展计划委员会和水利部开始实施以节水改造为中心的大型灌区骨干工程续建配套和节水改造，到2008 年，衬砌干、支渠道 3.36 万 km，衬砌面积达到 3.04 亿 m^2，项目灌区渠系水利用系数由改造前的 0.49 提高到 0.52，新增节水能力 105 亿 m^3，极大地促进了我国渠道衬砌与防渗工程建设的发展。

在渠道衬砌与防渗材料方面，常采用混凝土、砌石、沥青混凝土、膜料、土料和水泥土等。20 世纪 60 ~ 70 年代，在土料和水泥土防渗方面做了大量研究和推广工作，研究证明，灰土除有气硬性外，还有一定的水硬性。为了提高灰土早期强度及减少缩裂缝，应在灰土中分别掺入砂、砾石、炭渣等；为了提高水泥土的抗冻性及抗裂性，应选用砂粒含量为 70%、黏粒含量为 3% ~ 10% 的土料，密度应在 1.8 g/cm^3 以上，适当提高水泥的掺量，施工中严格控制含水量，加强早期养护等；为了提高砌石防渗的效果，除保证施工质量外，还应在砌体下设不同材料的防渗层，或采用灌浆及表面作防渗处理等方法。对于混凝土防渗，在性能满足工程要求的前提下，成功地采用细砂、页岩及泥岩拌制混凝土，并利用外加剂改善混凝土性能，减少水泥用量，降低工程造价。20 世纪 80 年代以来，经过室内外试验，成功地采用和推广了塑料薄膜、复合膜料（一布一膜、两布一膜）等新型防渗材料。近年来，随着防渗膜料的发展，采用了复合材料防渗的结构形式，即采用柔性膜料（塑膜、沥青玻璃布油毡或复合膜料等）做防渗层，主要起防渗作用，在膜料防渗层上，再用混凝土等刚性材料或土料做保护层，保护膜料不被外力所破坏，防止老化，延长工程寿命。两种材料互相扬长避短，显示了明显的经济技术性能，是目前渠道防渗衬砌的发展趋势。

在渠道防渗断面形式方面，20 世纪 70 年代中期以来，研究并推广了小型 U 形断面刚性材料防渗渠道，对大、中型渠道，也研究提出了弧形坡脚梯形断面和弧形底梯形断面渠道。

在渠道防冻胀技术措施方面，我国经过多年的研究实践，提出了“允许一定冻胀位移量”的设计标准，采用“适应、削减冻胀”的防冻害原则和技术措施，大大降低了工程造价。目前对影响冻害的因素，例如土质、水分、气温、渠道走向及断面形状、地下水位等，已研究和掌握了它们影响冻害的规律，并从定性的认识发展到定量的研究成果。

在施工技术方面，我国仍以人工施工为主，与发达国家差距较大，但已逐渐向半机械化和机械化施工方面发展。小型 U 形混凝土衬砌渠道，已研制出了系列的渠道开槽机械、混凝土浇筑机械和混凝土构件成型机，使 U 形渠道得到大面积推广应用。大、中型渠道衬砌，研制开发了喷射混凝土防渗渠槽机、混凝土现浇衬砌机械和多种渠道衬砌预制块成型机。这些机械的研制与应用，促进了我国渠道衬砌与防渗工程施工向机械化方向发展，并对提高工程质量、降低工程造价、加快工程建设速度起到了显著的作用。

“十五”期间，科技部首次将渠道高效输水技术列入“863 计划”课题和“十五”重大专项，取得了一系列技术研究新成果。在渠道防渗新材料及新技术方面，通过改性、复合等技术，在提高渠道衬砌材料防渗性能的同时，重点提高其抗冻性和耐久性，研制出了纳米基混凝土改性剂，能够提高混凝土的抗渗性 30% 以上，并显著改善混凝土的抗冻性和耐久性；研制开发了改性沥青材料及渠道沥青混凝土衬砌成套技术，填补了国内空白，并已在工程中得到应用；研制的新型土壤添加剂是利用工业废液加工而成的，喷入渠床，防渗效果达 60% ~70%，成本较低，施工简易，可大大加快我国渠道防渗建设速度，促进节水产业化发展，并给工业废液的利用找到了一条出路；针对混凝土衬砌防渗渠道接缝渗漏严重及施工复杂等问题研制开发了氯化聚乙烯（CPE）止水带和止水管，止水效果好，施工简单，价格低。在特殊土渠道防渗技术方面，研究了特殊土对渠基的危害机理，提出了特殊土渠道防渗工程设计方法和设计参数及防止危害的技术措施。在渠道新型抗冻胀结构形式与新材料方面，提出了刚柔相济、适应冻胀变形性能好的新型渠道连锁板衬砌结构形式，研制开发了具有防渗保温双重功能的新型卷材（SDM），具有防渗保温双重功能，还容易与无纺布复合，具有防渗、保温、平面导水等三重功能。在渠道施工机械方面，设计研制了能生产 1 m U 形渠槽的混凝土预制构件机和自走式渠道现浇衬砌机，研究成果在河北、陕西、新疆、广西、北京、宁夏、内蒙古、云南和贵州等省（区、市）的工程中进行了应用，取得了显著的经济效益和社会效益。

第三节　我国渠道衬砌与防渗工程技术发展趋势

一、我国渠道衬砌与防渗工程技术发展中存在的问题

我国在渠道衬砌与防渗工程技术方面已做了大量的工作，取得了显著的成果，但目前已经防渗衬砌的渠道所占比例小，与发达国家相比还存在一定差距，特别在工程质量和施工机械化水平方面差距较大。主要表现为以下几个方面：

（1）衬砌与防渗标准低，已经衬砌防渗的渠道损坏严重。国外发达国家渠道防渗衬砌标准较高，工程质量好。如日本针对冻胀破坏，近年来采用“抵抗”冻胀的原则，将混凝土改为钢筋混凝土，或架空渠槽、置换垫层等，效果很好。我国在渠道防冻胀技术措施方面，采用“适应、削减或消除冻胀”的防冻害原则，虽然降低了工程造价，但工程老化损坏严重。据调查，黄河上中游大型灌区干、支渠道及建筑物老化损坏率为 30% ~40%，其中冻胀破坏占 30% ~50%，严重影响了灌溉工程效益的发挥。

（2）衬砌与防渗新材料、新技术的研究及应用方面还做得很不够。近年来，国外发达国家在渠道防渗新材料、新技术的研究及应用方面取得了许多新的进展，美国、德国研制了土工合成材料黏土垫 GCL（Geosynthetic Clay Liner）、聚氨基甲酸酯/土工织物复合材料等防渗新材料，并成功地应用于渠道防渗、运河衬垫系统、垃圾填埋场衬垫系

统等，均取得较好的防渗漏效果。我国过去多采用灰土、三合土夯实，砌石和混凝土衬砌防渗，近年来推广了塑料薄膜等新型防渗材料和新型复合材料防渗结构形式，取得了较好的防渗效果；研制开发了类似 GCL 的膨润土防渗毯，并开始在渠道防渗工程中进行了应用，但目前尚无统一的技术标准，与发达国家相比还存在一定的差距。

（3）施工机械化程度低，与国外发达国家相比差距较大。国外发达国家在渠道防渗工程施工技术方面，机械化程度较高。例如：美国混凝土衬砌渠道全部采用机械施工，膜料防渗从渠槽开挖、膜料铺设以及防护层施工，也全部实现机械化；日本多采用工厂化预制混凝土构件和现场浇筑相结合，也都采用机械施工，施工质量好，进度快。我国小型 U 形混凝土衬砌渠道已逐渐向半机械化和机械化施工方向发展，但大中型渠道衬砌目前仍以人工施工为主，与国外差距较大。

二、我国渠道衬砌与防渗工程技术发展趋势

随着科学技术的不断发展和我国经济实力的提高，对渠道衬砌与防渗技术提出了更高的要求。目前，我国渠道衬砌与防渗技术由单一材料向复合材料，由单一结构向复合结构，由以人工施工为主向半机械化、机械化施工方向发展，并开始重视渠道衬砌与防渗对生态环境的影响。其发展趋势有以下几个方面。

（一）衬砌与防渗新材料的研究和推广

1. 复合土工防渗材料

（1）复合土工膜。用于渠道防渗的复合土工膜，有塑料薄膜与无纺布组合的复合土工膜（如一布一膜、两布一膜等），塑料薄膜、无纺布与沥青油膏组合的复合土工膜（如沥青柔毡），玻璃纤维布与改性沥青组合的复合土工膜（如沥青玻璃纤维布油毡）。目前，渠道防渗工程最常用的复合土工膜是以塑料薄膜作为防渗基材，与无纺布复合而成的土工防渗材料。塑料薄膜是一种高分子化学柔性材料，具有防渗性能好、质轻、延伸性强、适应变形能力高和造价低等优点，自 20 世纪 50 年代以来，在渠道防渗工程中得到从试验到推广应用。但是，塑料薄膜存在易被刺破，与土的摩擦系数小等缺点。国内外防渗应用的塑料薄膜，主要有聚氯乙烯（PVC）和聚乙烯（PE）。无纺布是一种高分子短纤维化学材料，通过针刺或热黏成型，具有较高的抗拉强度和延伸性，它与塑料薄膜结合后，不仅增大了塑料薄膜的抗拉强度和抗穿刺能力，而且由于无纺布表面粗糙，增大了接触面的摩擦系数，有利于复合土工膜及保护层的稳定，并具有竖向防渗、水平导水的性能。因此，这种复合土工膜很快成为较塑料薄膜更理想的渠道防渗材料。

（2）新型防渗土工合成材料。钠基膨润土防水毯，学名为土工合成材料黏土垫（Geosynthetic Clay Liner，简称 GCL），是一种新型的复合土工合成材料，它是在压实性黏土衬垫（Compacted Clay Liner，简称 CCL）的基础上发展而来的。GCL 最早用于的工程是在 1986 年美国的一座垃圾填埋场衬垫系统中。大约在同一时期，德国也研究应用了另一种 GCL 产品，并成功地应用于渠道防渗、运河衬垫系统、垃圾填埋场衬垫系统等，均取得较好的防渗漏效果。GCL 的结构组成是通过两层土工合成材料之间夹封膨润土末（或膨润土粒），通过针刺、缝合或黏合而成，也有的 GCL 产品只有一层土工膜，其上有用黏合剂黏合的一层薄薄的膨润土。GCL 是利用膨润土的膨胀性防渗、利

用土工织物来承载和护面的结构形式，它与土工膜同属土工合成材料，在渠道防渗应用中除具有土工膜的所有优点外，还具有以下优点：①柔性极好，抗张应变的能力强，在抗张应变达20%的情况下，其渗透率不增大。②具有极强的自愈合功能，由于膨润土具有遇水膨胀性，它会在土工织物刺破处自我愈合，同时上下层土工织物在针刺或缝合纤维的作用下也约束了膨润土的迁移，进一步提高了自愈合能力。③抗干湿循环和抗冻融循环的能力强，GCL受热后会出现干缩现象，但出现的裂缝复水后会自动闭合，且渗透系数不变，经冻融试验，其抗冻能力也较强。④比土工膜搭接方便，安装简单，施工速度快。我国研制开发了类似GCL的膨润土防渗毯，并开始在少数渠道防渗工程中应用。

（3）聚氨基甲酸酯/土工织物复合材料。聚氨基甲酸酯/土工织物复合材料是美国IPC（Innovative Process Corporation）研制的防渗新材料，它有两层土工织物，内嵌柔性固体材料聚氨基甲酸酯橡胶。土工织物为聚丙烯或聚酯土工织物，聚氨基甲酸酯橡胶由异氰酸盐和多元醇液体在0～48.8 ℃的温度下按一定的配合比混合而成。该复合材料与土工膜的主要区别是：它由几种材料现场制作而成，混合后的聚氨基甲酸酯最初为液态，能将土工织物锚固到混凝土衬砌板或其他下部垫层上，2 h内聚氨基甲酸酯由液态转化为柔性固态，并根据渠道断面轮廓来调节自己的形状，而且搭接部分黏附能力极强。它与土工膜相比，除具有柔性好、防渗效果强等优点外，还具有较强的抗刺穿能力；能与下部接触面黏附成一个整体，抗冲刷能力强；能根据渠道断面自动调节自己的形状；施工方便，速度快。

2. 土壤固化剂防渗材料

土壤固化剂是20世纪发展起来的新型材料，将其加入土壤中，可增强土体憎水性或降低土体水的冰点，阻止或减弱土体冻结时的水分迁移，从而减轻或消除冻胀，提高了土体的防渗抗冻性能。我国试验研究的土壤固化剂主要有三聚磷酸钠、GA型和SR型等。其中，三聚磷酸钠为有机化学试剂，GA型为特殊二氧化硅及活性铝、铁等组成的无机胶结材料，SR型为白色液体，使用时要稀释，一般稀释液为1∶50（SR液∶水）时使用效果最好。固化土的物理力学性能随土壤性能、固化剂类别及掺量、含水量、施工条件等有所不同，一般强度为1～10 MPa，渗透系数为$1\times10^{-6}\sim1\times10^{-8}$ cm/s。土壤固化剂应用于渠道防渗的优点是早期防渗效果好，渗漏损失量可以减少60%～90%，并且具有工程造价低、可就地取材、施工简单方便等优点，不少单位进行了研究和试验应用。

3. 改性沥青混凝土防渗材料

沥青混凝土因具有高抗渗性、适应变形能力好、低温柔性和裂缝自愈合功能等优点，早在1936年就应用于阿尔及利亚的格里布斜墙坝工程中，继而很快在水工防渗工程上得到推广。日本利用沥青混凝土修建的蓄水池和防渗面板坝较多，用于渠道防渗方面的资料较少。美国除采用沥青膜防渗外，还用密级配沥青混凝土进行渠道防渗，并制定了相应的沥青混凝土配合比标准。德国也曾采用沥青混凝土进行渠道防渗，并有专门的施工机械等。我国20世纪70年代，在陕西省冯家山灌区、青海省湟海渠和山东省打渔张五干渠等渠道防渗工程中进行了沥青混凝土防渗试验，证明其防渗效果很好，且极限拉伸值为混凝土的3.6～20倍，在－22～－27 ℃的低温下尚有一定的柔性。沥青混凝土用于有冻害的渠道防渗工程，可以适应冻胀变形，有保温作用，造价不太高，并且随着改性沥青技术的发展及应用，解决了沥青混凝土衬砌低温抗裂较差的问题，是一种经济实用有推广价值的防渗材料。但其施工技术较为复杂，今后应在施工工艺和专用施工机械方面加大研究力度。

4. 聚合物纤维混凝土衬砌材料

聚合物纤维混凝土具有防止或减少混凝土裂缝、提高变形能力和耐久性等优点，自20世纪90年代以来，在公路、铁路、桥梁以及房建工程中得到普遍应用，近年来，一些灌区在渠道衬砌工程中也开始试用。广西达开水库灌区在总干渠填方渠段，采用聚合物纤维混凝土进行防渗衬砌试验，观测表明，抗拉强度提高13%～27%，弹性模量降低4%～5%，极限拉伸值提高18%～34%，混凝土抗变形能力和抗渗能力有明显提高，可防止或减少混凝土裂缝。其施工方法与普通混凝土基本相同，仅增加约1 min的拌和时间。聚合物纤维混凝土衬砌渠道，厚度可较普通混凝土衬砌减少2 cm，节省的工程投资与增加的聚合物纤维费用大体相同，但工程质量明显提高。黑龙江香磨山灌区采用改性聚丙烯纤维混凝土制作薄壁U形预制渠槽，纤维掺量为1 kg/m^3，混凝土的抗裂和抗折性能有所提高，U形渠槽厚度减至2 cm，质量轻，便于运输及施工铺设。河北石津灌区也进行了聚丙烯纤维混凝土室内试验和现场应用，证明在混凝土中掺入0.9 kg/m^3聚丙烯纤维，抗裂能力提高100%～150%，抗渗能力提高60%，抗冲刷能力提高50%～100%，3～28 d龄期抗压强度提高15%～30%。这些均表明聚合物纤维混凝土具有推广应用价值，但施工时切忌拆破纤维包装，造成纤维飞扬，污染环境。

5. 新型伸缩缝止水材料

在渠道防渗衬砌工程中，发达国家对伸缩缝止水材料较为重视，且投资所占比例较大。美国多用弹性人造橡胶、聚氯乙烯止水带做伸缩缝止水材料。日本则多采用止水板（即橡胶止水带）、沥青、沥青玛琋脂及弹性玛琋脂或密封胶。我国以往在止水材料研究和应用方面重视不够。刚性材料衬砌渠道多用沥青砂浆、油毡、聚氯乙烯胶泥（或焦油塑料胶泥）等做伸缩缝止水材料。但有的性能差，有的造价较高和施工技术复杂，没有较好地解决生产中的问题；聚氯乙烯胶泥（或焦油塑料胶泥）中含有煤焦油，对灌溉水和环境都有污染，随着人们对环保要求的不断提高，这种材料被淘汰已是大势所趋。近年来，研究开发的高分子止水带、止水管和石油沥青聚氨酯接缝材料（PTN）等新型伸缩缝止水材料，止水性能好，施工方便，具有很好的应用前景。

6. 新型防冻害保温材料

在我国寒冷地区，应用混凝土等刚性材料衬砌的渠道必须采取防冻害措施。将保温材料铺设在衬砌体下面，以减轻或消除寒冷因素，并可减小置换深度，隔断下面土层的水分补给，从而减轻或消除冻胀破坏。目前采用较多的保温材料是聚苯乙烯泡沫塑料板（简称聚苯乙烯板），具有自重轻、导热系数低、吸水性小、耐老化、运输施工方便等特点。内蒙古水利科学研究院试验成果表明，在河套灌区采用聚苯乙烯板作为刚性衬砌材料的保温材料，能提高冻结地区的地温，推延冻结进程，减缓冻结速率以削减冻深，减少水分迁移量，降低冻土中的冰含量，削减冻胀量。但由于聚苯乙烯板具有一定的吸水性，在潮湿环境中，经冻融，吸水性逐渐增大，其保温效果逐年下降，且性脆，施工中容易断裂，不仅影响施工进度，还会降低保温效果。高分子防渗保温卷材（SDM）是研究开发的一种新型保温材料，与传统材料（塑膜和聚苯乙烯板）相比，其吸水率小，保温效果较稳定，耐久性好，运输、施工方便，还可与无纺布复合，使其具有防渗、保温和平面导水等综合功能，但价格较高，目前应用还比较少。

（二）新型衬砌与防渗结构形式

美国、日本等国家防渗衬砌渠道多采用梯形断面。其中，美国渠道衬砌也有采用弧形坡脚梯形断面的。日本由于人多地少，为了节约土地，同时为了适应机械化施工的要求，新建或改建的渠道防渗衬砌工程多采用矩形断面和U形断面。我国在小型渠道上已推广了U形断面，在大中型渠道上，将逐渐采用弧形坡脚梯形断面和弧形底梯形断面。同时，为了提高防渗效果，复合材料防渗结构形式也得到迅速应用。

1. U形混凝土衬砌渠道

U形混凝土衬砌渠道是采用底部为半圆或弧形、上部为一定倾角的直线段断面形式。近年来，有些灌区结合当地实际对U形断面进行了改进，采用抛物线形断面，比U形断面更接近于最优水力断面。国外对U形渠道优化设计的研究也表明，考虑弦高以及流速和断面尺寸限制的U形渠道设计的最优条件，其最佳水力断面的边坡参数为0.514，而不是一般文献所述的0.7。在给定流量下，最优U形断面应该是窄而深的断面形式。

U形混凝土衬砌渠道较梯形渠道每千米输水损失少3.7%，较土渠可以减少渗漏损失97%，防渗效果显著；近似于最佳水力断面，水流条件好、流速快、输水输沙能力强；抗外力和抗冻胀性能好，冻害程度仅为梯形渠的1/3～1/4；渠道占地少，投资小，且便于管理。目前，U形混凝土衬砌渠道已在我国许多省（区、市）的中小型渠道上大量推广应用。

2. 弧形坡脚梯形断面或弧形底梯形断面渠道

这两种断面适用于大中型防渗衬砌渠道。与梯形断面渠道相比，流速分布均匀，近似最佳水力断面，流速较快；改善了防渗衬砌渠道冻胀变形分布的不均匀性，且渠底有一定的反拱作用，可以减轻冻害，减少裂缝和错台现象，造价较低。如为土保护层膜料防渗渠道，此断面形式边坡的稳定性较高。这两种结构形式在北方冻胀地区的大中型渠道防渗衬砌上逐步得到推广应用。

3. 新型渠道连锁板衬砌结构形式

新型渠道连锁板衬砌结构形式具有刚柔相济、适应冻胀变形性能好的特点，其预制衬砌板通过连锁结构连接成一个整体，当基土冻胀抬高时，受顶托衬砌板跟着上升，但不会单独坍塌，防止了刚性衬砌体受冻胀力的影响而遭到破坏。该结构形式适用于寒冷地区的大中型防渗衬砌渠道。

4. 复合材料防渗结构形式

实践证明，采用单一的防渗材料很难达到理想的防渗抗冻效果和耐久性。近年来随着防渗膜料的发展，采用了复合材料防渗的结构形式，即采用柔性膜料（塑膜、沥青玻璃布油毡或复合膜料等）做防渗层，主要起防渗作用。在膜料防渗层上，再用混凝土等刚性材料或土料做保护层，此层主要起保护膜料不被外力所破坏，防止老化、延长工程寿命的作用。两种材料互相扬长避短，显示了明显的经济技术性能，是目前渠道防渗的发展趋势。现已在山东、湖南、陕西、新疆、山西等省（区）大量推广。在内蒙古等地的宽大型渠道上，利用该技术，渠道边坡采用膜料防渗层，渠道上用混凝土刚性材料做保护层，渠底采用膜料防渗层上土料做保护层，降低工程造价。其主要优点如下：

（1）防渗效果好。不同材料防渗渠道的渗漏量见表1-1。从表1-1中数据可以说明，复合材料防渗的渗漏量最小，防渗效果最好。

表1-1　不同材料防渗渠道的渗漏量

渠道防渗材料	不同水深下的渗漏量（$L/(m^2 \cdot h)$）			
	0.3 m	0.6 m	1.0 m	1.4 m
不防渗的土渠	27.0	41.0	57.0	69.5
浆砌石	11.5	19.5	31.5	43.0
预制混凝土板	11.5	15.0	17.5	20.1
现浇混凝土	7.5	10.0	12.5	14.0
复合材料	1.5	2.0	2.5	3.0

（2）延长渠道防渗工程的寿命。明铺式膜料防渗，因老化严重而寿命短。但铺在保护层下，其寿命在30年以上。

（3）施工工期短，造价低。我国渠道防渗多为旧渠改建工程，普遍存在施工与行水时间的矛盾。采用复合材料防渗结构，可先预制好混凝土板，膜料在工厂生产，在停水期施工，工期短，不影响行水。当采用混凝土做膜料防渗层的保护层时，其厚度可以由混凝土防渗的10～14 cm减少至4～8 cm，从而降低了工程造价。

（4）抗冻胀性能好。膜料防渗层可以保温，且防渗漏性能好，降低渠基土的水分，从而减轻了冻胀破坏。

（三）衬砌渠道防冻胀技术

刚性材料衬砌渠道，在北方寒冷地区，因渠基土反复冻融，膨胀隆起沉降，造成衬砌板开裂，接缝错位、滑坡及坍塌，影响防渗节水和渠坡稳定，缩短了衬砌板的使用寿命，已成为北方灌区渠道衬砌防渗的技术难题。基土冻胀的产生，是土质、水分、负温所致，即基土具有冻胀敏感性、基土有相应的冻结环境和基土中含有一定的孔隙水。研究成果表明，只要设法控制其中一个因素，就可以有效削减冻胀影响。发达国家特别是日本，由于其经济高度发达，故在防治冻害方面主要是采用“抵抗”冻胀的原则，效果很好，但工程投资大。我国经过20多年的反复试验和实践后，采用了“允许一定冻胀位移量”的工程设计标准和“适应、削减或消除冻胀”的防冻害原则和技术措施，效果较好，与国外相比，工程造价大大降低。随着我国经济的发展，应适当提高标准，减少灌区因冻胀破坏的衬砌渠道的维修。近年来，已有灌区采用置换垫层或加铺聚苯乙烯泡沫保温板，防冻胀效果很好。

（四）施工向半机械化和机械化方向发展

我国渠道衬砌与防渗技术水平与发达国家的差距，主要表现在工程质量和机械化施工水平上，美国、日本等已全部采用机械化施工，施工速度快、质量高。同时，新材料与新技术的推广应用也是与施工技术和施工机械的研制及应用分不开的，小型U形混凝土衬砌渠道的迅速推广应用，就是一个很好的实例。我国渠道防渗施工目前正向半机械化及机械化施工方向发展，U形混凝土衬砌渠道已研制开发了系列的小型渠槽开挖机、混凝土现浇衬砌机及预制（砌块、渠槽）成型机，大中型渠道衬砌也研制开发了多种机械化程度较高的渠道衬砌机，成功地应用于南水北调东线、中线输水干渠的渠道衬砌，并开始在灌区续建配套与节水改造工程中应用。这些渠道衬砌机械设备的研制和应用，对提高衬砌与防渗工程质量、加快施工进度、降低工程造价和提高工程效益起到了良好的作用，使我国渠道衬砌与防渗工程施工技术向机械化方向迈出了可喜的一步。

（五）逐步重视渠道衬砌与防渗对生态环境的影响

渠道防渗衬砌在取得显著节水效果的同时，对生态环境会产生一定的不利影响。一味追求渠道防渗衬砌，提高渠系水利用系数，片面强调开发地表水，忽视地表水和地下水资源的综合开发利用，在地下水质较好的地区，渠道衬砌后，切断了地下水的补给途径，使地下水补给量减少，地下水位下降，甚至影响当地居民的生活用水，渠井结合灌区对井灌产生不利影响。从生态角度，土质渠床是多种草、水生生物、昆虫等繁衍栖息的场所，土质渠畔是生态林的适宜生长场所，衬砌以后，对地区生物的多样性以及生态林生长产生不利影响，如干旱地区的护渠林在渠道衬砌防渗后，树木生长受到明显影响，甚至枯死。大中型渠道通过人迹稀少的地区，常常对动物觅食或迁徙产生不利影响。渠道防渗衬砌材料对生态环境也有不利影响，如伸缩缝的填充材料——焦油塑料胶泥，其主要成分为煤焦油，煤焦油中含有大量蒽、萘、酚类易挥发物质，严重污染环境和危害人体健康，近年来已逐渐被淘汰。国外发达国家在这方面比较重视，如日本在水稻种植区进行渠道衬砌时，为保证稻田生物链的完整性，设有鱼道等；美国针对渠井结合灌区，在俄亥俄州的Great Plains灌区进行了渠道防渗衬砌对灌区地下水的影响研究，以确定灌区的渠道防渗衬砌规模和标准。

我国近年来逐步重视渠道衬砌与防渗对生态环境的影响，开始了这方面的研究，并作了一些有益的尝试，如进行了渠道衬砌与防渗的规模研究，渠井双灌灌区对地下水的影响研究，研制开发无环境污染的新材料等。优化渠道衬砌形式，对宽大型渠道不完全进行“三面光”刚性衬砌，除填方渠段需要对渠底进行必要的刚性衬砌外，其他渠段渠底可只做土料防渗，为保证区域生物链的完整性提供必要通道和场所；研究开发了新型渠道伸缩缝密封材料——石油沥青聚氨酯接缝材料（PTN），其性能优于焦油塑料胶泥，且卫生性能检验结果符合国家标准《生活饮用水输配水设备及防护材料的安全性评价标准》（GB/T 17219—1998）规定的各项技术指标要求，无毒、无环境污染。

第二章 渠道衬砌与防渗工程规划

第一节 规划原则与内容

一、规划原则

渠道衬砌与防渗工程（含新建、扩建或改建）的规划设计，应遵循如下原则：

（1）按工程等级、设计阶段，遵照有关规范进行勘测和调查，充分收集和掌握拟建衬砌、防渗工程的基本情况，渠基土壤及建筑材料等有关资料，吸取已建渠道衬砌防渗和防冻害工程的经验，以及国内外先进的技术成果，认真进行规划。

（2）与当地经济社会发展规划、城乡建设规划、水利综合规划、农业发展规划、灌区节水改造等专业规划协调、衔接。应把渠道防渗衬砌、防冻害，防土壤盐碱化，渠系综合利用以及山、水、林、田、路等要求结合起来考虑，使规划方案能满足灌区总体布置的要求。

（3）贯彻因地制宜、就地取材、具体情况区别对待的原则。我国地域辽阔，各地自然条件、社会经济条件差异很大，山区、丘陵、平原、高原、南方、北方、气候、土壤、作物等各不相同。渠道衬砌与防渗工程类型很多，各有其优缺点和适用条件。因此，在规划工程技术措施时，应强调因地制宜的原则，在充分考虑当地自然条件和农村社会经济水平的基础上，经过方案比较，选取适宜的衬砌与防渗工程类型和技术措施，并根据当地的需要，近期发展和远景规划相结合进行合理布局。对输水损失大、输水效率低的支渠及其以上渠道优先防渗，井灌区无回灌补源任务的固定渠道全部衬砌防渗，提水灌区渠道原则上都应衬砌防渗。切忌不顾条件盲目照搬外地经验，一味追求高标准的做法。

（4）经济效益、社会效益、环境效益综合考虑。渠道衬砌与防渗工程的经济效益主要体现在节水、节能、省工、省地、增产、增效等方面，社会效益主要表现在有利于适应节水型社会和新农村建设，环境效益表现在可以防治土壤盐碱化和沼泽化等。

渠道衬砌与防渗工程应结合拟建渠道当地的地形、土壤、气温、地下水位等自然条件，渠道的大小、使用年限、防渗等要求，水资源供需、地表水和地下水联合运用的情况，社会经济、生态环境等因素，研究渠道的衬砌防渗形式、渠道级别及渠段，拟订不同的衬砌防渗布局方案，并进行技术经济分析比较。

二、规划依据

渠道衬砌与防渗工程原则上应遵循水利工程的建设程序。但是，工程规模不同，其规划依据也有一定的区别。渠道衬砌与防渗工程规划的主要依据有三项：一是工程项目的有关审批文件、合同；二是有关法律、法规和技术标准；三是工程项目区的基本资料。这三项依据中的第一项可根据工程规模的不同进行适当简化，第二、三项内容无论工程规模如何，都必须严格执行。

（一）工程项目的有关审批文件、合同

水利工程的基本建设程序为：根据资源条件和经济社会发展规划，进行流域或河段工程规划，提出建设项目建议书；进行可行性研究和项目评估，编制设计任务书；任务书批准后，进行勘测设计；初步设计经过审批，项目列入国家基本建设年度计划；进行施工准备和设备订货；开工报告批准后正式施工；建成后进行验收投产。

对于一般的小型渠道衬砌与防渗工程，其立项依据可以适当简化。区域农田水利整体规划和单项工程的批准文件即可作为工程规划的依据。

（二）有关法律、法规和技术标准

渠道衬砌和防渗工程规划应遵守有关法律、法规。比较重要的有《中华人民共和国水法》等。有关的技术标准很多，与渠道衬砌与防渗工程关系比较密切的有《节水灌溉工程技术规范》（GB/T 50485—2006）、《渠道防渗工程技术规范》（GB/T 50600—2010）、《渠系工程抗冻胀设计规范》（SL 23—2006）、《灌溉与排水工程设计规范》（GB 50288—99）等。

（三）工程项目区的基本资料

渠道衬砌与防渗工程项目的规划，需要收集工程项目的自然条件、生产条件和社会经济等方面的基本资料。自然条件资料包括工程地质与水文地质、地形、土壤、作物、水源和气候等。生产条件资料包括水利工程现状、生产现状、灌溉规划、农业发展规划和水利规划、动力和机械设备、当地材料和设备生产供应情况等。社会经济资料包括项目区的行政区划、经济条件、交通条件、发展规划等。

（四）用户和建设管理单位的要求和意愿

听取用户对渠道衬砌防渗形式、运行管护等方面的意愿；了解当地渠道运行管理水平；征询建设单位对工程运用的要求，收集当地或类似已建成渠道衬砌防渗工程的设计与施工资料、管理运用经验、试验研究成果和竣工验收等资料。

三、规划内容

（一）基本资料的收集和整理

通过勘测、调查和试验等手段，收集灌区自然条件、社会经济条件、已有灌溉试验资料、现有工程设施，以及有关灌溉区划、农业区划、水利规划等基本资料，作为工程规划的依据。对收集到的资料和试验成果应进行必要的核实和分析，做到选用数据切实可靠。

（二）工程项目可行性分析

根据项目区基本资料，对发展渠道衬砌与防渗工程在技术上的可行性和经济上的合理性作出论证、定量分析及不同衬砌与防渗方式的比较。在进行可行性分析时，应把技术成熟可靠，能源有保证，材料、资金落实，有质量较好的设备，以及能获得明显的经济社会效益和生态环境效益作为进行渠道衬砌与防渗必备的基本条件。

（三）结合渠道工程总体规划，选择适宜的衬砌防渗技术措施

根据当地的气候条件、地形条件、基土性质、地下水位等诸多因素，依据规范规定的各种渠道衬砌与防渗措施的技术特点、节水效果、运用条件，根据拟建渠道的基本资料，选择适宜的技术措施，并需对可能选择的几种类型从技术和经济上加以分析比较，择优选定。

（四）工程规划布置和总体布局

结合渠道工程总体规划，在综合分析土地利用及灌溉系统的形式、衬砌与防渗工程耐久性、材料来源、管理养护、工程费用等因素的基础上，确定渠道衬砌与防渗渠级、渠段选择、防渗率、防渗形式等，作出渠道衬砌与防渗工程规划布置，绘出规划布置图，以求有利于工程达到安全可靠、投资较低和方便运行管理的目的。为了寻求最优的布置方案，需进行多方案的比较。当自然条件差异较大时，应划分不同的类型区，分区进行布置和设计。

（五）投资概算和效益分析

对渠道衬砌与防渗工程涉及的主要材料、设备的用量和投资造价以及工程运行费用作出估算，大型工程以典型地块的计算结果为指标，扩大概算出全灌区的数值。对工程建成后的增产、增收效益及主要经济指标作出分析计算。

（六）工程实施方案和项目管理机构

根据渠道衬砌与防渗工程的规模、选用的技术措施、工程投资筹集等情况进行综合研究，制订工程的实施方案。实施方案包括资金筹措计划、项目总体实施计划和分期实施计划。为确保工程项目能按计划实施，必须成立相应的项目管理机构，包括项目建设期的组织领导、技术和质量保障机构、能源和材料设备供应机构、生活保障机构等；项目建成后的组织管理机构、人员编制、管理设施、量水设施、试验观测设施、通信调度设施以及水费管理制度等。

四、规划成果

（一）工程规划书

（1）基本情况。简要阐明项目区的自然条件、生产条件和社会经济条件。

（2）渠道衬砌与防渗工程可行性分析。根据自然条件、生产条件和社会经济条件，从技术和经济两方面对渠道衬砌与防渗工程的必要性和可行性作出论证。必要时对不同工程措施作出方案比较。

（3）衬砌与防渗工程类型的选择。从技术和经济上论证所选类型的合理性，必要时对可供选择的几种类型作出方案比较。

（4）渠道衬砌与防渗工程的规划布置。阐明规划布置的原则，工程规划总体布置方案，对骨干渠道的位置、走向以及枢纽工程的布置作出必要的说明。

（5）投资概算及效益分析。列出工程投资概算的方法和成果，以及对工程建成后可能获得的效益的分析预计结果。

（二）规划布置图

在地形图上绘出项目区的边界线和分区线，水源工程、泵站等主要建筑物和骨干渠道的初步布置。为使图幅大小适用，所用地形图比例尺，一般项目区面积在333 hm^2 以下者宜为1∶2 000～1∶5 000，大于333 hm^2 时宜为1∶5 000～1∶10 000。

（三）主要材料设备和工程概算书

列出各种设备和建筑材料的规格型号与用量清单，对主要材料、设备的用量和投资造价以及工程运行费用作出估算。工程概算书包括编制依据和投资估算两部分。编制依据内容包括：定额及取费标准，基础单价（人工工资、材料预算价格、其他直接费、计划利润、税金），金属结构、机电设备及安装工程费用，临时工程费用，预备费，其他费用等。投资估算包括：总投资，骨干工程投资，田间配套工程投资；分年度投资表，骨干工程分年度投资表，田间配套工程分年度投资表。具体可根据工程规模和工程内容确定。

第二节　基本资料的收集和整理分析

渠道衬砌与防渗工程的规划设计应收集和整理以下基本资料，并进行必要的勘测试验工作。基本资料的精度、纵横断面和地形图的比例尺、水文气象资料系列等，应按有关规范的规定执行。

一、水文气象、地质和地形资料

（1）应收集水源含沙量、水质、降水量、蒸发量、气温、负气温积值、冻结历时和土壤冻深、风向、风速等水文气象资料。可采用条件相似的邻近水文、气象站（台）的多年资料平均值及极值，其资料系列不宜少于20年。排污渠道防渗工程，应调查分析污水水源及水质状况，必要时应进行水质化验。

（2）应取得渠道沿线岩石与土壤分类、断层、裂隙、滑坡和隐患等工程地质资料，以及土壤的颗粒组成、含水量、干密度、孔隙率、流塑限、有机质、可溶盐、冻胀性、湿陷系数和渗透系数等物理、力学、化学性质资料，必要时还应有土壤的抗剪强度指标。

（3）当地下水埋深小于5 m时，应取得地下水埋深、流向、补给与排泄条件、水质与污染源等水文地质资料。

（4）应取得项目区地形图、扩建或改建工程的渠系平面布置图和渠道纵横断面图，必要时还应有带状地形图。项目区总体布置图，比例尺可采用1∶25 000～1∶100 000；渠系平面布置图，比例尺可采用1∶5 000～1∶10 000；典型田间渠系布置图，比例尺可采用1∶500～1∶2 000；沿渠线带状地形图，比例尺可采用1∶1 000～1∶2 000。带状图宽度应视地形、工程规模和施工布置等条件而定。渠道纵断面图，比例尺可采用：水平1∶1 000～1∶25 000，垂直1∶100～1∶200；横断面图，比例尺可采用1∶100～1∶200。横断面的间距：地形平坦区为100～500 m，地形复杂区为20～100 m。地形变化处应加测横断面。

二、建筑材料和施工条件资料

（1）应收集工程所在地及附近的水泥、石灰、砂、石、膜料、沥青等建筑材料的产地、产（储）量、质量、开采与运输条件、单价等资料。

（2）应取得施工机械设备、技术人员、劳力供给、施工用水、电源、交通、通信和工期要求等施工条件资料。

三、社会经济状况资料

（1）项目区的行政区划资料。包括项目区所属省（自治区、直辖市）、县（市）的名称，以及项目所在地县（区）、乡（镇）、村组的数量、人口（农业人口、非农业人口）等。

（2）项目区的经济条件。包括当地农业生产水平、乡镇企业发展情况、工农业生产总值、耕地及其他用地的分布面积、作物种植结构、缺水范围与缺水程度、主要农产品价格、劳动力价格、经营管理水平等。对国内生产总值、单产与总产、人均年收入支出和生产管理体制等进行调查，以对投资的规模、能力及今后的管理和发展作出正确的评估。

（3）有关发展规划和相关文件资料。包括当地国民经济和社会发展规划、城乡建设规划、水利发展规划、灌区续建配套和节水改造规划、农业发展规划等，并收集当地作物生产资料，灌区用水现状以及相关标准、规范等资料。

（4）交通情况资料。包括项目区道路、运输能力及价格等，以进行投资效益计算。

四、灌溉用水资料

灌溉用水资料包括灌水时间、渠道农灌制度、灌水周期、灌水定额等。

五、其他资料

（1）扩建、改建工程，应对渠道渗漏情况和工程病害进行调查，取得原渠道的水力要素、渗漏量以及渠床土质和水分状况等资料。

（2）应取得建设单位对工程运用的要求，收集当地或类似已建成渠道防渗衬砌工程的设计与施工资料、管理运用经验、试验研究成果和竣工验收报告等资料。

第三节　渠道渗漏损失的计算

渠道渗漏损失是指由渠道渗入渠床而流失的水量。在论证渠道防渗的必要性和选择防渗方法时，都需要预先知道渠道的渗漏损失。

渗漏损失可用计算或实测的方法确定。影响渠道渗漏损失的因素有：渠床土的性质，地下水埋深，强透水层和相对不透水层的位置，渠道断面形状、水深、水温、流速、含沙量及挂淤情况，渠道输水历时，管理养护水平等。在理论计算中很难全面考虑这些因素，不得不简化一些条件，采取某些假设，所以理论公式计算的结果，只是一些近似数值。经验公式是根据一些实测数据统计而得的，应用时与某一渠道的具体条件不会完全一样。实测方法比较符合实际，因此一般多采用此方法，但往往又由于仪器设备的限制，有时成果亦不够理想。

虽然目前确定渗漏损失的方法都存在一些问题，但在实际工作中，仍可综合当地条件选用。这样，既解决了生产中的实际问题，同时通过应用和实践，也可以进一步改进现有的方法。本节主要讲述渠道渗漏损失的计算方法，渗漏损失的实测方法见第八章。

一、渠道渗漏的过程

渠道渗漏量随渗漏过程中所处的不同渗漏阶段而不同。渠道渗漏过程一般可分为自由渗漏和顶托渗漏两个阶段。

（一）自由渗漏

渠道渗漏不受地下水的顶托影响，即地下水峰未上升至渠底，渠道内的水流与地下水未形成连续水流时，称为自由渗漏。自由渗漏又可分为如下两个阶段：

（1）湿润土层阶段。在这一阶段中，渗漏水借重力和土的毛细管作用，逐渐湿润从渠底至地下水面之间的土层，如图 2-1 所示。湿润范围随时间延长而逐渐增大，渗径加长，渗透比降（$J=(h+H)/H$）减小，渗漏量也随之减小，为非稳定渗漏。在地下水浅埋及其出流条件较差的情况下，这一阶段的持续时间很短。这种渗漏情况，往往发生在轮灌的渠道或放水初期。

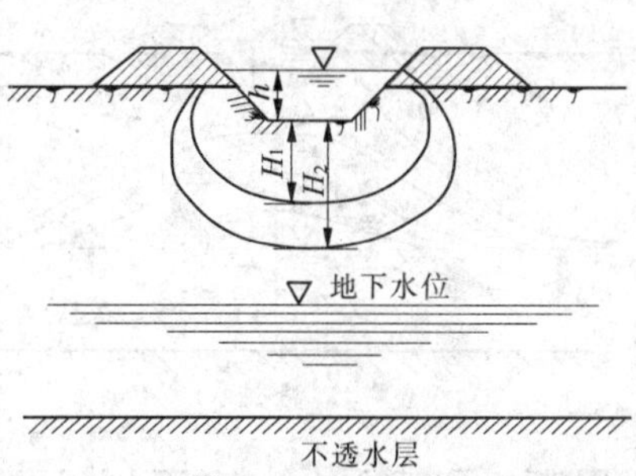

图 2-1　渠道渗漏水湿润土层示意图

（2）形成地下水峰阶段。经过湿润土层阶段，渗漏水到达地下水面之后，如果渠道的渗漏量 Q_φ 大于地下水向两侧的出流量 Q_c，就会发生地下水峰，并逐渐向上扩展，如图 2-2所示。如果地下水浅埋，又缺乏良好的地下水出流条件，则地下水峰将继续上升直至渠底，很快结束这一阶段。但是，当地下水深埋，并有良好的地下水出流条件时，则地下水峰上升得很慢，这一阶段就会持续很久，或者不可能上升至渠底，而长期稳定在某一位置，可称做稳定渗漏。这一阶段多发生在连续工作的渠道。

（二）顶托渗漏

当地下水峰上升至渠底，地下水与渠内的水相连接，渠道渗漏受到地下水的顶托影响时，称为顶托渗漏。在发生顶托渗漏初期，地下水面将继续向两侧扩展，使渗透比降减小，渗漏量也随之逐渐减小，为非稳定渗漏。经过一定时间之后，地下水位抬高到一定位置，地下水面将产生蒸发，当蒸发量 E 与渗漏量相等时，才可能发生稳定渗漏。如果在渠道附近有排水沟道，顶托渗漏则可较快地达到稳定状态，如图 2-3 所示，此时 $Q_\varphi/2=Q_c/2$。

二、渠道渗漏损失的计算

在缺乏实测资料的情况下，通过理论或经验公式计算，可对渠道渗漏损失进行定量预估，计算渠道渗漏损失的方法很多，这里只简要介绍几种应用较广的方法。

（一）无防渗层渠道的渗漏计算

1. 自由渗漏情况下的渠道渗漏损失

（1）在渠道放水初期（即湿润土层阶段），渗漏损失可按式（2-1）计算：

$$S_t = 0.0116K_t(b + 2\gamma_1 h\sqrt{1 + m^2}) \tag{2-1}$$

式中　S_t——从渠道放水开始后经过时间 t 的每千米渠长渗漏量，m^3/s；

K_t——t 时间的土壤渗透系数，m/d，可以从当地用同心环测渗法测出的 $K_t \sim t$ 关系曲线中查得；

b——渠底宽度，m；

h——渠道水深，m；

m——渠道边坡系数；

γ_1——考虑渠坡侧向毛细管渗吸的修正系数，$\gamma_1 = 1.1 \sim 1.4$，毛细管作用强烈时应选用较大值。

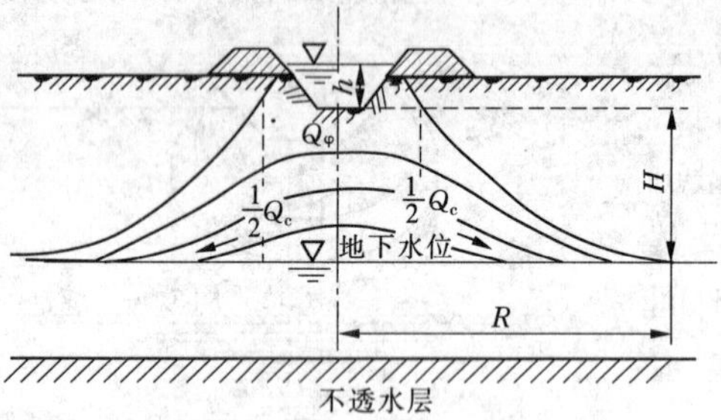

图 2-2　渠道渗漏水形成地下水峰示意图

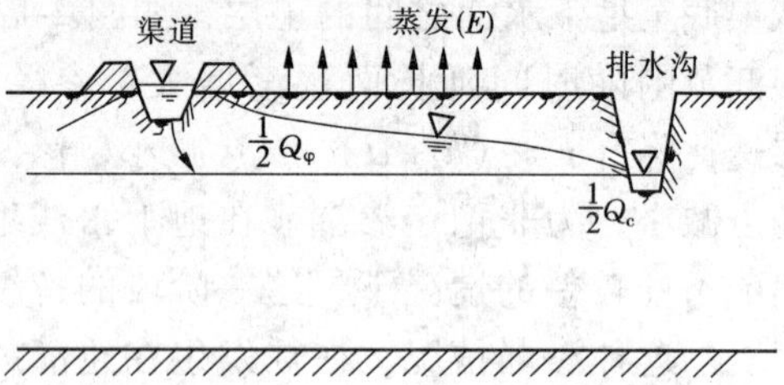

图 2-3　渠道渗漏水从排水沟排出示意图

（2）当渠道行水时间较长（即形成地下水峰阶段）时，可按式（2-2）或式（2-3）计算：

$$S = 0.0116K(b + 2\gamma_1 h\sqrt{1 + m^2}) \tag{2-2}$$

式中　S——每千米渠长渗漏量，m^3/s；

K——土壤渗透系数，m/d；

其余符号意义同前。

$$S = 0.0116K(B + Ah) \tag{2-3}$$

式中　B——渠道水面宽度，m；

A——系数，取决于 m 与 B/h 的值，见图 2-4。

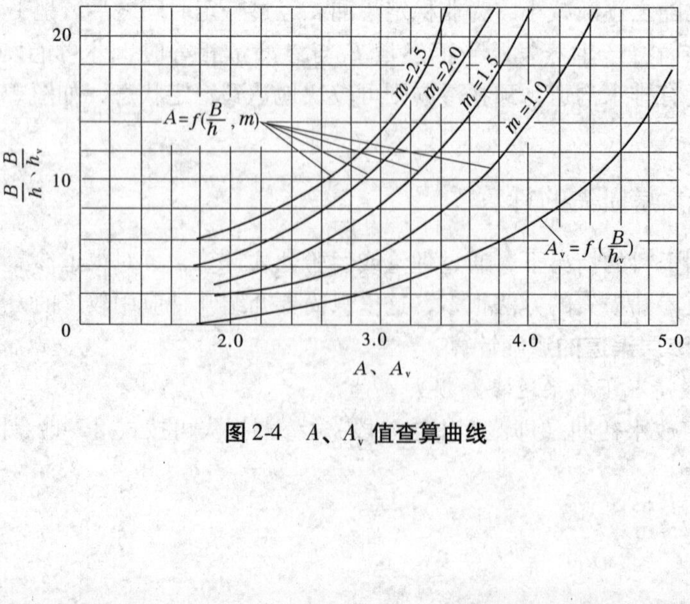

图 2-4　A、A_v 值查算曲线

当考虑土的毛细管渗吸影响时，对于大型渠道，式（2-3）中的 h 应改为 h_v；对于小型渠道，式（2-3）中的 A、h 应分别改为 A_v、h_v，则得

$$h_v = h + (0.75 \sim 1.0)H_k$$

$$A_v = f(B/h_v)$$

式中　H_k——毛细管水最大上升高度，m，见表 2-1。

表 2-1　不同土壤的 H_k 值

土壤种类	黏土	黏壤土	砂壤土	砂土
H_k（m）	2.0～4.0	1.5～3.0	1.0～1.5	0.5～1.0

（3）当进行初步设计时，如缺乏渠道断面尺寸和土壤渗透系数资料，渠道渗漏损失常用式（2-4）或式（2-5）估算：

$$S = \frac{A'}{100}Q^{1-m'} \tag{2-4}$$

或

$$\delta = \frac{S}{Q} \times 100\% = \frac{A'}{Q^{m'}} \times 100\% \tag{2-5}$$

式中　A'——土壤透水系数；

m'——土壤透水程度指数；

Q——进入渠道的流量，m^3/h；

δ——每千米损失的流量占该渠段净流量的百分数（%）；

其余符号意义同前。

对于不同地区，系数 A' 和指数 m' 应根据当地实测资料确定。西北水利科学研究所实测的陕西省泾、洛、渭三灌区的 A' 与 m' 值见表 2-2。在缺乏实测资料时，可参考采用表 2-3 中的数值。

表 2-2　陕西省泾、洛、渭三灌区 A' 与 m' 值

渠别	渠道底宽（m）	A'	m'
干渠	7.4	1.17	0.465
支渠	4.5	1.22	0.381
分支渠	2.2	1.84	0.364
斗渠	1.0	2.54	0.361

表 2-3　不同土壤的 A' 与 m' 值

土壤类别	适水性	A'	m'
重黏土或黏土	弱	0.70	0.30
重黏壤土	中下	1.30	0.35
中黏壤土	中	1.90	0.40
轻黏壤土	中上	2.65	0.45
砂壤土及轻砂壤土	强	3.40	0.50

2. 顶托渗漏情况下的渠道渗漏损失

如果地下水位较高，渠道渗漏受地下水顶托影响，则实际渗漏量将比自由渗漏公式计算的结果小。这种情况下的渗漏损失，目前虽有不少理论公式可以计算，但计算式都较烦琐，在工程设计中很少采用。一般可按上述自由渗漏公式的计算结果，再乘一个校正系数求得，即：

$$S_w = \gamma_2 S \tag{2-6}$$

式中 S_w——有地下水顶托情况下，每千米渠长的渗漏量，m^3/s；

S——自由渗漏情况下，每千米渠长的渗漏量，m^3/s；

γ_2——校正系数，由渠道流量及地下水埋深决定，其数值见表 2-4。

表 2-4　顶托渗漏量校正系数 γ_2

渠道流量（m^3/s）	地下水埋深（m）				
	<3	3	5	7.5	10
0.3	0.82	—	—	—	—
1.0	0.63	0.79	—	—	—
3.0	0.50	0.63	0.82	—	—
10.0	0.41	0.50	0.65	0.79	0.91
20.0	0.36	0.45	0.57	0.71	0.82
30.0	0.35	0.42	0.54	0.66	0.77
50.0	0.32	0.37	0.49	0.60	0.69
100.0	0.28	0.33	0.42	0.52	0.58

（二）有衬砌防渗层渠道的渗漏计算

渠道采取防渗措施后，其渗漏损失常采用式（2-7）估算：

$$S_F = \beta S \tag{2-7}$$

$$\beta + \alpha = 1$$

式中 S_F——有防渗层渠道每千米渠长的渗漏量，m^3/s；

S——无防渗层渠道每千米渠长的渗漏量，m^3/s；

β——渗漏量折减系数，其值见表 2-5；

α——防渗效果（即防渗后减少渗漏量的百分数）。

表 2-5　各种防渗措施的渗漏量折减系数

防渗措施	β	防渗措施	β
混凝土护面	0.15～0.05	塑料薄膜	0.10～0.05
灰土夯实	0.15～0.10	渠槽翻松夯实（深度大于 0.5 m）	0.30～0.20
黏土护面	0.40～0.20	渠槽原土夯实（影响深度 0.4 m）	0.70～0.50
浆砌石护面	0.20～0.10	人工淤填	0.70～0.50
沥青材料护面	0.10～0.05		

对于有土质防渗层（土料夯实层或挂淤层）的渠道，渗漏损失可按式（2-8）、式（2-9）计算：

$$S_F = 0.0116K_1\left(\frac{h+\delta_2+h_v}{\delta_2}b + 2h\sqrt{1+m^2}\frac{0.5h+\delta_1+h_v}{\delta_1}\right) \tag{2-8}$$

式中　K_1——防渗层的渗透系数，m/d，根据实测资料确定；

δ_1——渠坡防渗层厚度，m；

δ_2——渠底防渗层厚度，m；

h_v——在防渗层底部的负压，其值可取原渠床土壤毛细管水最大上升高度 H_k，当地下水位在渠底下的埋深小于 $2H_k$ 时，$h_v=0$；

其余符号意义同前。

$$S_F = 0.0116K_1\left[\frac{2h}{\sin\theta}\left(\frac{h}{2\delta_1}+\cos\theta\right)+\left(\frac{h}{\delta_2}+1\right)b\right] \tag{2-9}$$

式中　θ——边坡与水平面的夹角，(°)；

其余符号意义同前。

$$S_F = \frac{0.0116K(B+Ah)}{1+\frac{A\delta}{B}\left(\frac{K}{K_1}-1\right)} = \beta_1 S \tag{2-10}$$

其中

$$\beta_1 = \frac{1}{1+\frac{A\delta}{B}\left(\frac{K}{K_1}-1\right)} \tag{2-11}$$

式中　β_1——渗漏量折减系数；

δ——防渗层厚度，m；

A——系数，见图2-4；

B——渠道水面宽度，m；

K——渠床土壤渗透系数，m/d；

K_1——防渗层渗透系数，m/d；

其余符号意义同前。

显然，式（2-10）的适用条件是：$K_1<K$，$0<\delta<B/A$。

对于防渗效果不够好、渗流在防渗层下是连续的渠道，渗漏量用式（2-10）计算；对于防渗效果好、防渗层下的渗流不连续的渠道，其渗漏量用式（2-8）、式（2-9）计算。

第四节　选择衬砌与防渗技术措施应考虑的因素

渠道衬砌与防渗工程规划设计时，应根据各种衬砌与防渗技术措施的特点、防渗效果、适用条件，结合拟建渠道的基本资料，坚持因地制宜、经济合理、经久耐用、运用安全、管理方便的原则，选择适宜的技术措施。规划设计时应综合考虑下列影响因素。

一、气候条件

气候条件是选择衬砌与防渗技术措施应考虑的基本因素，它对防渗材料的耐久性和施工方法具有决定性作用，也是工程防冻胀设计的决定性因素。例如，沥青混凝土可用于有冻害地区，且沥青料来源有保证的各级渠道衬砌，石料衬砌可用于有抗冻、抗冲、耐磨要求的渠道衬砌。

二、地形条件

地形条件往往是决定渠道衬砌与防渗工程造价的重要因素，在各种工程措施中，砌石、混凝土等衬砌渠道，其允许流速大，较能适应地形的变化；而土保护层埋铺式膜料防渗渠道，允许流速小（为混凝土的1/6左右），只能用于较平坦地区。

三、基土性质

基土的渗透性是决定有无防渗必要和采取哪种防渗措施的关键，土的抗压强度、寒冷地区的冻胀敏感性等也是规划设计时应考虑的主要因素。如对黄土类及壤土类等基础好、渠床稳定的地区，一般采取混凝土、砌石等防渗措施。但在含膨胀性黏土或石膏以及孔状灰岩的渠基上，一般不宜采用刚性材料，应采取厚压实土料，或埋铺式膜料类的柔性防渗措施。对于湿陷性黄土渠基，防渗前作完浸水处理后，最好采用埋铺式膜料防渗，也可以改变渠线，使渠道绕过不良土质地带。无法改线时，可用砂、砾石或其他土料换基，以代替不良土壤。但此法造价高，除有抗冻害要求和附近有合适的代换材料外，一般不宜采用。

在选择衬砌与防渗技术措施时，应尽量考虑土渠开挖土方的应用问题。当开挖的土料可以用做膜料防渗的保护层时，宜采用埋铺式膜料防渗。

四、地下水位

地下水位高于渠底时，衬砌防渗层存在承受扬压力的问题。必须在衬砌防渗层下设置排水设施。在寒冷地区，地下水位的高低，是衬砌与防渗工程进行防冻胀设计时需要考虑的关键因素。

五、土地利用及输水方式影响

在耕地紧缺的地区，城郊及人口密集地区，应采用暗渠（管）、输水槽或边坡较陡的如U形、矩形断面等刚性材料防渗渠道，可以减少渠道占用耕地，提高土地利用率。

对于改建或扩建工程，为了改善旧有灌溉系统和用水方式，如合并地块，改连续输水为轮流输水，改变种植作物等，都应考虑采用刚性材料衬砌渠道，使输配水渠系占地小，流速快，提高灌溉效率。

六、衬砌与防渗标准

在水资源紧缺、水价高的地区，或者渗漏水有可能引起渠基失稳、影响正常运行的渠道，应采取标准较高的衬砌与防渗措施，如采取下铺膜料，上部用混凝土做保护层的措施。根据国外有关经验，厚 10 cm 的混凝土衬砌渠道，平均渗漏量为 21 L/(m^2·d)，混凝土衬砌层下加铺聚氯乙烯薄膜，可减少渗漏量 95%，并且运行 12 年节约的水量，就可以抵偿塑膜增加的投资。

七、材料来源

选择衬砌与防渗技术措施时，应本着因地制宜、就地取材的原则进行，且料源应充足。如石料丰富的地区，宜采取砌石衬砌措施；砂及砂砾石丰富的地区，宜采取混凝土衬砌措施。对于工程所在地无砂及砂砾石而又必须采取混凝土衬砌措施的重要工程，可以采用在其他地方预制混凝土板，运到当地施工，或采用人工制砂、碎石的方法。

八、劳动力、能源及机械设备供应情况

在劳动力较多、工资较低的地区，应采取充分利用劳动力的措施，如砌石衬砌、混凝土预制板砌筑。在劳动力紧缺地区，应采取施工机械化程度高的措施，如混凝土现场浇筑施工，以保证施工质量，加快施工进度，降低工程投资。

渠道衬砌的耐久性取决于衬砌形式、衬砌材料的质量、渠道的管理养护等。使用年限对计算工程的经济效益影响很大，设计时应慎重确定。

除以上影响因素外，在选择衬砌与防渗技术措施时，还应考虑工程耐久性、管理养护费用、工程投资等。

第五节　渠道衬砌与防渗工程布局

一、渠道衬砌与防渗工程布局的整体规划

渠道衬砌与防渗工程具有节水、节地以及保证输水安全等优点，但其投资较大，并且可能对地下水补给、生态环境保护产生一些负面影响。因此，灌区在进行渠道衬砌与防渗工程整体规划时，应进行科学论证和多种技术经济方案比较，对需要防渗衬砌的渠道（段），分出轻重缓急，统筹安排。

下列情况的渠道（段）应优先进行防渗衬砌：

（1）水资源严重紧缺，用水供需矛盾十分突出地区的渠道，水费成本较高的地区以及高扬程提水灌区的各级渠道；

（2）输水时间较长的干、支骨干渠道；

（3）渠床不稳定，如砂性土、湿陷性黄土、膨胀土等土质渠床以及傍山渠道、高填方渠道；

（4）长距离输水、渠床渗漏损失比较大的渠道；

（5）有土壤次生盐碱化潜在威胁、土壤含盐量较高、需要控制地下水位等地区的渠道；

（6）渠道纵坡坡降大，易产生冲刷危害的渠道；

（7）水源含沙量较大，需要提高水流挟沙能力，尽可能把泥沙输送到田间的渠道。

下列情况的渠道（段）进行防渗衬砌时，需要慎重研究和充分论证：

（1）地下水水质较好，具有良好的含水层，适宜于发展井灌地区的渠道；

（2）渠床土质为黏性土，且渗漏损失比较小的渠道；

（3）高寒地区冻胀严重的渠道；

（4）同时承担灌溉与排水的渠道；

（5）渠道防渗衬砌可能对渠道两侧生态环境产生明显不利影响的渠道。

二、防渗渠道工程级别和规模划分

防渗渠道设计应按照渠道工程级别或规模、不同设计阶段的要求，遵照国家有关规范，结合当地实际情况进行。防渗渠道工程级别和规模的划分标准见表2-6。

表2-6 防渗渠道工程级别和规模划分标准

工程级别	1	2	3	4	5	
规模	特大型	大型		中型		小型
渠道设计流量 Q（m^3/s）	$Q>300$	$300\geqslant Q>100$	$100\geqslant Q>20$	$20\geqslant Q>5$	$5\geqslant Q>2$	$Q\leqslant 2$

灌溉渠系水利用系数和灌溉水利用系数，应根据灌区规模确定，其规划设计值不应低于表2-7所列数值。

表2-7 灌溉渠系水利用系数和灌溉水利用系数

灌区规模	大型（>30万亩）	中型（30万~1万亩）	小型（<1万亩）
灌溉渠系水利用系数	0.55	0.65	0.75
灌溉水利用系数	0.50	0.60	0.70

三、渠道衬砌与防渗工程布局的原则

渠道衬砌与防渗工程布局影响整个灌溉系统的经济效益，因此规划布置时应做到合理控制、便于管理、保证安全、力求经济。对于改建或扩建的渠道衬砌与防渗工程，在确定整体工程布局时，应坚持维持现状和调整改造相结合的原则进行；新建渠道衬砌与防渗工程，应根据工程所在地的具体情况，经多方案的技术经济比较确定。在进行具体规划时，要作好调查研究，摸清地形、地质、水源等条件以及原有水利状况等，并遵循以下原则：

（1）干、支防渗渠道的布置应符合总体规划的要求，干渠应布置在灌区的较高地带，以便自流控制较大的灌溉面积。其他各级渠道亦应布置在各自控制范围内的较高地带，一般不设置越级配水渠道。

（2）使工程量和工程费用最小。一般来说，渠线应尽可能短直，以减少占地和工程量，并尽量避免穿越村庄。但在山区、丘陵地区，岗、溪、谷等地形障碍较多，地质条件比较复杂，若渠道沿等高线绕岗穿谷，可减少建筑物的数量和减小建筑物的规模，但渠线较长，土方量较大，占地较多；如果渠道直穿岗、谷，则渠线短直，工程量和占地较少，但建筑物投资较大。究竟采用哪种方案，要通过多方案经济比较才能确定。

（3）防渗渠道的位置应参照行政区划确定，尽可能使各用水单位都有独立的用水渠道，以利管理，并应为上、下级渠道的布置创造良好条件。

（4）确保渠道工程安全可靠。渠道沿线应有较好的地质条件，通过风化岩层和节理发育的破碎带以衬砌渠道为主，透水性较强的地带以采取防渗措施为主。干渠输水段还要考虑引水安全，一般布置成挖方，尽量避免高填和深挖。支渠以方便配水为主，一般可布置成半挖半填，以节省土方。新建渠道衬砌与防渗工程选线时，宜避开分散性土、膨胀性土、盐胀性土、冻胀性土地基等特殊土地段和有可溶盐类、裂隙、溶洞、滑坡体和地下水位高的不良地段。

（5）衬砌防渗渠道系统布局应结合排水系统规划进行。

（6）衬砌防渗渠道系统布置应和土地利用规划（如耕作区、道路、林带、居民点等规划）及农业区划密切结合，以提高土地利用率，方便生产和生活。

（7）当渠线必须转弯时，土质干、支渠的弯道曲率半径应大于干、支渠水面宽度的5倍；当受条件限制不能满足上述要求时，应采取防护措施。石渠或刚性护面渠道的弯道曲率半径可适当减小，但不应小于石渠或刚性护面渠道水面宽度的2.5倍。

四、衬砌与防渗渠道渠线确定

干、支渠道的渠线确定可分为查勘、纸上定线和定线测量三个步骤，简述如下：

（1）查勘。先在小比例尺（一般为1:50 000）地形图上按1:2 000～1:5 000的渠道比降，初步布置渠线位置，地形复杂的地段可布置几条线路比较，然后进行实际查勘，调查渠道沿线的地形、地质条件，估计建筑物的类型、数量和规模，对复杂地段要进行初勘和复勘，经反复分析比较后，初步确定一个可行的渠线布置方案。

（2）纸上定线。对经过查勘初步确定的渠线，测量带状地形图，比例尺为1:1 000～1:5 000，等高距为0.5～1.0 m，测量范围从初定的渠道中心线向两侧扩展，宽度为100～200 m。在带状地形图上准确地布置渠道中心线的位置，包括弯道的曲率半径和弧形中心线的位置，并根据沿线地形和输水流量选择适宜的渠道比降。在确定渠线的位置时，要充分考虑到渠道水位的沿程变化和地面高程。在平原地区，渠道设计水位一般应高于地面，形成半挖半填渠道，使渠道水位有足够的控制高程。在丘陵山区，当渠道沿线地面横向坡度较大时，可按渠道设计水位选择渠道中心线的地面高程，还应使渠线顺直，避免过多的弯曲。

（3）定线测量。通过测量，把带状地形图上的渠道中心线放到地面上去，沿线打上木桩，木桩的位置和间距视地形变化情况而定，木桩上写上桩号，并测量各木桩处的地面高程和横向地面高程线，再根据设计的渠道纵横断面确定各桩号处的挖、填深度和开挖位置，在平原地区和小型灌区，可用比例尺等于或大于1:10 000的地形图进行渠线规划，先在图纸上初定渠线，再进行实际调查，修改渠线，然后进行定线测量，一般不测带状地形图。斗、农渠的规划也可参照这个步骤进行。

五、不同级别渠道防渗形式选择

常用石料、混凝土、膜料和沥青混凝土等材料建立渠道防渗衬砌层，以达到防渗的目的。根据渠道衬砌与防渗工程的特点和适用性，针对不同级别渠道选择恰当的防渗形式。

（1）砌石防渗。是用浆砌料石、块石、卵石、石板，以及干砌卵石挂淤进行防渗。其具有抗冲性能好、施工简易、耐久性强的优点，但一般防渗能力较难保证，需劳动力多，适用于盛产石料地区的大、中、小型渠道防渗。

（2）混凝土防渗。是目前国内外最广泛采用的一种渠道防渗方法。其具有防渗效果好、耐久性好、糙率小、强度高、便于管理等优点，适用于各种地形、气候和运行条件的大、中、小型渠道防渗。

（3）膜料防渗。是用塑料薄膜、沥青玻璃纤维布或油毡等作为防渗层，再在其上设置保护层的防渗方法。其具有防渗效果好、适应变形能力强、材料质量轻、运输方便、造价较低以及施工简单等优点，是当前渠道防渗的发展趋势，适用于各种类型渠道的防渗。

（4）沥青混凝土防渗。是以沥青为胶结剂，与矿粉、矿物骨料（碎石或砾石和砂）经过加热、拌和、压实而成的防渗材料进行渠道防渗。其具有防渗效果好、适应变形能力强、不易老化、造价较低、容易修补等优点，但施工工艺要求严格，植物易穿透，适用于各种类型渠道的防渗。

第六节 生态环境与安全设施规划

一、渠道衬砌与防渗工程对生态环境的影响

（一）对地下水的影响

渠道防渗衬砌在取得显著节水效果的同时，对生态环境也产生一定的影响。研究表明，渠道衬砌虽然减少了输水过程的渗漏损失，但同时也减少了地下水回归水量，打破了区域内原有的水体相互联系和相互转化中形成的水循环体系。防渗衬砌前灌区输入原本对区域内的地下水产生周期性补给，对生态环境、农业生产环境等产生着积极的影响。如果只注意节水灌溉所产生的最直接有益效果，而完全忽视那些在以后才显现出来的负面效应，则会对水资源的涵养产生威胁，甚至破坏自然平衡。

据有关资料介绍，山东滕州市为解决水资源不足问题，20 世纪 80 年代中期就开始大力发展节水灌溉，井灌区已实现了小畦灌溉。但就是在推广节水灌溉时，地下水却出现了大面积漏斗区。又如，在井渠结合灌区或井灌区采取渠道衬砌后，虽然减少了地面供水量或地下水开采量，但同时也减少了对土壤水和地下水的补给量。

（二）对渠道内动植物多样性的影响

渠道不仅承担输水任务，还应成为绿色走廊、生态通道，从生态的角度，土质渠床是多种草、水生生物、昆虫的繁衍栖息场所，砌上光滑、没有生命气息的混凝土板，会

对地区的生物多样性产生不利影响。

随着人们环保意识的增强，越来越多的人开始注意到渠道防渗工程对周围环境产生负面的影响。原来土渠有着生气盎然的生物小群落，而经混凝土衬砌的渠道已不再充满生气，鱼类及一些水草无法生存，从而直接或间接地影响到周围的生态环境。例如，在较大区域（灌区）或大尺度（行政区域、全流域）推广应用渠系防渗等工程节水和田间节水技术，改变了地面水与地下水的自然转换规律，引起区域内和周边地区非灌溉范围的生态植被生长失衡、萎缩，甚至死亡，水田湿地功能减退，动植物生长环境改变而影响多样性。

近几年来，日本、欧洲等发达国家和地区越来越注重自然生态渠道的推广。考虑到微生物的活动和为昆虫，底栖、两栖动物提供饵料，以及水质与空气净化和堤岸保护等诸方面的生态因素，采用混凝土衬砌防渗必须慎重。经分析，在采用明渠灌溉时，生态较优的工程措施依次为土渠、干砌块石、混凝土砌块石、浆砌块石、混凝土板块现浇或预制。

为了解决这一问题，国内一些单位也作了有益尝试，如海南省陵水县在灌区节水改造工程中，只对渠道最高水位线以下的断面进行混凝土衬砌，最高水位线以上部分，种植人工草皮，既节省了投资，又改善了生态环境。又如天津市水利科学研究所研制开发的环保型绿色植被混凝土，采用无砂大孔隙混凝土，改善孔隙内碱环境，利于草植被生长，既加固渠堤，防止水土流失，又美化环境。

（三）对护渠林带的影响

在降水稀少的干旱、半干旱地区，干、支、斗等主要渠堤外侧要种植护渠林，它在保护渠坡的同时，还成为农田防护林网的组成部分。渠道在防渗衬砌前渗漏水成为树木生长所需水分的主要来源，防渗衬砌后通过渠堤的渗漏水减少，使其生长受到影响，需要增加为防护林灌溉的工程措施。

（四）衬砌与防渗材料对环境的影响

渠道衬砌与防渗材料对生态环境也有不利影响，如过去普遍应用的伸缩缝的填充材料焦油塑料胶泥，其主要成分为煤焦油，煤焦油中含有大量蒽、萘、酚类易挥发物质，对输水水质和环境均有一定的污染，这类材料将逐步被性能好、无毒、无环境污染的材料所代替。

（五）渠系对动物觅食或迁徙的影响

大、中型渠道通过人迹稀少的地区，常常对动物觅食或迁徙产生不利影响。因此，在规划设计时，在明渠段每隔一段距离建立动物迁徙通道，以利于动物的迁徙；在一定地段建立专门的动物饮水点，将对某些动物（特别是某些荒漠动物）的繁衍及防止大型动物跌入明渠起到积极作用。

（六）对水土流失的影响

从环境的角度讲，在农村水利现代化建设中，必须尽量减少混凝土的使用量。因为在混凝土的生产、制造中要消耗大量的砂石料和水泥，且1 000 kg水泥的生产过程中又会产生1 m^3 左右的 CO_2，大量使用混凝土，势必会产生山体破坏、水土流失和环境恶化等负面影响。例如，一个4.43万 hm^2 的砂性土壤灌区节水改造规划项目，当渠道混凝土防渗率达到38.8%时，需要衬砌混凝土量为13.01万t，即水泥1.63万t、黄砂3.25万t、碎石8.13万t，这要开采10万~15万m^3山体，产生近2.0万m^3的CO_2气体。若干年后，混凝土板块由于冻胀破损或年久老化，该如何处理，也是值得我们深思的。因此，灌区在采取混凝土衬砌防渗措施的同时，在小型机电灌区、井灌区也应大力推广和发展管道灌溉工程；对于地形较为复杂的灌区和多级提水灌区，从环境生态保护、水土保持和降低供水成本的角度考虑，建议规划应与农业产业结构调整相结合，也可以发展管道化灌溉工程。

二、衬砌与防渗渠道行水安全规划

为保证渠道行水安全，渠道衬砌与防渗工程规划设计时，必须注意以下几个问题：

（1）水位控制。为了保证输水安全，避免漫堤决口事故，渠道水位距戗道和堤顶的超高，一般应按《灌溉与排水工程设计规范》（GB 50288—99）的要求取值。对风力较大、水面较宽的渠道，超高值中还应计入波浪的高度。

（2）流速控制。渠道中流速过大或过小，将会发生冲刷或淤积，影响正常输水。所以，规划设计和管理运用时，必须控制流速。总的要求是渠道最大流速不应超过开始冲刷渠床流速的90%，最小流速不应小于落淤流速（一般不小于0.2~0.3 m/s）。引用清水时，流速可降低至0.2 m/s。当渠道的流速不易控制时，对易受冲刷部分应采取防冲措施，对渠道易淤部位，注意经常清淤，必要时可根据地形条件，采取裁弯取直、调整纵坡或增加通航渠道的超高及建排沙闸、沉沙池等措施，减少渠道的淤积。

（3）人畜安全。对于新建或改建的渠道衬砌与防渗工程，在规划设计时，对经过村庄或人员密集区的区段，可将明渠改为暗渠或暗管，其断面形式可以选择城门洞形或箱形等，如果必须采用明渠，应设置安全警示标志，在渠道外侧设置防护网，渠道内摆设救生绳索等防护设施，保护渠道运行期的人畜安全。

三、渠道防护设施规划

渠道防护工程是实现渠道基本功能的重要保障，传统的渠道防护技术方式主要包括保护渠道输水能力（渠道断面几何形状的稳定）和防渗（减少水量损失），多注重于保障渠道的输水功能，忽略了渠道在维持公共安全和社会稳定、保护生态环境等方面日益重要的作用。在现代水利的环境下，按照人水和谐的发展理念进一步创新和发展渠道防护技术，是目前亟待解决的问题。

（一）渠道防护的基本原则

（1）功能性原则。渠道必须首先保障输水这一基本功能。对大多数渠道来说，首先必须满足农业生产和经济社会发展对水的输送需求，具体工程中，须努力降低沿程水头损失和局部水头损失，减小渠道糙率，避免和防止渠坡发生冻融、渗透或人为破坏等，保证输水能力。

（2）人性化原则。渠道必须坚持以人为本，其构造形式能保障沿岸人畜安全，避免人畜溺水事故。

（3）生态性原则。将渠道作为改善生态环境的人工河流，充分认识和尊重自然规律，仿拟自然的有益功能和有益效果，恢复与保护生态，构建健康生态系统，提高生物多样性。同时，实现人水和谐，形成生态景观。

（4）经济性原则。充分利用当地材料，因地制宜，节省建设和管护资金；提供生物生存条件，增加渠道的附着经济、社会、环境效益。

（5）创新性原则。突破传统渠道防护观念和方式，采用新的理念、材料与技术方法进行生态－人文化的防护，在不影响输水能力的前提下提高空间异质性。

（二）现代水利环境下渠道防护的目标

根据上述要求和原则，渠道防护应实现以下目标：

（1）既能满足输水的要求，又是一条安全、优美、恬静的人工河。

（2）能有效避免和防止冻融、渗透等自然因素和人为因素对渠道的破坏。

（3）具有相对完善的渠道生态系统功能，形成尽量接近自然的渠系水生态系统。

（4）沿渠形成拟自然生态水岸和景观廊道，美化乡村环境，改善局地气候。

（三）两种兼顾输水、生态、社会发展要求的渠道防渗技术形式

1. 柔性生态透水墙防护技术

这是针对西部地区灌渠特点（季节性冻土、地下水渗透压力较大），遵循拟自然生态恢复的理念提出的一种新型渠道防护模式，其基本技术方式是用变径混凝土柱、高强度土工格栅仿拟植物根系网络作用，构筑柔性生态透水防护墙。这种技术方式的优点在于：有效防止渠道滑坡的同时，避免了冻胀、渗透破坏的威胁，缓解波浪冲刷，减少人畜落水的危险；同时仿拟自然的有益功能和效果，提高水岸绿化程度；沿渠道两侧可形成景观廊道和网络，增强亲水效果，体现人水和谐；形成的绿色水岸长廊，有利于水岸的稳定和水质的改善，提供水禽等生物栖息和被食性鱼类、两栖类动物繁衍的场地。

2. 改良的土工格栅纤维混凝土＋无砂混凝土防护技术

该技术方式根据渠道水生态系统的特点，在正常水位以下仍在格室内浇筑纤维混凝土，但不同点在于：当渠道较深、防护坡面较长时，应在一定高程上设置安全凹面，以保障人员不慎落水时有踏脚点，在正常水位以上则浇筑无砂混凝土。这种技术方式不仅继承了渠道防护面整体柔性、局部刚性、抗冻胀效果较好的优点，同时濒水超高部分为植物生长创造了条件，减少了泥土溅入或落入渠道的机会；无砂混凝土表面较大的粗糙度和安全凹面，在一定程度上也为避免人畜落水提供了帮助。

第三章　渠道衬砌与防渗材料及结构

第一节　渠道衬砌与防渗材料

我国渠道衬砌与防渗工程常用混凝土、石料、膜料和沥青混凝土等建立衬砌防渗层，或利用上述材料构成复合结构，达到衬砌防渗的目的。选用衬砌与防渗材料时，应根据渠道的运行条件、地区气候特点等具体情况，按照因地制宜、就地取材的原则合理选择料源充足的材料，并应分别满足渠道防渗、抗冻、强度等要求。

一、混凝土衬砌材料

普通混凝土是以水泥为胶凝材料，以砂、石为骨料加水拌和，经浇筑成型，凝结硬化形成的人造石材。其中，水泥和水构成水泥浆，包裹在骨料表面并填充砂的空隙形成砂浆，砂浆包裹石子颗粒并填充石子的空隙形成混凝土。在混凝土硬化前，水泥浆赋予拌和物一定的和易性，起润滑作用，使拌和物便于浇筑施工。水泥浆硬化后，则将骨料胶结成一个坚实的整体。混凝土中的砂称为细骨料（或细集料），石子称为粗骨料（或粗集料）。粗细骨料一般不与水泥发生化学反应，其作用是构成混凝土骨架，并对水泥的变形起一定的抑制作用。

（一）水泥

1. 选择水泥的原则

混凝土衬砌所用的水泥，主要取决于工程环境条件，必要时可对水泥的化学成分、矿物组成和细度提出专门要求。

选择水泥品种应符合下列原则：

（1）每一个渠道衬砌工程所用水泥品种以 1 ~ 2 种为宜，并应固定供应厂家。

（2）选用的水泥应符合现行国家标准的规定，水泥强度等级应与混凝土设计强度等级相对应。

（3）有抗冻要求时，宜选用硅酸盐水泥或普通硅酸盐水泥；环境水对混凝土有硫酸盐侵蚀性时，应选用抗硫酸盐水泥。

2. 常用水泥的性能及适用范围

混凝土衬砌的技术要求复杂、工程量大、消耗水泥多，选用水泥时，必须从技术、经济和管理上全面考虑。通用硅酸盐水泥是指以硅酸盐水泥熟料和适量的石膏、规定的混合材料制成的水硬性胶凝材料，按混合材料的品种和掺量分为硅酸盐水泥、普通硅酸盐水泥、矿渣硅酸盐水泥、火山灰质硅酸盐水泥、粉煤灰硅酸盐水泥和复合硅酸盐水泥。常用水泥的性能及适用范围见表 3-1。

表 3-1 常用水泥的性能及适用范围

品种	性能	适用范围	不宜使用
普通硅酸盐水泥	与硅酸盐水泥基本相同	与硅酸盐水泥基本相同	与硅酸盐水泥基本相同
矿渣硅酸盐水泥	早期强度较低，后期强度增长快；水化热低；耐腐蚀性较强；抗冻性较差；干缩性较大；抗碳化性能差；耐磨性较差；抗渗性差；耐热性好；湿热养护效果好	大体积混凝土工程，受侵蚀的混凝土，耐热混凝土，蒸汽养护的构件	有抗碳化要求的混凝土，有抗渗要求的混凝土，早强混凝土
火山灰质硅酸盐水泥	早期强度较低，后期强度增长快；水化热低；耐腐蚀性较强；抗冻性较差；干缩性较大；抗碳化性能差；耐磨性较差；抗渗性好；湿热养护效果好	大体积混凝土工程，受侵蚀的混凝土，抗渗混凝土，蒸汽养护的构件	有抗冻要求的混凝土，有抗碳化要求的混凝土，早强混凝土，干燥气候条件下的混凝土
粉煤灰硅酸盐水泥	早期强度较低，后期强度增长快；水化热低；耐腐蚀性较强；抗冻性较差；抗碳化性能差；耐磨性较差；抗渗性差；干缩性小，抗裂性好；湿热养护效果好	大体积混凝土工程，受侵蚀的混凝土，蒸汽养护的预制构件，承受荷载较迟的混凝土	有抗冻要求的混凝土，有抗碳化要求的混凝土，干燥气候条件下的混凝土，路面混凝土，早强混凝土
复合硅酸盐水泥	早期强度较低，后期强度增长快；水化热低；耐腐蚀性较强；抗冻性较差；抗碳化性能差；耐磨性较差；湿热养护效果好	大体积混凝土工程，受侵蚀的混凝土，蒸汽养护的预制构件	有抗冻要求的混凝土，有抗碳化要求的混凝土，干燥气候条件下的混凝土，路面混凝土

3. 水泥的运输、保管和使用

运至工地上的每一批水泥，应有生产厂家的出厂合格证和品质试验报告，使用单位应进行检验，必要时应进行复验。水泥的运输、保管和使用，应遵守下列规定：

（1）优先使用散装水泥。

（2）运到工地的水泥，应按标明的品种、强度等级、生产厂家和出厂批号，分别储存到有明显标志的储罐或仓库中，不得混装。

（3）水泥在运输过程中应防水、防潮，已受潮结块的水泥应经处理并检验合格方可使用。罐储水泥宜一个月倒罐一次。

（4）水泥仓库应有排水、通风措施，保持干燥。堆放袋装水泥时，应设防潮层，距地面、边墙至少 30 cm，堆放高度不得超过 15 袋，并留出运输通道。

(5) 散装水泥运至工地的入罐温度不宜高于65 ℃。

(6) 先出厂的水泥应先用。袋装水泥储运时间超过3个月，散装水泥超过6个月，使用前应重新检验。

(7) 应避免水泥的散失浪费，作好环境保护。

(二) 骨料

混凝土中所用的骨料按粒径大小分为两种：粒径大于5 mm的称为粗骨料（石料），粒径小于5 mm的称为细骨料（砂料）。混凝土中的粗、细骨料的体积之和约占总体积的80%，甚至更多，故骨料的质量将直接影响到混凝土的性质，选用时应予重视。骨料应根据优质、经济、就地取材的原则进行选用，可选用天然骨料、人工骨料，或两者互相补充。选用人工骨料时，有条件的地方宜选用石灰质的料源。未经专门论证，不得使用碱活性骨料。

1. 细骨料（砂料）

混凝土中所用细骨料（砂料），一般是由天然岩石长期风化等自然条件形成的天然砂。根据产源不同，天然砂可分为河（江）砂、海砂和山砂三类。如无条件，也可使用人工砂。细骨料（砂料）选用时，应符合下列要求：

(1) 砂料应质地坚硬、清洁、级配良好，天然砂的细度模数宜为2.2～3.0，人工砂的细度模数宜为2.4～2.8，人工砂饱和面干的含水量不宜超过6%。

(2) 混凝土可采用中砂或粗砂，砂浆可采用中砂或细砂。在缺乏中砂和粗砂地区，渠道流速小于3 m/s时，可采用细砂或特细砂。

(3) 砂料中有碱活性骨料时，应进行专门试验论证，以防止发生碱－骨料反应。

细骨料（砂料）的质量要求应符合表3-2的规定。天然砂的级配，可参考表3-3中的数值选用。

表3-2 细骨料（砂料）的质量要求

项目		混凝土用砂		说明
		天然砂	人工砂	
含泥量（%）	不小于 $C_{90}30$ 和有抗冻要求	≤3	—	含泥量是指料径小于0.08 mm的细屑、淤泥和黏土的总量，不应含有黏土团粒
	$<C_{90}30$	≤5		
泥块含量		不允许	不允许	
石粉含量（%）		—	6～18	指小于0.15 mm的颗粒
坚固性（%）	有抗冻要求	≤8	≤8	指用硫酸钠溶液法5次循环后的质量损失率
	无抗冻要求	≤10	≤10	
云母含量（%）		≤2	≤2	
表观密度（kg/m^3）		≥2 500	≥2 500	表观密度小于2 000 kg/m^3的物质
轻物质含量（%）		≤1	—	
硫化物及硫酸盐含量（%）		≤1	≤1	折算成SO_3，按质量计
有机质含量		浅于标准色	不允许	如深于标准色，应配成砂浆，进行强度对比试验
水稳定等级		—	—	

表 3-3 天然砂的级配范围

筛孔尺寸（mm）	累计筛余量（%）		
	Ⅰ区	Ⅱ区	Ⅲ区
5	0	0 ~ 8	8 ~ 15
2. 5	3 ~ 10	10 ~ 25	25 ~ 40
1. 25	5 ~ 30	30 ~ 50	50 ~ 70
0. 63	30 ~ 50	50 ~ 67	67 ~ 88
0. 315	55 ~ 70	70 ~ 83	83 ~ 95
0. 16	85 ~ 90	90 ~ 94	94 ~ 97

注：累计筛余量允许稍超出表列数值，但几种粒径的累计筛余量之和不得超出 5%。

2. 粗骨料（石料）

粗骨料（石料）应洁净、坚硬、无裂纹和级配良好，最大粒径不应超过素混凝土板厚度的 1/3 ~ 1/2、构件断面最小边长的 1/4 和钢筋净间距的 2/3。抗压强度宜大于混凝土强度的 1. 5 倍。温和地区的中小型渠道混凝土衬砌工程，当没有合格的粗骨料时，允许选用抗压强度大于 10. 0 MPa 的石料，拌制抗压强度为 7. 5 ~ 10. 0 MPa 的混凝土。当选用含有活性成分、黄锈和钙质结核等粗骨料时，必须进行专门试验论证。

由于混凝土应具有较高的密实度，所以要求粗骨料的级配应使其空隙率最小。骨料空隙率小，不仅节约水泥，还可以提高混凝土的抗渗性以及耐久性。当最大料径为 40 mm 时，常分成两级，即粒径 5 ~ 20 mm 的占 40% ~ 45%，粒径 20 ~ 40 mm 的占 55% ~ 60%。采用连续级配还是间断级配，最好由试验来确定。如采用间断级配，应注意运输中混凝土的分层离析问题。粗骨料（石料）的质量要求应符合表 3-4 中的规定。

表 3-4 粗骨料（石料）的质量要求

项目		指标	说明
含泥量（%）	D_{20}、D_{40} 粒径级	≤1	
	D_{80}、D_{150}（D_{120}）粒径级	≤0. 5	
坚固性（%）		≤5	有抗冻要求的混凝土
		≤12	无抗冻要求的混凝土
泥块含量		不允许	
硫酸盐及硫化物含量（%）		≤0. 5	折算成 SO_3，按质量计
有机质含量		浅于标准色	如深于标准色，应进行混凝土强度对比试验，抗压强度比不应低于 0. 95
表观密度（kg/m^3）		≥2 550	
吸水率（%）		≤2. 5	
针片状颗粒含量（%）		≤15	碎石经试验论证，可以放宽到 25%
各级骨料的超、逊径含量（%）		超径小于 5，逊径小于 10	以原孔筛检验

（三）水

研究表明，用于拌制和养护混凝土的水的水质，对混凝土的凝结硬化、强度发展和耐久性等都有影响。为了保证混凝土的各项技术性能，应控制混凝土拌和及养护用水的质量。《水工混凝土施工规范》（DL/T 5144—2001）规定：凡符合国家标准的饮用水，均可用于拌和与养护混凝土；而未经处理的工业污水和生活污水则不得用于拌和与养护混凝土。

地表水、地下水和其他类型水在首次用于拌和与养护混凝土时，须按现行的有关标准，经检验合格后方可使用。检验项目和标准应符合以下要求：

（1）混凝土拌和及养护用水与标准饮用水试验所得的水泥初凝时间差及终凝时间差均不得大于 30 min。

（2）混凝土拌和及养护用水配制水泥砂浆 28 d 抗压强度不得低于用标准饮用水拌和的砂浆抗压强度的 90%。

（3）拌和与养护混凝土用水的 pH 值和水中的不溶物、可溶物、氯化物、硫酸盐的含量应符合表 3-5 的规定。

表 3-5　拌和与养护混凝土用水的指标要求

项目	钢筋混凝土	素混凝土
pH 值	>4	>4
不溶物（mg/L）	<2 000	<5 000
可溶物（mg/L）	<5 000	<10 000
氯化物（以 Cl^- 计）（mg/L）	<1 200	<3 500
硫酸盐（以 SO_4^{2-} 计）（mg/L）	<2 700	<2 700

（四）外加剂

混凝土外加剂是指在拌制混凝土的过程中，掺入的用以改善混凝土性能的物质。其掺量一般不大于水泥质量的 5%。掺用适当的外加剂可以改善混凝土性能，提高工程质量，降低造价。混凝土外加剂种类很多，按照主要功能的不同，把外加剂分为四类：①改善混凝土拌和物流变性能的外加剂，如减水剂、引气剂、泵送剂等；②调节混凝土凝结时间和硬化性能的外加剂，如缓凝剂、早强剂等；③改善混凝土耐久性的外加剂，如防水剂、阻锈剂、抗冻剂（也称防冻剂，冬季施工使用，对提高耐久性关系不大）等；④提供特殊性能的外加剂，如加气剂、膨胀剂、着色剂等。以下介绍常用的减水剂、引气剂、早强剂及缓凝剂等。

1. 减水剂

减水剂是指在混凝土拌和物坍落度基本相同的条件下，能减少拌和用水量的外加剂。减水剂是一种阴离子表面活性剂，其分子是由亲水基团和憎水基团两部分构成的。当水泥加水拌和后，若无减水剂，则由于水泥颗粒之间分子凝聚力的作用，水泥浆形成絮凝结构，会将一部分拌和用水（游离水）包裹在水泥颗粒的絮凝结构内，从而降低混凝土拌和物的流动性。如在水泥浆中加入减水剂，则减水剂的憎水基团定向吸附于水泥颗粒表面，使水泥颗粒表面带有相同的电荷，在电性斥力作用下，使水泥颗粒分开，从而将絮凝结构内的游离水释放出来。另外，减水剂还能在水泥颗粒表面形成一层溶剂水膜，在水泥颗粒间起到很好的润滑作用。减水剂的吸附－分散和湿润－润滑作用，使混凝土拌和物在不增加用水量的情况下，增加了流动性。

由此可见，在混凝土中掺入减水剂后，若不减少拌和用水量，能明显提高拌和物的流动性。当减水而不减少水泥时，则能提高混凝土强度；若减水，同时适当减少水泥，则能节约水泥用量。通常把减水剂按减水效果分为普通减水剂和高效减水剂。

施用普通减水剂后，在保证混凝土工作度及强度不变的条件下，可节省水泥用量；在保证混凝土工作度及水泥用量不变的条件下，可减少用水量，提高混凝土强度；在保持混凝土用水量及水泥用量不变的条件下，可增大混凝土流动性。

高效减水剂，则能在保证混凝土工作度及水泥用量不变的条件下，大幅度减少用水量，制备早强、高强混凝土；在保持混凝土用水量及水泥用量不变的条件下，可增大混凝土流动性，制备大流动性混凝土。

一般普通减水剂适宜在日最低气温5 ℃以上条件下施工的混凝土，不宜单独用于蒸汽养护混凝土。高效减水剂可用于日最低气温0 ℃以上条件下施工的混凝土，并适用于制备大流动性混凝土、高强混凝土以及蒸汽养护混凝土。

2. 引气剂

引气剂是一种憎水性表面活性剂，通过其表面活性作用，在混凝土拌制过程中能引入大量均匀分布、稳定而封闭的微细气泡。一般加入引气剂的混凝土含气量为3%～6%，这些气泡在混凝土硬化后仍保留在混凝土中。一方面，由于气泡的存在，减少了水泥颗粒之间的摩擦，能改善混凝土拌和物的和易性。封闭的气泡还能有效地阻断毛细孔通道，并能减小泌水造成的孔隙，从而提高抗渗性。此外，引入的封闭气孔对水结冰时的膨胀也能起到缓冲作用，提高了混凝土的抗冻性及耐久性。另一方面，由于气泡的存在，混凝土的强度将会受到影响，一般混凝土中含气量增加1%，其抗压强度将降低4%～6%，所以引气剂的掺量必须适当。

兼有引气和减水功能的外加剂，称为引气减水剂。在渠道衬砌工程中，引气剂及引气减水剂多用于有抗冻、抗渗及有抗硫酸盐等要求的混凝土中。引气剂不得应用于蒸汽养护混凝土及预应力混凝土。

3. 早强剂

早强剂是指能加速混凝土早期强度发展的外加剂，兼有早强和减水功能的外加剂称为早强减水剂。早强剂的特性是能促进水泥的水化和硬化，提高早期强度，缩短养护周期，从而增加模板和场地的周转率，加快施工进度。早强剂特别适用于冬季施工（最低气温不低于－5 ℃）和紧急抢修工程。

对氯盐、含氯盐的复合早强剂及早强减水剂，不宜在钢筋混凝土及预应力混凝土中使用。在对混凝土的耐久性或其他性能有特殊要求的混凝土中使用时，还应通过试验确定其品质及掺量。

4. 缓凝剂

缓凝剂是延缓混凝土凝结时间，而不显著影响混凝土后期强度的外加剂。兼有缓凝和减水功能的外加剂则称为缓凝减水剂，最常用的是木质素磺酸钙和糖蜜。

缓凝剂主要用于要求延缓混凝土凝结时间的施工中。如在炎热、高温季节、运距长的情况下，使用缓凝剂可防止混凝土拌和物发生过早坍落度损失；又如分层浇筑的混凝土，为了防止出现冷缝，常加缓凝剂；另外，在大体积混凝土中为了延长放热时间，也可加入缓凝剂。

由于在高温情况下，混凝土稠度变小，容易变硬，为了保持良好的流动性，则需增加用水量，一般温度每增高 10 ℃，须增加 3% ~5% 用水量，而这会降低混凝土的后期强度。加入缓凝剂或缓凝减水剂可以调节混凝土凝结硬化速度，使一定的坍落度可保持较长时间。

缓凝剂及缓凝减水剂一般不宜用于日最低气温 5 ℃以下施工的混凝土，在有早强要求的混凝土、蒸汽养护混凝土以及水泥用量较低、水灰比较大的贫混凝土中也不宜施用。

各类外加剂不仅可用来改变混凝土拌和物及其在硬化过程中或硬化以后的某些性能，从而改善混凝土的各项物理力学性质，还可利用它配制出有某些特殊要求的混凝土，因而外加剂几乎已成为混凝土不可缺少的组成材料。为了达到预期的效果，选择外加剂时，应根据混凝土的性能要求、施工需要，并结合工程选定的混凝土原材料进行适应性试验，经可靠性论证和技术经济比较后，选择合适的外加剂种类和掺量。小型渠道混凝土外加剂的掺量可参考表 3-6 选用。各种外加剂的品质及其应用，都应符合现行的国家和行业标准。

表 3-6　小型渠道混凝土外加剂的掺量

类型代号	主要成分	主要性能和用途	掺量（占水泥质量百分数,%）
M 型减水剂等	木质素碳酸钙	减水 5% ~10%，含气量 3% ~4%，龄期 28 d 的抗压强度提高 10% ~15%，或相应强度下可节省水泥用量 10% 左右	0.2 ~0.7
PC－2 型引气剂等	松香皂及其热聚合物	引气、减水。适用于有抗冻、防渗要求的水工混凝土工程	0.005 ~0.010
红星Ⅰ型速凝剂等	铅氧熟料烧碱、石灰	适用于喷射混凝土工程	2.0 ~6.0
F 型早强剂等	氯化钠、碳酸钠	早强、减水、防冻。适用于冬季施工的混凝土及蒸汽养护混凝土	2.0 ~5.0
3FG－2 型缓凝减水剂等	蔗糖酒精废液、烤胶废液、磺化物	缓凝、减水、后期增强。适用于夏季施工的混凝土工程	0.2 ~0.3
萘系 DH－3 型减水剂	磺酸盐类物质	减水 16.3% ~27%，含气量 2% ~3%，节省水泥 15.9% ~27.4%，龄期28 d 的抗压强度提高 5% ~20%，抗冻性好	0.5 ~0.7

（五）掺合料

在配制混凝土时掺入的质量大于水泥质量5%的天然或人造矿物粉末，称为混凝土掺合料。渠道衬砌工程对混凝土强度要求不高，若在配制混凝土时加入适量的掺合料，既可促进水泥水化产物的进一步转化，又可收到节约水泥、改善混疑土性能、调节混凝土强度等级的效果。因此，在混凝土中使用掺合料，其技术、经济和环境效益是十分显著的。目前，掺合料已成为混凝土第六组分而得到广泛应用。

工程中常用的掺合料可分为活性矿物掺合料和非活性矿物掺合料两大类：

（1）活性矿物掺合料。掺合料本身不硬化或硬化速度很慢，但能与水泥水化生成的 $Ca(OH)_2$ 在常温下发生化学反应，生成具有胶凝性的组分，如粒化高炉矿渣粉、粉煤灰、硅灰等材料。

（2）非活性矿物掺合料。一般与水泥组分不起化学反应，或化学作用很小，如磨细石英砂、石灰石，或活性指标达不到要求的矿渣等材料。

目前，混凝土中使用的掺合料品种很多，主要使用的掺合料是粉煤灰。粉煤灰是从煤粉炉排出的烟气中收集的微细粉末，由大部分直径以μm计的实心微珠和空心微珠以及少量的多孔玻璃体、玻璃体碎块、结晶体和未燃尽碳粒等矿物质组成。

粉煤灰按钙含量分为高钙灰（CaO 含量大于10%）和低钙灰（CaO 含量小于10%）。由褐煤燃烧形成的粉煤灰呈褐黄色，为高钙灰，具有一定的水硬性；由烟煤和无烟煤燃烧形成的粉煤灰呈灰色或深灰色，为低钙灰，具有火山灰活性。低钙灰来源广泛，是当前国内外用量最大、使用范围最广的混凝土掺合料。粉煤灰按排放方式，分为湿排灰和干排灰两种。湿排灰含水量大，活性降低较多，质量不如干排灰。干排灰按收集方法的不同，又分为静电收尘灰和机械收尘灰两种。静电收尘灰颗粒细、质量好，机械收尘灰颗粒较粗、质量较差。为改善粉煤灰的品质，可对粉煤灰进行再加工，经磨细处理的称为磨细灰；采用风选处理的，称为风选灰；未经加工的称为原状灰。

混凝土对粉煤灰的技术要求，除限制其有害组分含量和一定细度外，主要着重其强度活性。《用于水泥和混凝土中的粉煤灰》（GB/T 1596—2005）规定，用于拌制混凝土和砂浆用的粉煤灰的质量应符合表3-7中的要求。

表3-7　粉煤灰的质量要求

指标	粉煤灰级别		
	Ⅰ	Ⅱ	Ⅲ
细度（0.045 mm方孔筛筛余量）（%），不大于	12	25	45
烧失量（%），不大于	5	8	15
需水量比（%），不大于	95	105	115
三氧化硫（%），不大于	3	3	3
含水量（%），不大于	1	1	1

注：代替骨料或用以改善和易性的粉煤灰不受此限。

粉煤灰成品按细度、烧失量和需水量比（掺30%粉煤灰的水泥浆标准稠度用水量和纯水泥浆标准稠度用水量之比）可分为Ⅰ级、Ⅱ级、Ⅲ级三个等级。Ⅰ级粉煤灰一般为静电收尘灰，可用于普通钢筋混凝土工程和跨度小于6 m的预应力混凝土构件；Ⅱ级粉煤灰多数为机械收尘灰，主要用于普通钢筋混凝土及素混凝土；Ⅲ级粉煤灰主要用于中低强度等级的素混凝土或以代砂方式掺用的混凝土工程，大多数机械收尘的原状灰含碳量较高或粗颗粒含量较多者属Ⅲ级粉煤灰。

根据使用条件和方法不同，混凝土掺用粉煤灰后可产生以下三方面的效果：

（1）在等量掺入的条件下，可节约水泥并减少混凝土发热量。资料表明，粉煤灰替代20%水泥，可使7 d水化热降低11%，替代30%水泥可降低25%。同时，可以改善混凝土和易性，提高混凝土抗渗性，常用于大体积混凝土。此时，由于粉煤灰活性较低，混凝土早期及28 d龄期强度降低，但随着龄期的延长，掺粉煤灰混凝土强度可逐步赶上基准混凝土（不掺粉煤灰的混凝土）。

（2）在保持水泥用量不变的条件下，掺入粉煤灰并减少混凝土中砂的用量，称为粉煤灰代砂。由于粉煤灰具有火山灰活性，混凝土强度将高于基准混凝土。同时，混凝土黏聚性及保水性将显著优于基准混凝土。

（3）在超量掺入的条件下，可保持混凝土28 d龄期强度及和易性不变。即粉煤灰的掺入量大于所取代的水泥量，多出的粉煤灰取代同体积的砂，混凝土内石子用量及用水量基本不变。

混凝土中掺入粉煤灰时，常与减水剂或引气剂等外加剂同时掺用，称为双掺技术。减水剂使粉煤灰的潜在活性得到充分发挥，还可以克服某些粉煤灰增大混凝土需水量的缺点；引气剂的掺用，可以解决粉煤灰混凝土抗冻性较差的问题。

二、砌石衬砌材料

砌石衬砌渠道一般采用水泥砂浆（或细石混凝土）砌筑，其原材料包括水泥、细骨料（砂料）和石料等。水泥、细骨料（砂料）以及拌制砂浆用水的质量要求与混凝土相同。

（一）石料

砌石衬砌渠道选用石料时，应符合下列要求：

（1）石料应洁净、坚硬、无风化剥落和裂纹。

（2）料石应外形方正、六面平整，表面凸凹不大于10 mm。

（3）块石应上下面大致平整、无尖角薄边，块重不小于20 kg，厚度不小于20 cm。

（4）选用卵石时，以矩形的最好，其后依次为椭圆形、锥形，最后为扁平形。球形的卵石，一方面因运输不便，且不易砌紧，另一方面易受水流冲动，故不宜选用。卵石的长径与防渗层厚度及料源情况有关，一般长径应不小于20 cm。

（5）石板应选用矩形，表面平整且厚度不小于3 cm。

（二）石灰

当采用水泥石灰混合砂浆时，应采用锻烧适度、色白质纯的新鲜石灰，石灰中氧化钙和氧化镁的总含量（按干重计）不应小于75%，其质量要求应符合表3-8的规定。

块状生石灰在放置过程中，会缓慢吸收空气中的水分而自动熟化成消石灰粉，再与空气中的二氧化碳作用生成碳酸钙，失去胶结能力。因此，要求使用新鲜的石灰，并且储存石灰应注意防潮，储存期不宜过久。最好是将石灰运到工地立即熟化成石灰膏，把储存期变成陈伏期。由于石灰熟化过程中，放出大量的热并伴随着体积膨胀，所以储存和运输生石灰时应注意安全。

表 3-8　生石灰的质量要求

项目	钙质生石灰			镁质生石灰		
	优等品	一等品	合格品	优等品	一等品	合格品
（CaO + MgO）含量（%），不小于	90	85	80	85	80	75
未消化残渣含量（5 mm 圆孔筛筛余量）（%），不大于	5	10	15	5	10	15
二氧化碳含量（%），不大于	5	7	9	6	8	10
产浆量（L/kg），不小于	2.8	2.3	2.0	2.8	2.3	2.0

三、膜料防渗材料

膜料防渗多采用埋铺式，其结构一般包括膜料防渗层、过渡层和保护层等，选用材料应符合相应的要求。

（一）防渗膜料

防渗膜料应具有良好的防渗性、变形能力和强度，能够适应环境水温与气温的变化，具有较大的膜面摩擦系数和幅宽，从而节约投资，提高防渗效果，减小施工中的损坏率。选用膜料时，应结合工程实际，考虑膜料的性能、价格、产品质量、工程中的应用经验等。目前，国内渠道防渗方面应用较多的膜料主要有聚合物类膜料、沥青类膜料和复合土工膜三大类。另外，钠基膨润土防水毯（GCL）也开始试验应用于渠道防渗工程。

1. 聚合物类膜料

聚合物类膜料是以高分子聚合物为基本原料的防水阻隔型材料，具有防渗性好、比重较小、延伸性较强、适应变形能力高、耐腐蚀等优点，是目前发展极为迅速的一类合成高分子柔性材料。渠道防渗通常采用聚乙烯薄膜（PE）、聚氯乙烯薄膜（PVC）及其改性塑料薄膜作为防渗材料（简称塑膜），其质量应符合表 3-9 的规定。聚乙烯薄膜可用于 -50 ℃以下，而聚氯乙烯薄膜只能用于 -15 ℃以下。前者适用的低温范围大，故在寒冷地区应优先选用聚乙烯膜料。但聚乙烯膜料抗拉强度低于聚氯乙烯，故在芦苇等植物丛生的地区，宜优先选用聚氯乙烯膜料。

2. 沥青类膜料

沥青类膜料是将改性沥青或沥青玛琋脂均匀涂于玻璃纤维布上压制而成的，它克服了纸胎油毡抗拉强度低的缺点，提高了适应冻胀变形的能力，与塑膜相比其抗老化、抗裂、抗穿透能力强，但运输量大，造价稍高。厚度宜为 0.60 ~ 0.65 mm。采用沥青玻璃纤维布油毡（简称油毡）作为防渗材料时，应厚度均匀，无漏涂、划痕、折裂、气泡及针孔，在气温0～40 ℃下易于展开，其质量应符合表3-10的规定；采用弹性体改性沥青防水卷材（SBS）、塑性体改性沥青防水卷材（APP）等多种类型的改性沥青及高分子防水卷材时，其性能应符合国家现行有关技术标准的规定。

表3-9 塑膜的质量要求

项目	聚乙烯	聚氯乙烯
密度（kg/m^3）	≥900	1 250～1 350
断裂拉伸强度（MPa）	≥12	纵向不小于15，横向不小于13
断裂伸长率（%）	≥300	纵向不小于220，横向不小于200
撕裂强度（kN/m）	≥40	≥40
渗透系数（cm/s）	$<10^{-11}$	$<10^{-11}$
低温弯折性	-35 ℃无裂纹	-20 ℃无裂纹
-70 ℃低温冲击脆化性能	通过	—

表3-10 油毡的质量要求

项目	技术指标
单位面积涂盖材料质量（g/m^2）	≥500
不透水性（动水压法，保持15 min）（MPa）	≥0.3
吸水性（24 h，18 ℃±2 ℃）（$g/(100\ cm^2)$）	≤0.1
耐热度（80 ℃，加热5 h）	涂盖无滑动，不起泡
抗剥离性（剥离面积）	≤2/3
柔度（0 ℃下，绕直径20 mm圆棒）	无裂纹
拉力（18 ℃±2 ℃下的纵向拉力）（kg/(2.5 cm)）	≥54.0

3. 复合土工膜

复合土工膜是将土工织物与塑料薄膜复合压制而成的。土工织物具有较高的抗拉强度和延伸性，它与塑料薄膜复合在一起，不仅增大了塑料薄膜的抗拉强度和抗穿刺能力，而且由于土工织物表面粗糙，增大了接触面的摩擦系数，有利于复合土工膜及保护层的稳定。另外，土工织物还具有排水作用，可以排出膜后的渗透水，防止膜被水和气抬起而失稳。因此，复合土工膜已成为较塑料薄膜更理想的防渗材料。

复合土工膜可分为一布一膜、两布一膜等，其规格主要以成品幅宽、单位面积质量和膜材厚度表示，一般规格系列如下：幅宽为2.0 m、2.5 m、3.0 m、3.5 m、4.0 m、4.5 m、5.0 m等，单位面积质量为200 g/m^2、300 g/m^2、400 g/m^2、500 g/m^2、600 g/m^2等，膜材厚度为0.2 mm、0.25 mm、0.3 mm、0.35 mm、0.4 mm、0.5 mm、0.6 mm等。

复合土工膜的质量要求应符合表3-11的规定。

4. 钠基膨润土防水毯（GCL）

钠基膨润土防水毯是一种新型的土工合成材料，主要分为针刺法钠基膨润土防水毯、针刺覆膜法钠基膨润土防水毯和胶黏法钠基膨润土防水毯。针刺法钠基膨润土防水毯是由两层土工布包裹钠基膨润土颗粒针刺而成的毯状材料，表示代号为 GCL－NP；针刺覆膜法钠基膨润土防水毯是在针刺法钠基膨润土防水毯的非织造土工布外表面上复合一层高密度聚乙烯薄膜，表示代号为 GCL－OF；胶黏法钠基膨润土防水毯是用黏合剂把膨润土颗粒黏结到非织造土工布或高密度聚乙烯板上，压缩生产出的一种钠基膨润土防水毯，表示代号为 GCL－AH。

表 3-11　复合土工膜的质量要求

项目	指标							
标称断裂强度（kN/m）	5	7.5	10	12	14	16	18	20
纵横向断裂强度（kN/m），≥	5.0	7.5	10.0	12.0	14.0	16.0	18.0	20.0
纵横向标准强度对应伸长率（%）	30～100							
CBR 顶破强力（kN），≥	1.1	1.5	1.9	2.2	2.5	2.8	3.0	3.2
纵横向撕破强力（kN），≥	0.15	0.25	0.32	0.40	0.48	0.56	0.62	0.70
耐静水压（MPa）	参照表 3-12							
剥离强度（N/cm），≥	6							
渗透系数（cm/s），＜	10^{-11}							
幅宽偏差（%）	－1							

注：实际规格（标称断裂强度）介于表中相邻规格时，按内插法计算相应考核指标；规格超出表中范围时，由供需双方协商确定。

表 3-12　耐静水压规定值

项目		膜厚度（mm）							
		0.2	0.3	0.4	0.5	0.6	0.7	0.8	1.0
耐静水压（MPa）	一布一膜	0.4	0.5	0.6	0.8	1.0	1.2	1.4	1.6
	两布一膜	0.5	0.6	0.8	1.0	1.2	1.4	1.6	1.8

注：膜厚介于表中相邻规格时，按内插法计算相应考核指标；规格超出表中范围时，由供需双方协商确定。

钠基膨润土防水毯（GCL）用做渠道防渗材料时，应表面平整，厚度均匀，无破洞、破边，无残留断针，针刺均匀，使用的膨润土应为钠基膨润土，粒径为 0.2～2 mm 的膨润土颗粒质量至少占膨润土总质量的 80%，其物理力学性能应符合表 3-13 的规定。

（二）过渡层材料

过渡层是为保护膜料不被渠基和保护层损伤而设置的，分膜下过渡层和膜上过渡层。一般土渠基不设膜下过渡层，岩石和砂砾石渠基应设膜下过渡层；采用黏性土、灰土、水泥土做保护层时一般不设膜上过渡层；采用砂砾石、石料、现浇碎石混凝土或预制混凝土板做保护层时应设膜上过渡层；采用复合土工膜做防渗层时，土工织物侧一般可不设过渡层。用做过渡层的材料很多，包括土、灰土、水泥土、砂和砂浆等，其中水泥、砂料以及拌制砂浆用水的质量要求与混凝土相同，土、灰土和水泥土的性能要求应符合表 3-14 的规定。

表 3-13 钠基膨润土防水毯的物理力学性能

项目		技术指标		
		GCL－NP	GCL－OF	GCL－AH
单位面积质量（g/m^2）	天然钠基	≥3 800	≥3 800	≥3 800
	人工钠化	≥4 800	≥4 800	≥4 800
膨润土膨胀指数（mL/(2 g)）		≥24	≥24	≥24
吸蓝量（g/(100 g)）		≥30	≥30	≥30
拉伸强度（N/(100 mm)）		≥600	≥700	≥600
最大负荷下伸长率（%）		≥10	≥10	≥8
剥离强度（N/(100 mm)）	非织造布与编织布	≥40	≥40	—
	PE 膜与非织造布	—	≥30	—
渗透系数（cm/s）		$\leqslant 5.0\times10^{-11}$	$\leqslant 5.0\times10^{-12}$	$\leqslant 1.0\times10^{-12}$
耐静水压		0.4 MPa，1 h，无渗漏	0.6 MPa，1 h，无渗漏	0.6 MPa，1 h，无渗漏
滤失量（mL）		≤18	≤18	≤18
膨润土耐久性（mL/(2 g)）		≥20	≥20	≥20

表 3-14 土料的性能要求

项目	用途		
	土保护层及过渡层	灰土过渡层	水泥土过渡层
黏粒含量（%）	3～30	15～30	8～12
砂粒含量（%）	10～60	10～60	50～80
塑性指数 I_P	1～17	7～17	—
土料最大粒径（mm）	<5	<5	<5
有机质含量（%）	—	<1.0	<2.0
可溶盐含量（%）	<2.0	<2.0	<2.5
钙质结核、树根、草根含量	不允许	不允许	不允许

（三）保护层材料

土、水泥土、砂砾、石料和混凝土均可作为膜料防渗的保护层。土料用做保护层时应满足表 3-14 的要求；砂砾料用做保护层时，其级配宜符合图 3-1 推荐的范围，砂砾料的最大粒径宜为75～150 mm；石料和混凝土用做保护层时，其材料的质量要求参见本节前面所述的有关内容。

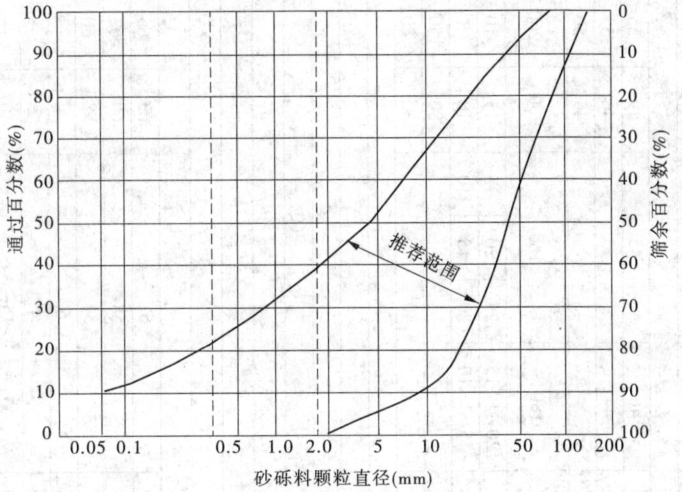

图3-1　砂砾料的级配

四、沥青混凝土防渗材料

沥青混凝土的主要组成材料包括沥青、矿物骨料和填料。矿物骨料包括粗骨料（石料）和细骨料（砂料），一般由碱性矿料加工而成；填料一般采用由碱性岩石加工的矿粉。因此，可将粗骨料、细骨料和填料统称为矿料。

（一）沥青

沥青是沥青混凝土的胶凝材料，由碳氢化合物及非金属（氧、硫、氮等）衍生物组成，在常温下呈固体、半固体或黏稠液体，颜色为褐色或黑褐色，具有良好的黏结性、塑性、不透水性及耐化学侵蚀性。根据沥青材料的来源，可以将沥青分为地沥青和焦油沥青两种，其中地沥青又分为石油沥青和天然沥青。石油沥青是将石油炼制其他油品后的残渣，经适当工艺处理后得到的半固体黏稠状物质，目前，水利工程和公路工程采用的主要是这类沥青。焦油沥青的温度敏感性比石油沥青大，如在较高温度下，焦油沥青比同等级的石油沥青软，在较低温度下，又比同等级的石油沥青硬，脆性也大，并且含有少量有毒物质，如酚、苯等，对水质有污染，因此水利工程一般不采用焦油沥青。

沥青混凝土所用沥青材料，应根据气候条件、工作条件、沥青种类和施工方法等来选择。对于气候较热的地区，受荷载较大的建筑物，细粒或砂粒式（10 mm或5 mm）的混合料，应选用标号较低的沥青；反之，则选用标号较高的沥青。一般水利工程的沥青混凝土应选用符合规定的道路石油沥青，表3-15为《公路沥青路面施工技术规范》（JTG F40—2004）对道路石油沥青的技术要求，其中气候分区见表3-16。在渠道衬砌与防渗工程中，沥青混凝土可采用90号或70号的道路石油沥青，其质量应符合表3-15的规定。

表 3-15　道路石油沥青技术要求

指标	单位	等级	沥青标号																	试验方法[1]
			160 号[4]	130 号[4]	110 号			90 号					70 号[3]					50 号	30 号[4]	
针入度(25 ℃,5 s,100 g)	dmm		140～200	120～140	100～120			80～100					60～80					40～60	20～40	T 0604
适用的气候分区[6]			注[4]	注[4]	2－1	2－2	3－2	1－1	1－2	1－3	2－2	2－3	1－3	1－4	2－2	2－3	2－4	1－4	注[4]	
针入度指数 PI[2]		A	－1.5～＋1.0																	T 0604
		B	－1.8～＋1.0																	
软化点(R&B),不小于	℃	A	38	40	43			45			44		46		45			49	55	T 0606
		B	36	39	42			43			42		44		43			46	53	
		C	35	37	41			42					43					45	50	
60 ℃动力黏度[2],不小于	Pa·s	A	—	60	120			160			140		180		160			200	260	T 0620
10 ℃延度[2],不小于	cm	A	50	50	40			45	30	20	30	20	20	15	25	20	15	15	10	T 0605
		B	30	30	30			30	20	15	20	15	15	10	20	15	10	10	8	
15 ℃延度,不小于	cm	A、B	100															80	50	
		C	80	80	60			50					40					30	20	
蜡含量(蒸馏法),不大于	%	A	2.2																	T 0615
		B	3.0																	
		C	4.5																	
闪点,不小于	℃		230					245					260							T 0611
溶解度,不小于	%		99.5																	T 0607
密度(15 ℃)	g/cm³		实测记录																	T 0603
TFOT(或 RTFOT)后[5]																				T 0610 或 T 0609
质量变化,不大于	%		±0.8																	
残留针入度比,不小于	%	A	48	54	55			57					61					63	65	T 0604
		B	45	50	52			54					58					60	62	
		C	40	45	48			50					54					58	60	
残留延度(10 ℃),不小于	cm	A	12	12	10			8					6					4	—	T 0605
		B	10	10	8			6					4					2	—	
残留延度(15 ℃),不小于	cm	C	40	35	30			20					15					10	—	T 0605

注：[1] 试验方法按照现行《公路工程沥青及沥青混合料试验规程》(JTJ 052—2000) 规定的方法执行。用于仲裁试验求取 PI 时的 5 个温度的针入度关系的相关系数不得小于 0.997。

[2] 经建设单位同意，表中 PI 值、60 ℃动力黏度、10 ℃延度可作为选择性指标，也可不作为施工质量检验指标。

[3] 70 号沥青可根据需要要求供应商提供针入度范围为 60～70 dmm 或 70～80 dmm 的沥青，50 号沥青可要求提供针入度范围为 40～50 dmm 或 50～60 dmm 的沥青。

[4] 30 号沥青仅适用于沥青稳定基层。130 号和 160 号沥青除寒冷地区可直接在中低级公路上直接应用外，通常用做乳化沥青、稀释沥青、改性沥青的基质沥青。

[5] 老化试验以 TFOT 为准，也可以 RTFOT 代替。

[6] 气候分区见表 3-16。

表 3-16　气候分区表

气候区名		最热月平均最高气温（℃）	年极端最低气温（℃）	说明
1－1	夏炎热冬严寒	>30	<－37.0	
1－2	夏炎热冬寒		－37.0～－21.5	
1－3	夏炎热冬冷		－21.5～－9.0	
1－4	夏炎热冬温		>－9.0	
2－1	夏热冬严寒	20～30	<－37.0	
2－2	夏热冬寒		－37.0～－21.5	
2－3	夏热冬冷		－21.5～－9.0	
2－4	夏热冬温		>－9.0	
3－1	夏凉冬严寒	<20	<－37.0	不存在
3－2	夏凉冬寒		－37.0～－21.5	
3－3	夏凉冬冷		－21.5～－9.0	不存在
3－4	夏凉冬温		>－9.0	不存在

对于有特殊要求的工程或部位，需要采用改性沥青代替石油沥青。改性沥青是指掺加橡胶、树脂、高分子聚合物、磨细的橡胶粉或其他填料等外掺剂（改性剂），或采取对沥青轻度氧化加工等措施，使沥青或沥青混合料的性能得以改善而制成的沥青结合料。工程实践及试验表明，在沥青中掺入橡胶或树脂，其低温抗裂性及高温热稳定性有极大的改善，具体表现为黏度增加，针入度降低，软化点上升，感温性下降，脆点下降，韧性及黏附性增加。寒冷地区的沥青混凝土渠道防渗工程，为了防止沥青混凝土低温脆裂，可采用改性沥青。

（二）矿料

沥青混凝土采用的矿料应质地坚硬、密实、清洁、有害杂质少、级配良好，并与沥青材料有较好的黏结性。

1. 细骨料（砂料）

砂料可选用天然砂或人工砂，其质量要求应符合表 3-17 的规定。

2. 粗骨料（石料）

由于酸性石料（花岗石类）与沥青的黏结性差，故应选用碱性石料，如石灰岩、白云岩等。同时，石料应尽量选用碎石，以增加黏结力。碎石的最大粒径不应超过压实后沥青混凝土铺筑层厚度的 1/3 且不大于 25 mm。当采用酸性石料时，应作改性处理。当采用小卵石或砾石时，应通过试验充分论证。当采用天然卵石加工碎石时，卵石的粒径宜为碎石最大粒径的 3 倍以上。沥青混凝土用石料的质量要求见表 3-18。

3. 填料

沥青混凝土所用的填料，应采用碱性岩石加工的矿粉，也可采用硅酸盐水泥或滑石粉等。矿粉是粒径小于0.074 mm的矿料，其主要作用是填充粗、细骨料的空隙，提高沥青混凝土的密实性、强度和抗渗性能。碱性矿料与沥青的黏附力强，因此宜选用石灰岩和白云岩等碱性矿料。矿粉的亲水性系数要求小于1.0。所谓亲水性系数，是指将等量的填料分别放入水中和煤油中，充分搅拌后让其沉淀，测定填料在水中的沉淀体积 $V_{水}$ 和在煤油中的沉淀体积 $V_{油}$，亲水性系数 = $V_{水}/V_{油}$。矿粉的质量要求应符合表3-19的规定。

表3-17　沥青混凝土用砂料的质量要求

项目		天然砂	人工砂
含泥量（%）	不小于 $C_{90}30$ 和有抗冻要求 $< C_{90}30$	≤2.0	≤2.0
泥块含量		不允许	不允许
石粉含量（%）		—	<5
坚固性（%）	有抗冻要求	≤10	≤10
	无抗冻要求	≤15	≤15
云母含量（%）		≤2	—
表观密度（kg/m^3）		≥2 500	≥2 500
轻物质含量（%）		≤1	—
有机质含量		不允许	不允许
水稳定等级		>4级	>4级

表3-18　沥青混凝土用石料的质量要求

项目	技术指标
坚固性（硫酸钠法）（%）	<12.0
吸水率（%）	≤3.0
表观密度（kg/m^3）	≥2 500
超径、逊径（原孔筛）（%）	超径小于5，逊径小于10
针片状颗粒含量（%）	≤10
含泥量（%）	≤0.5
有机质含量	不允许
与沥青的黏附性	>4级

表3-19　矿粉的质量要求

项目	通过率（%）			含水量（%）	亲水性系数	含泥量
	0.60 mm	0.15 mm	0.074 mm			
技术指标	100	>90	>70	<0.5	≤1.0	不允许

五、保温材料

工程上把导热系数小于0.29 W/(m·K)、密度小于1 000 kg/m³ 的材料称为保温材料。寒冷地区的渠道衬砌与防渗工程中，常将隔热保温材料铺设在衬砌体背面，可以减轻或消除渠床的冻深和冻胀。保温材料品种很多，如膨胀蛭石及其制品、膨胀珍珠岩及其制品、矿渣棉板等。随着化学工业的发展，泡沫塑料保温材料已经广泛应用于渠道衬砌与防渗工程中，如聚苯乙烯（PS）泡沫板、聚氨酯（PUR）泡沫塑料等。另外，近年来一种具有防渗保温双重功能的新型高分子防渗保温卷材（SDM）也开始在渠道工程中试验应用，结果表明其具有显著的保温效果。

泡沫塑料按制品的软硬程度不同可分为软质泡沫塑料、硬质泡沫塑料和半硬质泡沫塑料；按泡孔结构的不同又可分为开孔泡沫塑料和闭孔泡沫塑料。凡是泡孔互相连通，能互相通气的称为开孔泡沫塑料，开孔泡沫塑料具有良好的吸收声波和缓冲性能；凡是泡孔互不连通，互不相干的称为闭孔泡沫塑料，闭孔泡沫塑料具有很低的导热系数和吸水率。渠道衬砌与防渗工程中应用的保温材料应为硬质闭孔泡沫塑料。

（一）聚苯乙烯泡沫塑料板

聚苯乙烯是由苯乙烯制成的聚合物，保温用聚苯乙烯泡沫塑料板是由聚苯乙烯珠粒经加热预发泡后，在模具中加热成型而制得的具有闭孔结构的聚苯乙烯泡沫塑料。用于渠道衬砌与防渗工程中的聚苯乙烯泡沫塑料板，其物理力学性能应符合表3-20的规定。

表3-20　聚苯乙烯泡沫塑料板物理力学性能

密度（kg/m³）	吸水率，浸水96 h（体积百分数，%）	压缩强度（压缩10%）（kPa）	弯曲强度（kPa）	尺寸稳定性 −40～70 ℃（%）	导热系数（W/(m·K)）
≥20	<2.0	≥50	≥180	±1.5	≤0.04

（二）聚氨酯泡沫塑料

聚氨酯泡沫塑料按所用原材料的不同分为聚醚型和聚酯型，按成型方法可分为块状聚氨酯泡沫塑料、模塑聚氨酯泡沫塑料和喷涂聚氨酯泡沫塑料，按用途可分为绝热保温材料和结构泡沫材料。作为绝热保温材料的硬质聚氨酯泡沫塑料的物理力学性能应符合表3-21的规定。

（三）高分子防渗保温卷材

高分子防渗保温卷材是将高分子材料改性，运用交联发泡技术，经表层膜塑、多层组合、S形重叠搭接等工艺研制的一种新型保温材料。与传统材料（塑膜和聚苯乙烯泡沫板）相比，其防渗保温效果好，运输、施工方便，工程综合造价低；吸水率小，保温效果稳定，耐久性好；有较好的弹性和伸长率，可使渠道防渗结构的受力状况得到改善；防虫害能力强、无毒、耐腐蚀；可与无纺布复合，使其具有防渗、保温和平面导水功能等。高分子防渗保温卷材用做渠道防渗、保温防冻材料时，应进行试验论证，并且其质量应符合表3-22的规定。

表 3-21 硬质聚氨酯泡沫塑料物理力学性能

项目	Ⅰ		Ⅱ	
	A	B	A	B
密度（kg/m³）	30	30	30	30
压缩性能屈服点时或形变10%时的压缩应力（kPa）	100	100	150	150
导热系数（W/(m·K)）	0.022	0.027	0.022	0.027
尺寸稳定性（70 ℃，48 h）（%）	5	5	5	5

注：硬质聚氨酯泡沫塑料性能指标参见 GB 10800—1989。

表 3-22 高分子防渗保温卷材的质量要求

项目		技术指标
密度（kg/m³）		40～60
吸水率，浸水 96 h（体积百分数,%）		<1.0
不透水性，30 min 无渗漏（MPa）		≥0.6
断裂拉伸强度（kN/m）		≥3.0（厚度为 1 cm）
断裂伸长率（%）		≥100
CBR 顶破强度（N）		≥300
刺破强度（N）		≥30
压缩强度（压缩 10%）（kPa）		≥30
压缩恢复率（压缩 10%）（%）		≥98
尺寸稳定性 -40～+70 ℃（%）		±1.5
冻融 200 次循环	强度保持率（%） 伸长率保持率（%）	≥95
导热系数（W/(m·K)）		≤0.04

六、伸缩缝填充材料

伸缩缝填充材料应具有高温不流淌、低温不脆裂和良好的黏结力与伸缩性，过去常用沥青砂浆、聚氯乙烯胶泥（焦油塑料胶泥）和沥青油毡板等，但均存在性能差、造价较高、施工技术复杂等问题，并且聚氯乙烯胶泥（或焦油塑料胶泥）中含有煤焦油，对灌溉水和环境都有污染。进入 20 世纪 90 年代后，冷施工接缝材料相继出现，如弹性聚硫密封材料、遇水膨胀橡胶止水条，前者造价太高，后者遇水反复膨胀效果不够理想，且施工较为麻烦。近年来，针对上述问题研制开发了石油沥青聚氨酯接缝材料（PTN）、高分子止水带及止水管等填充材料，止水性能好，施工方便，已经得到广泛应用。因此，《渠道防渗工程技术规范》（SL 18—2004）中规定，伸缩缝的填充材料应采用黏结力强、变形性能大、耐温性好（在当地最高气温下不流淌、最低气温下不脆裂)、耐老化、无毒、无环境污染的弹塑性止水材料，如石油沥青聚氨酯接缝材料(PTN)、高分子止水带及止水管等。

(一) 石油沥青聚氨酯接缝材料 (PTN)

石油沥青聚氨酯接缝材料（PTN）具有黏结力强（≥0.50 MPa)、断裂伸长率高(≥450%)、耐温性好（-40 ℃不脆裂、+70 ℃不流淌)、耐老化、无毒、无环境污染、价格较低、适应潮湿界面以及常温下施工等优点。石油沥青聚氨酯接缝材料(PTN) 有关技术性能的测试结果见表3-23。

表3-23　石油沥青聚氨酯接缝材料（PTN）的技术指标

项目	JC/T 482—2003 技术指标	PTN 技术指标
密度（g/cm³）	规定值±0.1	1.40
表干时间（h）	≤24	≤2
适用期（h）	—	≤4
弹性恢复率（%）	≥70	96（1 h）
拉伸（60%）模量（-20 ℃）(MPa)	>0.1	0.8
拉伸强度（MPa)	>0.2	2.0
断裂伸长率（%）	—	800
拉伸黏结强度（MPa）	—	1.0
黏结拉伸断裂伸长率（%）	—	200
抗渗性能（MPa）	—	≥2.0
定伸黏结性	60%无破坏	100%无破坏
浸水定伸黏结性	60%无破坏	100%无破坏
拉伸压缩循环（+30%～-30%）	—	2 000 次无破坏
水中冻融循环（-20～+25 ℃拉伸30%）	—	50 次无破裂
耐老化性（300 W，50 ℃紫外辐照300 h)	—	表面无裂纹（伸长率降低4%）
耐热性	—	100 ℃、2 h无流淌
低温柔性	—	-50 ℃、2 h绕 ϕ25 mm圆棒无裂纹
耐水性	—	浸泡2 400 h，无碎块、表面无开花
抗酸、碱、盐侵蚀	—	饱和酸（混合酸)、碱、盐溶液中浸泡168 h后，拉伸强度保持率≥95%，断裂伸长率保持率≥90%

注：聚氨酯建筑密封胶参见 JC/T 482—2003。

(二) 氯化聚乙烯 (CPE) 止水管 (带)

氯化聚乙烯（CPE）止水管（带），是以氯化聚乙烯树脂为主体材料配以各种助剂和填料，经塑冻、混炼和挤出或压延等工艺而制成的。该材料为高弹性高分子化合物，与专用胶黏剂配套使用，在-40～+80 ℃时性能良好；具有抗拉、抗撕裂强度高，延伸率大，抗渗透性、抗穿孔性强，耐腐蚀、耐酸碱、耐臭氧、耐油性、耐候性、耐老化性以及阻燃性优良等特性；对地基冻胀或沉降、混凝土伸缩变形的适应能力强；质量轻，黏结性能好，可冷施工操作，工序简单，劳动强度小，工效高，造价低。经检测，材料性能符合国家标准《氯化聚乙烯防水卷材》（GB 12953—2003）中Ⅰ型合格品级的要求。

氯化聚乙烯（CPE）止水管（带）及其配套材料的规格见表3-24，技术性能指标见表3-25。

表3-24　氯化聚乙烯（CPE）止水管（带）及其配套材料的规格

材料名称	用途	规格	说明
止水带	止水主体	厚度：1.2～2.0 mm 宽度：120～250 mm 长度：30 m/卷	可按现浇或预制施工方法采用不同形式止水带
止水管	止水主体	外径：11～22 mm 壁厚：1.5～3.0 mm 长度：50 m/卷	按缝宽选用
胶黏剂	粘贴卷材和黏结卷材之间的接头	专用胶黏剂5 kg/桶	若要加速固化，可掺入胶黏剂质量10%的列可钠。胶黏剂用量为0.7 kg/m^2

表3-25　氯化聚乙烯（CPE）止水管（带）的技术性能指标

<table>
<tr><th>项目</th><th>性能指标</th><th colspan="2">项目</th><th>性能指标</th></tr>
<tr><td>外观质量</td><td>无气泡、疤痕、裂纹、黏结和孔洞</td><td rowspan="3">热老化处理</td><td rowspan="3">拉伸强度变化率
断裂伸长率变化率
低温弯折性</td><td rowspan="3">+50%～-20%
+50%～-30%
-20 ℃无裂纹</td></tr>
<tr><td>拉伸强度</td><td>不小于5.0 MPa</td></tr>
<tr><td>断裂伸长率</td><td>不小于100%</td></tr>
<tr><td>热处理尺寸变化率</td><td>不大于3.0%</td><td rowspan="3">人工候化处理</td><td>拉伸强度变化率</td><td>+50%～-20%</td></tr>
<tr><td>低温弯折性</td><td>-40 ℃无裂纹</td><td>断裂伸长率变化率</td><td>+50%～-30%</td></tr>
<tr><td>抗渗透性</td><td>0.2 MPa/(24 h)不渗水</td><td>低温弯折性</td><td>-20 ℃无裂纹</td></tr>
<tr><td>抗穿孔性</td><td>不渗水</td><td rowspan="2">水溶液处理</td><td rowspan="2">拉伸强度变化率
断裂伸长率变化率
低温弯折性</td><td rowspan="2">±30%
±30%
-20 ℃无裂纹</td></tr>
<tr><td>剪切状态下的黏合性</td><td>不小于2.0 N/mm</td></tr>
</table>

第二节　渠道衬砌与防渗结构

一、选定衬砌与防渗结构的原则

渠道衬砌与防渗工程中，常用的结构形式有混凝土衬砌结构、砌石衬砌结构、膜料防渗结构和沥青混凝土防渗结构等。对于具体工程，在选定衬砌与防渗结构时，应遵循经济适用的原则，并应满足防渗效果好、使用寿命长、输水及防淤抗冲能力强、施工简易，且质量容易保证、管理维护方便等要求，必要时可采用复合防渗结构等。同时，应根据工程所在地的自然条件、生产条件、社会经济条件、工程技术要求、地表水和地下水联合运用情况以及生态环境因素等，进行技术经济论证。自然条件包括当地的气候、地形、土壤、水源和地下水位等，生产条件包括材料来源、劳力供给、动力及机械设备供应情况等，社会经济条件包括土地利用、经济条件、水利及农业发展情况等，工程技术要求包括渠道大小、输水方式、防渗标准、耐久性等。

选定衬砌与防渗结构时，各种衬砌与防渗结构的允许最大渗漏量、适用条件、使用年限可按表3-26确定，衬砌与防渗结构的适宜厚度可参考表3-27确定。渠道水流含推移质较多且粒径较大时，宜按表3-27所列数值加厚10%～20%，地下水位高于渠底的矩形断面衬砌渠道，其厚度也应加大一些。

表3-26　渠道衬砌与防渗结构的允许最大渗漏量及适用条件

衬砌与防渗结构类别		主要原材料	允许最大渗漏量 [$m^3/(m^2 \cdot d)$]	使用年限（年）	适用条件
砌石衬砌	干砌卵石（挂淤）	卵石、块石、料石、石板、水泥、砂等	0.20～0.40	25～40	抗冻、抗冲、抗磨和耐久性好，施工简便，但防渗效果一般不易保证。可用于石料来源丰富、有抗冻、抗冲、耐磨要求的渠道衬砌
	浆砌块石 浆砌卵石 浆砌料石 浆砌石板		0.09～0.25		
混凝土衬砌	现场浇筑 预制铺砌 喷射法施工	砂、石、水泥、速凝剂等	0.04～0.14 0.06～0.17 0.05～0.16	30～50 20～30 25～35	防渗效果、抗冲性和耐久性好。可用于各类地区和各种运用条件下的各级渠道衬砌，喷射法施工宜用于岩基、风化岩基以及深挖方或高填方渠道衬砌
沥青混凝土防渗	现场浇筑、预制铺砌	沥青、砂、石、矿粉等	0.04～0.14	20～30	防渗效果好，适应地基变形能力较强，造价与混凝土防渗衬砌结构相近。可用于有冻害地区，且沥青料来源有保证的各级渠道防渗
埋铺式膜料防渗	土料保护层、刚性保护层	膜料、土料、砂、石、水泥等	0.04～0.08	20～30	防渗效果好，质量轻，运输量小，当采用土料保护层时，造价较低，但占地多，允许流速小。可用于中小型渠道防渗；采用刚性保护层时，造价较高，可用于各级渠道防渗

表 3-27　渠道衬砌与防渗结构的适宜厚度

衬砌与防渗结构类别		厚度（cm）
砌石衬砌	干砌卵石（挂淤）	10 ~ 30
	浆砌块石	20 ~ 30
	浆砌料石	15 ~ 25
	浆砌石板	>3
混凝土衬砌	现场浇筑（未配置钢筋）	6 ~ 12
	现场浇筑（配置钢筋）	6 ~ 10
	预制铺砌	4 ~ 10
	喷射法施工	4 ~ 8
沥青混凝土防渗	现场浇筑	5 ~ 10
	预制铺砌	5 ~ 8
埋铺式膜料防渗（土料保护层）	塑料薄膜	0.02 ~ 0.06
	膜料下垫层（黏土、砂、灰土）	3 ~ 5
	膜料上土料保护层（夯实）	40 ~ 70

二、常用衬砌与防渗结构的特点

（一）混凝土衬砌结构的特点

由于混凝土具有高强、耐久、抗渗等性能，目前在渠道衬砌与防渗工程中被广泛应用。混凝土衬砌结构具有以下优点：

（1）防渗性能好，节水效果明显。一般能减少渠道渗漏损失 90% ~95% 以上，可大大提高渠系水利用系数。

（2）强度高，耐久性好。由于混凝土的强度高，用其衬砌的渠道，耐磨、防冲刷，并能有效地防止动植物穿透或其他外力破坏。在正常情况下，混凝土衬砌渠道运行可达到50 年。

（3）糙率小，过流能力强。混凝土衬砌的渠道糙率一般为 0.014 ~ 0.017，故沿程水头损失小；混凝土衬砌渠道的允许流速大，一般为 3 ~ 5 m/s，因而可缩小渠道断面和建筑物尺寸，减少工程量和占地面积，坡度较陡时还可减少连接建筑物。

（4）适应性强，便于管理。由于混凝土具有良好的模塑性，可根据需要通过配合比调整、选取原材料，制成各种性能的混凝土，也可设计成不同形状和尺寸的结构，适用于各种地形条件的大、中、小型渠道。混凝土衬砌后的渠道稳定，淤积少，从而便于养护和管理。

混凝土衬砌结构的缺点是：适应变形的能力较差，在北方易受到冻胀的危害；工程一次性投资较大，尤其在砂、石材料缺乏地区，造价较高。

混凝土衬砌的结构形式有板形、槽形和管形等。板形结构按其截面形状不同又有等厚板、楔形板、肋梁板、中部加厚板、Π 形板和空心板等。板形结构是我国各地应用最广泛的的一种结构类型。

（二）砌石衬砌结构的特点

砌石衬砌有干砌卵石、干砌块石、浆砌卵石、浆砌块石、浆砌石板等，是我国应用最早、应用较为广泛的一种结构形式。砌石衬砌结构具有以下优点：

（1）就地取材容易，施工技术简单。采用砌石衬砌渠道，这在沿山渠道和石料丰富地区，很容易就地取材，从而降低工程造价，节约资源，而且施工技术相对较简单，无须大型的施工机械设备，群众容易掌握。因此，在早期的衬砌防渗渠道中，砌石衬砌渠道占有很大比例。

（2）抗冲流速大，耐磨能力强。砌石衬砌的渠道，除浆砌石板抗冲流速较小外，一般大于混凝土的抗冲流速。即使干砌卵石挂淤衬砌渠道的抗冲流速也达 2.5 ~ 4.0 m/s,而且这种渠道还会随着渠道行水后泥沙的进一步淤填，密实性提高，抗冲流速还会增大。因此，对于有抗冲要求，水中推移质大，且有石料来源的地区，为了抗冲耐磨、提高防渗工程的寿命，多采用砌石衬砌，或渠底采用砌石衬砌，渠坡采用混凝土衬砌。在水流中挟带较多粗砂和砾石的情况下，尤其是在流速大于 4.0 m/s 时，砌石渠道的耐磨性能优于混凝土衬砌渠道。同时，由于砌石衬砌的抗冲流速大，故在一定流量下，渠道的过水断面可以减小；在地面坡度较大的地方，可以减少连接建筑物，从而可以节约占地和降低工程的投资。

（3）具有较好的防渗效果。由于一般用做衬砌渠道的石料自身均比较致密，只要砌筑得当，其防渗效果是明显的。在施工质量（包括砂浆质量和砌筑质量）有保证的情况下，浆砌石衬砌渠道可减少渗漏损失 80% 左右；即使是干砌石衬砌，虽然开始时的渗漏损失仍较大，但随着渠道输水中泥沙的淤填，其防渗效果会逐渐显现，能达到每千米渠长渗漏损失占总用水量仅 0.38% ~0.50% 的程度，可以减少渗漏量 50% 左右。

（4）防冻害能力强，渠道稳定性好。由于砌石衬砌除较薄的石板衬砌外，一般厚度较大，在有冻害地区，若采用砌石衬砌就等于把基础采取了部分置换的措施，加大了抗力，从而减轻了冻害。浆砌石衬砌属于刚性材料，加之砌石衬砌一般断面尺寸较大，其固渠和稳定渠道的作用是明显的。特别是傍山的石基渠道，一般将渠道的外堤做成挡土墙式的砌石体，这对渠道的稳定作用更为明显。

砌石衬砌的缺点也是明显的，如砌石衬砌不能采用机械化施工，施工质量较难控制；劳动强度大，需用的劳动力多；砌石的尺度大、方量多，这些在当前劳动力较紧张的情况下，都是很不利的，其造价甚至会高于混凝土等材料的衬砌防渗。因此，即使在石材料源丰富的地区，是否采用砌石衬砌，也应以防渗效果好、耐久性强和造价较低为原则，通过技术经济论证后确定。

（三）膜料防渗结构的特点

膜料防渗结构是通过在渠道内铺设不透水的薄膜材料，以减少渠道行水时的渗漏损失。膜料是一种薄型、连续、柔软的防渗材料。膜料防渗结构具有以下优点：

（1）防渗性能好。通过对现有的膜料防渗渠道的调查发现，采取膜料防渗措施后，一般可减少渗漏损失 90% ~95%，甚至更高，防渗效果明显。

（2）适应变形的能力强。用做渠道防渗的膜料通常都具有良好的柔性、延伸性和抗拉能力，故膜料防渗结构易于适应各种不同形状的渠道断面，尤其适用于可能发生沉陷和位移的渠道。

（3）施工简单方便，工期短。由于膜料质量轻、用量少，其施工主要是挖填土方、铺膜和膜料接缝处理等，不需复杂的技术，施工简便，易于掌握，施工工期短。

（4）耐腐蚀性强。因防渗膜料自身具有较好的抵抗细菌侵害和化学作用的性能，它不易受酸、碱和土壤微生物的侵蚀，耐腐蚀性能很好。因此，特别适用于有侵蚀性水文地质条件及盐碱化地区的渠道或排污渠道的防渗工程。

（5）工程造价低。由于膜料质量轻、用量少，每平方米土料保护层塑膜防渗渠道的造价仅为混凝土衬砌的 1/10 ~1/5、浆砌卵石衬砌的 1/10 ~1/4。即使是采用混凝土板做保护层的膜料防渗渠道，因混凝土衬砌板可以变薄，其总造价仍不会高于混凝土衬砌。

膜料防渗结构为了克服防渗膜料的抗刺穿能力差、与土的摩擦系数小、明铺式易老化等缺点，一般包括过渡层、防渗膜料层和保护层。由于防渗膜料在太阳光紫外线照射下，很容易老化，若不采取有效的保护措施，将导致性能下降，甚至失效。因此，常采用具有保护层的埋铺式形式。

自 20 世纪 30 年代美国用聚氯乙烯薄膜做游泳池的防渗层后，膜料防渗技术就被迅速而广泛地用于渠道防渗工程中。经过对材料性能、衬砌结构形式、过渡层和保护层设置以及铺膜接缝处理等方面的不断研究改进，尤其是近年来，渠道防渗膜料的多样化和复合式衬砌结构形式已成为一种发展趋势，使膜料防渗结构在工程中得到日益广泛的应用，显示了很大的优越性和经济效益。

（四）沥青混凝土防渗结构的特点

沥青混凝土防渗结构具有以下优点：

（1）防渗效果好。沥青混凝土防渗渠道，一般可以减少渠道渗漏损失 90% ~95%，具有很好的防渗效果。

（2）适应变形的能力强。由于沥青混凝土具有一定的柔性和黏附性，故以其作为防渗结构的渠道，适应渠基变形的能力强、抗冻胀而不易裂缝。即使出现裂缝，它还有一定的自愈能力。工程调查表明，沥青混凝土防渗层的裂缝率仅为水泥混凝土衬砌板裂缝的 1/17。

（3）无污染，不易老化。石油沥青是无毒的，因而对水源和环境无污染，对人畜无害。沥青混凝土为黑色有机材料，存在老化问题，但其老化并不严重，用沥青混凝土防渗的渠道工程，耐久性较好，一般可以使用 30 年甚至更久。

（4）工程造价较低，容易修补。根据工程经验比较，在相同防渗要求的情况下，沥青混凝土防渗工程的造价仅为水泥混凝土防渗的 70% 左右。沥青混凝土防渗渠道产生裂缝的几率较低，而且维修方便，修补时只需将其裂缝处局部加热，然后用锤子击打使裂缝弥合即可。

沥青混凝土因具有上述优点，施工技术也已基本成熟，是一种很好的防渗结构。但也存在一些缺点和问题：料源不足，虽然我国石油工业已有很大发展，但沥青仍满足不了生产上的需要，还需要进口，尤其是优质沥青，或还需要进行掺配或改性等；施工工艺要求严格，需加热拌和，高温施工。此外，较薄的沥青混凝土防渗层抵御植物穿透的能力不强，在穿透性植物丛生的地区，需要对渠基土壤作灭草处理。尽管沥青混凝土防渗目前存在一些问题，但由于其优点明显，加之随着石油工业的发展，料源会逐渐丰富起来，施工工艺会更趋简单，施工技术也会很快地为大家接受和掌握，因而使得沥青混凝土防渗具有广阔的应用前景。

第四章　渠道衬砌与防渗工程设计

第一节　一般要求

渠道衬砌与防渗工程设计应在规划的基础上，按照渠道工程级别或规模、不同设计阶段的要求，遵照国家有关规范，结合工程所在地的实际情况进行，并应符合以下要求：

（1）设计应与规划的主要工程内容一致。渠道衬砌与防渗工程规划批准之后，即作为设计的依据，规划中所确定的工程规模、衬砌防渗形式、主要设计参数、断面结构等主要工程内容，在设计中应与规划保持一致。工程设计的任务是将规划的内容进一步具体化。

（2）设计应严格按照有关的标准和规范进行。渠道衬砌与防渗工程设计相关的规范主要有《节水灌溉工程技术规范》（GB/T 50363—2006）、《灌溉与排水工程设计规范》（GB 50288—99）、《渠道防渗工程技术规范》（SL 18—2004）等，这些规范都是经过大量的工程实践和科学试验总结出来的，在进行渠道衬砌与防渗工程设计时，技术参数的选取、计算公式的选用等都应遵照这些规范和标准的规定。

（3）设计应收集更为详细的基本资料。工程设计的基本资料和规划所需的基本资料大体相同，但应较规划的资料更全面、详尽、具体，其内容、深度和具体指标参数要求，必须符合设计需要，必要时应对某些资料进行专门收集和调研。

（4）设计应达到满足施工需要的深度要求。渠道衬砌与防渗工程设计应在规划的基础上，确定断面形式，选定断面参数，进行水力计算和防渗结构等设计，其深度应满足施工要求。设计应符合防渗和渠基稳定的要求，并同时综合考虑渗漏、冻胀、冲刷、淤积、盐胀、侵蚀等不利因素的影响。

第二节　设计参数的确定

一、边坡系数

渠道的边坡系数是指渠槽边坡的水平投影长度与深度之比，以 m 表示。它是直接影响到渠道能否稳定和安全运行的重要因素之一，应根据渠道衬砌与防渗材料的不同、渠道大小及基础情况等计算确定或选用。这里只讲述膜料防渗渠道土料保护层边坡系数的确定方法，其他情况下渠道边坡系数的确定方法见第五章。

膜料防渗渠道土保护层的最小边坡系数可按表 4-1 选用。对于大、中型渠道，可按附录 A 的方法，通过稳定分析计算确定。

表 4-1　膜料防渗渠道土保护层的最小边坡系数

保护层土料类别	渠道设计流量（m^3/s）			
	<2	2~5	5~20	>20
黏土、重壤土、中壤土	1.50	1.50~1.75	1.75~2.00	2.25
轻壤土	1.50	1.75~2.00	2.00~2.25	2.50
砂壤土	1.75	2.00~2.25	2.25~2.50	2.75

二、糙率

不同衬砌与防渗材料渠道的糙率，随其所采用的结构形式、材料、施工工艺、养护等情况的不同而不同。表 4-2 中的糙率，设计时可根据所对应的情况选用。

对于用砂砾料做保护层的膜料防渗渠道，其糙率可按式（4-1）进行计算确定。在计算前，应对拟做保护层的砂砾料进行颗分试验。

$$n = 0.028d_{50}^{0.1667} \tag{4-1}$$

式中　n——砂砾料保护层的糙率；

d_{50}——50% 的砂砾料通过时的筛孔直径，mm。

表 4-2　不同材料渠道的糙率

防渗结构类别	防渗渠道表面特征	糙率
混凝土	抹光的水泥砂浆面	0.0120~0.0130
	金属模板浇筑，平整顺直，表面光滑	0.0120~0.0140
	刨光木模板浇筑，表面一般	0.0150
	表面粗糙，缝口不齐	0.0170
	修整及养护较差	0.0180
	预制板砌筑	0.0160~0.0180
	预制渠槽	0.0120~0.0160
	平整的喷浆面	0.0150~0.0160
	不平整的喷浆面	0.0170~0.0180
	波状断面的喷浆面	0.0180~0.0250
砌石	浆砌料石、石板	0.0150~0.0230
	浆砌块石	0.0200~0.0300
	干砌块石	0.0300~0.0330
	浆砌卵石	0.0250~0.0275
	干砌卵石，砌工良好	0.0275~0.0325
	干砌卵石，砌工一般	0.0325~0.0375
	干砌卵石，砌工粗糙	0.0375~0.0425

续表 4-2

防渗结构类别		防渗渠道表面特征	糙率
膜料（土保护层）	黏性土、黏砂混合土	平整顺直，养护良好	0.022 5
		平整顺直，养护一般	0.025 0
		平整顺直，养护较差	0.027 5
	灰土、三合土、四合土	平整，表面光滑	0.015 0～0.017 0
		平整，表面较粗糙	0.018 0～0.020 0
沥青混凝土		机械现场浇筑，表面光滑	0.012 0～0.014 0
		机械现场浇筑，表面粗糙	0.015 0～0.017 0
		预制板砌筑	0.016 0～0.018 0

三、不冲不淤流速

（一）不冲流速

渠道的不冲流速是指水流通过渠道时，在渠床不致被冲刷、损坏的情况下，断面平均流速的上限值。渠道的不冲流速，随衬砌防渗所用材料及施工条件的不同差异很大，通过对我国部分工程实践资料的分析，建议的衬砌与防渗渠道的允许不冲流速可按表 4-3 规定选用。

表 4-3　衬砌与防渗渠道的允许不冲流速

防渗结构类别	防渗材料名称及施工情况	允许不冲流速（m/s）
混凝土	现场浇筑施工	3.00～5.00
	预制铺砌施工	<2.50
砌石	浆砌料石	4.00～6.00
	浆砌块石	3.00～5.00
	浆砌卵石	3.00～5.00
	干砌卵石挂淤	2.50～4.00
	浆砌石板	<2.50
膜料（土保护层）	砂壤土、轻壤土	<0.45
	中壤土	<0.60
	重壤土	<0.65
	黏土	<0.70
	砂砾料	<0.90
沥青混凝土	现场浇筑施工	<3.00
	预制铺砌施工	<2.00

注：1. 表中土保护层膜料防渗的允许不冲流速为水力半径 $R=1$ m 时的情况。

2. 当 $R\neq1$ m 时，表中的数值应乘以 R^{α}。砂砾石、卵石、疏松的砂壤土和黏土，取 $\alpha=1/3\sim1/4$；中等密实的砂壤土、壤土和黏土，$\alpha=1/4\sim1/5$。

（二）不淤流速

渠道水流的挟沙能力随其流速的减小而降低，在挟有一定含沙量的渠道水流中，水流的挟沙能力若刚能挟运这一定量的泥沙而不致发生淤积，这时的断面平均流速就称为渠道的不淤流速。渠道的不淤流速主要取决于渠道断面的水力要素和水体中含沙情况。防渗渠道的不淤流速可按适宜于当地条件的经验公式计算。黄河流域含沙量为12.94～821.4 kg/m³、加权平均泥沙沉降速度为0.008 5～0.23 m/s的渠道，在缺乏实际研究成果时，可采用黄河水利科学研究院的不淤流速公式（4-2）计算：

$$v_{cd} = C_0 Q^{0.5} \tag{4-2}$$

式中 v_{cd}——渠道不淤流速，m/s；
C_0——不淤流速系数，按表4-4取值；
Q——渠道流量的设计值，m³/s。

表4-4　不淤流速系数

渠道流量和宽深比		C_0
$Q>10$ m³/s		0.2
$Q=5\sim10$ m³/s	$b/h>20$	0.2
	$b/h<20$	0.4
$Q<5$ m³/s		0.4

黄河中游地区，可按沙玉清公式（4-3）计算：

$$\rho = \frac{Kd}{\omega^{4/3}}\left[\frac{v - v_{01}R^{0.2}}{\sqrt{R}}\right]^n \tag{4-3}$$

式中 ρ——浑水渠道水流挟沙能力，kg/m³；
ω——泥沙沉降速度，m/s；
d——泥沙粒径，m；
R——水力半径，m；
K——水流挟沙系数，与不淤保证率有关，可从表4-5选取；
v——断面平均流速，m/s；
v_{01}——挟动幺速，m/s，当泥沙随水流进入渠道呈运动状态时，挟动幺速等于止动幺速，即 $v_{01}=v_{H1}$，v_{H1} 为明渠水流水力半径 $R=1.0$ m时的止动幺速（即泥沙由运动状态转变为静止状态时的临界流速），可从表4-6查得；
n——指数，与水流的弗劳德数 Fr 有密切关系，即：缓流 $Fr\leqslant0.8$，$n=2$，急流 $Fr>0.8$，$n=3$。

黄河中、下游地区可按黄河水利科学研究院公式（4-4）计算：

$$\rho = 77\frac{v^3}{gR\omega}\left(\frac{H}{B}\right)^{\frac{1}{2}} \tag{4-4}$$

式中 H——断面平均水深，m；
B——水面宽度，m；

$\overline{\omega}$——泥沙沉降速度的加权平均值，cm/s；

g——重力加速度，m/s^2；

其他符号意义同前。

表 4-5　水流挟沙系数

不淤保证率(%)	水流挟沙系数	饱和程度	变化趋势	说明
0.01	3 160.0	超饱和	淤积显著	极限
0.10	2 000.0			
1.00	1 120.0	高饱和	淤积不显著	均方差
10.00	525.0			
15.90	440.0			
20.00	376.0	中饱和	不冲不淤	中值
30.00	299.0			
40.00	248.0			
50.00	200.0			
60.00	161.0			
70.00	134.0			
80.00	106.0			
84.10	91.0			
90.00	76.0	低饱和	冲刷不显著	均方值
99.00	36.7			
99.90	20.0	未饱和	冲刷显著	极限
99.99	12.6			

表 4-6　止动幺速

粒径(mm)	止动幺速(m/s)	粒径(mm)	止动幺速(m/s)	粒径(mm)	止动幺速(m/s)
0.001	0.11	0.060	0.24	1.500	0.73
0.002	0.12	0.070	0.25	2.000	0.82
0.003	0.13	0.080	0.26	3.000	0.95
0.004	0.13	0.090	0.27	4.000	1.05
0.005	0.13	0.100	0.28	5.000	1.14
0.006	0.14	0.150	0.31	6.000	1.22
0.007	0.14	0.200	0.36	8.000	1.36
0.008	0.14	0.300	0.41	10.000	1.48
0.009	0.15	0.400	0.46	20.000	1.93
0.010	0.15	0.500	0.49	30.000	2.24
0.015	0.17	0.600	0.53	40.000	2.49

续表 4-6

粒径（mm）	止动幺速（m/s）	粒径（mm）	止动幺速（m/s）	粒径（mm）	止动幺速（m/s）
0.020	0.18	0.700	0.56	50.000	2.71
0.030	0.20	0.800	0.58	60.000	2.90
0.040	0.21	0.900	0.61	80.000	3.22
0.050	0.23	1.000	0.63	100.00	3.53

黄河下游地区衬砌渠道可按山东水利科学研究院公式（4-5）计算：

$$\rho = 0.117\left(\frac{v^2}{gR}\right)^{0.381}\left(\frac{v}{\omega}\right)^{0.91} \tag{4-5}$$

式中符号意义同前。

含沙量很小的清水渠道虽无泥沙淤积威胁，但为了防止渠道内长草，影响输水能力，对渠道的最小流速仍有一定限制，通常要求大型渠道的平均流速不小于 0.5 m/s，小型渠道的平均流速不小于 0.3～0.4 m/s。

四、超高

渠道堤岸的超高是指渠道通过加大流量时的水位至渠岸顶的垂直距离。一般情况下，衬砌与防渗渠道渠堤的超高与土渠相同，可按如下规定选用。

一般土渠堤岸超高可按式（4-6）估算：

$$F_b = \frac{1}{4}h + 0.2 \tag{4-6}$$

式中　F_b——堤岸超高，m；

h——渠道通过加大流量时的水深，m。

对于结合航运的渠道，其堤岸的超高还应符合航运的有关规定要求。

对于弯道渠段，当弯道半径小于 5 倍水面宽度或平均流速大于 2 m/s 时，弯道凹岸的堤顶超高应予增加，其增加值按式（4-7）计算：

$$F'_b = \frac{B}{R}\frac{v^2}{2g} \tag{4-7}$$

式中　F'_b——增加的超高值，m；

B——加大流量时水面宽度，m；

R——弯道半径，m；

v——平均流速，m/s。

确定浑水渠道岸顶的超高时，还应考虑渠底可能产生泥沙淤积的影响，需再适当加大；当渠堤的填方高度大于 3 m 时，其岸顶超高还应预加沉降高度。

常用的渠道衬砌防渗层的超高为 0.15～0.65 m。一般可根据渠道的设计流量按表 4-7取用。对傍山渠道和兼作防洪的渠道应采用较一般灌溉渠道稍大的数值。

表 4-7　衬砌防渗层超高

渠道设计流量（m^3/s）	<1	1 ~ 5	5 ~ 30	>30
衬砌防渗层超高（m）	0.15 ~ 0.20	0.20 ~ 0.30	0.30 ~ 0.60	0.60 ~ 0.65

埋铺式膜料防渗渠道可不设防渗层超高，这是由于埋铺式膜料防渗层上有不同材料的保护层，此保护层除能保护膜料层不为外力破坏、延长工程寿命外，还具有一定的防渗作用；同时，渠水位超过设计最高水位的运行是偶然的和短时的，并因有保护层的防渗作用，渗漏量也有限，故埋铺式膜料防渗层可以不设超高。

五、伸缩缝与砌筑缝

（一）伸缩缝

为了适应因气温变化和地基变形所引起的衬砌防渗层（或保护层）的变形要求，刚性材料衬砌防渗层以及膜料防渗的刚性材料保护层，在设计中均应设置伸缩缝。伸缩缝的间距应依据渠基情况、衬砌防渗材料和施工方式按表 4-8 选用。浆砌石衬砌防渗层一般砌体较厚，因气温变化引起的变形较小，加之砌筑缝相对较多，可不设伸缩缝。但为适应软弱基础引起的较大变形，应设置沉降缝。浆砌石沉降缝间距应视基槽的土质情况确定，当渠道为软基或地基承载力有明显变化时，沉降缝间距取 5 ~ 10 m；反之，当渠槽土质坚硬、承载力变化不大时取 10 ~ 15 m，缝宽为 1.5 ~ 2.5 cm。

表 4-8　衬砌与防渗渠道的伸缩缝间距　（单位：m）

防渗结构	防渗材料和施工方式	纵缝间距	横缝间距
混凝土	钢筋混凝土，现场浇筑	4 ~ 8	4 ~ 8
	混凝土，现场浇筑	3 ~ 5	3 ~ 5
	混凝土，预制铺砌	4 ~ 8	6 ~ 8
砌石	浆砌石	只设置沉降缝	

注：1. 膜料防渗刚性材料保护层的伸缩缝间距同本表。
2. 当渠道为软基或地基承载力明显变化时，浆砌石防渗结构宜设置沉降缝。

伸缩缝的宽度应根据缝的间距、气温变幅、填料性能和施工要求等因素确定，一般常采用 2 ~ 3 cm；当采用衬砌机械连续浇筑混凝土时，切割缝宽可采用 1 ~ 2 cm。伸缩缝的填充材料应采用黏结力强、变形性能大、耐温性好（在当地最高气温下不流淌、最低气温下不脆裂）、耐老化、无毒、无环境污染的弹塑性止水材料，可采用石油沥青聚氨酯接缝材料（PTN）、高分子止水带及止水管等。当用 PTN 材料填充伸缩缝时，可采用两种形式：一是先用聚乙烯泡沫棒、泡沫板、木板或其他塑性材料等在缝底部作垫缝处理，然后填充制备好的 PTN 材料，填充深度不应小于 2 ~ 3 cm（小型渠道取小值，大型渠道取大值）；二是缝下部填制备好的 PTN 材料，上部用沥青砂浆封盖。具体填缝材料的配制和施工方法，请参阅第七章相关内容。

我国以往广泛使用的聚氯乙烯胶泥（或焦油塑料胶泥）填缝材料，由于其中含有大量煤焦油，对灌溉水和环境都有污染，随着人们对环保要求的不断提高，这种材料被淘汰已是大势所趋，并且其施工也较复杂，今后应禁止使用。

常见的伸缩缝形式如图 4-1 所示。

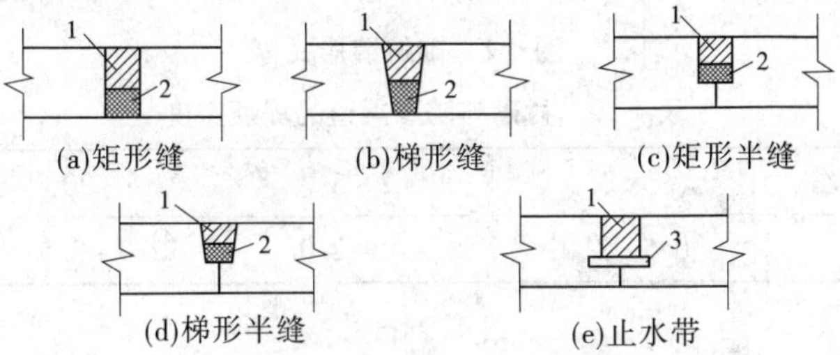

1—封盖材料；2—弹塑性填充材料；3—止水带

图 4-1　刚性材料常见的伸缩缝形式

（二）砌筑缝

混凝土预制板（槽）和浆砌石的砌筑缝，应用水泥砂浆或水泥混合砂浆砌筑，水泥砂浆勾缝。混凝土 U 形槽也可用高分子止水管及其专用砌筑胶安砌，不需勾缝。浆砌石还可用细粒混凝土砌筑。砌筑砂浆和勾缝砂浆的强度等级可按表 4-9 选定；细粒混凝土强度等级不低于 C15，最大粒径不大于 10 mm。沥青混凝土预制板宜采用沥青砂浆、沥青玛瑞脂或改性乳胶沥青砌筑。砌筑缝宜采用矩形缝、梯形缝或企口缝，见图 4-2，缝宽 1.5 ~ 2.5 cm。

六、堤顶宽度与封顶板

（一）堤顶宽度

衬砌与防渗渠道的堤顶宽度，可根据渠道的设计流量按表 4-10 选用。当渠堤兼作公路时，堤顶宽度还应满足道路工程的要求。U 形渠道和矩形渠道，公路的边缘宜距渠道口边缘 0.5 ~ 1.0 m。堤顶应做成向外倾斜 1∶100 ~ 1∶50 的斜坡。堤岸为高边坡时，还应在高边坡的坡脚设置纵向排水沟，保证堤顶或高边坡坡面的雨水顺利排至堤外，不致冲坏渠道。对通过城镇、交通要道或人口密集地区的渠段，为保证安全，还应在堤顶设置安全警示标志或必要的防护设施。

表 4-9　砂浆的强度等级　（单位：MPa）

防渗结构		砌筑砂浆		勾缝砂浆	
		温和地区	严寒和寒冷地区	温和地区	严寒和寒冷地区
混凝土预制板		7.5 ~ 10.0	10.0 ~ 20.0	10.0 ~ 15.0	15.0 ~ 20.0
砌石	料石	7.5 ~ 10.0	10.0 ~ 15.0	10.0 ~ 15.0	15.0 ~ 20.0
	块石	5.0 ~ 7.5	7.5 ~ 10.0	7.5 ~ 10.0	10.0 ~ 15.0
	卵石	5.0 ~ 7.5	7.5 ~ 10.0	7.5 ~ 10.0	10.0 ~ 15.0
	石板	7.5 ~ 10.0	10.0 ~ 15.0	10.0 ~ 15.0	15.0 ~ 20.0

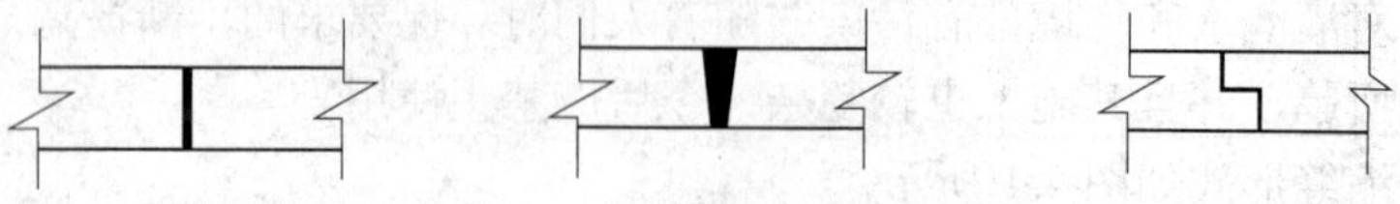

(a)矩形缝　(b)梯形缝　(c)企口缝

图 4-2　砌筑缝形式

表 4-10　衬砌与防渗渠道的堤顶宽度

渠道设计流量（m^3/s）	<2	2 ~ 5	5 ~ 20	>20
堤顶宽度（m）	0.5 ~ 1.0	1.0 ~ 2.0	2.0 ~ 2.5	2.5 ~ 4.0

（二）封顶板

为了防止堤顶、高边坡以及渠坡上的雨水流入衬砌防渗层的底部造成破坏，各种衬砌防渗材料的渠道，在边坡衬砌防渗层的顶部，均应设置封顶板。封顶板的宽度宜为 15 ~ 30 cm，厚度与衬砌防渗层相同。当衬砌防渗结构层下有砂砾石置换层时，封顶板的宽度还应大于二者之和再加 10 cm；当衬砌防渗层高度小于渠深时，应将封顶板作嵌入渠堤处理。

第三节　渠道断面设计

一、断面形式和适用条件

（一）断面形式

常用的明渠断面形式有梯形、矩形、复合形、弧形底梯形、弧形坡脚梯形、U 形，无压防渗暗渠的断面形式可选用城门洞形、箱形、正反拱形和圆形。各种断面形式如图 4-3 所示。

（二）适用条件和特点

防渗渠道断面形式的选择应结合防渗结构的选择一并进行。不同防渗衬砌结构所适用的断面形式可按表 4-11 选定。

梯形断面施工简便、边坡稳定，在地形、地质无特殊问题的地区，是最为常用的断面形式。

弧形底梯形、弧形坡脚梯形、弧形、U 形等渠道，适应冻胀变形的能力较强，能在一定程度上减轻冻胀变形的不均匀性，在北方地区得到了推广应用。根据实际工程的观测，弧形底梯形断面可大大减轻冻胀开裂及消融时的滑塌破坏。试验还证明，弧形坡脚梯形渠道适应冻胀变形的能力也优于梯形渠道。

U 形渠道从 1975 年开始推广应用，目前在各地的中、小流量的渠道上得到普遍的选用。其主要优点是：①水力条件好，近似最佳水力断面，可减少衬砌工程量，输沙能力强，有利于高含沙引水。②在冻胀性和湿陷性地基上有一定的适应地基不均匀变形的能力。③渠口窄，节省土地，减少挖填方量。④整体性强，防渗效果优于梯形渠道。⑤便于机械化施工，可加快施工进度。目前，已建成有流量为 25.8 m^3/s 的灌溉渠道以及流量为58 m^3/s的退水渠道试验段，运行情况良好。在冻胀破坏严重的地区，目前尚限于在小流量渠道上应用。

表4-11　不同防渗结构所适用的断面形式

防渗结构类别		明渠						暗渠			
		梯形	矩形	复合形	弧形底梯形	弧形坡脚梯形	U形	城门洞形	箱形	正反拱形	圆形
混凝土		·	·	·	·	·	·	·	·	·	·
砌石	料石	·	·	·	·	·	·	·	·	·	·
	块石	·	·	·	·	·	·	·	·	·	·
	卵石	·		·	·	·	·	·		·	
	石板	·		·	·	·					
膜料	土料保护层	·			·	·					
	刚性保护层	·	·	·	·	·	·	·	·	·	·
沥青混凝土		·			·	·					

注：“·”表示适用。

暗渠具有占地很少、在城镇区安全性能高、水流不易污染等优点。在冻土地区，暗渠可避免冻胀破坏，因此在土地资源紧缺地区，以及一些冻胀地区被采用。

二、流量计算

衬砌与防渗渠道设计流量的计算应按未设分水口的渠道和设有多个分水口的渠道分别进行计算。

（一）未设分水口的渠道

对于未设分水口的渠道，当不计渠道水面蒸发损失和管理损失时，其渠道起始断面流量应为渠道末端断面流量与渠道的渗漏损失流量之和，按式（4-8）计算：

$$Q_u = Q_d + q \tag{4-8}$$

式中　Q_u——渠道起始断面流量，m^3/s；

Q_d——渠道末端断面流量，m^3/s；

q——渠道的渗漏损失流量，m^3/s。

有类似条件的防渗渠道实测资料时，渠道的渗漏损失流量按实测资料确定；若无实测资料，渠道的渗漏损失流量可按式（4-9）进行估算：

$$q = \varepsilon_0 \varepsilon' K Q_d^{1-m} L/100 \tag{4-9}$$

式中　ε_0、ε'、K、m——计算参数，根据渠床土质特性、渠道当地的地下水埋深状况、防渗护面的类型，按《灌溉与排水工程设计规范》（GB 50288—99）中3.1.9条的规定选用；

L——渠道长度，km；

其他符号意义同前。

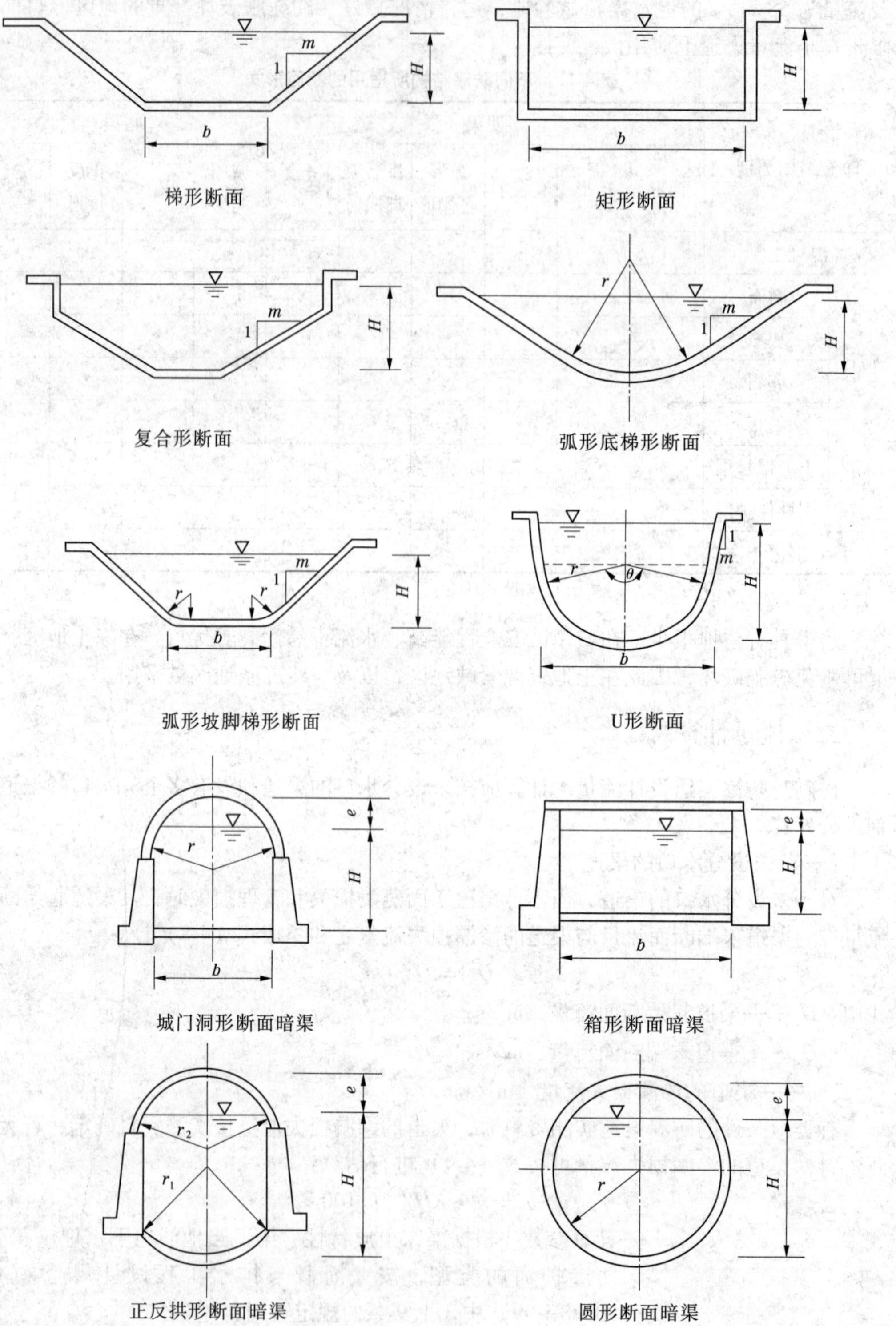

图 4-3　防渗衬砌渠道断面形式

当已知湿周时，渠道的渗漏损失流量可按式（4-10）估算：

$$q = K_a \bar{\chi} L / 86.4 \tag{4-10}$$

式中　K_a——渠道衬砌防渗护面的渗漏量，$m^3/(m^2 \cdot d)$，其取值可参照第三章表3-26的允许最大渗漏量选定，衬砌防渗护面质量良好者取小值，质量差者取大值；

$\bar{\chi}$——渠道在设计流量下的平均湿周，m；

其他符号意义同前。

（二）有多个分水口的渠道

有多个分水口的渠道其流量计算可按逆向递推法和正向递推法两种方法进行。

1. 逆向递推法

逆向递推法适用于已知各分水口的流量，求渠首流量。通过计算各渠段的渗漏损失流量，从渠尾逐渠段逆水流流向向渠首递推，即可求出渠首流量。

2. 正向递推法

正向递推法适用于已知渠首流量及各分水口分水流量比例，求各分水口的分水流量。渠首流量、各渠段渗漏损失流量、各分水口的分水流量应符合水量平衡条件。计算时，从渠首顺水流方向逐渠段递推，通过试算，求出各分水口的分水流量。

如图4-4所示，一条具有多个分水口的渠道被 n 个分水口分为 n 个渠段，渠首的总引水流量已知为 Q_0，各分水口的引水流量 Q_i（$i=1, 2, \cdots, n$）未知，仅知它们之间的相对比值，求 Q_i 时，应从渠首开始，顺水流方向，逐个渠段递推求解。求解时应在每个渠段满足公式（4-11），并应在每个分水口满足公式（4-12），达到水量平衡（见图4-5）。

$$Q_{d,i} = Q_{u,i} - q_i \tag{4-11}$$

$$Q_{u,i+1} = Q_{d,i} - Q_i \tag{4-12}$$

式中　$Q_{u,i}$——渠段 i 的起始断面流量，m^3/s；

$Q_{u,i+1}$——渠段 $i+1$ 的起始断面流量，m^3/s；

$Q_{d,i}$——渠段 i 的末端断面流量，m^3/s；

q_i——渠段 i 的渗漏损失流量，m^3/s；

Q_i——渠段 i 的引水流量，m^3/s。

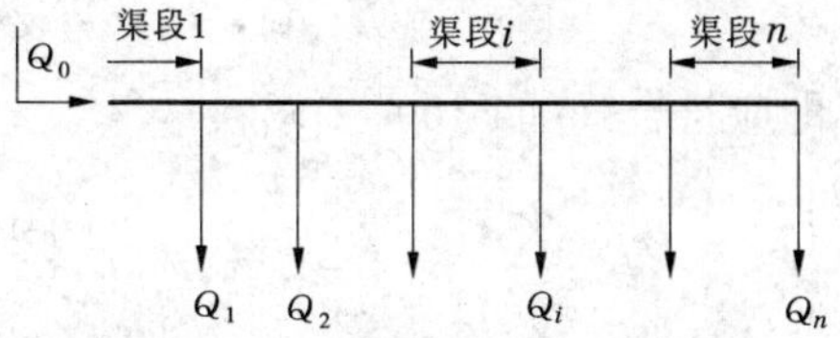

图4-4　多分水口渠道分段

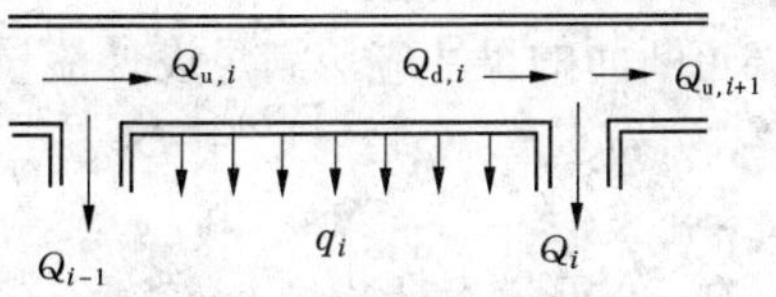

图4-5　渠段 i 流量分布

1）计算时需要确定的已知条件

（1）渠道的几何尺寸，各渠段的渗漏损失规律；

（2）渠首的总引水流量 Q_0；

(3) 各分水口的引水流量比值，$R_i=\frac{Q_i}{Q_1}$ ($i=1, 2, \cdots, n$)。

2) 计算步骤

(1) 假定各分水口的引水流量 Q_i，使之符合由 R_i 确定的比值关系。

(2) 从渠首顺水流方向逐个渠段计算渗漏损失流量 q_i，并按式 (4-11)、式 (4-12) 推算本渠段的末端断面流量 $Q_{d,i}$ 及下一渠段的起始断面流量 $Q_{u,i+1}$。

(3) 每计算出一个 $Q_{d,i}$ 后，在尚未达到该渠道最末端的分水口 n 时，应与 Q_i 进行比较。若 $Q_{d,i}>Q_i$，则应按步骤 (2) 的方法继续向下一个渠段推算；若 $Q_{d,i}\leqslant Q_i$，则应按式 (4-13)、式 (4-14) 进行各分水口流量的修正，得出修正的流量系列 Q'_i，返回步骤 (2)，从渠首开始重新计算。

$$DQ = Q_{d,i} - \sum_{i=1}^{n} Q_i \tag{4-13}$$

$$Q'_i = Q_i + DQ\frac{R_i}{\sum_{i=1}^{n} R_i} \tag{4-14}$$

式中　DQ——流量修正值，m^3/s；

　　Q'_i——渠段 i 修正后的引水流量，m^3/s。

(4) 当计算已达到该渠道最末端分水口，即 $i=n$ 时，比较 $Q_{d,n}$ 与 Q_n。若 $\frac{Q_{d,n}-Q_n}{Q_n}\leqslant E\%$ (E 为规定的计算误差)，则计算结束，计算采用的 Q_i 即为所求结果；若不满足规定的计算误差要求，则应按式 (4-15) 计算出流量修正值 DQ，再按式 (4-14) 求出修正后的流量系列 Q'_i，返回渠首，按步骤 (2) 重新计算。

$$DQ = Q_{d,n} - Q_n \tag{4-15}$$

式中　$Q_{d,n}$——渠道最末端断面流量，m^3/s；

　　Q_n——渠道最末端的引水流量，m^3/s。

三、渠道横断面设计

衬砌与防渗渠道断面设计的要求应该是，根据使用条件选择合适的断面形式，断面的尺寸应能满足设计流量的要求，同时还应该是实用的经济断面。

(一) 流量和流速要求

渠道断面的尺寸应该满足设计流量的要求，即应符合式 (4-16) 要求：

$$Q = \omega\frac{1}{n}R^{\frac{2}{3}}i^{\frac{1}{2}} \tag{4-16}$$

式中　Q——渠道设计流量，m^3/s；

　　ω——过水断面面积，m^2；

　　n——渠道糙率；

　　R——渠道水力半径，m；

　　i——渠道比降。

断面平均流速应满足本章第二节所规定的不冲流速和不淤流速要求。

（二）梯形（矩形）断面设计

梯形断面（矩形断面可视为边坡系数 $m=0$ 的梯形断面）设计，通常是按本章第二节选择相关的设计参数后，防渗渠道的断面尺寸应通过水力计算确定。

渠道的宽深比应根据具体情况取用。地下水位较高时，若采用窄深式渠道断面，则将引起水下挖方量较大，给施工带来困难；当土壤的冻胀性较强时，采用窄深式渠道断面将加大渠道边坡的不均匀冻胀，在消融时又可能引起滑塌，就应采用宽浅式渠道断面形式。一般混凝土等刚性材料衬砌的渠道，宽深比为 1～2；素土夯实防渗渠道和素土保护层膜料防渗渠道的宽深比为 1～4。

（三）弧形底梯形渠道、U 形渠道断面设计

弧形底梯形渠道及 U 形渠道断面如图 4-6 所示。

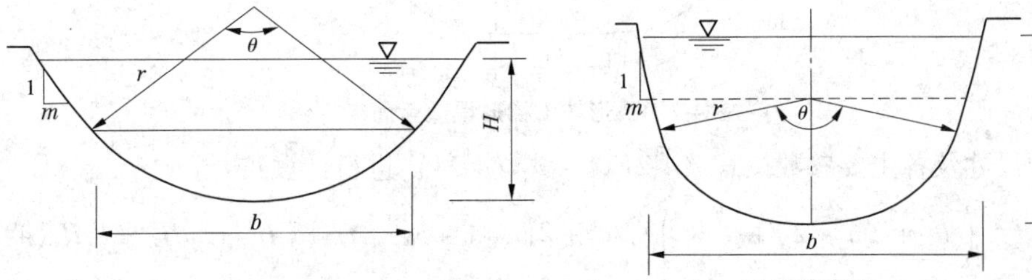

(a)弧形底梯形断面　　(b)U形断面

图 4-6　弧形底梯形断面及 U 形断面

断面尺寸及各主要参数按式（4-17）～式（4-20）进行计算：

$$\omega = \left(\frac{\theta}{2} + 2m - 2\sqrt{1+m^2}\right)K_r^2H^2 + 2\left(\sqrt{1+m^2} - m\right)K_rH^2 + mH^2 \tag{4-17}$$

$$\chi = 2\left(\frac{\theta}{2} + m - \sqrt{1+m^2}\right)K_rH + 2H\sqrt{1+m^2} \tag{4-18}$$

$$K_r = \frac{r}{H} \tag{4-19}$$

$$b = 2r/\sqrt{1+m^2} \tag{4-20}$$

式中　χ——湿周，m；

θ——渠底圆弧的圆心角，rad；

H——断面水深，m；

r——渠底圆弧半径，m；

b——渠底圆弧的弦长，m；

m——渠道上部直线段的边坡系数，$m=\cot\frac{\theta}{2}$；

K_r——渠底圆弧半径 r 与水深 H 之比。

对于 U 形渠道，K_r 按以下原则取值：①渠顶以上挖深不超过 1.5 m，边坡系数 $m \leqslant 0.3$，渠线经过耕地时，可按表 4-12 选用；②填方断面或渠顶以上挖深很小（接近 0）、土质差时，K_r常取为0.8～1.0。

表4-12　U形渠道 K_r 值

m	0	0.1	0.2	0.3	0.4
θ（°）	180	168.6	157.4	146.6	136.4
K_r	0.65～0.72	0.62～0.68	0.56～0.63	0.49～0.56	0.39～0.47

注：挖深大、土质好、土地价值高时取小值。

弧形底梯形渠道水力最佳断面及实用经济断面计算方法见附录B。

（四）弧形坡脚梯形渠道断面设计

弧形坡脚梯形渠道断面如图4-7所示。

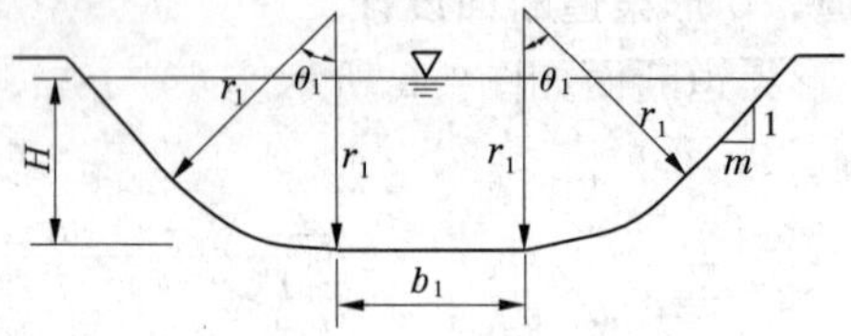

图4-7　弧形坡脚梯形渠道断面

断面尺寸及各主要参数按式（4-21）～式（4-24）进行计算：

$$\omega = \left(\theta_1 + 2m - 2\sqrt{1+m^2}\right)K_r^2H^2 + 2\left(\sqrt{1+m^2} - m\right)K_rH^2 + mH^2 + b_1H \quad (4\text{-}21)$$

$$\chi = 2\left(\theta_1 + m - \sqrt{1+m^2}\right)K_rH + 2H\sqrt{1+m^2} + b_1 \quad (4\text{-}22)$$

$$K_r = \frac{r_1}{H} \quad (4\text{-}23)$$

$$B = 2m(H - r_1) + 2r_1\sqrt{1+m^2} + b_1 \quad (4\text{-}24)$$

式中　θ_1——坡脚圆弧的圆心角，rad；

b_1——渠底水平段宽，m；

B——水面宽，m；

r_1——坡脚圆弧半径，m；

K_r——坡脚圆弧半径 r_1 与水深 H 之比；

m——渠道上部直线段的边坡系数，$m = \cot\theta_1$。

弧形坡脚梯形渠道水力最佳断面及实用经济断面的计算方法见附录C。

（五）暗渠防渗断面设计

暗渠常见断面的几种形式如图4-8所示。其宽深比应按施工要求并通过经济比较确定，从水力最优及工程量最小考虑，宜采用窄深式断面。水面以上的净空高度 e_0 的取用：箱形可采用 $e_0 \geqslant \frac{1}{6}H_g$（$H_g$ 为暗渠断面的总高度），城门洞形及正反拱形可采用 $e_0 \geqslant \frac{1}{4}H_g$。

1. 城门洞形断面

城门洞形断面的尺寸及各主要参数按式（4-25）～式（4-28）进行计算：

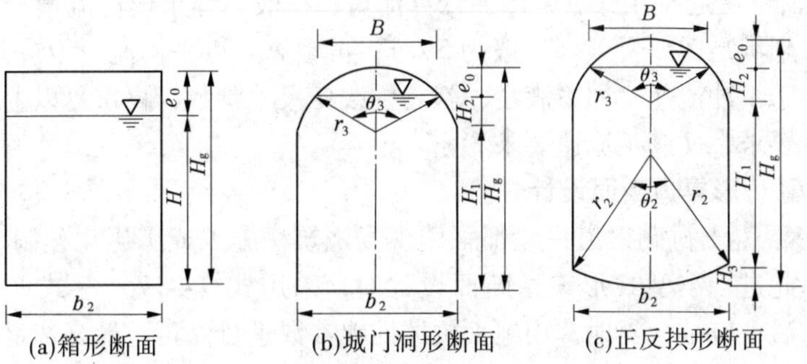

图4-8　暗渠常见断面的几种形式

$$\omega = H_1 b_2 + \frac{1}{2}[r_3^2(\pi - \theta_3) + BH_2] \tag{4-25}$$

$$\chi = b_2 + 2H_1 + (\pi r_3 - r_3\theta_3) \tag{4-26}$$

$$B = 2\sqrt{r_3^2 - H_2^2} \tag{4-27}$$

$$\theta_3 = 2\arctan\left(\frac{\sqrt{r_3^2 - H_2^2}}{H_2}\right) \tag{4-28}$$

式中　H_1——暗渠直墙段高，m；

H_2——暗渠顶部圆弧段水深，m；

b_2——暗渠底宽，m；

B——水面宽，m；

r_3——顶部圆弧半径，m；

θ_3——水面宽圆弧圆心角，rad。

2. 正反拱形断面

正反拱形断面的尺寸及各主要参数按式（4-29）~式（4-33）进行计算：

$$\omega = b_2 H_1 + \frac{1}{2}[r_2^2\theta_2 - b_2(r_2 - H_3) + r_3^2(\pi - \theta_3) + BH_2] \tag{4-29}$$

$$\chi = 2H_1 + r_2\theta_2 + r_3(\pi - \theta_3) \tag{4-30}$$

$$\theta_2 = 2\arctan\frac{\sqrt{r_2^2 - (r_2 - H_3)^2}}{r_2 - H_3} \tag{4-31}$$

$$\theta_3 = 2\arctan\frac{\sqrt{r_3^2 - H_2^2}}{H_2} \tag{4-32}$$

$$B = 2\sqrt{r_3^2 - H_2^2} \tag{4-33}$$

式中　H_3——底部圆弧矢高，m；

θ_2——渠底圆弧的圆心角，rad；

θ_3——水面宽圆弧圆心角，rad；

r_2、r_3——底部、顶部圆弧半径，m。

综上所述，一般渠道水力计算的具体步骤是：根据所选择的断面形式和相关参数，按上述方法计算过水断面的各水力要素（过水断面面积ω、湿周χ和水力半径R）；连

同糙率 n 和比降 i 一起利用式（4-16）计算流量；一般不等于设计流量，需经调整参数进行试算，直到满足误差要求（一般为5%）；再验算渠道平均流速 Q/ω 应大于渠道的不淤流速，小于不冲流速。如不满足，就还要改变尺寸参数，再重复以上计算步骤，直到既满足流量要求，又满足流速要求为止。

（六）小型U形渠道断面设计

小型U形混凝土衬砌渠道一般都采用现场浇筑法施工或工厂化预制U形渠槽现场砌筑施工，因此进行小型U形渠道断面设计时，采用式（4-17）~式（4-20）计算渠道横断面尺寸后，应结合当地常用施工机械性能参数进行修正，最终选定既满足工程设计要求又符合施工机械要求的标准断面尺寸。如果当地有小型U形混凝土衬砌渠道的标准工程图集，也可以根据工程实际要求，直接选用相应的渠道衬砌结构形式和断面尺寸。

四、渠道纵断面设计

渠道设计不仅要满足输送设计流量的要求，还要满足水位控制的要求。横断面设计通过水力计算确定了能通过设计流量的断面尺寸，满足了前一个要求。纵断面设计的任务是根据灌溉水位要求确定渠道的空间位置，先确定不同桩号处的设计水位高程，再根据设计水位确定渠底高程、堤顶高程等，绘制渠道纵断面图，包括沿渠地面高程线、渠道设计水位线、渠道最低水位线、渠底高程线、堤顶高程线、分水口位置、渠道建筑物位置及类型等。渠道纵断面设计方法详见附录D。

渠道纵断面和横断面的设计是互相联系、互为条件的。在实际设计中，不能把他们截然分开，而要统盘考虑、交替进行、反复调整，最后确定合理的设计方案。

第四节　渠基排水设施设计

对于刚性材料衬砌渠道和埋铺式膜料防渗渠道，当地下水位高于渠底（要考虑汛期和灌溉后地下水上升的情况），或地下水位虽不很高，但渠基土透水性差，渠道的渗漏水和浸入渠基的雨水不能很快渗入基土深处时，由于衬砌防渗层这部分水的浮托力作用，很容易使得衬砌防渗层起鼓、位移，甚至失效。为了消释地下水对刚性衬砌层和膜料防渗层的浮托力，减少基土水分，在渠道设计时应设置排水设施。设置排水设施还可以减少和防止冻胀性土壤的冻胀、大孔性黄土的湿陷，防止傍山及塬边渠道的滑塌等事故发生。由于渠基的情况和排水条件、要求不同，设置排水设施时也应区别考虑。

一、渠基未设换填层且附近无排水条件

当渠基未设砂、砾石置换层，且附近又无洼地排水时，可采用下列两种排水设施排水入渠。

（一）排水沟与渠底集水井组成的排水设施

排水沟与集水井组合式排水设施如图4-9所示。排水沟宽15~20 cm，其中可填砾石、碎石。在集水井上设置逆止阀，并应在其周围作反滤处理，以免渠基发生管涌或流土。

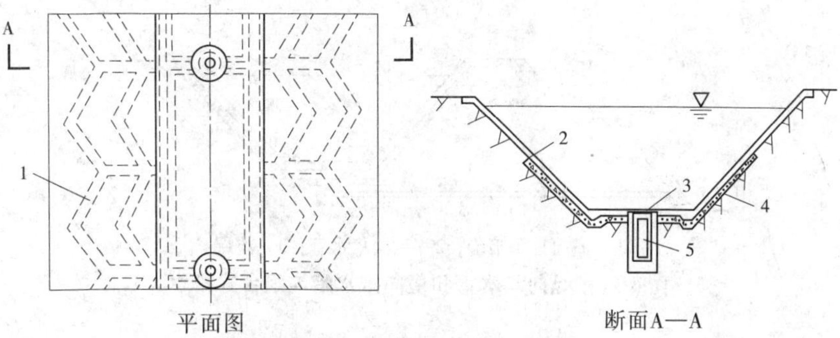

1—引水排水沟；2—衬砌防渗面层；3—逆止阀；
4—碎石、卵石过滤层；5—集水井

图4-9　排水沟与集水井组合式排水设施

（二）排水管、排水沟与渠坡渠底排水阀组成的排水设施

排水沟（管）和排水阀组合式排水设施如图4-10所示。排水管及底部排水沟的设置，可参照表4-13选用。

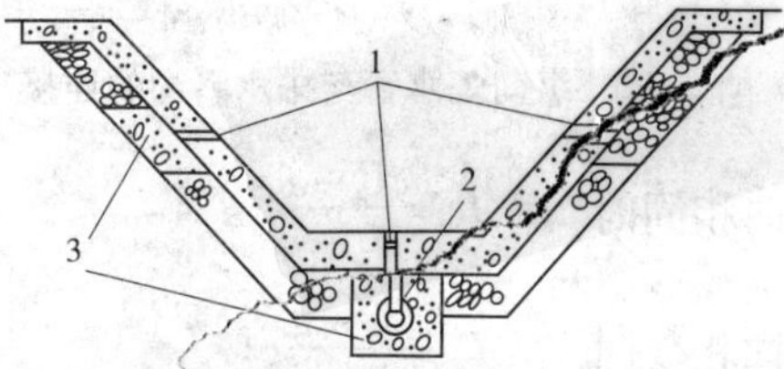

1—逆止阀；2—排水沟（管）；3—滤水砂砾料

图4-10　排水沟（管）和排水阀组合式排水设施

表4-13　排水管及底部排水沟的设置

边坡高度 H（m）	地下水高的透水性地基	地下水高的不透水性地基
$H<2.5$	设或不设底部排水沟	
$2.5\leq H<5.0$	设1~2层排水管和底部排水沟	设1~2层排水管
$H\geq 5.0$	设2~3层排水管和底部排水沟	设2~3层排水管及底部排水沟

二、渠基设有换填层且附近有排水条件

当渠基设有砂砾石换填层，且附近有低洼地排水时，可采用纵向集水管和横向排水暗沟组成的排水设施，见图4-11。集水管采用带孔的塑料管或混凝土管等。其管径根据排水量大小确定，但不宜小于15 cm。集水管纵比降不得小于0.001~0.002。其周围也应采取反滤措施。集水管一般设置在渠底中部；当渠道为较大型渠道、渠底较宽时，亦可分设于两边坡脚。

为了减少横向排水沟的数量，可将纵向集水管从两个方向引向排水暗沟，见图4-12。纵向排水管的长度可按式（4-34）或式（4-35）计算：

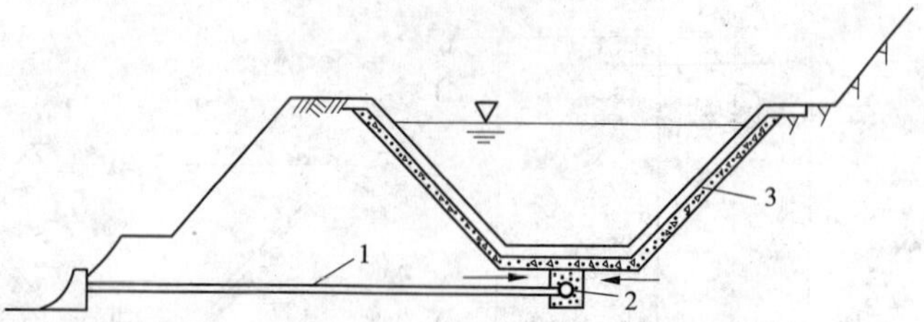

1—横向排水暗沟；2—纵向集水管；3—垫层

图 4-11 纵向集水管和横向排水暗沟组合式排水

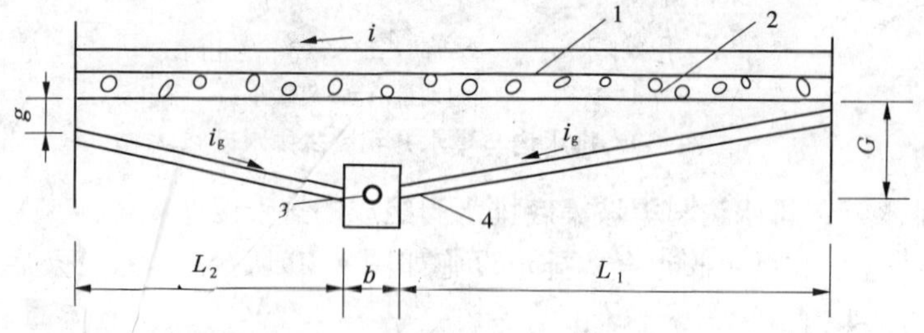

1—护面；2—垫层；3—排水暗沟；4—连接井

图 4-12 纵向集水管与排水暗沟的连接

集水管与渠底比降方向相同时 $$L_1 = \frac{G - g}{i_g - i} \tag{4-34}$$

集水管与渠底比降方向相反时 $$L_2 = \frac{G - g}{i_g + i} \tag{4-35}$$

式中 L_1、L_2——集水管的长度，m；

i——渠底比降；

i_g——集水管比降；

G、g——集水管末、首端距渠垫层的深度，m。

排水垫层的水进入集水管的方式，如采用多孔混凝土管，水通过孔隙进入管内，如采用塑料管、波纹塑料管，为了使水进入，则需要在管壁打孔，外包土工布。引向集水管的排水层，还应具有 0.005 的比降。

为了防止土粒进入纵向集水管，可按图 4-13（a）、（b）、（c）所示的形式设置反滤层。有时不用集水管，改用大粒径材料（块石、大卵石等）充填的集水沟，如图 4-13（d）、（e）所示，其中以图 4-13（d）把反滤层做成垂直的较合理，但施工较为麻烦，可用土工布。这种大粒径材料充填暗沟的面积应满足式（4-36）的要求：

$$\omega = \frac{Q}{v} = \frac{Q}{S_0 P_0 \sqrt{Di}} \tag{4-36}$$

$$S_0 = 20 - \frac{14}{D} \tag{4-37}$$

式中 Q——每段暗沟最末端断面处的流量，cm^3/s；

v——暗沟的断面平均流速，按紊流情况下的谢才公式计算，cm/s；

D——填充料平均直径，cm；

i——暗沟内水力比降（水量不大时，可以暗沟底坡代之）；

P_0——填充料孔隙率；

S_0——综合系数。

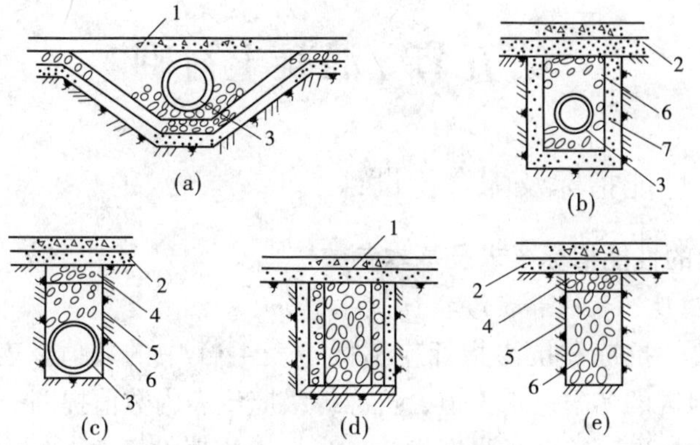

1—护面；2—垫层；3—纵向集水管；4—反滤层；5—止水层；6—卵石或碎石；7—砂子

图 4-13　反滤层的设置形式

暗沟底比降不得小于 0.003。如暗沟较长，其断面可分段计算，每段断面面积应采用该段最末端断面处的渗流量计算。

纵向集水管和横向排水暗沟（管）的连接可借助于砖砌的或混凝土的集水井，见图 4-14。

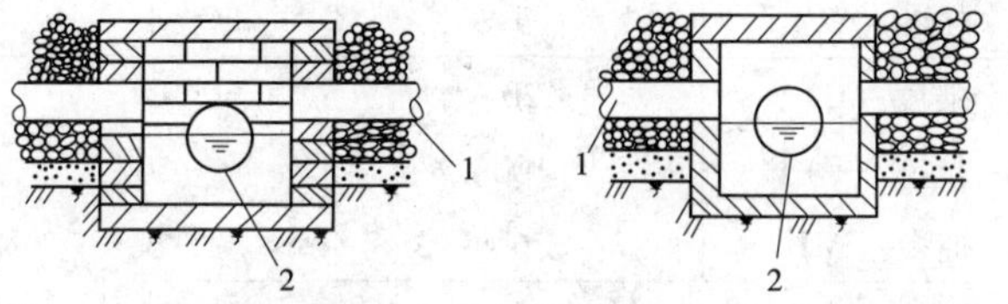

1—集水管；2—排水暗沟（管）

图 4-14　集水井示意

图 4-15 是一种更简单的排水系统，由渠坡的横向引水沟和沿坡脚或渠轴线的纵向集水沟组成。横向引水沟可设在伸缩缝的下面，用砾石或碎石填塞。在护砌面层施工

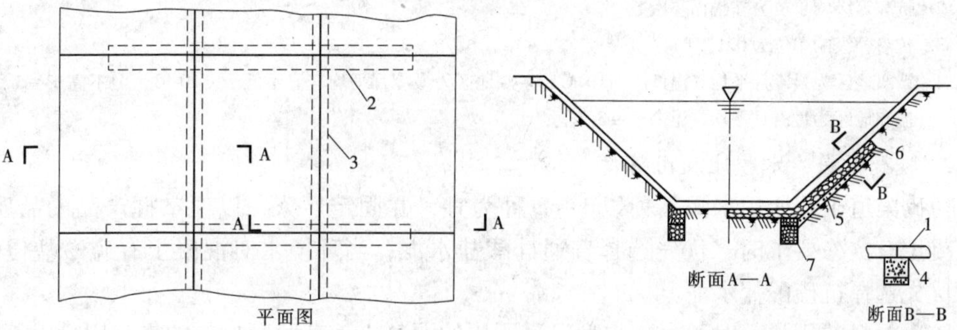

1—衬砌护面；2—引水沟；3—集水沟；4—沥青油毡；5—砂垫层；6—砾石；7—卵石或块石

图 4-15　引水沟和集水沟排水

时，在砾石上面铺设沥青油毡，这既可防止面层的水泥浆流失，还可减少行水时接缝处的渗漏。渠底下面的纵向集水沟内填较大的卵石或块石，以将渗漏水顺利引走。集水沟的断面、比降等计算与前述相同。

第五节 混凝土衬砌

一、混凝土性能指标及配合比设计

（一）混凝土的性能指标要求及基本参数

1. 混凝土的强度、抗冻和抗渗指标

混凝土的强度、抗冻和抗渗指标应不低于表4-14中的数值。表中数值为最小值，对于严寒和寒冷地区的冬季过水渠道，抗冻等级应比表内数值提高一级。如经济条件允许，也应适当提高标准，特别是强度指标。当渠道流速大于3 m/s，或水流中挟带推移质泥沙时，混凝土的抗压强度不应低于15 MPa。

表4-14 混凝土性能的允许最小值

工程规模	混凝土性能	严寒地区	寒冷地区	温和地区
小型	强度（C）	15	15	15
	抗冻（F）	50	50	—
	抗渗（W）	4	4	4
中型	强度（C）	20	15	15
	抗冻（F）	100	50	50
	抗渗（W）	6	6	6
大型	强度（C）	20	20	15
	抗冻（F）	200	150	50
	抗渗（W）	6	6	6

注：1. 强度等级的单位为MPa。
2. 抗冻等级的单位为冻融循环次数。
3. 抗渗等级的单位为0.1 MPa。
4. 严寒地区为最冷月平均气温低于－10 ℃；寒冷地区为最冷月平均气温不低于－10 ℃，但不高于－3 ℃；温和地区为最冷月平均气温高于－3 ℃。

2. 胶凝材料、水胶比及坍落度

衬砌渠道工程所用水泥品种以1～2种为宜，并固定厂家，以便掌握产品的品质。当混凝土有抗冻要求时，优先选择普通硅酸盐水泥；当环境水对混凝土有硫酸盐侵蚀时，优先选择抗硫酸盐水泥。

胶凝材料的用量：对于大、中型渠道所用的混凝土，其胶凝材料的最小用量以不少于225 kg/m^3 为宜，严寒地区宜不少于275 kg/m^3。用人工捣固时，应增加25 kg/m^3；当掺用外加剂时，可根据所用外加剂的情况相应减少。小型渠道工程，胶凝材料的用量可借鉴当地的相关经验取用。

混凝土的水胶比为砂石料在饱和面干状态下的单位用水量与胶凝材料的比值，其允许最大值可参照表4-15选用。混凝土的坍落度则应根据不同的应用部位、捣固方式等条件，按表4-16选用。

表4-15　混凝土的水胶比允许最大值

运用情况	严寒地区	寒冷地区	温和地区
水位以上（冬季不行水）	0.50	0.55	0.60
水位变化区（冬季行水）	0.45	0.50	0.55
最低水位以下（冬季行水）	0.50	0.55	0.60
受水流冲刷部位	0.45	0.50	0.50

表4-16　不同浇筑部位混凝土的坍落度　（单位：cm）

混凝土类别	部位		机械捣固	人工捣固
混凝土	渠底		1～3	3～5
	渠坡	有外模板	1～3	3～5
		无外模板	1～2	—
钢筋混凝土	渠底		2～4	3～5
	渠坡	有外模板	2～4	5～7
		无外模板	1～3	—

注：1. 低温季节施工时，坍落度宜适当减小；高温季节施工时，坍落度宜适当增大。
2. 采用衬砌机施工时，坍落度不大于2 cm。

3. 砂率、用水量

衬砌渠道混凝土的砂率和用水量应分别按满足表4-17和表4-18的要求取用。

表4-17　混凝土的砂率

石料最大粒径（mm）	水胶比	砂率（%）	
		碎石	卵石
40	0.4	33～35	30～32
40	0.5	35～37	32～34
40	0.6	37～40	34～36

注：1. 本表适用于细度模数为2.6～2.8的天然中砂拌制的混凝土。
2. 砂的细度模数每增减0.1，砂率相应增减3%～5%。
3. 使用人工砂时，砂率需增大2%～3%。
4. 掺用引气剂时，砂率可减小2%～3%；掺用粉煤灰时，砂率可减小1%～2%。

4. 粉煤灰的掺量

衬砌渠道混凝土所用粉煤灰掺量，对于大、中型渠道，按《水工混凝土掺用粉煤灰技术规范》（DL/T 5055—2007）通过试验确定；小型渠道混凝土的粉煤灰掺量，则可参照表4-19选用。由于粉煤灰的等级、砂石料的品质以及外加剂的掺入等的影响，有条件时应通过相关的试验确定用量。

表4-18　混凝土的用水量　　（单位：kg/m^3）

坍落度（mm）	碎石最大粒径（mm）			卵石最大粒径（mm）		
	20	40	80	20	40	80
10～30	170～180	150～160	130～140	155～165	135～145	115～125
30～50	175～185	155～165	135～145	160～170	140～150	120～130
50～70	180～190	160～170	140～150	165～175	145～155	120～130

注：1. 表中值适用于中砂和普通硅酸盐水泥拌制的混凝土。
2. 用火山灰水泥时，用水量宜增加15～20 kg/m^3。
3. 用细砂时，用水量宜增加5～10 kg/m^3。
4. 用碎石时，用水量宜增加10～20 kg/m^3。
5. 用减水剂时，用水量宜减少10～20 kg/m^3。

表4-19　粉煤灰掺量

水泥强度（MPa）	混凝土性能指标		粉煤灰掺量（%）
	强度	抗冻	
32.5	C10	F50	20～40
32.5	C15	F50	30
32.5	C20	F50	25

当遇到细砂、特细砂混凝土或喷射混凝土时，应对上述的参数要求予以调整，并经试验确定，具体可参照相关规范进行。

（二）混凝土的配合比设计

混凝土的配合比是指混凝土中各组成材料的质量比例。确定配合比的工作，称为配合比设计。配合比设计与混凝土性能有着直接密切的关系。大、中型渠道防渗工程混凝土的配合比，应按《水工混凝土试验规程》（SL 352—2006）进行试验确定；小型渠道混凝土的配合比，可参照当地类似工程的经验采用。选择混凝土的配合比时，应根据其工程环境条件，对强度、抗渗、抗冻、抗冲耐磨、抗风化、抗侵蚀等，以及施工的和易性等要求，予以综合考虑，以选出最佳方案。

在混凝土的配合比设计中，应遵循的原则是：①在满足和易性的条件下，力求单位用水量最小；②根据混凝土防渗结构的断面和钢筋的稠密程度以及施工设备等情况，在满足和易性的条件下，选择尽可能大的石子粒径（最大粒径不得大于衬砌防渗层厚度的1/3～1/2）和最多用量；③应选择空隙率较小的砂石级配，同时也要考虑料场的天然级配，尽量减少弃方；④优先考虑采用优质、经济的粉煤灰混合材和外加剂等。

进行混凝土的配合比设计时，应收集有关原材料的资料，并按有关标准对水泥、掺合料、外加剂、砂石骨料等性能进行检验，并符合标准规定。检验内容包括：

（1）水泥的品种、品质、强度等级、密度等；

（2）石料岩性、种类、级配、表观密度、吸水率等；

（3）砂料岩性、种类、级配、表观密度、细度模数、吸水率等；

（4）外加剂种类、品质等；

（5）掺合料的品种、品质、密度等；

（6）拌和用水品质。

进行混凝土的配合比设计，还应收集相关工程设计资料，明确设计要求。例如：混凝土强度及保证率，混凝土的抗渗等级、抗冻等级和其他性能指标，混凝土的工作性，骨料最大粒径等。

1. 混凝土配制强度的确定

混凝土设计抗压强度是指按照标准方法制作和养护的边长为150 mm的立方体试件，在达到设计龄期时，用标准试验方法测得的具有设计保证率的抗压强度，以MPa计。混凝土配制强度按式（4-38）计算：

$$f_{cu,0} = f_{cu,k} + t\sigma \tag{4-38}$$

式中 $f_{cu,0}$——混凝土配制强度，MPa；

$f_{cu,k}$——混凝土设计龄期的设计强度，MPa；

t——保证率系数，由给定的保证率 P 选定，其值按表4-20选用；

σ——混凝土抗压强度标准差，MPa。

表4-20 保证率和保证率系数的关系

保证率 P（%）	70.0	75.0	80.0	84.1	85.0	90.0	95.0	97.7	99.9
保证率系数 t	0.525	0.675	0.840	1.0	1.040	1.280	1.645	2.0	3.0

混凝土抗压强度标准差 σ，宜按同品种混凝土抗压强度统计资料确定。统计时，混凝土抗压强度试件总数应不少于30组。根据近期相同抗压强度、生产工艺和配合比基本相同的混凝土抗压强度资料，混凝土抗压强度标准差 σ 按式（4-39）计算：

$$\sigma = \sqrt{\frac{\sum_{i=1}^{n} f_{cu,i}^{2} - n\, m_{f_{cu}}^{2}}{n-1}} \tag{4-39}$$

式中 $f_{cu,i}$——第 i 组试件抗压强度，MPa；

$m_{f_{cu}}$——n 组试件抗压强度的平均值，MPa；

n——试件组数。

当混凝土设计抗压强度不大于25 MPa，其抗压强度标准差计算值小于2.5 MPa时，计算配制抗压强度用的标准差应不小于2.5 MPa；当混凝土设计抗压强度不小于30 MPa，其抗压强度标准差计算值小于3.0 MPa时，计算配制抗压强度用的标准差应不小于3.0 MPa。

当无近期同品种混凝土抗压强度统计资料时，σ 值可按表4-21取用。施工中应根据现场施工时段强度的统计结果调整 σ 值。

表 4-21 标准差 σ 选用值 （单位：MPa）

设计抗压强度	≤15	20~25	30~35	40~45	50
混凝土抗压强度标准差	3.5	4.0	4.5	5.0	5.5

2. 混凝土配合比的计算

混凝土配合比的计算应以饱和面干状态骨料为基准。

1）选定水胶比（或水灰比）

计算混凝土配制强度 $f_{cu,0}$，求出相应的水胶比，同时根据混凝土抗渗、抗冻等级和其他性能要求及允许的最大水胶比（或水灰比）限值选定水胶比。

根据混凝土配制强度选择水胶比时，在适宜范围内，可选择 3~5 个水胶比，在一定条件下通过试验，建立设计龄期的强度与胶水比的回归方程式（4-40）或图表，按强度与胶水比关系，选择相应于配制强度的水胶比：

$$f_{cu,0} = Af_{ce}\left(\frac{c+p}{w} - B\right) \tag{4-40}$$

式中 $f_{cu,0}$——混凝土配制强度，MPa；

f_{ce}——混凝土 28 d 龄期抗压强度实测值，MPa；

$\frac{c+p}{w}$——胶水比；

A、B——回归系数，应根据工程使用的水泥、掺合料、骨料、外加剂等，通过试验，由建立的水胶比与混凝土强度关系式确定，当选择水灰比时，$p=0$。

2）选取混凝土用水量

混凝土用水量应根据骨料最大粒径、坍落度、外加剂、掺合料及适宜的砂率，并通过试验确定。

3）选取最优砂率

最优砂率应根据骨料品种、品质、粒径、水胶比和砂的细度模数等通过试验选取。

4）混凝土的胶凝材料用量计算

混凝土的胶凝材料用量（$m_c + m_p$）、水泥用量 m_c 和掺合料用量 m_p 分别按式（4-41）、式（4-42）和式（4-43）计算：

$$m_c + m_p = \frac{m_w}{w/(c+p)} \tag{4-41}$$

$$m_c = (1 - P_m)(m_c + m_p) \tag{4-42}$$

$$m_p = P_m(m_c + m_p) \tag{4-43}$$

式中 m_c——每立方米混凝土水泥用量，kg；

m_p——每立方米混凝土掺合料用量，kg；

m_w——每立方米混凝土用水量，kg；

P_m——掺合料掺量；

$w/(c+p)$——水胶比。

当不掺加掺合料时，上式中 p、P_m、m_p 均取为0。

5）砂、石料用量计算

砂、石料用量由已确定的用水量、水泥（胶凝材料）用量和砂率，根据“绝对体积法”计算。

每立方米混凝土中砂、石的绝对体积按式（4-44）计算：

$$V_{s,g}=1-\left(\frac{m_w}{\rho_w}+\frac{m_c}{\rho_c}+\frac{m_p}{\rho_p}+\alpha\right) \tag{4-44}$$

砂料用量按式（4-45）计算：

$$m_s=V_{s,g}S_V\rho_s \tag{4-45}$$

石料用量按式（4-46）计算：

$$m_g=V_{s,g}(1-S_V)\rho_g \tag{4-46}$$

式中　$V_{s,g}$——砂、石的绝对体积，m^3；

m_w——每立方米混凝土用水量，kg；

m_c——每立方米混凝土水泥用量，kg；

m_p——每立方米混凝土掺合料用量，kg；

m_s——每立方米混凝土砂料用量，kg；

m_g——每立方米混凝土石料用量，kg；

α——混凝土含气量，砂浆中的气泡体积与全部混凝土之比的百分数（%）；

S_V——体积砂率；

ρ_w——水的密度，kg/m^3；

ρ_c——水泥密度，kg/m^3；

ρ_s——砂料饱和面干表观密度，kg/m^3；

ρ_p——掺合料密度，kg/m^3；

ρ_g——石料饱和面干表观密度，kg/m^3。

各级石料用量按选定的级配比例计算。

6）列出混凝土各组成材料的计算用量和比例

根据以上计算的结果，列出混凝土各组成材料的计算用量和比例，作为所设计的混凝土配合比进行试配的基本依据。

3. 混凝土配合比的试配和调整

1）试配

在混凝土配合比试配时，应采用工程中实际使用的原材料。在混凝土试配时，每盘混凝土的最小拌和量应符合表4-22的规定，当采用机械拌和时，其拌和量不宜小于搅拌机额定拌和量的1/4。

按计算的配合比进行试拌，根据坍落度、含气量、泌水、离析等情况判断混凝土拌和物的工作性，对初步确定的用水量、砂率、外加剂掺量等进行适当调整。用选定的水胶比和用水量，变动4～5个砂率（每次增减砂率1%～2%）进行试拌，坍落度最大时的砂率即为最优砂率。用最优砂率试拌，调整用水量至混凝土拌和物满足工作性要求。

然后提出混凝土试验用配合比。

表 4-22　混凝土试配的最小拌和量

骨料最大粒径（mm）	拌和量（L）
20	15
40	25
≥80	40

混凝土强度试验至少应采用 3 个不同水胶比的配合比，其中一个应为确定的配合比，其他配合比的用水量不变，水胶比依次增减，变化幅度为 0.05，砂率可相应增减 1%。当不同水胶比的混凝土拌和物坍落度与要求值的差超过允许偏差时，可通过增减用水量进行调整。

根据试配的配合比成型的混凝土立方体抗压强度试件，按标准养护到规定龄期进行抗压强度试验。根据试验得出混凝土抗压强度与其对应的水胶比关系，用作图法或计算法求出与混凝土配制强度（$f_{cu,0}$）相对应的水胶比。

2）调整

根据试配结果，计算出混凝土各组成材料用量和比例，并按下列步骤进行调整：

（1）计算每立方米混凝土拌和物的质量。按确定的材料用量由式（4-47）计算每立方米混凝土拌和物的质量

$$m_{c,c} = m_w + m_c + m_p + m_s + m_g \tag{4-47}$$

式中　$m_{c,c}$——每立方米混凝土拌和物的质量计算值，kg；

m_w——每立方米混凝土用水量，kg；

m_c——每立方米混凝土水泥用量，kg；

m_p——每立方米混凝土掺合料用量，kg；

m_s——每立方米混凝土砂料用量，kg；

m_g——每立方米混凝土石料用量，kg。

（2）计算混凝土配合比校正系数。按照式（4-48）计算混凝土配合比校正系数

$$\delta = \frac{m_{c,t}}{m_{c,c}} \tag{4-48}$$

式中　δ——混凝土配合比校正系数；

$m_{c,t}$——每立方米混凝土拌和物的质量实测值，kg。

（3）按校正系数 δ 对配合比中每项材料用量进行调整，即为调整的设计配合比。在调整中应该注意的是，当混凝土有抗渗、抗冻和其他技术指标要求时，应该用满足抗压强度要求的设计配合比进行相关性能试验。如不满足要求，应对配合比进行适当调整，直到满足设计要求；在使用过程中，若对混凝土性能指标要求有变化，或混凝土原材料品种、质量有变化，应重作调整或重新进行配合比设计。

（三）细砂、特细砂混凝土的配合比设计

细砂、特细砂混凝土应具有低砂率、低流动性等特点，测定其和易性应采用工作度

（坍落度已不能准确反映其真实情况），故在设计时，要求水泥用量较中、粗砂混凝土适当增加 20 ~ 30 kg/m^3；严格控制水灰比，必要时可适量掺加塑化剂；砂率也应较中砂混凝土减少 15% ~ 30%；采用低流态或半干硬性混凝土时，坍落度不大于 3 cm，工作度不大于 30 s。

（四）喷射混凝土配合比设计

喷射混凝土配合比设计时，除应满足混凝土强度要求外，还应具有黏附性好、回弹量少、粉尘少、不发生管道堵塞等性能。喷射混凝土的配合比可参照质量比水泥∶砂∶石 = 1∶(2 ~ 2.5)∶(2 ~ 2.5）进行试配。其最佳配合比还应经试拌、试喷后最终确定。

喷射混凝土宜采用中、粗砂，粗骨料最大粒径不宜大于 15 mm；为了能够最大限度地吸收两次喷射时的冲击能，应适当提高砂率，一般可取 45% ~ 55%，砂的含水量为 5% ~ 7%。

喷射混凝土水泥用量过少，回弹量大，初期强度增长缓慢；水泥用量过多，则会产生大量粉尘，恶化施工条件，混凝土收缩量增大，且不经济。因此，喷射混凝土宜用普通硅酸盐水泥，水泥用量以 375 ~ 400 kg/m^3 为宜；在不掺减水剂的情况下，水胶比的适宜范围为0.4 ~ 0.5，并要求喷射物不出现干斑、不流淌、色泽均匀。喷射混凝土中可掺用一定数量的粉煤灰和速凝剂，具体掺量也应通过试配、试喷确定。

二、衬砌结构层的形式和尺寸设计

混凝土衬砌渠道防渗层的结构形式有多种，如图 4-16 所示。渠道混凝土衬砌防渗所采用的结构形式多为板形和槽形，按截面形状不同可分为等厚板、楔形板、肋梁板、∏形板、空心板、弧形渠槽和 U 形渠槽等。一般等厚板适用于无特殊地基要求的各种渠道；当渠基有较大膨胀、沉陷等变形时，除采取必要的地基处理措施外，大、中型渠道宜采用楔形板、肋梁板、中部加厚板或∏形板，小型渠道则较多地采用等厚断面的 U 形或矩形槽。对水文地质条件较差或防渗要求高的重要渠道，则采用钢筋混凝土或预应力钢筋混凝土板。

（一）等厚板

等厚板因施工简便，质量容易控制，造价相对较低，在一般地基情况下，只要施工得当，完全可以满足防渗和安全运行的要求。目前，我国的混凝土衬砌渠道，若无待殊的地基问题，不论现浇或预制施工，均广泛采用等厚板。

等厚板的厚度，与施工环境及施工条件、渠道大小及重要性等有关，目前尚无适当的计算方法，一般根据经验选用。综合国内外实践工程经验，《渠道防渗工程技术规范》（SL 18—2004）要求：当渠道流速小于 3 m/s 时，梯形渠道混凝土等厚板的最小厚度应符合表 4-23 的规定；当流速为 3 ~ 4 m/s 时，最小厚度宜为 10 cm；当流速为 4 ~ 5 m/s 时，最小厚度宜为 12 cm；当水流中含有砾石类推移质时，渠底板的最小厚度宜为 12 cm；超高部分的厚度可适当减小，但也不应小于 4 cm。

现浇施工时，若地基吸浆严重，浇筑混凝土前应铺一层很薄的塑膜，以防漏浆。否则，衬砌厚度应较表 4-23 的数值加大 2 cm 左右以保证浇筑的混凝土质量。

混凝土板的尺寸不宜太大。若太大，适应地基变形的能力差，容易损坏，且预制安

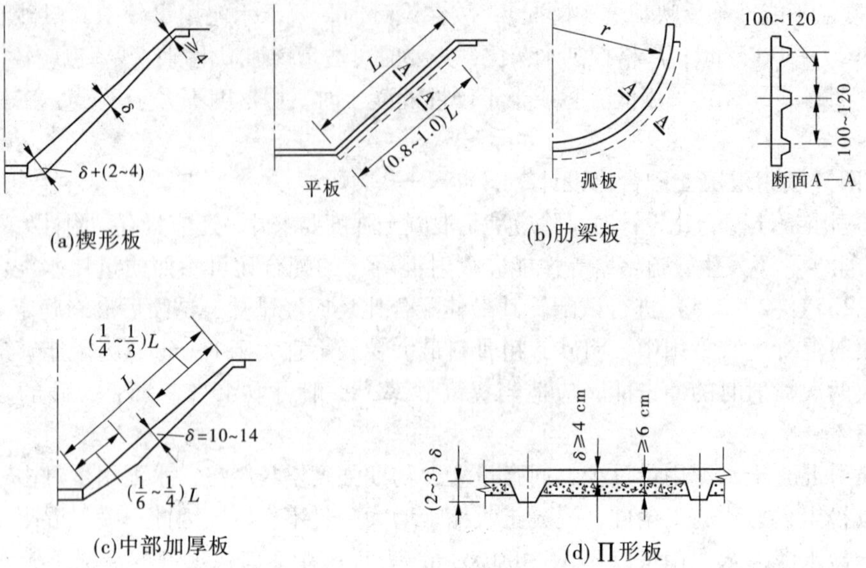

图 4-16　混凝土防渗层结构形式　（单位：cm）

装、搬运不方便；若太小，接缝增多，又会降低防渗效果和增加接缝施工的工程量。因此，应根据地基稳定性和施工条件选定板块尺寸。现场浇筑的混凝土板，单块尺寸以 3 ~ 5 m 为宜；预制混凝土板的尺寸，根据安装、搬运条件确定。人工施工时，混凝土板的尺寸一般不宜超过 1 m。

表 4-23　混凝土结构层的最小厚度　（单位：cm）

工程规模	温和地区			寒冷地区		
	钢筋混凝土	混凝土	喷射混凝土	钢筋混凝土	混凝土	喷射混凝土
小型	—	4	4	—	6	5
中型	7	6	5	8	8	7
大型	7	8	7	9	10	8

（二）楔形板

楔形板如图 4-16（a）所示，是在等厚板的基础上，为了使其承载能力更加合理而改进的结构形式，主要用于渠坡现浇法施工。其优点是较等厚板承载能力强，施工亦较方便。缺点是混凝土方量有所增加。为了减少工程量，渠道的阴、阳坡可以区别对待，一般阴坡冻胀量大，板的厚度可以大些。

（三）肋梁板

肋梁板如图 4-16（b）所示，是在板下每隔 1 m 左右增加一道肋梁，肋高为板厚的 2 ~ 3 倍，形成肋梁板。实践证明，肋梁板较楔形板的承载能力强，是目前较好的一种衬砌形式，在我国北方地区应用广泛，主要用于现浇法施工。肋梁板的板部分厚度较等厚板可适当减小，但也不应小于 4 cm。为了节省投资，渠道不同部位亦应区别对待。阳坡肋梁板的厚度可以小些，或在阳坡不加肋梁，仍用楔形板衬砌。肋梁板的主要优点是抗冻胀破坏性能好，裂缝少。缺点是施工中增加了挖梁槽的工序，特别是肋梁的浇筑，如不注意，往往粗骨料集中，砂浆不足，振捣不实，致使肋梁疏松，强度不够，而效用降低。所以，施工中必须特别注意控制肋梁的浇筑质量。另外，渠道的阳坡温差大，而由于肋梁板的肋梁嵌入地基，不利于混凝土板因温度变化而自由伸缩，也有可能因温度应力而产生裂缝。肋梁板结构尺寸，可根据工程条件，按图 4-16（b）和表 4-23 选定。

（四）中部加厚板

如图 4-16（c）所示，把板的中部加厚，其目的是增强该部位的承载能力。渠道调查的结果表明，这一部位是经常会发生裂缝的地方。这种做法主要用于现浇法施工的渠道阴坡。阳坡仍可采用楔形板。实践证明，中部加厚板对防止冻胀破坏是有效的。其缺点是，施工时渠槽的开挖及混凝土的厚度尺寸不易掌握。中部加厚板的结构尺寸，因工程环境条件不同而异，加厚部位的厚度宜为 10 ~ 14 cm。

（五）Π形板

如图 4-16（d）所示，Π形板是利用板下的密闭空间起保温作用，可以减轻冻胀；同时，由于架空的作用，板与土基脱离接触，又可减弱基土冻胀所产生的变形影响；四周的板肋尤如前述肋梁的作用，增加了抗冻胀的能力，工程效果较好。但用这种板衬砌渠道，施工较复杂，尤其在安砌时，要特别处理好接缝，否则板肋基础可能因渗水而不稳定。

Π形板的板厚较等厚板可适当减小，但也不应小于 4 cm；肋高宜为板厚的 2 ~ 3 倍，肋的间距以 1 m 左右为宜。

（六）空心板

空心板是具有保温、增强作用的一种板型。它与房建部门所用的空心楼板相似，仅是配筋很少，或者不配筋。板的厚度为 12 cm 左右，可以预制或现浇，其抗冻胀的效果很好。但这种板的制作需用小粒径骨料，使用时必须注意封闭板孔，以防漏水漏气，这样才能发挥其应有的效能。

（七）U 形或矩形渠槽

U 形渠槽由于具有防渗效果显著、水力条件好、接近最佳水力断面、整体性和抗外力性能佳、省工省料、占地少、便于管理等优点，目前，在我国已广泛应用于中、小型渠道。矩形渠槽的各方面性能虽不如 U 形渠槽，但因其施工较方便，应用也较广。

此类槽形结构，可用预制或现浇法施工。既可铺设于土渠基槽的表面，即衬砌防渗，也可直接置于地面上，或采用架空式渠槽，则类似于渡槽。置于地面上的渠槽，边墙无外部土压力作用，只需考虑槽内水压力即可，但当水压力较大时，仍需进行结构计算，必要时，配置钢筋和加设拉杆或支撑。埋设于土基中的渠槽，如土边坡能够自稳，槽身结构只起表面护砌防渗作用，不承受外部土压力。渠槽混凝土结构层的最小厚度，也应按表 4-23 选用，当渠基不稳定，或存在较大外压力时，渠槽则应采用钢筋混凝土结构，并根据外荷载进行结构的强度、稳定性及裂缝宽度验算。验算时所考虑的荷载有自重、内外水压力、水平土压力或冻胀力、渠岸活荷载和地基反力等。

第六节　砌石衬砌

一、砌石衬砌的技术要求

砌石衬砌主要依靠施工的高质量才能保证其防渗效果。干砌石衬砌渠道在其竣工后未被水中泥沙淤填以前，如果砌筑质量不好，在水流的作用下，不仅防渗能力很差，而且会因局部石料的松动而引起整体砌石层发生崩塌、甚至溃散的现象。因此，砌石衬砌必须保证施工质量。

砌石衬砌渠道，宜采用水泥砂浆、水泥石灰混合砂浆或细粒混凝土砌筑，并用水泥砂浆勾缝。砌筑用砂浆的强度为7.5～15.0 MPa，勾缝砂浆的强度为10.0～20.0 MPa，温和地区取低值，严寒地区、有抗冻要求的工程应采用较高强度的砂浆。

为提高防渗效果和防止渠基淘刷，对干砌卵石衬砌渠道，可在砌体下面设置砂砾石垫层或铺设复合土工膜料层；对浆砌石板防渗层下，可铺一层厚度20～30 mm的砂料或低强度等级砂浆做垫层；对防渗要求高的大、中型渠道，可在砌石层下加铺黏土、三合土、塑性水泥土或塑膜层。

二、砌筑用砂浆的配合比设计

砌筑用砂浆和细石混凝土的配合比设计方法有试验法和经验法两种，大、中型工程及有试验条件的情况下，应采用试验法，而小型工程或无试验条件时，可采用经验法。

（一）试验法

1. 砂浆配制强度的确定

砂浆的设计抗压强度是指按照标准方法制作和养护的边长为70.7 mm的立方体试件，在设计龄期用标准试验方法测得的具有设计保证率的抗压强度，以MPa计。

1）砂浆配制抗压强度

砂浆配制抗压强度按式（4-49）计算：

$$f_{m,0}=f_{m,k}+t\sigma \tag{4-49}$$

式中　$f_{m,0}$——砂浆配制抗压强度，MPa；

$f_{m,k}$——砂浆设计龄期设计抗压强度，MPa；

t——保证率系数，由给定的保证率P选定，其值按表4-20选用；

σ——砂浆抗压强度标准差，MPa。

2）砂浆抗压强度标准差

砂浆抗压强度标准差，宜按同品种砂浆抗压强度统计资料确定。要求统计时，砂浆抗压强度试件总数应不少于25组。根据近期相同抗压强度、生产工艺和配合比基本相同的砂浆抗压强度资料，砂浆抗压强度标准差按式（4-50）计算：

$$\sigma=\sqrt{\frac{\sum_{i=1}^{n}f_{m,i}^{2}-nm_{f_m}^{2}}{n-1}} \tag{4-50}$$

式中　σ——砂浆抗压强度标准差，MPa；

$f_{m,i}$——第 i 组试件抗压强度，MPa；

m_{f_m}——n 组试件抗压强度的平均值，MPa；

n——试件组数。

当无近期同品种砂浆抗压强度统计资料时，σ 值可按表 4-24 取用。施工中应根据现场施工时段抗压强度的统计结果调整 σ 值。

表 4-24　标准差 σ 选用值　（单位：MPa）

设计龄期砂浆抗压强度标准值	≤10	15	≥20
砂浆抗压强度标准差	3.5	4.0	4.5

2. 砂浆配合比计算

1）水胶比和用水量

在适宜的范围内选择 3～5 种水胶比，并通过试验进行选择，作为砂浆的初选水胶比。砂浆配合比设计时用水量可按表 4-25 确定。

表 4-25　砂浆用水量参考值（稠度 40～60 mm）

水泥品种	砂子细度	用水量（kg/m^3）
普通硅酸盐水泥	粗砂	270
	中砂	280
	细砂	310
矿渣硅酸盐水泥	粗砂	275
	中砂	285
	细砂	315
稠度 ±10 mm	用水量 ±（8～10）kg/m^3	

砂浆的胶凝材料用量（m_c+m_p）、水泥用量 m_c 和掺合料用量 m_p 分别按式（4-51）、式（4-52）和式（4-53）计算：

$$m_c + m_p = \frac{m_w}{w/(c+p)} \tag{4-51}$$

$$m_c = (1 - P_m)(m_c + m_p) \tag{4-52}$$

$$m_p = P_m(m_c + m_p) \tag{4-53}$$

式中　m_c——每立方米砂浆水泥用量，kg；

m_p——每立方米砂浆掺合料用量，kg；

m_w——每立方米砂浆用水量，kg；

P_m——掺合料掺量；

$w/(c+p)$——水胶比。

2）砂料用量计算

砂料的用量由已确定的用水量、胶凝材料用量，根据体积法按式（4-54）和式（4-55）计算。

每立方米混凝土中砂的绝对体积按式（4-54）计算：

$$V_s = 1 - \left(\frac{m_w}{\rho_w} + \frac{m_c}{\rho_c} + \frac{m_p}{\rho_p} + \alpha\right) \tag{4-54}$$

$$m_s = V_s \rho_s \tag{4-55}$$

式中 V_s——砂的绝对体积，m^3；

m_w——每立方米砂浆用水量，kg；

m_c——每立方米砂浆水泥用量，kg；

m_p——每立方米砂浆掺合料用量，kg；

α——含气量，一般取7%～9%；

ρ_w——水的密度，kg/m^3；

ρ_c——水泥的密度，kg/m^3；

ρ_p——掺合料的密度，kg/m^3；

ρ_s——砂料饱和面干表观密度，kg/m^3；

m_s——每立方米砂浆砂料用量，kg。

3）列出砂浆各组成材料的计算用量和比例

根据以上计算的结果，列出砂浆各组成材料的计算用量和比例，作为所设计的砂浆配合比进行试配的基本依据。

3. 砂浆配合比的试配、调整和确定

按计算出的配合比中各项材料的用量进行试配，固定水胶比，调整用水量，直至达到设计要求的稠度。再由调整后的用水量得出砂浆抗压强度的试验配合比。

砂浆抗压强度试验至少应采用三个不同的配合比，其中一个应为按上述方法确定的配合比，其他配合比的用水量不变，水胶比依次增减，变化幅度宜为0.05。当不同水胶比的砂浆稠度不能满足设计要求时，可通过增减用水量进行调整。

测定满足设计要求的稠度时每立方米砂浆的质量、含气量及抗压强度，根据28 d龄期抗压强度试验结果，绘出抗压强度与水胶比关系曲线，用作图法或计算法求出与砂浆配制强度$f_{m,0}$相对应的水胶比。

最终计算出每立方米砂浆中各组成材料用量及比例，并经试拌确定最终配合比。

（二）经验法

对于小型渠道的砌石衬砌防渗工程，或无条件进行试验时，砌筑砂浆的配合比可由各地公开出版发行的有关混凝土和砂浆配合比的手册，根据工程所用的材料特性，查表选用，表4-26为每立方米水泥砂浆材料用量参考表，也可参照相近的工程，经修正后取用。

细石混凝土的配合比可参照混凝土和砂浆的配合比设计方法进行。

三、砌石衬砌的结构形式和尺寸设计

(一) 砌石衬砌的结构形式

砌石衬砌作为一种传统的结构形式，在渠道的建设、改造工程中应用广泛。按照砌体的结构形式可将砌石衬砌分为护面式和挡土墙式两种，以所用的材料及砌筑方法又可分为干砌卵石、干砌块石、浆砌料石、浆砌块石、浆砌石板等多种。设计时，可根据对衬砌的要求、料源情况、投资以及施工技术条件等选择确定。

表4-26　每立方米水泥砂浆材料用量参考表

强度(MPa)	每立方米砂浆水泥用量(kg)	每立方米砂浆砂子用量(kg)	每立方米砂浆用水量(kg)
2.5~5	200~230	1 m^3 砂子的堆积密度值	270~330
7.5~10	220~280		
15	280~340		
20	340~400		

注：1. 此表水泥强度等级为32.5级，大于32.5级水泥用量宜取下限。
2. 根据施工水平合理选择水泥用量。
3. 当采用细砂或粗砂时，用水量分别取上限或下限。
4. 当稠度小于70 mm时，用水量可小于下限。
5. 施工现场气候炎热或干燥季节，可酌量增加用水量。

(二) 砌石衬砌防渗的尺寸要求

《渠道防渗工程技术规范》(SL 18—2004) 规定，浆砌料石、浆砌块石挡土墙式防渗层的厚度，应根据挡土墙的设计和构造要求确定。通过结构受力计算确定。

护面式衬砌防渗结构层的厚度：浆砌料石宜采用150~250 mm；浆砌块石宜采用200~300 mm；浆砌石板应不小于30 mm (寒冷地区浆砌石板厚度宜不小于40 mm)；浆砌卵石、干砌卵石挂淤护面防渗结构的厚度，可根据使用要求和料源情况，一般为150~300 mm。

(三) 稳定渠基、提高防渗效果的措施

为防止渠基淘刷，提高防渗效果，设计时应考虑采取下列措施：

(1) 对于干砌卵石挂淤渠道，在砌体下面应设置砂砾石垫层，或铺设复合土工膜料层。

(2) 对于浆砌石板防渗层下，应铺设厚度为2~3 cm的砂料，或低强度等级水泥砂浆做垫层。

(3) 对防渗要求高的大、中型渠道，在砌石层下应加铺黏土、三合土、塑性水泥土或塑膜层，以加强并保证防渗效果。

(四) 设缝

采用护面式浆砌石防渗结构，可不设伸缩缝；软基上挡土墙式浆砌石防渗结构，应设置沉陷缝，缝距可采用10~15 m。在砌石防渗层与建筑物的连接处，还应按伸缩缝结构要求进行处理。

第七节　膜料防渗

一、膜料防渗材料与结构的选择

（一）防渗膜料选择

由于防渗膜料的种类繁多，各工程的类型、要求也不相同，在膜料选择时，应予全面考虑，因地制宜地进行选用。

塑料膜的变形性能好、质量轻、运输量小，一般应予优先选用。聚氯乙烯膜的抗拉强度较聚乙烯膜高，抗植物穿透能力相对较强，在芦苇等植物丛生地区，宜优先选用聚氯乙烯膜；聚乙烯膜耐低温、抗老化性能较聚氯乙烯膜好，在寒冷和严寒地区，可优先选用聚乙烯膜。中、小型渠道宜选用厚度为0.2～0.3 mm的塑膜，大型渠道则宜选用厚度为0.3～0.6 mm掺加碳黑的深色塑膜；对湿陷性土基、分散性土基、膨胀性土基、盐胀性土基和冻胀性土基应结合基土处理情况，比一般土基采用的防渗塑膜适当加厚。塑膜太薄时易为外力破坏、易老化、寿命短；掺加碳黑的深色塑膜的透明度差，较浅色膜的吸热量大，有利于抑制膜下的芦苇及其他杂草生长和防止冻害，所以塑膜颜色以深色为佳。

沥青玻璃纤维布油毡，抗拉强度较塑膜大，施工中不易受外力破坏，虽然伸长率较塑膜小，但实践证明，能够满足一般工程要求，在中、小型渠道防渗工程中可以选用。机制油毡的玻璃纤维布有无碱、有碱、中碱及抗碱之分，如玻璃成分中含有碱金属，遇水后易溶解，会使其强度和耐久性降低，为提高油毡抗老化能力，保证工程寿命，应选用无碱或中碱（碱金属含量小于12%）玻璃纤维布机制的油毡，其厚度宜为0.60～0.65 mm。

复合土工膜具有防渗和平面导水的综合功能，抗拉强度较高，抗穿透和抗老化等性能好，可不设过渡层，但价格较高，适用于地质及水文地质条件差、基土冻胀性较大或标准较高的渠道防渗工程。根据工程具体条件可选用单面复合或双面复合土工膜，如用塑膜复合无纺布的复合土工膜，一般厚度可选1～3 mm。

近年来研制开发的膨润土防水毯，除有很好的防水性能外，它还具有柔性好、能自愈、易修补、耐冻融、耐干湿、对施工条件要求较低、施工简便、适应变形能力强、使用寿命长久等优点，并且由于膨润土是天然矿土，故该防水毯与环境友好。缺点是价格贵，一次性投资大。

（二）防渗结构选择

膜料防渗分为明铺式和埋铺式两种结构形式。明铺式膜料防渗结构的优点是渠床糙率较小，工程量小，铺设简便；缺点是膜料暴露，由于阳光和大气的作用，容易老化，且容易受外力破坏，使用寿命很短。埋铺式膜料防渗结构克服了上述缺点，能够保证膜料发挥应有的防渗效果，并延长了使用寿命。因此，一般都采用埋铺式膜料防渗。

埋铺式膜料防渗结构一般包括膜料防渗层、过渡层和保护层，如图4-17所示。因各层所用的材料和功能各不一样，为保证能发挥各自的作用，应根据实际需要进行选择。有时也可以不设过渡层，无过渡层的防渗结构适用于土渠基和用土料做保护层的防渗工程，其结构见图 4-17（a）；有过渡层的防渗结构适用于岩石、砂砾石、砂土渠基和用砂砾石、石料、现浇碎石混凝土或预制混凝土板做保护层的防渗工程，其结构见图 4-17（b）；当采用复合土工膜做防渗层时，可不再设过渡层。各种膜料防渗结构的适用条件不同，设计中应根据实际情况选用。

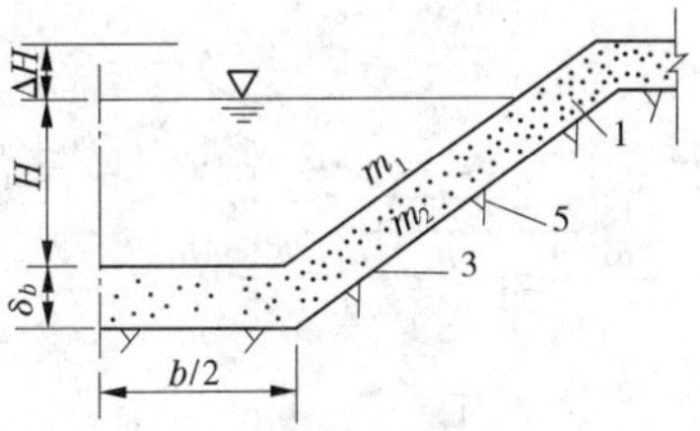

(a)无过渡层的防渗结构

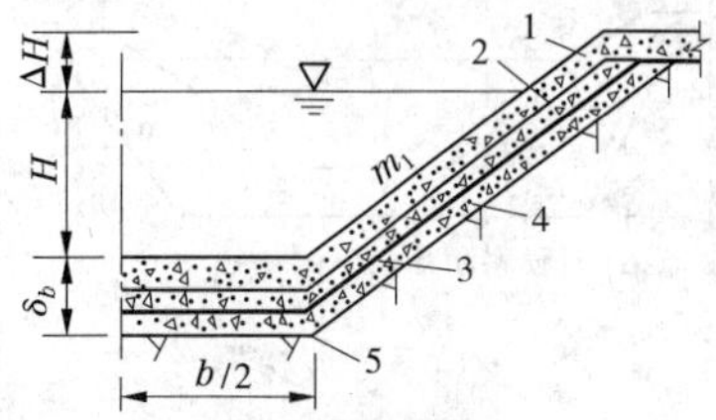

(b)有过渡层的防渗结构

1—保护层（黏性土、灰土或混凝土、石料、砂砾石）；2—膜上过渡层；
3—膜料防渗层；4—膜下过渡层；5—土渠基或岩石、砂砾石渠基

图 4-17　埋铺式膜料防渗结构

二、膜料防渗结构设计

（一）土保护层膜料防渗结构设计

1. 铺膜范围及基槽断面形式

按膜料防渗层的铺膜范围分，有全铺式、半铺式和底铺式三种。全铺式为渠坡、渠底全铺膜料，渠坡铺膜高度略高于渠道正常水位；半铺式为渠底全铺膜料，渠坡铺膜高度为渠道正常水位的 1/2～2/3；底铺式仅在渠底铺膜。一般多采用全铺式。对于那些经常在中小流量下运行、设计流量或加大流量运行时间很短的渠道，可采用半铺式，因为即使有渗漏，渗漏量也不会太大。这种形式用在旧渠改造防渗时，还可以保留原渠堤上的树木；有些宽浅渠道，也采用半铺式。半铺式或底铺式膜料防渗渠道的防渗效果虽不如全铺式好，但可大大减少防渗工程量，从而降低造价。

土保护层边坡的稳定性，是渠道结构稳定的主要问题。图 4-18 为常见的铺膜渠道的几种基槽断面形式。在设计中应依据渠道的流量、流速、渠基土质、边坡系数、膜料及保护层材料、芦苇生长情况等因素，综合分析，进行选择。对于断面大、无芦苇生长的渠道，可选用锯齿形、台阶形或梯形的基槽。芦苇及杂草生长较多的渠道，宜选用 $m_2=0.5\sim1.0$ 的梯形或五边形基槽；全铺式塑膜防渗宜选用梯形、台阶形、五边形和锯齿形基槽断面；半铺式和底铺式膜料防渗，可选用梯形基槽断面；如采用油毡防渗，因油毡与土之间的抗剪强度较塑膜的大，故可用于较陡的渠坡，但油毡的柔性和变形能力较差，不宜采用台阶形和锯齿形基槽断面。

2. 土保护层厚度及干密度

工程实践表明，若土保护层厚度取用不足，则会因受冻融等因素的影响，膜层容易裸露而遭受损坏，甚至失效；若厚度太大，则又会增加过多工程量。研究表明，土保护层厚度取用应与断面形式、流量、保护层土质、气温等相关。具体可按以下要求进行选定：

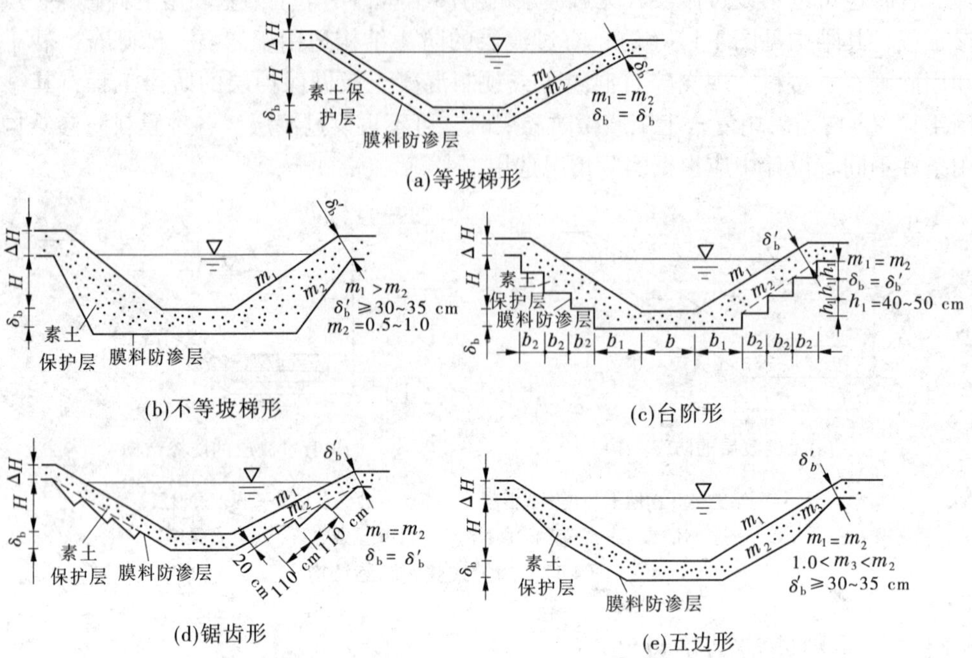

图 4-18　常见的铺膜防渗渠道的几种基槽断面形式

（1）当 $m_1=m_2$ 时，全铺式的梯形、台阶形、锯齿形断面，半铺式的梯形和底铺式断面，边坡与渠底保护层厚度相同。其厚度根据渠道流量大小和保护层土质情况，按表 4-27 选用。

表 4-27　土保护层的厚度　　（单位：cm）

保护层土质	渠道设计流量（m^3/s）			
	<2	2～5	5～20	>20
砂壤土、轻壤土	45～50	50～60	60～70	70～75
中壤土	40～45	45～55	55～60	60～65
重壤土、黏土	35～40	40～50	50～55	55～60

（2）当 $m_1 \neq m_2$ 时，梯形和五边形渠底土保护层的厚度按表 4-27 选用，渠坡膜层顶部上保护层的最小厚度，温暖地区应大于 30 cm，寒冷和严寒地区应大于 35 cm。

土保护层的厚度还可根据渠道水深用式（4-56）、式（4-57）计算：

温暖地区
$$\delta_b = \frac{h}{12} + 25.4 \tag{4-56}$$

寒冷或严寒地区
$$\delta_b = \frac{h}{10} + 35.0 \tag{4-57}$$

式中　δ_b——土保护层厚度，cm；

　　　h——渠道水深，cm。

土保护层的设计干密度，规范规定应经过试验确定。无试验条件时，应控制好土保护层的干密度：采用压实法施工，砂壤土和壤土的干密度应不小于1.50 g/cm³；砂壤土、轻壤土、中壤土采用浸水泡实法施工时，干密度应控制在1.40～1.45 g/cm³。

3. 膜料层顶部铺设形式

膜料层铺设到顶部结束时，可按图4-19所示方法进行铺设。

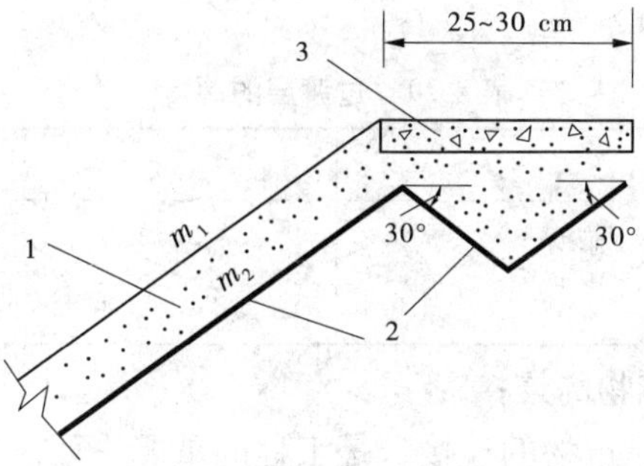

1—保护层；2—膜料防渗层；3—封顶板

图4-19　膜料顶部铺设形式

（二）其他材料保护层膜料防渗结构设计

砂砾料保护层膜料防渗的设计与土保护层膜料防渗基本相同。不同之处在于，砂砾料保护层厚度较小且必须设置过渡层。砂砾料保护层的厚度为25～40 cm，温暖地区选用小值，严寒地区选用大值。

刚性材料保护层（指石料、混凝土保护层）的主要作用是保护膜料，在设计中不考虑它的防渗作用，故其厚度应比相同材料防渗层的厚度小。用石料、混凝土等做保护层时，其厚度一般按表4-28选用。

不同材料的保护层，其抗冲、耐磨、抗冻等性能各不相同，工程的造价差距也大。为充分发挥各种材料保护层效力，降低工程造价，可在渠道断面的不同部位设置不同材料的保护层。例如，可采用砌石渠底、混凝土渠坡的组合式保护层，以满足抗冲、耐磨要求；在弯道凹岸或渠水位变化区，还可局部采用砂砾料保护层与土保护层的组合形式等。

表4-28　刚性材料保护层的厚度　（单位：cm）

保护层材料	块石、卵石	石板	混凝土	
			现浇	预制
保护层厚度	20～30	≥3	4～10	4～8

（三）过渡层设计

刚性材料保护层的厚度一般较小，为便于铺设，需在刚性材料保护层下设置过渡层。过渡层一般设在膜面，如为岩石或砂砾石渠基，则膜面和膜下均应设置过渡层。过渡层的材料可根据工程情况因地制宜选用。水泥土、灰土和水泥砂浆，具有一定的强度和整体性，宜用做膜上过渡层，但水泥土和灰土的抗冻性较差。因此，在寒冷和严寒地区，膜上过渡层多选用砂浆，而在温暖地区，则可选用灰土或水泥土做膜上过渡层。用土或砂料做膜上过渡层，虽然造价低，但在砌缝较多的情况下，往往会被水流冲走或淘空，导致刚性保护层整体性破坏，或表面凸凹不平。因此，在采用土或砂料做膜上过渡层时，还应采取防止淘刷的措施。膜下过渡层还应有较好的透水性，以便透过土工膜的水和地基内部的渗流水顺利排除。过渡层材料的最大粒径应小于 5 mm，且不应含有钙质结核、树根等有机物和可能刺破防渗膜料的尖状物。各种材料过渡层的厚度可参考表 4-29 取用。

表 4-29　过渡层的厚度　（单位：mm）

过渡层材料	厚度
灰土、塑性水泥土、砂浆	20 ~ 30
土、砂	30 ~ 50

（四）防渗结构与建筑物的连接

膜料防渗渠道与渠系建筑物的连接，是工程的重要一环，如处理不当，不仅会导致渗漏，严重的还会引起保护层材料被冲刷、塌陷，甚至整体下滑。因此，膜料防渗层与建筑物之间应按图 4-20 用黏结剂黏结牢固；对于土保护层的膜料防渗渠道，在与跌水、闸、桥等连接时，应在建筑物上下游改用石料、混凝土保护层；刚性材料保护层（石料和混凝土保护层）的膜料防渗渠道，在与建筑物连接时，应按要求设置伸缩缝，并作相应处理。

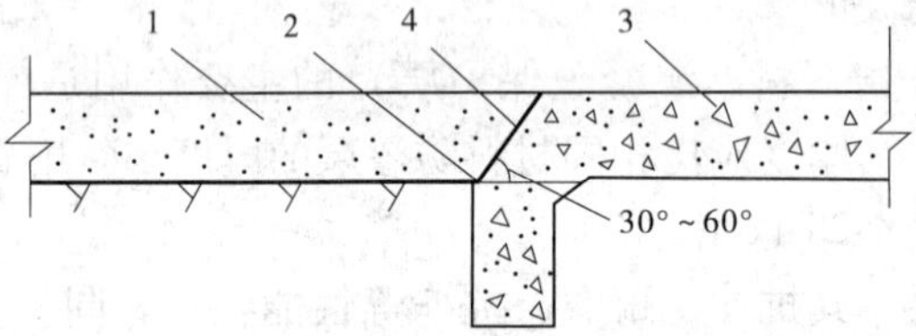

1—保护层；2—膜料防渗层；3—建筑物；4—膜料与建筑物黏结面

图 4-20　膜料防渗体与建筑物的连接

第八节　沥青混凝土防渗

一、沥青混凝土的技术要求

（一）防渗层沥青混凝土的技术要求

1. 孔隙率

由于防渗能力与孔隙率有关，故要求沥青混凝土必须是密实的。但实践证明，沥青混凝土的最大密实度只能达到 96%，因为若超过此值，边坡的沥青混凝土就有发生蠕动的危险。因此，通常只要求其密实度达到 96%，亦即要求其孔隙率不大于 4%。

2. 渗透系数

沥青混凝土的渗透系数一般为 $1\times10^{-7}\sim1\times10^{-10}$ cm/s，平均约为 1×10^{-8} cm/s，即可认为是不透水的。试验表明，若沥青混凝土孔隙率不超过 8%，其渗透系数将不大于1×10^{-8} cm/s。工程设计中，为了保证沥青混凝土的防渗效果，要求其渗透系数不大于1×10^{-7} cm/s。

3. 水稳定性

在水饱和状态下，沥青混凝土的强度将会降低。通常以水饱和后沥青混凝土强度的损失程度来表示沥青混凝土的抗水性或水稳定性。强度损失小，水稳定性高。

沥青混凝土的孔隙率愈小，则其水稳定性愈高。沥青与矿物颗粒表面黏结得愈好，石料表面上的沥青薄膜愈稳定，则沥青混凝土的抗水性也就愈高。要求用于防渗的沥青混凝土水稳定系数大于0.9。

4. 热稳定性

热稳定性是指沥青混凝土在设计边坡和一定温度下是否流淌和变形的性能。可根据所采用的沥青混凝土、设计渠坡和当地夏季最高气温等条件，通过试验确定。

使用耐热性较高的沥青能获得耐热性较高的沥青混凝土，但为了使沥青混凝土在低温的冬季不过于脆硬，沥青的黏滞度不应太大。为了保证沥青混凝土应有的耐热性和耐寒性，所使用的沥青应具有较高的软化点而同时又具有较大的针入度。规范要求沥青混凝土的斜坡流淌值应小于0.8 mm。

5. 力学强度

由于沥青混凝土渠道防渗层上的荷载一般不大，对强度可不提过高要求。但在寒冷地区，较高的沥青混凝土强度对其低温抗裂是有利的。

6. 抗裂性

在冬季温度降低时，将引起沥青混凝土的体积收缩，由于地基的约束，沥青混凝土衬砌体内将产生拉应力。这种拉应力在某种程度上能以沥青混凝土的塑性来抵消。但若沥青混凝土的塑性不够，就会产生裂缝。所以，为了防止裂缝的产生，就必须使沥青混凝土在0 ℃以下具有足够的拉伸性，即具有相应的变形能力。柔性和塑性较好的沥青混凝土能够适应基础不均匀沉陷并能防止裂缝产生，这也是其他刚性防渗材料所无法比拟的。

7. 耐久性

耐久性是人们采用沥青混凝土时关心的一个问题。从各国在渠道和土石坝上运用的情况来看，沥青混凝土作为护面是经久耐用的。沥青混凝土的老化与其自身的孔隙率有很大关系，通常孔隙率在3%以内时，内部沥青的氧化是很轻微的。早期实际工程的取样试验结果证明：沥青暴露在日光下，老化较快；淹没在水下或有覆盖层保护，则老化较慢。

8. 和易性

沥青混凝土拌和物的和易性取决于原材料的成分和性质。对和易性要求也应适当，沥青混凝土拌和物在浇筑压实时，如和易性好，就很容易摊铺抹平和压实，并能获得较理想的效果。当矿粉是未烘干的湿料时，其和易性就差；如使用黏性较小和不含石蜡的沥青，能制成和易性较好的和松散的拌和物。但需注意的是，若和易性过高，则会出现难以压实的情况。

9. 防止植物穿透的能力

根据经验，当防渗层厚度超过 12 ~ 14 cm，且其孔隙率不超过 8% 时，植物便不会穿过沥青混凝土防渗层；如防渗层较薄，在穿透性植物丛生地区，应对渠基土作灭草处理。

（二）整平胶结层沥青混凝土的技术要求

（1）渗透系数不小于 1×10^{-3} cm/s。

（2）热稳定系数小于 4.50。

二、沥青混凝土的配合比设计

进行沥青混凝土室内配合比设计的依据是工程的设计要求，其内容是确定粗骨料、细骨料、填料和沥青材料相互配合的最佳组成比例，使之既满足沥青混凝土技术要求又符合经济节约的原则。室内配合比仍以沥青含量、矿料级配表示。

（一）沥青混凝土矿料级配的选择

矿料合成级配可用试验或计算的方法确定。表 4-30 所示为推荐使用的水工沥青混凝土矿料级配和沥青用量。

1. 矿料级配的试验

根据有关的技术标准或技术资料，在推荐使用的级配范围内，选择一条或几条级配曲线作为矿料标准级配，再根据标准级配曲线确定各种矿料的配合组成，使合成级配尽可能与标准级配相近。

2. 组成材料的原始数据测定

根据现场取样，对粗骨料、细骨料和矿粉进行筛分试验，按表 4-30 筛分结果分别给出组成材料的筛分曲线，同时测出各组成材料的相对密度，以供计算各自的物理常数。

表 4-30 水工沥青混凝土矿料级配和沥青用量表

级配类型	总通过率(%)												沥青用量（按矿料质量计）(%)
	筛孔尺寸(mm)												
	60	35	25	20	15	10	5	2.5	0.6	0.3	0.15	0.075	
密级配		100	80 ~ 100	70 ~ 90	62 ~ 81	55 ~ 75	44 ~ 61	35 ~ 50	19 ~ 30	13 ~ 22	9 ~ 15	4 ~ 8	5.5 ~ 7.5
			100	94 ~ 100	84 ~ 95	75 ~ 90	57 ~ 75	43 ~ 65	28 ~ 45	20 ~ 34	12 ~ 23	8 ~ 13	6.5 ~ 8.5
					100	96 ~ 98	84 ~ 92	70 ~ 83	41 ~ 54	30 ~ 40	20 ~ 26	10 ~ 16	8.0 ~ 10.0
开级配		100	70 ~ 100	50 ~ 80	36 ~ 70	25 ~ 58	10 ~ 30	5 ~ 20	4 ~ 12	3 ~ 8	2 ~ 5	1 ~ 4	4.0 ~ 5.0
				96 ~ 100	88 ~ 98	71 ~ 83	40 ~ 50	30 ~ 40	14 ~ 22	7 ~ 14	2 ~ 8	1 ~ 4	5.0 ~ 6.0
沥青碎石	100	35 ~ 70		0 ~ 15			0 ~ 8	0 ~ 5		0 ~ 4		0 ~ 3	3.0 ~ 4.0
			95 ~ 100		55 ~ 70		10 ~ 25	5 ~ 15		4 ~ 8		0 ~ 4	3.5 ~ 4.5

3. 计算组成材料的配合比

根据各组成材料的筛分试验资料，计算符合要求级配的各组成材料用量比例。

4. 调整级配

计算的合成级配还应该根据要求，作必要的级配调整。

矿料级配可用最大粒径 D_{max}、级配指数 n 和填料用量 $P_{0.075}$ 三个参数来表征，即 0.075 mm 筛的总通过率。对任一孔径 d_i 筛上的总通过率 P_i 可按式（4-58）求得：

$$P_i = P_{0.075} + (100 - P_{0.075}) \frac{d_i^n - 0.075^n}{D_{max}^n - 0.075^n} \tag{4-58}$$

式中　P_i——孔径为 d_i 的筛上总通过率（%）；

d_i——某一筛孔尺寸，mm；

D_{max}——矿料最大粒径，mm；

$P_{0.075}$——填料用量，即 $d_i = 0.075$ 的通过率（%）；

n——矿料级配指数。

（二）沥青用量的确定

按确定的矿质混合料配合比，计算各种矿质材料的用量，一般选择 2～3 种矿料级配。根据表 4-30 推荐的沥青用量范围（或经验的沥青用量范围），估计适宜的沥青用量。

以估计沥青用量为中值，以 0.3% 间隔上下变化沥青用量，制备马歇尔试件不少于 5 组，然后测定密度、稳定度和流值，同时计算孔隙率、饱和度和矿料间隙率。

以估计填料用量为中值，以 1% 间隔上下变化填料用量，制备马歇尔试件不少于 5 组，然后测定密度、稳定度、流值、孔隙率、饱和度等。以沥青用量为横坐标，以密度、稳定度、流值、孔隙率、饱和度等为纵坐标，建立沥青用量、填料用量与沥青混凝土各项指标的关系曲线，如图 4-21 所示。经对试验成果进行综合分析，选择合适的沥青用量和填料用量。

确定沥青混凝土沥青用量、填料用量后，还应进行沥青混凝土性能的两次验证试验。以确定的沥青用量为中值，并按 0.3% 间隔上下变化沥青用量，进行沥青混凝土的性能试验，如不透水性，稳定性，柔性，蠕变，破坏变形，三轴压缩 c、φ、K 等指标和耐久性的试验。

分析试验成果，如通过两次试验验证选定的沥青用量能满足设计要求，则将此配合比作为标准配合比进行现场铺筑试验。如不能满足设计要求，则重新进行沥青用量的选择试验。

沥青混凝土配合比应根据技术要求，经过室内试验和现场试铺筑确定，亦可参照已有的工程经验选用。防渗层沥青用量应为 6%～9%，整平胶结层沥青用量应为 4%～6%。

三、沥青混凝土防渗层设计

（一）沥青混凝土防渗体的结构

沥青混凝土防渗结构形式如图 4-22 所示。无整平胶结层断面宜用于土质地基，有整平胶结层断面宜用于岩石地基。

沥青混凝土防渗体一般有三层：

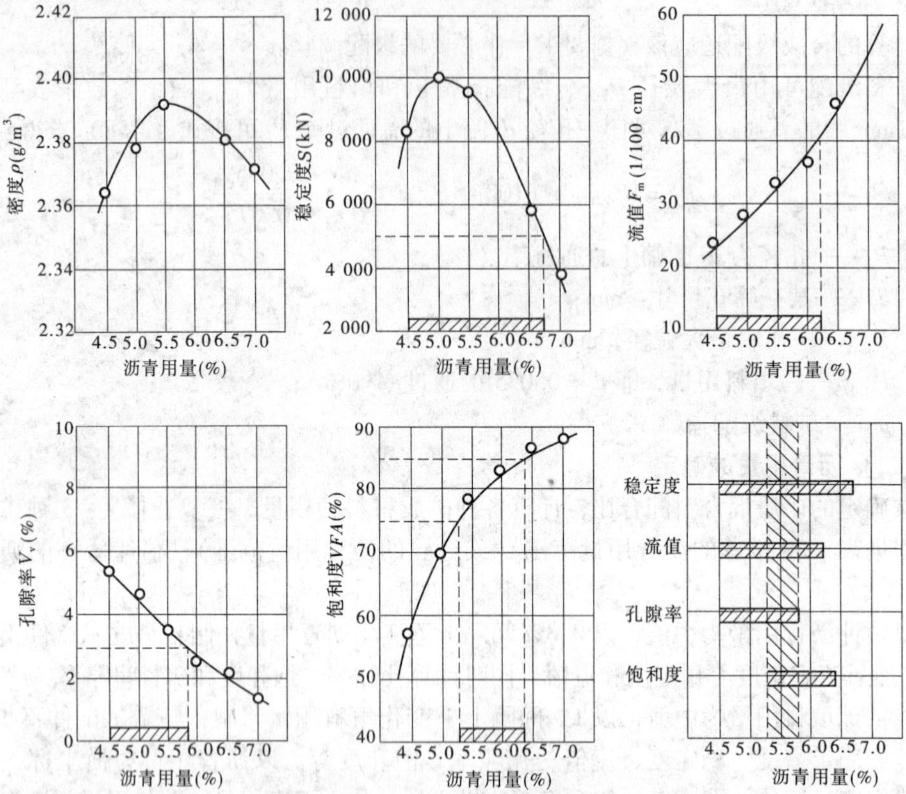

图 4-21　确定最佳沥青用量例图

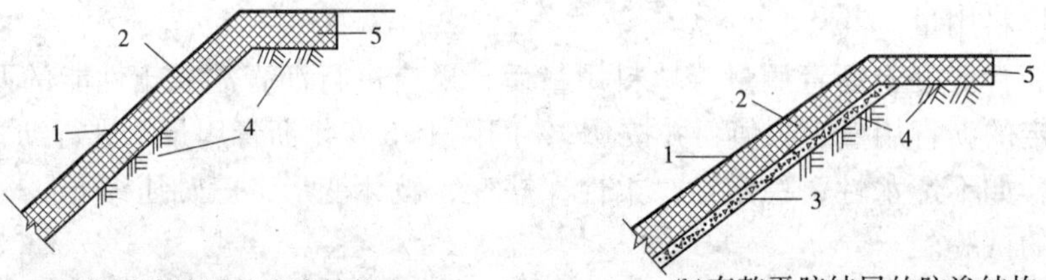

(a)无整平胶结层的防渗结构　　(b)有整平胶结层的防渗结构

1—封闭面层；2—沥青混凝土防渗层；3—整平胶结层；4—土（石）渠基；5—封顶板

图 4-22　沥青混凝土防渗结构形式

（1）防渗层。是主要的防渗结构层，由密级配的沥青混凝土铺筑。要求该层结构密实、不透水。

（2）整平胶结层。是为在岩石渠基上铺筑防渗层提供一个较平整的浇筑基面而设置的。同时，如果防渗层有渗水，就要求能通过该层尽快排走，以免造成危害。因此，要求此层的渗透系数要大（要求渗透系数不小于 1×10^{-3} cm/s），一般用开级配的沥青混凝土铺筑。

（3）封闭面层。主要为了提高防渗层的防渗效果、防止防渗层老化、延长工程寿命而设置。一般多用沥青玛瑺脂涂刷。

各层所用的材料均应按本节的要求进行设计、试配和现场试铺筑后确定，也可参照已有的工程经验取用，如防渗层的沥青用量为6%～9%，整平胶结层沥青用量为4%～6%。石料的最大粒径，防渗层不得超过一次压实厚度的1/3～1/2，整平胶结层不得超过一次压实厚度的1/2。

（二）防渗体的设计

（1）沥青混凝土防渗层一般为等厚断面。常用的防渗层厚度为：用现浇法施工时，取5～6 cm，大型渠道可加厚至8～10 cm。有抗冻要求的地区，渠道防渗层也可采用上薄下厚的断面，一般坡顶厚度为5～6 cm，坡底厚度为8～10 cm；采用预制人工安砌法施工时，一般为等厚板，厚度为5～8 cm，预制板边长不宜大于1 m；采用预制机械吊装法施工时，预制板的大小可根据渠道断面尺寸、施工机械确定。

对于寒冷地区，沥青混凝土防渗层的低温抗裂性能可按式（4-59）及式（4-60）进行验算：

$$F > \sigma_t \tag{4-59}$$

$$\sigma_t = \frac{E_t}{1-\mu}\Delta T R' \alpha_t \tag{4-60}$$

式中　F——沥青混凝土的极限抗拉强度，MPa；

σ_t——温度应力，MPa；

E_t——沥青混凝土平均变形模量，MPa；

μ——沥青混凝土的轴向拉伸泊松比；

R'——层间约束系数，宜为0.8；

ΔT——沥青混凝土板面任意点的温差，可按当地多年气温记录的1～3 d的最大温差选取，℃；

α_t——温度收缩系数。

当防渗层沥青混凝土不能满足低温抗裂性能的要求时，可掺用高分子聚合物材料进行改性，其掺量应经过试验确定。如改性沥青混凝土仍不能满足抗裂要求，就应考虑按要求设置伸缩缝。

（2）整平胶结层采用等厚断面，其厚度宜按能填平岩石基面的原则确定。

（3）封闭层用沥青玛瑞脂涂刷，厚度为2～3 mm。沥青玛瑞脂的配合比应满足高温下不流淌、低温下不脆裂的要求。

第五章　渠基及渠坡的稳定

渠道工程一般都修建在不同的岩土体上，这些岩土体的稳定性，即渠基及渠坡的稳定是保证渠道安全运行的前提和关键。因此，在渠道衬砌与防渗工程建设中，必须根据渠基岩土的工程性质、渠道类型以及工程级别和规模等条件，采取适宜的工程措施，才能保证渠基及渠坡安全稳定。这里所说的渠基是指渠道衬砌与防渗体以下的地基，渠坡是指渠道的边坡，包括渠道内坡、外坡和渠道以上影响渠道稳定的山体边坡。

第一节　一般要求

为了保证渠道衬砌与防渗工程的安全运行，必须要求渠基及渠坡处于稳定状态。为此，对渠基及渠坡提出以下基本要求：

（1）渠道防渗结构多为表面式、薄层结构，本身的强度有限，必须铺设在坚实、稳定的基土上，才能发挥作用。因此，要求渠基及渠坡坚实、稳定、平整。对于一般岩土地质条件的防渗衬砌渠段应选择渠坡的安全坡比，确保渠道边坡的稳定。对于特殊渠段，如湿陷性黄土、软弱土、砂土、分散性土、膨胀土、盐胀土、冻胀土等特殊土地段，或具有裂隙、断层、滑坡体、溶（空）洞，以及地下水位较高的不良地段，在渠道勘察和选线时，应尽量避开，当无法避开时，应采取工程措施，确保渠道稳定。

（2）满足渠基稳定要求，可采用适应基土变形的渠道断面和防渗衬砌结构或处理渠基，以及两者相结合的方法。工程实践证明，保持渠道地基稳定，应考虑防渗衬砌结构与渠基的共同作用。当基土变形值不大于 5 cm 时，可采用适应基土变形的渠道断面和防渗结构；当基土变形值大于 5 cm 时，应采用处理渠基的方法，或处理渠基与适应基土变形的渠道断面和防渗结构相结合的方法。适应基土变形的渠道断面有 U 形、弧形、弧形底梯形、弧形坡脚梯形、宽浅矩形等，防渗结构有柔性结构、柔性与刚性复合结构（混凝土板与塑膜复合式）、改善的刚性结构（架空梁板式 - 预制Π形板、预制空心板式结构）等。

（3）选择渠基及渠坡处理方案时，应根据工程要求、气象、工程地质和水文地质条件，并考虑防渗结构和渠基的共同作用、地形地貌、环境情况和对邻近工程的影响等因素，进行综合分析，经过技术经济比较确定。各种不良地基多因水分的增加而产生较大变形，导致工程破坏，因此应优先采取加强防渗、适应变形的衬砌结构和渠堤表面防水与排水的措施，尽量减少或杜绝水分渗入渠基，削减或消除处理深度，以降低工程造价。

（4）大型渠道衬砌与防渗工程量大、面广，渠基及渠坡稳定的影响因素复杂，施工前应在有代表性的渠段上，对已选定的渠基及渠坡处理方法进行相应的现场试验或试验性施工，并进行必要的观测，检验设计参数和处理效果。如达不到设计要求，应查明原因，修改设计参数或调整处理方法。

(5) 渠道衬砌与防渗工程施工时，渠道沿线常常形成坡面侵蚀，造成水土流失，甚至淤积渠床。因此，应做好渠道的防护带建设，采用渠、林、路综合规划，植树与种草相结合，植被建设与保护并重的方法，修复渠系建设对生态的破坏，防止水土流失、坡面侵蚀和渠床淤积。

第二节　渠道边坡的安全坡比

渠道边坡倾斜程度可以用坡比或边坡系数表示。坡比是边坡在垂直方向的投影长度和在水平方向的投影长度的比值，常用 i 表示；边坡系数是边坡在水平方向的投影长度和在垂直方向的投影长度的比值，常用 m 表示。渠道边坡的安全坡比指一定条件下能够保证渠坡稳定的最小边坡，也可用最小边坡系数表示，两者互为倒数，即 $i=1:m$。确定渠道的安全坡比通常有两种方法：一是采用数值计算的方法，就是根据工程地质和水文地质条件，通过土工试验和边坡稳定计算分析确定，这种方法适用于确定所有渠道的安全坡比；二是采用工程类比法，就是根据与拟建工程地质条件相近的已建渠道稳定边坡的坡比，再加上工程经验确定拟建工程的安全坡比，这种方法适用于缺乏设计资料的小型渠道的安全边坡的确定。

一、渠道边坡安全坡比数值计算方法

在采用数值计算方法确定渠道边坡安全坡比时，关键的问题是采用哪一种数值方法、计算参数的选取和边坡安全因素的确定。

(一) 边坡稳定计算的极限平衡法

边坡稳定分析方法很多，有极限平衡法、有限元法、概率统计法等，而极限平衡法是目前边坡稳定计算的常用方法，较之其他方法更为成熟，在渠道边坡中也得到广泛的应用，因此这里主要介绍极限平衡法。

建立在极限平衡理论之上的边坡稳定计算方法，所遵循的基本原则主要是莫尔－库仑强度准则和力学上的静力平衡条件（力的平衡和力矩平衡）。静力平衡条件要求底滑面和侧面都能够满足，但由于位置变量数目超过方程式数目，所以这是个超静定问题。为了解决这一问题，对作用力作了各种不同假定，形成了多种使用计算方法。目前，较为常用的二维极限平衡方法有瑞典法、简化毕肖普法、间布法、斯宾塞法、罗厄法、摩根斯顿－普赖斯法、不平衡推力法、萨尔玛法和分块极限平衡法等。

从理论上讲，上述所有方法都适用于圆弧滑动面，但根据各方法在工程中的实际应用情况（应用范围、成熟程度），对土质边坡和呈碎裂结构、散体结构的岩质边坡可采用简化毕肖普法、摩根斯顿－普赖斯法、不平衡推力法三种方法，选用计算方法时主要依据边坡体的构造情况确定。当边坡体为相对均质体，可能发生圆弧滑动时，则选用简化毕肖普法和摩根斯顿－普赖斯法都是可以的；当边坡体呈层状结构且不同地层的抗剪强度有明显差别时，则选用摩根斯顿－普赖斯法计算是合适的；对块体结构和层状结构的岩质边坡，可选用不平衡推力法和萨尔玛法；对楔形体滑坡可选用楔体法。渠道边坡稳定分析计算方法可根据工程实际在表 5-1 中选用。

表 5-1　渠道边坡稳定分析计算方法选择

岩土类型	地质条件	计算方法
土质渠坡	滑动面呈圆弧形	简化毕肖普法 摩根斯顿－普赖斯法
	滑动面呈非圆弧形	不平衡推力法 摩根斯顿－普赖斯法
岩质渠坡	碎裂结构、散体结构滑动面呈圆弧形	简化毕肖普法 摩根斯顿－普赖斯法
	碎裂结构、散体结构滑动面呈非圆弧形	不平衡推力法 摩根斯顿－普赖斯法
	岩体呈块体结构和层状结构	萨尔玛法 不平衡推力法
	岩体楔形体	楔体法

（二）渠坡稳定计算的强度参数选取

在用极限平衡法计算边坡稳定时，采用的计算参数是强度参数，抗剪强度参数是边坡设计与治理的重要参数之一，它的取值非常重要，直接影响着计算结果，将对边坡工程的处理整治方案产生重要影响，与工程的安全紧密联系在一起，对边坡工程的整治费用产生重要影响。所以，人们在工程中对其选取时，非常慎重。强度参数反映的是岩体或土体强度特性，由于岩体和土体的复杂性，决定了正确选取强度参数非常困难。一般强度参数要受到工程地质、水文地质、岩土体结构、试验方法等因素的影响，所以在进行强度参数选取时，一定要考虑各因素的作用。这里对岩体和土体的抗剪强度参数的选取分别叙述。

1. 岩体抗剪强度参数选取方法

在工程实践中，确定岩体抗剪强度参数的方法很多，主要有现场试验法、室内试验法、经验类比法、正反算法、Hoek-Brown 经验判据法、模型模拟试验法等。1 级岩石渠道边坡宜采用现场力学试验、反演分析、室内试验和经验类比等方法，综合分析确定岩石抗剪强度指标；2 级岩石渠道边坡可采用室内试验、反演分析和经验类比等方法，综合分析确定岩石抗剪强度指标；3 级岩石渠道边坡可采用经验类比和反演分析等方法确定岩体抗剪强度指标；天然滑坡可采用反演分析法确定岩体抗剪强度指标。抗剪强度指标宜采用 RMR 法或 GSI 法进行复核。

2. 土体抗剪强度参数选取方法

由于土体相对于岩体一般较均匀，试样的强度在一定程度可以代表土体的强度，因此土体的强度参数选取多以室内试验方法为主。但是，由于原状土体取样、运输和保存可能存在扰动情况，试验结果可能存在不能忽略的误差，对于大型渠道边坡，仍应采用综合方法确定土体的强度参数。对于 1 级、2 级渠道边坡，以试验结果为基础，同时采用工程类比或反演分析等多种方法进行综合分析，以合理地确定强度参数。但对于 3 级及其以下渠道边坡采用室内试验法就可以，也可以采用其他方法。

对于大、中型渠道工程，一定要采用三轴试验确定土体的强度参数，其他试验方法只能是校验和参考。计算结果表明，对同一黏性土边坡，采用不同条件的抗剪强度参数计算的边坡稳定安全系数，不固结不排水剪切（UU）参数的计算结果最小，固结不排水剪切（CU）参数的计算结果居中，固结排水剪切（CD）参数的计算结果最大。

（三）渠坡稳定分析的安全系数选取

从理论上讲，处于极限平衡状态时边坡的稳定安全系数等于 1。因此，若设计边坡的安全系数大于 1，应能满足要求。但在实际工程中，计算方法的选用、抗剪强度参数的确定和计算条件的简化都影响了计算结果的精度。目前，对于稳定安全系数，各部门尚无统一标准，考虑的角度也不一样，在选用时要注意计算方法、强度参数、工程重要性和安全系数必须相互配套，并根据工程不同情况，结合当地已有的经验加以确定。

渠坡稳定分析的安全系数选取应根据工程等级、地质条件选取，对于正常运行条件可采用 1.15～1.25，当考虑地震荷载时，应不小于 1.05～1.10，亦可参照《水利水电工程边坡设计规范》（SL 386—2007）的有关规定选取。

（四）渠坡稳定分析应考虑的因素

（1）大型渠道内坡系数确定时，计算中要考虑水位骤降的影响。

（2）强度参数选取时，一定要考虑参数的试验方法、渠道的岩土特点和运行条件，可参见 SL 386—2007 相关规定。

（3）特殊土地段的大型渠道渠坡稳定分析，可采用非饱和土的试验参数和相应的计算方法。

（4）对于大型渠道，变形对渠道衬砌结构有影响的边坡或开挖卸荷导致变形破坏的边坡，同时应进行有限元应力应变分析。

二、渠道边坡安全坡比工程类比法

在生产实践中，人们根据已建渠道的工程经验总结出不同岩土性质渠坡的安全坡比，供确定中、小型渠道坡比时参考。

（1）岩石边坡坡比可按地质分析、边坡稳定计算及比拟法确定，当地质条件良好、岩质比较均匀时，坡比亦可参照表 5-2 确定。

（2）当水深小于或等于 3 m 的挖方渠道，最小边坡系数 m 可按表 5-3 选用，也可根据工程经验，通过工程类比法确定；填方渠道的渠堤填方高度小于或等于 3 m 时，其内、外边坡最小边坡系数 m 可按表 5-4 选用。

（3）航运渠道内边坡系数对于岩石和半岩土，可取 $m=0\sim0.5$，对于松软的黏土和细粒砂土，可取 $m=2.5\sim6.0$，且挖方水上岸坡可稍陡于水下边坡。

（4）渠道以上的土质边坡，在高度大于 15～20 m 的高边坡，其安全坡比应通过稳定分析确定，高度小于 15～20 m 的低边坡的坡比可参考地形、地貌、水文地质和工程地质条件相似的已成渠道边坡的总坡比来确定或参考表 5-5～表 5-7 选用。

表 5-2　岩石边坡坡度与高度参考数值

山坡岩石种类及特征	岩石的风化程度	边坡坡度与高度值							
		高 <15 m			高 15 ~ 30 m			高 30 ~ 40 m	
		节理很少至节理发育	节理发育	节理极发育	节理很少至节理发育	节理发育	节理极发育	节理很少至节理发育	节理发育
坚固的花岗岩、正长岩、闪长岩及其过渡型岩石	微、中风化	1:0.1 ~ 1:0.2	1:0.2 ~ 1:0.3	1:0.3 ~ 1:0.5	1:0.1 ~ 1:0.3	1:0.2 ~ 1:0.5	1:0.5 ~ 1:0.75	1:0.2 ~ 1:0.4	1:0.5 ~ 1:0.75
	强风化	1:0.3	1:0.5	1:0.75	1:0.3 ~ 1:0.5	1:0.75	1:0.75 ~ 1:1	1:0.75 ~ 1:1	
辉长岩、辉岩、辉绿岩（块状，坚硬）	微、中风化	1:0.2 ~ 1:0.3	1:0.2 ~ 1:0.5	1:0.5	1:0.3 ~ 1:0.5	1:0.5	1:0.75	1:0.5	1:0.75
	强风化	1:0.3	1:0.5	1:0.75	1:0.5	1:0.75	1:1	1:0.75 ~ 1:1	
喷出火山岩类、流纹岩、安山岩、玄武岩、凝灰岩	微、中风化	1:0.2 ~ 1:0.3	1:0.3 ~ 1:0.5	1:0.5	1:0.3 ~ 1:0.5	1:0.5 ~ 1:0.75	1:0.75	1:0.5	1:0.75
	强风化	1:0.3 ~ 1:0.5	1:0.5	1:0.75	1:0.5	1:0.75	1:1	1:0.75 ~ 1:1	
砂岩、砾岩、厚层块状钙铁硅质胶结（结构致密）	微、中风化	1:0.1 ~ 1:0.2	1:0.2 ~ 1:0.4	1:0.4 ~ 1:0.5	1:0.2 ~ 1:0.3	1:0.75	1:0.75 ~ 1:1	1:0.75	
	强风化	1:0.3 ~ 1:0.4	1:0.4 ~ 1:0.5	1:0.5 ~ 1:0.75	1:0.5				
砂岩、砾岩、中薄层泥质、钙质胶结不完整（结构不密实）	微、中风化	1:0.3 ~ 1:0.5	1:0.5	1:0.5 ~ 1:0.75	1:0.5	1:0.5 ~ 1:0.75	1:0.75 ~ 1:1	1:0.5 ~ 1:0.75	1:0.75 ~ 1:1
	强风化	1:0.5	1:0.75	1:0.75 ~ 1:1	1:0.5 ~ 1:0.75	1:0.75 ~ 1:1	1:1 ~ 1:1.25	1:0.75 ~ 1:1	
薄层砂岩、页岩、砾岩互层或页岩多含泥质灰质及黄铁矿等有害矿物质	微、中风化	1:0.5	1:0.5 ~ 1:0.75	1:0.75 ~ 1:1	1:0.5 ~ 1:0.75	1:0.75 ~ 1:1	1:1 ~ 1:1.25	1:0.75	1:1
	强风化	1:0.5 ~ 1:0.75	1:0.75 ~ 1:1	1:1	1:0.75	1:1	1:1.25 ~ 1:1.5	1:1	
中等薄层砂质页岩或其与砂岩、砾岩的互层（无夹层者）	微、中风化	1:0.5	1:0.5 ~ 1:0.75	1:0.75	1:0.5 ~ 1:0.75	1:0.75	1:0.75 ~ 1:1	1:0.75	1:0.75 ~ 1:1
	强风化	1:0.5 ~ 1:0.75	1:0.75	1:0.75 ~ 1:1	1:0.75	1:0.75 ~ 1:1	1:1 ~ 1:1.5	1:0.75 ~ 1:1	

续表 5-2

山坡岩石种类及特征	岩石的风化程度	边坡坡度与高度值							
		高 < 15 m			高 15 ~ 30 m			高 30 ~ 40 m	
		节理很少至节理发育	节理发育	节理极发育	节理很少至节理发育	节理发育	节理极发育	节理很少至节理发育	节理发育
石灰岩厚层(块状、致密、坚硬)	微、中风化 强风化	1:0.1 ~ 1:0.2 1:0.2 ~ 1:0.4	1:0.2 ~ 1:0.3 1:0.4 ~ 1:0.5	1:0.3 ~ 1:0.5 1:0.5 ~ 1:0.75	1:0.2 ~ 1:0.3 1:0.5	1:0.3 ~ 1:0.5 1:0.5 ~ 1:0.75	1:0.5 1:0.75 ~ 1:1	1:0.3 ~ 1:0.5 1:0.75	1:0.5 ~ 1:0.75
白云岩，燧质、硅质、泥质、铁质石灰岩，磷灰岩或其互层、薄层、中层（致密）	微、中风化 强风化	1:0.2 ~ 1:0.3 1:0.3 ~ 1:0.5	1:0.3 ~ 1:0.4 1:0.5	1:0.4 ~ 1:0.5 1:0.75	1:0.3 ~ 1:0.4 1:0.5	1:0.4 ~ 1:0.6 1:0.75	1:0.6 1:1	1:0.4 ~ 1:0.5 1:0.75	1:0.5 ~ 1:0.75
角砾岩及凝灰角砾岩（胶结不完整）	微、中风化 强风化	1:0.3 ~ 1:0.4 1:0.5	1:0.4 ~ 1:0.5 1:0.5 ~ 1:0.75	1:0.5 1:0.75 ~ 1:1	1:0.4 ~ 1:0.5 1:0.5 ~ 1:0.75	1:0.5 ~ 1:0.75 1:0.75 ~ 1:1	1:0.75 1:1 ~ 1:1.25	1:0.5 1:0.75 ~ 1:1	1:0.75 ~ 1:1
各种中薄层层状岩石单一或互层，夹黏土、泥质页岩	微、中风化 强风化	1:0.5 1:0.75	1:0.5 ~ 1:0.75 1:0.75 ~ 1:1	1:0.75 1:1 ~ 1:1.25	1:0.75 1:0.75 ~ 1:1	1:0.75 ~ 1:1 1:1 ~ 1:1.25	1:1 ~ 1:1.5 1:1.25 ~ 1:1.5		
片麻岩、花岗片岩、磁铁片岩	微、中风化 强风化	1:0.25 ~ 1:0.3 1:0.3 ~ 1:0.5	1:0.3 ~ 1:0.5 1:0.5	1:0.5 1:0.75	1:0.3 ~ 1:0.5 1:0.5	1:0.5 1:0.5 ~ 1:0.75	1:0.5 ~ 1:0.75 1:0.75 ~ 1:1	1:0.5 1:0.5 ~ 1:0.75	1:0.5 ~ 1:0.75
变质砂砾岩、石英岩、石英片岩、硅质板岩、大理岩及互层	微、中风化 强风化	1:0.2 ~ 1:0.3 1:0.3 ~ 1:0.5	1:0.3 ~ 1:0.5 1:0.5	1:0.5 1:0.5 ~ 1:0.75	1:0.3 ~ 1:0.5 1:0.5 ~ 1:0.75	1:0.5 1:0.75 ~ 1:1	1:0.5 ~ 1:0.75 1:1	1:0.5 1:0.75	1:0.5 ~ 1:0.75
千枚岩、云母片岩、角闪片岩及绿泥片岩、滑石片岩及其互层	微、中风化 强风化	1:0.5 1:0.75	1:0.5 ~ 1:0.75 1:0.75 ~ 1:1	1:0.75 ~ 1:1 1:1 ~ 1:1.25	1:0.75 1:1	1:0.75 ~ 1:1 1:1 ~ 1:1.25	1:1 1:1.25 ~ 1:1.5		

注：当地下水比较发育或具有软弱结构面的倾斜地层，以及当岩层层面或主要节理的倾斜方向与边坡倾斜方向相一致，且两者走向的夹角小于45°时，安全坡比应另行确定。

表 5-3　挖方渠道最小边坡系数

土类	渠道水深(m)		
	<1	1~2	2~3
稍胶结的卵石	1.00	1.00	1.00
夹砂的卵石和砾石	1.25	1.50	1.50
黏土、重壤土、中壤土	1.00	1.00	1.25
轻黏土	1.25	1.25	1.50
砂壤土	1.50	1.50	1.75
砂土	1.75	2.00	2.25
风化的岩石	0.1~0.20	0.20	0.25
未风化的岩石	0~0.05	0.05	0.10

表 5-4　填方渠道最小边坡系数

土类	渠道水深(m)					
	<1		1~2		2~3	
	内坡	外坡	内坡	外坡	内坡	外坡
黏土、重壤土	1.00	1.00	1.00	1.00	1.25	1.00
中壤土	1.25	1.00	1.25	1.00	1.50	1.25
轻壤土、砂壤土	1.50	1.25	1.50	1.25	1.75	1.50
砂土	1.75	1.50	2.00	1.75	2.25	2.00

表 5-5　渠岸以上黏土低边坡坡比值

土的类别	密实度或黏土的状态	边坡高度	
		<5 m	5~10 m
黏土、重黏土	坚硬	1:0.35~1:0.50	1:0.50~1:0.75
	硬塑	1:0.50~1:0.75	1:0.75~1:1.00
一般黏性土	坚硬	1:0.75~1:1.00	1:1.00~1:1.25
	硬塑	1:1.00~1:1.25	1:1.25~1:1.50

表 5-6　渠岸以上黄土低边坡总坡比值

年代	开挖情况	边坡高度		
		<5 m	5~10 m	10~15 m
次生黄土 Q_4	锹挖容易	1:0.50~1:0.75	1:0.75~1:1.00	1:1.00~1:1.25
马兰黄土 Q_3	锹挖较容易	1:0.30~1:0.50	1:0.50~1:0.75	1:0.75~1:1.00
离石黄土 Q_2	镐挖	1:0.20~1:0.30	1:0.30~1:0.50	1:0.50~1:0.75
午城黄土 Q_1	镐挖困难	1:0.10~1:0.20	1:0.20~1:0.30	1:0.30~1:0.50

（5）半挖半填及填方渠道外边坡，可做成与渠道内边坡一致或略缓一些。但填方渠道外边坡系数，在填方高度大于 20 ~ 30 m 甚至更高时，需进行稳定分析确定。

表 5-7　碎石土边坡总坡比参考值

<table>
<tr><th colspan="2" rowspan="2">土体结合密实程度</th><th colspan="3">边坡高度</th></tr>
<tr><th><10 m</th><th>10 ~ 20 m</th><th>20 ~ 30 m</th></tr>
<tr><td colspan="2">胶结的</td><td>1∶0.30</td><td>1∶0.30 ~ 1∶0.50</td><td>1∶0.50</td></tr>
<tr><td colspan="2">密实的</td><td>1∶0.50</td><td>1∶0.50 ~ 1∶0.75</td><td>1∶0.75 ~ 1∶1.0</td></tr>
<tr><td colspan="2">中等密实的</td><td>1∶0.75 ~ 1∶1.0</td><td>1∶1.0</td><td>1∶1.25 ~ 1∶1.5</td></tr>
<tr><td rowspan="3">松散的</td><td>大多数块径 >40 cm</td><td>1∶0.50</td><td>1∶0.75</td><td>1∶0.75 ~ 1∶1.0</td></tr>
<tr><td>大多数块径 >25 cm</td><td>1∶0.75</td><td>1∶1.0</td><td>1∶1.0 ~ 1∶1.25</td></tr>
<tr><td>块径一般 <25 cm</td><td>1∶1.25</td><td>1∶1.50</td><td>1∶1.5 ~ 1∶1.75</td></tr>
</table>

注：1．含土多时，还需要按土质边坡进行验算。

2．含石多且松散时，可视其具体情况挖成折线形或台阶形。

3．当大块石中含较多黏性土时，边坡一般为 1∶1 ~ 1∶1.5。

第三节　黄土渠道

一、黄土的基本工程性质

我国黄土的形成经历了整个地质年代的第四纪时期。按形成的年代可分为老黄土和新黄土。老黄土有午成黄土，其标准剖面首先在山西离石县找到，所以称之为离石黄土。新黄土有马兰黄土，其标准剖面首先在北京西北马兰山谷的阶地上找到，所以称之为马兰黄土；新近堆积黄土，形成年代较晚，距今约 5 000 年，一般土质疏松。马兰黄土和新近堆积黄土均具有浸水湿陷性，故又称之为湿陷性黄土。各层黄土形成年代和成因见表 5-8。

表 5-8　各层黄土形成年代和成因

<table>
<tr><th colspan="2">年代</th><th colspan="3">黄土名称</th><th colspan="2">成因</th><th>说明</th></tr>
<tr><td rowspan="2">全新世 Q_4</td><td>近期</td><td></td><td rowspan="2">新黄土</td><td>新近堆积</td><td rowspan="2">次生黄土</td><td rowspan="2">以水成为主</td><td rowspan="2">杂乱无章，具不均匀性、高压缩性、强湿陷性</td></tr>
<tr><td>早期</td><td rowspan="2">马兰黄土</td><td rowspan="2">一般湿陷性黄土</td></tr>
<tr><td colspan="2">晚更新世 Q_3</td><td rowspan="3">老黄土</td><td rowspan="3">原生黄土</td><td rowspan="3">以风成为主</td><td>浅黄，一般具湿陷性</td></tr>
<tr><td colspan="2">中更新世 Q_2</td><td>离石黄土</td><td rowspan="2">非湿陷性黄土</td><td rowspan="2">褐红，一般不具湿陷性或在高压下，具轻微湿陷性</td></tr>
<tr><td colspan="2">早更新世 Q_1</td><td>午成黄土</td></tr>
</table>

中国湿陷性黄土的分布面积占全国黄土分布面积的 60% 左右，大部分分布在黄河中游地区，该地区位于北纬 34° ~ 41°，东经 102° ~ 114°，西起乌鞘岭，东至太行山，

北自长城附近，南达秦岭，除河流沟谷切割地段和突出的高山外，湿陷性黄土遍布该地区整个范围，面积达27万km^2，是我国湿陷性黄土典型地区。其厚度以六盘山以西地区较大，可达30 m；六盘山以东地区稍薄，如汾渭河谷的湿陷性黄土厚度多为几米到十几米。再向东到河南西部的厚度更小，常有非湿陷性黄土层夹于湿陷性黄土层之间的情况。

（一）黄土的物理力学性质

黄土的物理力学性质常随其成岩时代、成岩地区表现出一定的差异。一般新近堆积黄土（Q_4）的干密度较小，孔隙比较大，压缩变形大，渗透性强，干燥状态具有一定结构强度，浸水饱和结构破坏，黏聚力迅即减小，且变化幅度大，呈现较强的湿陷性；晚更新世黄土（Q_3）的物理力学性质相似于新近堆积黄土，它们的结构强度均偏低易变，受水湿影响大，滑坡、冲蚀、土粒流失屡见不鲜，是黄河中游地区控制水土流失的主要土类，是湿陷性黄土的主要埋藏地层；中更新世黄土（Q_2）是黄土地层的主体，由黄土、古土壤层和钙质结核层相间组成，质地比较密实，密度大，压缩性和渗透性均较小，无湿陷性或在高压强下具有轻微湿陷性，是良好的地基持力层；早更新世黄土（Q_1）地层较薄，为黄褐色，较中更新世黄土更密实，强度大，压缩性小，无湿陷性，透水性也小。现将不同地层时代黄土的物理力学性质的变化趋势列于表5-9，可以看出其性质随生成的早晚而表现出一定的规律性。

表5-9　不同地层时代黄土的物理力学性质

地层时代	物理性质		力学性质			
	干密度ρ_d	孔隙比e	压缩性	渗透性	抗剪强度	湿陷特征
Q_4	小	大	高	强	低	强
Q_3	较小	较大	较高	较强	较低	较强
Q_2	较大	较小	较低	较弱	较高	弱
Q_1	大	小	低	弱	高	无

从方位上看，无论高原或阶地，由西北到东南，黄土的密度（ρ_d）、含水量（ω）和强度都是由小变大，而渗透性（K_{10}）、压缩性（a_{1-2}）和湿陷性（δ_s）都是由大变小，颗粒组成也是由粗变细，黏粒含量由少变多，易溶盐由多变少。

（二）黄土的湿陷变形特性

对一般性土来说，在一定压力作用下，其变形大体有四种形式：弹性变形、压密变形、塑性变形和蠕变变形。黄土和黄土状土，当然也不例外，但其是一种天然状态下结构比较强的土质，常处于欠压密状态，弹性变形极小，主要为压密变形，而压密变形又表现为压缩变形和湿陷变形，而且湿陷变形在浸水后，发展较快，量也很大，对建筑物有较大的危害性，是位于黄土和黄土状土地基上建筑物的一个重要问题。对此，国内外有关这方面的研究取得了不少成果，认识到在设计黄土和黄土状土地基时，必须首先通过野外试验和室内试验，判定黄土和黄土状土湿陷性质、类型和等级，因为并不是所有黄土和黄土状土在浸水后都具有湿陷性。如前所述，有些黄土和老黄土（Q_1、Q_2）就不具湿陷性（或轻微湿陷），被称之为非湿陷性黄土。有些黄土如新黄土（Q_3、Q_4）在一定附加压力作用下，浸水后发生湿陷，被称之为湿陷性黄土，在饱和自重压力作用下产生湿陷，被称之为自重湿陷性黄土，其危害性远比非自重湿陷性黄土大。

湿陷性是新黄土（Q_3、Q_4）的一大力学特性。对黄土湿陷性的研究均以室内浸水压缩试验为主要手段。以湿陷系数（δ_s）为评价黄土湿陷性的主要指标，是湿陷性黄土地基分类划级、预测湿陷量的依据。根据多年的实践经验，我国黄土由于初始含水量、物理力学性质、应力状态和成因时代等不同，有的土层表现为自重湿陷性黄土，有的表现为湿陷性黄土和非湿陷性黄土，这些都为建筑工程场地评价增加了困难。一般对场地评价需对场地范围各地层取样试验，确定湿陷系数，工作量相当大，消耗大量时间和人力。为了节约时间和人力，许多学者曾努力探索湿陷系数与黄土的结构特征和物理性指标间的关系，建立其间的相关关系，推算湿陷系数。例如，有用干密度（ρ_d）、湿密度（ρ）、孔隙比（e）和初始含水量（ω_0）等。由于这些指标均较稳定且易于测定，误差小，而湿陷系数却随试验条件和测试技术等不同，变化幅度较大，影响了评价精确度。

二、黄土渠道工程地质问题

我国黄土主要分布在干旱半干旱地带，作物生长期的降雨量不足需要量的一半，引水灌溉是黄土地区农业生产的关键措施。近几十年来，在黄土地区修建了许多灌溉工程，包括自流灌溉工程和电力抽水灌溉工程。例如，河南的陆浑、卫家磨灌溉工程，山西的汾河、文峪和晋南抽黄工程，陕西的宝鸡峡、冯家山、交口抽渭和关中东部的抽黄工程，甘肃的永登、靖会等电力提灌工程，青海、新疆黄土地区也修建了许多渠道工程。

适宜灌溉的地区一般较为平整，而引水渠道可能通过各类地形地貌区。因此，确定工程地质类型，是黄土渠道或渠系工程地质工作中一项十分重要的工作。

（一）黄土渠道工程地质类型

在实际工程中，将黄土的工程地质类型分为两大类，即平缓台塬类和陡峭斜坡类。

平缓台塬类地面坡度平缓，包括河床漫滩、各级河流阶地或黄土掩埋阶地的台面和黄土台塬、黄土高原的较完整塬面。

陡峭斜坡类地面坡度一般在30°以上，包括阶地前缘黄土斜坡、黄土台塬和黄土塬斜坡、黄土梁和黄土沟谷斜坡及有黄土沉积的山坡等。各种陡峭斜坡的陡度、高度及岩性组成，水文地质条件均有差异。

（二）黄土渠道工程地质问题

渠道通过不同类型的黄土地段，可能产生不同的工程地质问题。诸如渠道渗漏、湿陷变形、渠道稳定和黄土高边坡稳定等。

1. 黄土渠道渗漏问题

实践证明，即便不存在砂卵石等强透水层的黄土渠道，渗漏量也是可观的。在陇西及西北内陆盆地的新黄土中筑渠，初期通水常有未达目的地而渠水全部渗完的情况发生。陕西关中使用多年的泾、洛、渭几个大型老灌区，虽然主要渠道已采取了各种防渗措施，其渗漏损失量仍达总引水量的40%～50%。黄土渠道渗漏不仅损失了水量，降低了工程效益，更重要的是可能引起渠道湿陷变形、渠道塌陷、渠水通过隐患潜流而造成渠堤决口和渠槽滑移等一系列的不良工程地质问题。

2. 渠道湿陷变形问题

渠道通过具有自重湿陷性的新黄土或新近堆积的黄土地段，通水后黄土因渗水浸润而产生自重湿陷。其主要表现为地表下沉、渠堤裂缝和边坡塌陷。例如，甘肃永登永进渠 1[#]洞以上的渠道，在自重湿陷性黄土中通过，通水初期渠底平均下沉 0.5～1.0 m，最大湿陷下沉量为 1.8 m。同时，渠道两岸黄土产生了坐落式阶梯状下沉，形成了一系列为裂隙所分割的台阶。甘肃靖会电灌区总干渠通过自重湿陷性黄土区，1973 年第一次上水时，水通到哪里问题出现在哪里。先后 7 个月湿陷和裂缝的渠段占总长的 60%，渠槽湿陷下沉约 1 m，湿陷裂缝宽 10～15 cm，阶梯状分布于渠道两侧。在关中、晋南局部新近黄土沉积地段，也发生了事故，例如北屯抽水灌区干渠和洛惠渠东三支渠等。

3. 渠槽稳定问题

黄土陡峭斜坡类地段的渠道，可能存在渠槽和外渠堤的稳定问题，主要是指渠槽滑移和渠堤决口。在自重湿陷性较敏感的陇西地区和自重湿陷性不敏感的陇东黄土地区，该类问题同样存在，只是表现形式与程度不同。陇西地区黄土渠道渠堤决口问题严重，决口的方式有：①渠堤局部湿陷沉降过大，超过了渠堤设计超高，渠水漫堤而决口；②渠水沿大的湿陷裂缝集中渗流，机械侵蚀和冲淘作用使部分渠堤溃决；③渠槽上边坡黄土湿陷坐滑塌陷，堵塞了渠槽而使渠水漫堤决口。此类地区渠堤决口对工程影响较大，例如永登永进渠在放水过程中，干渠沿线发生小决口 600 多处（次）。为此，所花劳动力和土方量甚至比修建干渠时还多，而且严重影响了灌溉任务的完成。陇东地区黄土渠堤决口事故比陇西少，而且主要的不是黄土湿陷所致，例如渠水沿着渠槽和渠堤下的黄土洞、古坟墓、古窑洞或黄土构造裂隙、滑坡裂隙等隐患的集中渗流造成渠堤侵蚀溃决。宝鸡峡塬边渠道就曾探察发现了 1 615 处古墓、窑洞等隐患，施工中进行了认真处理，基本上避免了决堤事故的发生。

所谓渠槽稳定问题，是指整段渠槽或渠床向坡下位移从而毁坏渠道的问题。该问题在各类型黄土陡峭斜坡类渠道均可能发生，其破坏的方式主要是流泥和滑坡。一般在渠道通过新堆积黄土斜坡或通过尚活动的滑坡体等处，较易出问题，青海省石山泵电灌工程，塬边渠道经过狼尾巴沟附近新近堆积黄土地层中，放水后渠道湿陷裂缝，渠槽土体浸润饱和液化，整段涌向坡下，坡脚的一个变电所被流泥淹没。

4. 黄土高边坡稳定问题

渠道通过塬边、山坡、渠床以上的黄土高边坡，如果设计施工不当，可能在渠道运用中，甚至在施工过程中失稳破坏。其破坏的方式一般为崩塌。在暴雨、地震等因素参与下，可能发生滑坡。傍山渠道，也可能发生泥石流。黄土高边坡的失稳破坏，规模小的塌滑土体可掩埋渠槽，影响渠道正常通水，大规模的则可能毁掉该段渠道，造成更严重损失。

三、黄土高边坡加固处理

黄土地区渠道建设中，经常会遇到一个极为重要的问题，就是黄土塬边边坡稳定问题。这一问题在西北黄土地区比较突出，如果处理不够好，不仅在人力和经济上遭受大的损失，更重要的是给工程的正常运行带来事故，影响工程效益。例如，甘肃的引洮工程中遇到这个问题，陕西省宝鸡峡引渭工程同样遇到这个问题。由于宝鸡峡黄土渠道边坡具有代表性，这里以它为代表说明这一问题。

（一）宝鸡峡引渭渠道高边坡基本情况

宝鸡峡引渭灌溉工程坐落在陕西关中平原西部，引用渭水灌溉宝鸡、咸阳、西安3市12个县（区）的300万亩农田，是陕西目前最大的灌区。渠道经过的98 km黄土塬边斜坡地带，即宝鸡—常兴段，塬高坡陡，分布有规模巨大的古、老、新黄土滑坡170个。渠道直接通过的滑坡约98个，占塬边渠道总长的46%，其中80~90 km即眉县—常兴段约11 km渠道为挖方高边坡段。由于地质条件复杂，以及施工中遗留许多问题，1971~1984年渠道通水后13年间，累计滑塌89次，滑塌方量190余万 m^3。1984年11月21日，86 km段（即魏家堡附近）渠道左岸发生了大滑坡，滑塌土方约15万 m^3，堵塞渠道130 m，使塬上170万亩小麦冬灌受到很大影响。

（二）渠道高边坡滑坡的原因

因修建渠道设计施工高陡边坡，改变了斜坡外形。渠道从高边坡拦腰开挖，左岸开挖边坡较高，挖方卸荷，挖取坡体支撑土体，形成了约70 m的高陡边坡，显示出了巨大的重力集中和临空条件，改变了土体中的应力，增大了滑动势能，同时由于坡脚应力集中，坡脚土体大部处于塑性状态，破坏了土体的稳定性。

水是形成黄土坡滑坡最主要的积极因素，地下水主要来自降水、灌溉和居民生活用水渗入土体。降水一般对滑坡起诱发作用，根据实际调查，多次滑坡都发生在降水之后。降水通过地表裂隙大量入渗，从而大大改变了土的物理力学性质，降低了坡体土的抗剪强度。曾对这种条件开展了边坡稳定计算，发现验算安全系数 K 为0.94。

（三）黄土渠道高边坡加固处理措施

黄土渠道高边坡的稳定性是黄土塬边渠道安全的主要因素，在西北地区具有普遍性。根据多年治理经验和运行实际认为，黄土渠道高边坡的稳定性应通过边坡稳定分析确定，增稳措施可采用以下方法：

（1）黄土渠道高边坡，在平均坡比稳定条件下，一般在坡高1/2稍高处设6~16 m宽大平台，单级坡比以采用0.25~0.6为宜。一定的边坡外形决定边坡内部土体的应力分布状态，为使边坡外形适应于土体内部的结构构造特征，应力状态较佳，既要边坡稳定，又要节省工程开挖量，即既要保证安全又要经济合理，为此选择合理的坡形是很重要的。计算和实际经验表明，在平均坡比相同的情况下，一般在坡高的1/2稍高处设6~16 m的大平台，较一坡到顶或小平台的坡形既经济又安全，因为在平台以下采用陡坡，少挖土方量，可以增加边坡土体的抗滑能力，大平台以上采用陡坡，可使平台加宽，相应地减少边坡土体的滑动力，同时考虑到施工、经济方面的因素，为此整治选择了留大平台的削坡方案。

（2）傍山、塬边渠道，可采用灌浆法填堵裂缝、孔隙和小洞穴。灌浆材料可用黏土浆或水泥黏土浆。灌浆的各项技术参数宜经过试验确定。对浅层窑洞、墓穴和大孔洞，可采用开挖回填法处理。

(3) 为了防止黄土渠坡由于雨水作用产生的坡面冲刷、坡顶陷穴或溶洞，进而造成渠坡失稳，采用坡面排水系统非常必要。排水系统一般由天沟、侧沟、平台排水沟和吊沟组成。在边坡顶部开口线以外10 m，应设排水天沟，拦截塬洪及地面水，有计划地排入冲沟或专门设置的高岸泄水道；在高边坡地段边界，应设置侧沟，排泄降水；年降水量大于300 mm的地区边坡平台应设排水沟，并作加固防渗砌护；设吊沟连接侧沟、天沟等陡坡建筑物，将水排入桥涵或渡槽。

(4) 在边坡的坡脚可采用砂浆砌块石护坡，也可采用喷锚支护增稳。黄土高边坡的坡脚是应力集中带，受到应力松弛和剥落、冲刷的交替作用，为了防止由于这些作用而逐渐降低边坡稳定性导致渠坡整体破坏现象，常在坡脚处采用砂浆砌块石护坡或采取喷锚支护增稳措施。

四、湿陷性黄土渠基加固处理

（一）黄土湿陷性评价

1. 湿陷性的判定

黄土的湿陷性，主要是利用现场采集的不扰动土试样，通过室内压缩试验求得的湿陷系数δ_s，来判断是否具有湿陷性和自重湿陷性。

在一定压力下的室内压缩试验测定的湿陷系数δ_s应按下式计算：

$$\delta_s = \frac{h_p - h'_p}{h_0} \tag{5-1}$$

式中 h_p——保持天然湿度和结构的土样，加压至一定压力时，下沉稳定后的高度，cm；

h'_p——上述加压稳定后的土样，在浸水（饱和）作用下，附加下沉稳定后的高度，cm；

h_0——土样的原始高度，cm。

当湿陷系数$\delta_s<0.015$时，应定为非湿陷性黄土；当湿陷系数$\delta_s \geqslant 0.015$时，应定为湿陷性黄土。测定湿陷系数的一定压力，应自基础底面（当基底标高不确定时，自地面下1.5 m）算起，基底下10 m以内的土层应用200 kPa，10 m以下至非湿陷性土层顶面，应用其上覆土的饱和自重压力（当大于300 kPa时，仍应用300 kPa）。对压缩性较高的新近堆积黄土，基底下5 m以内的土层宜用100～150 kPa压力，5～10 m和10 m以下至非湿陷性黄土层顶面，应分别用200 kPa和上覆土的饱和自重压力。当基底压力大于300 kPa时，宜按实际压力测定的湿陷系数值判定黄土湿陷性。

2. 场地湿陷类型和地基湿陷等级的划分

场地的湿陷类型，应按实测自重湿陷量Δ'_{zs}或按室内压缩试验累计的计算自重湿陷量Δ_{zs}判定。

当$\Delta'_{zs} \leqslant 7$ cm时，应定为非自重湿陷性黄土场地；

当$\Delta'_{zs} > 7$ cm时，应定为自重湿陷性黄土场地。

当自重湿陷量的实测值和计算值出现矛盾时，应按实测值判定。实测自重湿陷量应按现场试坑浸水试验确定。在新建地区，对甲、乙类建筑物宜采用试坑浸水试验来确定场地的湿陷类型。试坑浸水基本要求有：

（1）浸水试坑宜挖成圆形或方形，其直径或边长不小于湿陷性黄土层的厚度，并不应小于 10 m，试坑深度一般为 50 cm，最深不宜大于 80 cm，坑底铺设 5 ~ 10 cm 厚的粗砂或圆砾。

（2）在坑内不同深度处设置沉降观测标点，在试坑外设置地面沉降观测标点，沉降观测精度为 ±0.1 mm。

（3）试坑内的水头高度不宜小于 30 cm。在浸水过程中，应观测湿陷量、耗水量、浸湿范围和地面裂缝。湿陷稳定可停止浸水。试验稳定标准为最后 5 d 的平均湿陷量小于 1 mm/d。

（4）在试坑内浸水停止后，应继续观测不少于 10 d，且连续 5 d 的平均下沉量不大于 1 mm/d，试验终止。

计算自重湿陷量 Δ_{zs} 应按式（5-2）计算：

$$\Delta_{zs} = \beta_0 \sum_{i=1}^{n} \delta_{zsi} h_i \tag{5-2}$$

$$\delta_{zs} = \frac{h_z - h'_z}{h_0} \tag{5-3}$$

式中　δ_{zsi}——第 i 层土在上覆土的饱和（$S_r > 0.85$）自重压力下的自重湿陷系数；

h_z——保持天然湿度和结构的土样，加压至土的饱和自重压力时，下沉稳定后的高度，cm；

h'_z——上述加压稳定后的土样，在浸水作用下，下沉稳定后的高度，cm；

h_i——第 i 层土的厚度，cm；

β_0——因土质地区而异的修正系数，对陇西地区可取 1.5，对陇东、陕北、晋西地区可取 1.2，对关中地区可取 0.9，对其他地区可取 0.5。

计算自重湿陷量 Δ_{zs} 的累计，应自天然地面算起（当挖、填方的厚度和面积较大时，应自设计地面算起），至其下全部湿陷性黄土层的底面为止，其中自重湿陷系数 $\delta_{zs} <$ 0.015 的土层不累计。

湿陷性黄土地基，受水浸湿饱和至下沉稳定为止的总湿陷量 Δ_s（cm）可按式（5-4）计算：

$$\Delta_s = \sum_{i=1}^{n} \delta_{si} h_i \beta \tag{5-4}$$

式中　δ_{si}——第 i 层土的湿陷系数；

h_i——第 i 层土的厚度，cm；

β——考虑地基土的侧向挤出和浸水几率等因素的修正系数，基底下 5 m（或压缩层）深度内可取 1.5，在基底下 5 ~ 10 m 深度内取 1.0，基底下 10 m 以下至非湿陷性黄土层顶面，在自重湿陷性黄土场地，可取工程所在地区的 β_0 值。

总湿陷量自基础底面（初勘时从地面下 1.5 m）算起。在非自重湿陷性黄土场地，累计至基底下 5 m（或压缩层）深度止；在自重湿陷性黄土场地，对甲、乙类建筑物，应按穿透湿陷性黄土层的取土勘探点，累计至非湿陷性土层顶面止，对丙、丁类建筑物，当基底下的湿陷性土层厚度大于 10 m 时，其累计深度可根据工程所在地区确定，但陇西、陇东、陕北地区不应小于 15 m，其他地区不应小于 10 m，其中湿陷系数 δ_s 或自重湿陷系数 δ_{si} 小于 0. 015 的土层不应累计。

地基湿陷程度，应根据基底下各土层累计的总湿陷量和计算自重湿陷量的大小等因素按表 5-10 判定。

（二）湿陷性黄土渠基处理

对湿陷性黄土地区渠道稳定性，应按上述方法先对场地进行湿陷性评价，然后根据黄土地区湿陷性等级和渠道运行特点采取增稳措施，具体方法如下：

（1）弱湿陷性黄土和新建过沟填方渠道，宜采用适应基土变形的渠道断面和防渗结构。工程实践证明，采用适应变形的渠道断面和防渗结构，对弱湿陷性黄土渠基应用效果很好。

（2）对于中、强湿陷性黄土渠基处理方法，可按表 5-11 选择其中一种或多种相结合的最佳处理方法。处理深度应根据当地情况和已建工程确定。

表 5-10　湿陷性黄土地基的湿陷等级　（单位：cm）

湿陷类型	计算自重湿陷量	总湿陷量		
		$\Delta_s \leqslant 30$	$30 < \Delta_s \leqslant 70$	$\Delta_s > 70$
非自重湿陷性场地	$\Delta_{zs} \leqslant 7$	Ⅰ（轻微）	Ⅱ（中等）	Ⅱ（中等）
自重湿陷性场地	$7 < \Delta_{zs} \leqslant 35$	Ⅱ（中等）	Ⅱ（中等）或Ⅲ（严重）	Ⅲ（严重）
	$\Delta_{zs} > 35$	—	Ⅲ（严重）	Ⅳ（很严重）

注：1. 当总湿陷量 30 cm < Δ_s < 50 cm，计算自重湿陷量 7 cm < Δ_{zs} < 30 cm 时，可判为Ⅱ级。
2. 当总湿陷量 $\Delta_s \geqslant 60$ cm，计算自重湿陷量 $\Delta_{zs} \geqslant 30$ cm 时，可判为Ⅲ级。

垫层法曾在甘肃省许多黄土地区渠道上采用。灰土体积比采用 3∶7或 2∶8，夯实层厚度不小于 30 cm，干密度在 1. 45 g/cm^3 以上，渗透系数约为 5.8×10^{-6} cm/s。甘肃省白银工农渠为 U 形断面现浇混凝土渠道，基础用厚 50 cm 的灰土夯实层，行水两个月后，挖坑检查，灰土层下未见渗水，多年来工程运行正常。

打孔浸水重锤夯压或强力夯实法，1985 年曾在甘肃省靖远三场塬电灌干渠上进行了试验。该干渠土壤湿陷系数为 0. 052 ~ 0. 127，自然干密度为 1. 1 ~ 1. 3 g/cm^3，自然含水量为 6% ~10%。浸水孔用洛阳铲人工造孔，孔径 6 ~ 8 cm，孔深 4 m，孔距 70 cm，孔内填粒径小于 3 cm 的砂砾石。灌水量按土壤含水量达到 14% ~16% 计算确定落距及击实次数，在原状土上落距为 10 ~ 12 m，击实 9 ~ 12 次；在机压过沟填方上，落距为 8 ~ 10 m，击实 8 ~10 次。夯点距 2. 5 m，梅花形布设。夯后锤底面以下 4 m 范围的土壤密度有不同程度提高。其中：2 m 范围内效果理想，干密度最大达 1. 83 ~ 1. 42 g/cm^3；4 m 以下因未浸水，土壤干密度无变化。该渠段长 200 m，采用打孔浸水重锤夯压处理后，经多年运行，未发现明显的沉陷和裂缝。该法节省人力、物力，降低工程费用，效果较好。

表5-11　湿陷性黄土地基常用的处理方法

名称	适用范围和施工要求	可处理的湿陷性黄土层厚度（m）
垫层法	地下水位以上，局部或整体处理。单层铺设厚度不大于30 cm，灰土垫层的灰土比宜为2∶8或3∶7，垫层压实系数宜采用0.93～0.95	1～3
强夯法	地下水位以上，S_r≤60%的湿陷性黄土，局部或整体处理。试夯点数应根据场地复杂程度、土质均匀性和渠道等级综合因素确定，夯点和夯击次数应根据试夯结果确定，土的含水量宜低于塑限含水量1%～3%，夯击次数宜为2～3遍，地基处理质量要有检测记录	3～12
预浸水法	自重湿陷性黄土场地，地基湿陷等级为Ⅲ级或Ⅳ级，可消除地面6 m以下湿陷性黄土层的全部湿陷性。浸水水深不宜小于30.0 cm，浸水变形稳定标准为最后5 d的平均湿陷量小于1 m/d。对预浸水处理效果应进行检验，评价湿陷性的消除程度	大于10（6 m以上，尚应采用垫层或其他方法处理）
深翻回填法	翻夯深度不小于1.0～1.5 m，适宜于大、中型渠道地基	4
其他方法	经试验或工程实际证明行之有效的方法	

预浸水法作用机理是通过放水预浸，破坏湿陷性黄土的大孔结构，消除土的自重湿陷性，减少工程建设后的沉降量。预浸水法是一个古老的方法，方法简单，成功实例较多。

深翻回填法曾在甘肃省靖会灌区等大、中型渠道工程上广泛采用。翻夯深度一般不小于1.0～1.5 m，三场塬电灌干渠翻夯深度最大达4 m。夯实干密度要求1.55～1.68 g/cm^3。据试验，干密度从1.4 g/cm^{3}提高到1.6 g/cm^3，渗透系数从2.4×10^{-4}cm/s降低为9×10^{-5} cm/s，而且能消除较大的垂直裂缝，使渗漏均匀。但该法工程量大。

第四节　膨胀土渠道

一、膨胀土的基本工程特性

膨胀土是由膨胀性黏土矿物蒙脱石、伊利石等组成的，具有胀缩性、超固结性、多裂隙性以及强度衰减特性的一类特殊黏性土。

（一）膨胀土的物理、化学特性

1. 膨胀土的矿物成分及其结构特性

现有的研究结果表明：膨胀土的矿物成分主要由蒙脱石、伊利石和高岭石等细小颗粒组成；黏土颗粒的形状多数为片状或扁平状，且形成微集聚体，微集聚体中颗粒呈平行排列，微集聚体间彼此也呈平行排列，具有高度的定向性，呈平行层状排列结构；微集聚体间有面—面接触、面—边接触和面—边—角接触形式而形成各种结构类型。

2. 膨胀土的裂隙特性

膨胀土宏观结构的主要特征就是膨胀土的多裂隙性，产生裂隙的主要原因是膨胀土的胀缩特性，即吸水膨胀、失水收缩，往复周期循环，导致膨胀土体结构松散，形成许多不规则的裂隙，而裂隙的发育又为膨胀土的进一步风化创造了条件，并且裂隙又成为雨水进入土体的通道，含水量的波动变化使膨胀土反复胀缩，从而进一步导致了裂隙的扩张。

3. 含水量对土性的影响

膨胀土的结构受含水量的大小、矿物成分的组成及所处的地理环境、地质水文和气候条件等因素的影响，其中影响最大的因素是膨胀土的含水量，因为含水量的变化会引起膨胀土体中的矿物发生物理化学作用，使矿物元素之间的结合力发生变化，从而引起土体结构的变化。

（二）膨胀土的胀缩机理

对于膨胀土机理的描述有“晶格扩张”理论、“扩散双电层”理论和“结构”理论，这些理论都很难独立圆满解释膨胀土的特性，只有相互弥补各自的不足，才能较好地解释膨胀土的特性。多年试验研究结果表明，膨胀土中黏土矿物、碎屑矿物以及游离氧化铁、氧化铝和氧化硅的存在是膨胀土湿胀和干缩的主要原因。

（三）膨胀土的强度特性

通常膨胀土的峰值抗剪强度是相当高的，但从失稳的膨胀土坡反算出的抗剪强度却往往远低于其峰值，这一现象引起了土力学专家们的注意，许多学者在各自研究的基础上提出了不同的理论和选取强度的方法，如渐进性破坏理论、滞后破坏理论、胀缩效应理论、气候作用层理论及分期分带理论等。综观这些理论可以看到，造成膨胀土强度衰减的主要原因来自四个方面，即胀缩性、裂隙性、超固结性和非饱和特性。

二、膨胀土分类与地基评价

在膨胀土地区修筑渠道，首先必须正确识别膨胀土和非膨胀土，然后再对膨胀土进行分类。根据我国以前水利工程建设经验，膨胀土并不可怕，可怕的是对膨胀土认识不清，分类不准，没有采取相应的工程处理措施，因而导致一些渠道发生事故。所以，对渠道建设地区膨胀土正确地判别分类和地基评价极为重要。

膨胀土分类与地基评价按照《膨胀土地区建筑技术规范》（GBJ 112—87）的相关条款进行，这里简要叙述如下：

（1）在进行膨胀土场地的评价时，应查明建筑场地内膨胀土的分布及地貌条件，根据工程地质特征及土的自由膨胀率等指标综合评价。必要时，尚应进行土的矿物成分鉴定及其他试验。

（2）具有下列工程地质特征的场地，且自由膨胀率大于或等于40%的土，应判定为膨胀土：①裂隙发育，常有光滑面和擦痕，有的裂隙中充填着灰白、灰绿色黏土，在自然条件下呈坚硬或硬塑状态；②多出露于二级或二级以上阶地、山前和盆地边缘丘陵地带，地形平缓，无明显自然陡坎；③常见浅层塑性滑坡、地裂，新开挖坑（槽）壁易发生坍塌等；④建筑物裂缝随气候变化而张开和闭合。

（3）膨胀土的膨胀潜势，可按表 5-12 分为三类。

表 5-12　膨胀土的膨胀潜势分类

自由膨胀率 δ_{ef}（%）	膨胀潜势
$40 \leqslant \delta_{ef} < 65$	弱
$65 \leqslant \delta_{ef} < 90$	中
$\delta_{ef} \geqslant 90$	强

（4）根据地形地貌条件，建筑场地可分为以下两类：

①平坦场地。地形坡度小于 5°；地形坡度大于 5°小于 14°，距坡肩水平距离大于 10 m 的坡顶地带。

②坡地场地。地形坡度大于或等于 5°；地形坡度虽然小于 5°，但同一座建筑物范围内部地形高差大于 1 m。

（5）膨胀土地基评价，应根据地基的膨胀、收缩变形对渠道的影响程度进行。地基的胀缩等级，可按表 5-13 分为三级。

表 5-13　膨胀土地基的胀缩等级

地基分级变形量 s_c（mm）	级别
$15 \leqslant s_c < 35$	Ⅰ
$35 \leqslant s_c < 70$	Ⅱ
$s_c \geqslant 70$	Ⅲ

表 5-12 中的自由膨胀率 δ_{ef} 为人工制备的烘干土，在水中增加的体积与原体积的比，按式（5-5）计算：

$$\delta_{ef} = \frac{V_w - V_0}{V_0} \times 100\% \tag{5-5}$$

式中　V_w——土样在水中膨胀稳定后的体积，mL；

V_0——土样原有体积，mL。

三、膨胀土渠道的安全坡比

（一）挖方膨胀土渠道安全坡比

挖方膨胀土渠道安全坡比，应以渠道工程地质分类为依据，并结合工程措施通过稳定性分析选择，这里根据已建正常运行渠道的资料，提出挖方膨胀土渠道基本坡比（见表 5-14），供应用中参考。

表 5-14 挖方膨胀土渠道基本坡比

膨胀土类型	渠坡高度(m)				说明
	<5	5~10	10~20	>20	
强膨胀土	1∶2.00~1∶2.50	1∶2.50~1∶3.00	1∶3.00~1∶3.50	1∶3.50~1∶4.00	在全面防护与支挡的前提下，方可采用表中坡度
中膨胀土	1∶1.75~1∶2.00	1∶2.00~1∶2.50	1∶2.50~1∶3.00	1∶2.75~1∶3.50	局部支挡，高度大于5 m设置平台
弱膨胀土	1∶1.50~1∶1.75	1∶1.75~1∶2.00	1∶2.00~1∶2.50	1∶2.50~1∶2.75	边坡高度大于10 m设置平台

（二）填方膨胀土渠道安全坡比

我国利用膨胀土填筑堤坝已有较丰富的实践经验，关于各种膨胀土坡比的选择，也应根据实践经验和稳定分析联合确定，这里根据已建工程安全运行情况，对于高边坡推荐表5-15中的数据，供应用时参考。

表 5-15 填方膨胀土渠道参考坡比

膨胀土类型	迎水面坡比	背水面坡比
弱膨胀土	1∶2.5~1∶3.0	1∶2.0~1∶2.5
中膨胀土	1∶3.0~1∶3.5	1∶2.5~1∶3.0

四、膨胀土渠坡稳定分析

由于膨胀土复杂的性质和渠坡破坏复杂的表现形式，边坡稳定分析非常复杂，不同于一般黏土边坡稳定分析。差别主要体现在地质条件、破坏面和强度参数选取。

（一）膨胀土边坡的破坏特性

众所周知，膨胀土是一种水敏性土，具有胀缩性、超固结性、裂隙性和强度衰减特性，在渠道边坡破坏形成中多表现出如下特性：

（1）牵引性。膨胀土边坡变形不同于一般土质边坡，滑坡从坡脚开始，而滑动多在边坡的上半部，然后逐级牵引向上发展。

（2）结构性。膨胀土遇水产生膨胀，失水产生收缩，在自然气候应力作用下反复胀缩，在地表浅层土体内一定深处形成胀缩变动带，在胀缩变动带以上的膨胀土体，原始结构受到破坏，强度显著降低，与变动带以下基本保持原始结构的土体之间，形成软弱结构面。

（3）浅层性。在气候影响深度范围1~5 m内，由于软弱结构面的存在，边坡必定出现浅层滑坡现象。

（4）多次滑动性。由于膨胀土的自超固结性，膨胀土边坡产生逐渐破坏，一般都不是一次滑动即告终止，而是逐步牵引发展，形成一次、二次、三次……乃至多次滑动。

(5) 时间规律性。由于膨胀土是水敏性极强的土，所以边坡破坏显示出明显的季节性，多发生在雨季。特别是在长期干旱以后的第一个雨季，更是滑坡集中产生、成群出现的重要时刻。

(二) 膨胀土边坡的破坏面选取

在破坏面确定方面，在一定条件下，对裂隙进行数理统计分析，根据裂隙产状变化规律、裂隙密度、充填物性质等，判断出可能的破坏面。

(三) 膨胀土边坡稳定计算的强度参数选取

在强度参数选取方面，一般情况下膨胀土的峰值抗剪强度是相当高的，但是从失稳的膨胀土边坡反算出的抗剪强度却远远低于其峰值强度。在膨胀土边坡稳定分析中，强度参数选取，由于其复杂性，就显得更加重要。滑面上强度参数取值要根据不同土层结构特点、地质条件、地下水情况由土工试验确定。强度参数宜采用三轴压缩试验确定，残余强度参数宜采用反复剪切试验确定；膨胀土渠坡的稳定性，实际是一个非饱和土工程问题，对于特大型和大（1）型渠道边坡稳定分析一定要考虑非饱和土的性质，可采用相应的稳定分析方法和选取相应的强度参数。

(四) 计算方法选取

一般情况，膨胀土渠坡的稳定分析应该采用极限平衡法，但是特大型渠道边坡可同时采用有限元法分析渠坡稳定性。在渠坡稳定分析中应考虑以下因素：

(1) 通过勘测土体结构面、裂隙统计分析确定渠坡破坏面几何形状。

(2) 土体强度参数选取要考虑滑动面上各部位抗剪强度的不同，应分段取值。对于大、中型渠道边坡，强度参数宜采用三轴压缩试验测定，残余强度参数宜采用反复剪切试验确定。试验应按《土工试验方法标准》(GB/T 50123—1999) 进行。

(3) 对于特大型和大（1）型渠道边坡，宜采用非饱和土理论进行边坡稳定验算。

五、膨胀土渠基与渠坡加固处理方法

在上面我们分析了膨胀土的特性，研究了膨胀土边坡的破坏特性，指出了膨胀土渠坡计算方法和分析方法，这里主要根据以上分析，介绍对不稳定的渠基和渠坡如何采取增稳措施。

膨胀土边坡破坏表现出多种性质，提醒人们应采取针对措施以增强渠坡的稳定性。长期工程实践积累了丰富的经验，提出了很多好的膨胀土地基和边坡处理方法，在渠道方面常见的成功处理措施列入表 5-16，供应用时参考。

在选择表 5-16 膨胀土渠坡的增稳处理措施时，可选择其中一种或多种相结合的方法，处理深度应根据分析计算确定。

(1) 适应的渠道断面和防渗结构措施主要是考虑结构与地基的共同作用，具体说明在本章第一节已经介绍。

(2) 换土措施是将膨胀土部分挖除，用非膨胀土或粗粒土包盖。换土的厚度要考虑因降水引起土体含水量急剧变化带的深度。如换土质量符合各项技术指标要求，并采取一些辅助措施，对膨胀土渠坡稳定确实有效。河南南阳刁南灌区北干1#水闸下游渠段换土厚度1.5 m，断面坡度1:2.0，运行近20年，渠坡未发生破坏。宁夏盐环定扬黄工程龚儿庄泵站地基膨胀土采用换土处理方法，换成3:7灰土，厚2.5 m。南水北调中线工程线路长1 427.17 km，其中穿越膨胀岩土渠段累计长约340 km，从可行性研究报告看，处理的主要措施还是换土，强、中膨胀土的换土厚度分别为2.5 m、2.0 m。

表5-16　膨胀土渠坡常用的处理方法

名称	方法说明和要求	适应范围
适应的渠道断面和防渗结构	采用适应基土变形的渠道断面和膜料防渗结构，堤顶膜层上应覆盖40～50 cm厚的当地土，并压实	弱膨胀土
换土	将膨胀土部分挖除，用非膨胀黏性土或粗粒土包盖。换土厚度应依据膨胀土膨胀等级选取，换土的最小厚度满足隔离层抵抗膨胀变形要求。一般中膨胀土用1.0～1.5 m，强膨胀土用2.0 m	中、强膨胀土
土性改良	膨胀土掺石灰。迎水面和堤顶（或戗台），宜用石灰掺量4%～8%的灰土压实处理。其厚度20～30 cm，干密度不小于1.55 g/cm³。堤顶（或戗台）灰土层覆盖10 cm厚的非膨胀土 水泥土。水泥含量一般为7%～10%，处理厚度20～30 cm	中、强膨胀土
坡面防护	渠道外坡及挖方渠道戗台以上内坡，当坡高小于4 m时，宜换土20～30 cm，种植草皮，当坡高大于或等于4 m时，宜设置10 cm厚的混凝土格栅和土工格栅，种植草皮，并每隔10～20 m设置纵向、横向混凝土排水明沟系统	弱、中、强膨胀土
坡体排水	在渠坡滑坡段布置竖井结合水平孔排渗设施或辐射井排渗设施，竖井和辐射井位置及间距布置根据坡体渗流状况确定	中、强膨胀土
加筋土	采用土工格栅加筋补强渠坡。土工格栅选型根据工程需要确定，土工格栅自由段长度、锚固长度、分层填土厚度等应依据渠坡稳定分析确定	中、强膨胀土

（3）土性改良措施主要有石灰固化作用和水泥固化作用。膨胀土掺石灰的主要作用是使膨胀土的液限与膨胀量降低，增大强度。水泥固化作用是由于钙酸和铝的水化物与颗粒相互的胶结作用，胶结物逐渐脱水和新生矿物的结晶作用，从而降低了液限和体变，增大了塑限和抗剪强度。我国广西上思县那板北干渠有些渠段，采用膨胀土掺8%的石灰，衬砌灰土厚40 cm，表面盖30 cm厚的水泥砂浆；有些渠道膨胀土掺6%水泥做护坡材料，厚20 cm，表面覆盖厚约30 cm水泥砂浆，该渠处理后30多年来运行正常。

（4）坡面防护措施在膨胀土渠坡上应用很多，大多是应用于渠道外坡和衬砌以上渠坡，改善坡面的耕种质量，以便于种植草皮，坡面设置排水系统防止雨水冲刷。

（5）坡体排水措施是采取某种排渗措施将膨胀土渠坡内部积水排至体外以增强渠坡的稳定性。安徽省驷马山引江工程渠坡治理就曾采取竖井结合水平孔排渗设施。驷马山引江水道是联系长江与滁河的人工开挖渠道，引江流量230 m^3/s，分洪流量500 m^3/s，最大切岭深34 m。1969年12月动工开挖，1971年12月竣工，渠道底宽14～27 m，边坡1∶3～1∶3.5，运行中1974年发生第一处滑坡后，至今已发生滑坡10处。在治理过程中，其中Ⅰ－74#滑坡段采用3口竖井，Ⅳ－89#滑坡采用49口竖井，Ⅳ－96#滑坡采用26口竖井，Ⅷ－98#滑坡采用8口竖井及水平排渗孔方案，形成了竖井联合水平排渗孔的立体排渗系统。经过多年运行，渠坡再没有发生滑塌，从测压管水位观测情况看，渠坡向有利于稳定趋势发展。

（6）加筋土措施是将土工合成材料在渠坡内不同高度分层铺设，与土体共同作用来增强渠坡的稳定性，加筋材料有纤维、土工织物、土工格栅等，对于渠道边坡土工格栅效果更佳。土工格栅选型，土工格栅自由段长度、锚固长度，分层填土厚度等技术数据，应根据工程需要和渠坡稳定分析确定。

第五节　分散性土渠道

一、分散性土对工程的危害

分散性土是一种特殊土，不少专家研究表明，在纯净水中黏土颗粒的黏团结构自行破坏，并分散成原级的黏土颗粒，抵抗纯净水渗透破坏的能力很低，因而造成土体在雨水作用下，产生严重冲蚀，在渗透作用下，产生渗透破坏。

分散性黏土在水利工程中产生破坏，是20世纪50年代在澳大利亚首先发现的，美国也在60年代发现了分散性黏土对水利工程产生的破坏现象，我国黑龙江省在70年代兴建北部引嫩繁荣灌区等工程时，首先发现分散性土对工程产生的严重破坏，在以后的水利工程建设中，我国的湖北、浙江、广西、辽宁、山东、河南、吉林等省（区）相继都有发现。

分散性土在水利工程方面造成的危害很多，王观平等在《分散性黏土与水利工程》一书列举了许多实例，这里挑出几个分述如下。

（一）澳大利亚的实例

1966年，澳大利亚的维多利亚地区基尔莫市修建了一座为城市供水的水库，挡水坝为高13 m的均质土坝。所用土料的黏粒（小于2 μm）含量为34%，塑性指数45，液限62%，最优含水量16%，标准压实密度1.76 t/m^3。施工时因没有严格控制含水量，竣工后，第一次蓄水蓄到水深7 m时，发生了管涌破坏，渗流冲蚀的孔洞穿过坝体，直径约1 m。放空水库后进行第一次修复，上游坡用石灰土处理。1968年6月又开始蓄水，蓄水时逐日检查发生的情况，到1968年8月水深达到6 m时，又一次出现管涌破坏，在离下游坝趾6 m以外，出现了一个直径0.15 m的冒水孔洞，在24 h内放空水库期间，孔洞发展到坝趾，直径增加到0.5 m。渗透途径接近清基面，破坏孔洞在原坝段，但不在第一次修复段。第二次修复时，上游面仍用石灰土处理，在下游又增加反滤，施工时严格控制含水量和压实密度。第二次修复后于 1971 年 1 月开始蓄水，从那时起一直正常运行。

（二）美国的实例

美国俄克拉何马河支流上第 17 号小韦沃克河坝，坝高 12.2 m，1960 年 5 月竣工，1960 年 5 月 19 日第一次蓄水，5 月 21 日失事。从初始渗流一开始就有目击者，上午 8 时在输水道之上与输水道垂直距离大约 4.6 m 的下游坝坡上发现了呈涓流状的小初始渗流，从大约直径 15 cm 的渗流孔洞中流出。初始渗流的水头约为 1.5 m 或更小；中午渗流冲成了直径 3.0 m 的孔洞；晚上水库泄空，而且冲蚀继续向下发展，直至输水管暴露。孔洞顶部坍塌，留有决口段的侧壁接近垂直，决口段顶宽 14.3 m。

（三）我国的实例

我国曾在黑龙江省南部引嫩工程发现雨水淋蚀洞穴后，又发现因分散性黏土引起破坏的实例。还有黑龙江省北部引嫩工程乌北段 75 km 渠堤的管涌破坏，齐齐哈尔江东灌区 6 支渠渠堤的管涌破坏和黑龙江省富裕县繁荣灌区引水渠的破坏。现将前两个实例简述如下：

（1）北部引嫩工程乌北段总干渠 75 km 渠堤，堤高 5 m、顶宽 5 m，因为用推土机施工，边坡较缓，上、下游边坡都是 1:3。堤身施工质量较差，没有达到设计干密度的要求，裂缝较多。1975 年 8 月第一次通水时，渠道内水深仅 1.0 m，只一个晚上就发生管涌，渗流比降约 1:35，第二天就形成决口。第一次修复用的是当地的土，刚一放水又被破坏。后来在迎水面换上由其他地方运来的土做成 2.0 m 厚的斜墙才稳定住。当时不认识分散性黏土，对这么大的渠堤，只有 1 m 水头，渗流比降不到 3%，就会发生管涌破坏，很难解释。南部引嫩工程发现分散性黏土后，取样试验证明是分散性黏土导致的破坏。

（2）黑龙江省齐齐哈尔江东灌区 6 支渠是填方渠道，渠底高出地面 0.4 m，两边堤高约 3.0 m，边坡 1:2，设计过水量 14 m^3/s，设计水深 1.6 m。1973 ~ 1974 年施工，1976 年通水，流量 1 m^3/s，渠道水深 0.4 m，只有两三天，就在 1 km 范围内出现了 10 多处管涌破坏。

从以上所列实例可见，分散性土的危害是非常严重的，在以后渠道工程的设计和施工时一定要引起足够的重视。

二、分散性土鉴定

分散性黏土是 20 世纪 60 年代后才开始研究的，由于时间较晚，迄今为止还未形成一本规程规范，国内在进行分散性土鉴定时，只能参考国外的一些做法。国内外在进行分散性土鉴定时，都是通过室内多种试验结果，综合判定分散土的分散性。王观平等在《分散性黏土与水利工程》一书中，对这些试验作了详细叙述，这里引用过来，供大家参考。

（一）碎块试验

碎块试验方法很简单，在室内或野外都能进行。方法是将 10 mm 左右大小的土样一块或两块，放入盛蒸馏水的烧杯中，观察 5 ~ 10 min，看黏土颗粒转入胶体悬液的情况，分成下列四个等级：

Ⅰ——没有反应，土块可能在杯底塌散，但没有胶粒使水变浑浊的迹象；

Ⅱ——微有反应，土块表面附近水有些浑浊（如果容易见到浑浊，应列为Ⅲ）；

Ⅲ——中等反映，容易鉴别出悬液中的胶体浑浊点，通常在杯底扩散成细条纹；

Ⅳ——强烈反映，杯底有一薄层胶体沉积，有些土样会使整杯水浑浊。

碎块试验是个简单有效的方法，但它具有单向性。如果碎块试验指出是分散性的，一般在其他试验中也得出分散的结论。但有些分散性黏土对碎块试验无反应，所以不能单凭碎块来决定试验的土样是否分散。

（二）针孔试验

针孔试验是在针孔试验装置中将击实的土样穿一直径为 1.0 mm 的轴向细孔，然后用蒸馏水进行渗流试验，在各级水头下观察针孔受水流冲蚀的情况来鉴定分散性黏土。针孔试验装置见图 5-1。

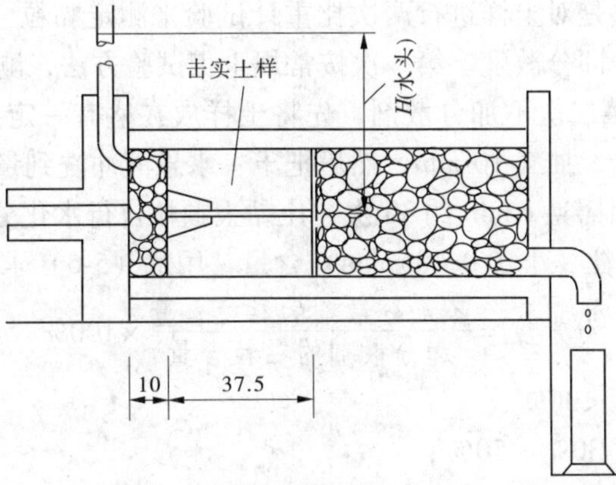

图 5-1　针孔试验装置　（单位：mm）

针孔试验土样的制作可能是试验过程中的关键一环，有些研究报告明确指出，必须保持土样的天然含水量，在试验前不允许土样风干，干燥和受潮都会明显地造成黏土粒间相互作用力暂时失去平衡条件（对某些土可能会得出不同的成果，特别是当加水前用粉碎机械干燥土时更为明显）。

针孔试验在早期，曾用过各种直径的针孔，针孔直径变化范围为 0.406 ~ 2.54 mm，各种孔径得出的结果基本相同。但小于 1.0 mm 的针孔孔径常被堵塞，大于 1.0 mm 的针孔流量大，对保持水头稳定不利，1.0 mm 的针孔很少被堵塞，而且流量不大便于保持一定的水头，量测通过土样的流量也方便，以后才逐步统一，规定 1.0 mm 为标准孔径。针孔试验土的分散性分类标准如下：

（1）分散性黏土 D_1、D_2。

D_1——高分散性黏土，在 5 cm 水头下流出的水很浑浊，10 min 后轴向孔径等于或大于原针孔孔径的 3 倍。

D_2——分散性黏土，在 5 cm 水头下流出的水很浑浊，10 min 后孔径超过原针孔孔径的 2 倍。

（2）过渡性土 ND_4、ND_3。

ND_4、ND_3——过渡性土，在5 cm和18 cm水头下水变浑浊，但经10 min后孔径不超过原针孔孔径的1.5倍。

（3）非分散性黏土ND_2、ND_1。

ND_2——非分散黏土，在38 cm或102 cm水头作用下，水轻微浑浊，但胶质颗粒很少。

ND_1——高抗冲蚀土，在102 cm水头作用下不冲蚀，水自始至终很清，针孔未有任何变化。

美国材料试验学会第79次年会，关于“分散性黏土有关的管涌及冲蚀”的专题讨论会的总结中认为，因为针孔试验模拟了通过天然土体的集中渗流的冲蚀作用，所以针孔试验是最可靠的一个试验方法。

（三）双比重计试验

双比重计试验法即美国水土保持局（SCS）分散性试验，是美国水土保持局普遍使用的一种方法。该方法是对土样进行两次比重计试验来测定黏粒（小于0.005 mm）的含量，求出它的比值，即分散度。第一次按常规土工试验方法，测定土的黏粒含量，得到图5-2中的曲线1。第二次不加分散剂，先将土样放在盛有一定量的蒸馏水的过滤瓶中，并与真空泵相连接，抽气10 min，然后把土－水悬液冲洗到量筒中，加蒸馏水至1 000 mL，倒转量筒来回摇晃1 min约30次，让黏土颗粒自行水化分散，得到图5-2中的曲线2。求得两次的黏粒（小于0.005 mm）含量，用式（5-6）求分散度

$$分散度=\frac{不加分散剂的黏粒含量}{加分散剂的黏粒含量}\times 100\% \tag{5-6}$$

非分散土：分散度<30%；

过渡性土：分散度30%～50%；

分散性土：分散度>50%。

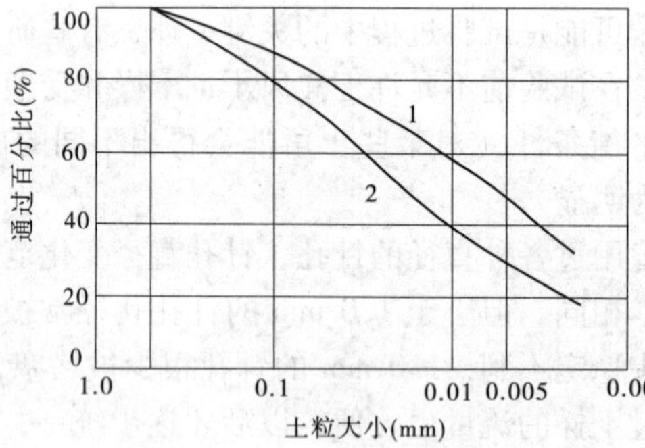

图5-2　双比重计试验图

（四）孔隙水可溶盐试验

孔隙水可溶盐试验，原来是农业上土壤的一个标准试验，现在用来鉴定分散性黏土。方法是把土与蒸馏水拌和到接近液限的稠度，用有过滤设备的真空吸水器抽出孔隙水样，测定孔隙水样中的Ca^{2+}、Mg^{2+}、Na^{+}、K^{+}四种金属阳离子，总量称为*TDS*，以每升$\frac{1}{n}$mmol计，并求出其中钠离子含量的百分数。判断的标准用孔隙水可溶盐关系曲线

(见图 5-3)，图中横坐标是 TDS（$K^+ + Na^+ + Ca^{2+} + Mg^{2+}$），纵坐标是钠离子百分数。

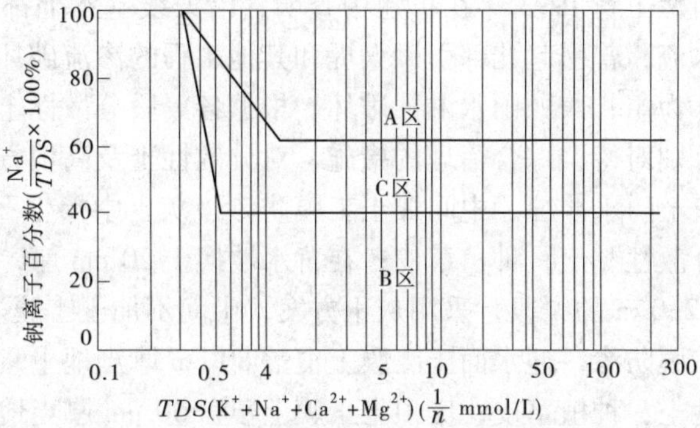

图 5-3　孔隙水可溶盐关系曲线

图 5-3 中 A 区是分散性黏土，B 区是非分散性黏土，C 区是侵蚀缓慢的中间状态土。美国为了证实该图的可靠性，将美国中部各州以及墨西哥、以色列和澳大利亚因分散性黏土造成管涌土坝料试验结果点绘在图上，证明图中分区线是可靠的，但也有少数土样用针孔试验鉴定是分散性黏土，却落在 B 区。对于这个问题，澳大利亚的英格尔斯（Inges）指出，对落在 B 区的土样用他建议的 K 指标来验证。美国采用钠吸附比（SAR）和孔隙水盐度浓度的关系来验证，K 指标见式（5-7）：

$$K = \frac{Na^+ + K^+}{\sqrt{Ca^{2+} + Mg^{2+}}} \tag{5-7}$$

式中，阳离子的单位均为$\frac{1}{n}$ mmol/L。

$K>0.3$ 的土属分散性土；

$K<0.2$ 的土属非分散性土。

（五）其他试验方法

上述四种方法称为室内基本试验方法，人们为了进一步探讨更好的鉴定分散性土的方法，提出了其他几种方法，即交换性钠百分比（ESP）、钠吸附比（SAR）、ζ－电位法、旋转圆筒试验。这些方法给分散性土的鉴定开辟了新的途径，但是水利工程中，更多的还是采用前四种方法，对分散性黏土进行综合鉴定。

三、分散性土渠道加固处理方法

分散性土具有易被水冲蚀的特性，容易被雨水淋蚀产生冲蚀孔洞和被渗流水冲蚀出现管涌破坏。分散性土对渠道工程的破坏是严重的、迅速的，但只要通过碎块试验、针孔试验、双比重计试验和孔隙水可溶盐试验等方法鉴别出来以后，采取合适的措施，在分散性土基上修建渠道防渗工程是安全可行的。具体措施如下：

（1）对分散性土渠床的迎水面和堤顶（或戗台），宜用灰土压实处理。灰土中掺生石灰 3%～5%，处理厚度 20 cm，干密度不应小于 1.60 g/cm^3。堤顶（或戗台）灰土层上应覆盖 10 cm 厚的非分散性土。

（2）过渡性土渠道的迎水面和堤顶（或戗台），宜用土工膜防渗。迎水面与渠道膜料防渗结构应一致；堤顶膜上应覆盖 40 ~ 50 cm 厚的当地土，并压实。

黑龙江省中部引嫩工程 1993 年在扩建中查明，沿渠线基本上都是分散性土，而嫩江又是低含盐量的水流，曾引起北部引嫩渠堤和其他工程的渗流破坏，所以中部引嫩渠堤以防渗流冲蚀破坏为主，兼顾雨水淋蚀破坏。根据各渠段分散性土的分散程度及渠道填方高度，采取了分别对待、综合治理的措施。对分散性土及高填方渠段，在堤顶和迎水面用 20 cm 厚的灰土防水冲蚀，中间加土工膜防渗，灰土中掺生石灰 4%，灰土上面覆盖 20 cm 厚的非分散性黏土，种植草皮；在背水坡换土 20 cm 厚，种植草皮。对分散性土及填方高 1.5 ~2.0 m 的渠段，采用灰土方案，中间不加土工膜。对过渡性土渠段，堤顶和迎水面用土工膜防渗，迎水面土工膜上覆盖 80 cm 厚当地土，碾压密实，其上再加 20 cm 厚非分散性土，种植草皮；堤顶土工膜上覆盖 50 cm 厚当地土，碾压密实；在背水坡换土 20 cm 厚，种植草皮。经过这样处理后，工程运用情况良好。供水总干渠，多是风化的泥质砂岩或砂质泥岩，属过渡性土渠床，用 0.6 mm 厚的土工膜防渗，其上加 2 ~3 cm 厚水泥砂浆过渡层，再衬砌 6 cm 厚混凝土板保护层。工程尚未验收，渠道还未通水，由于堤顶未及时处理，经一次 20 min 的大雨，有的渠段水从堤顶沿膜下渗入，发生泥水顶托，导致渠坡防渗结构严重破坏。

（3）渠道外坡或挖方渠道戗台以上的渠坡，主要是防雨水淋蚀破坏，应根据当地的降雨强度和雨量以及土的分散程度、坡高等，设计防水设施和排水系统。渠道外坡或挖方渠道戗台以上的渠坡，当坡高小于 4 m 时，宜换土 5 ~ 20 cm 厚，种植草皮；当坡高大于或等于 4 m 时，宜设置 10 cm 厚的混凝土格栅或土工格栅，种植草皮；每隔 10 ~ 20 m 设置纵、横向混凝土排水明沟系统。

（4）对分散性土渠道背水坡可采取反滤砂或土工布反滤保护措施来增加渠道边坡的稳定性。反滤砂防护厚度可选 10 ~ 20 cm；最大粒径小于 1.0 ~ 2.0 mm；混合级配砂 $d_{50} < 0.6 \sim 0.4$；不均匀系数 $C_u < 3 \sim 4$。土工布宜选择厚型针刺无纺土工布，无纺布的型号选择应根据消除土的分散性反滤试验确定。试验证明，反滤砂或土工布设置在分散性土渠道背水坡治理分散性土的冲蚀破坏效果非常明显，此种方法曾用于黑龙江省南部引嫩工程，在对分散性土边坡运行效果的调查中发现，在南引渠道分散性土段，采用砂反滤混凝土板护砌和土工布反滤混凝土护砌处理的渠段，运行效果良好，没有发生渠道塌滑破坏现象。

第六节　盐渍土渠道

盐渍土是指含盐量超过一定数量的土。土的含盐量通常用一定土体内含盐的质量与其干土质量之比，以百分数来表示。我国《岩土工程勘察规范》（GB 50021—2001）规定盐渍土的界线含盐量为 0.3%，大于该值就定名为盐渍土。

一、盐渍土的工程特性

（一）我国的盐渍土分布

我国的盐渍土主要分布在西北干旱地区的新疆、青海、甘肃、内蒙古等地势低平的盆地和平原中。其次，在华北平原、松辽平原、大同盆地以及青藏高原的一些湖盆洼地中，也都有分布。另外，滨海地区的辽东湾、渤海湾、莱州湾、杭州湾以及在内的诸海岛沿岸，也有相当面积的分布。

（二）盐渍土的分类

盐渍土的分类方法很多，但主要根据含盐的性质、含盐量的多少、盐在水中溶解的难易程度、盐渍土的地理条件等进行分类。分类的目的是盐渍土的类别对各行业的危害程度，例如农业上考虑对一般农作物生长的有害程度，按可溶盐类别和含量进行分类，而工程上则考虑对工程使用的影响。对铁路或公路路基的危害和影响，就与对建筑物地基和基础的不同，所以各部门都可根据各自的特点和需要来划分盐渍土的类别。

按盐的性质分类，可将盐渍土分为氯盐渍土、亚氯盐渍土、亚硫酸盐渍土、硫酸盐渍土和碳酸氢盐渍土；按盐的溶解度分类，可将盐渍土分为易溶盐渍土、中溶盐渍土、难溶盐渍土；按含盐量分类，可将盐渍土分为弱盐渍土、中盐渍土、强盐渍土、超盐渍土。

工程中，也有多种规范对其分类，例如有《铁路工程地质勘察规范》（TB 10012—2001 ~ J 124—2001）、《铁路工程特殊岩土勘察规程》（JB 10038—2001 ~ J 126—2001）、《岩土工程勘察规范》（GB 50021—2001）等，这些规范中对盐渍土分类有一定差别，我们主要讨论的是渠道地基和渠道边坡问题，所以可采用《岩土工程勘察规范》（GB 50021—2001）的分类，具体见表5-17。

表 5-17　盐渍土按含盐量分类

盐渍土名称	平均含盐量（%）		
	氯盐及亚氯盐	硫酸盐及亚硫酸盐	碱性盐
弱盐渍土	0.3 ~ 1	—	—
中盐渍土	1 ~ 5	0.3 ~ 2	0.3 ~ 1
强盐渍土	5 ~ 8	2 ~ 5	1 ~ 2
超盐渍土	>8	>5	>2

（三）盐渍土的工程特性

（1）土是由固相土颗粒、液相水和气相空气组成的，但盐渍土的三相组成与一般土不同，液相中含有盐溶液，固相中含有结晶盐，尤其是易溶的结晶盐。它们的相转变对土的大部分物理指标均有影响，因而测定土的物理性质指标的土工试验方法对盐渍土不完全适用。如果采用常规土工试验方法对盐渍土进行试验，都会给出不正确的评价，会导致对土的定名和状态等得出错误的判断。

（2）盐渍土在水的作用下，土的物理力学性质会产生变化，强度显著降低，不能按一般天然土看待。

（3）盐渍土地基浸水后，因盐溶解产生溶陷。地基溶陷程度，主要与易溶盐的性质、含量及其分布形态，盐渍土的类别，原始结构状态和土层厚度，浸水量，浸水时间和方式，土的渗透方式和渗透性等因素相关。溶陷可以导致建筑物开裂和破坏。

（4）含硫酸钠土的地基，在温度和湿度变化时，会产生体积膨胀。盐胀引起地基变形的大小，取决于土中硫酸钠含量、土中温度和湿度变化等。盐胀使地基隆起，对建筑物和地面设施造成危害。

（5）盐渍土中的盐溶液可以导致建筑物和地下埋设设施的材料腐蚀。腐蚀的程度取决于材料的性质和状态以及盐溶液的浓度等。

二、盐渍土地区应尽量采用填方渠道

根据科研单位的多年研究，以及公路、铁路和水利部门多年经验，盐渍土填方地基的稳定性优于挖方地基，在选线时应尽量考虑采用填方地基。新疆引额济乌平原明渠工程硫酸（亚硫酸）盐渍土地区设计时就曾尽量采用填方渠道。

（一）盐渍土填方渠道渠底高度的确定

盐渍土地区布置渠道时，尽量采用填方渠道形式，其渠底高度除满足输水条件外，还应结合当地气候特征、水文地质、土质盐渍化程度、地下水毛细作用高度、盐胀深度等因素综合确定。渠底高出地面或地下水位或地表长期积水的最小高度，可按表 5-18 选用。

表 5-18　盐渍土地区渠底最小高度（单位：m）

土质类别	高出地面		高出地下水位或地表长期积水	
	弱、中盐渍土	强、超盐渍土	弱、中盐渍土	强、超盐渍土
砾类土	0.4	0.6	1.0	1.1
砂类土	0.6	1.0	1.3	1.4
黏性土	1.0	1.3	1.8	2.0
粉性土	1.3	1.5	2.1	2.3

（二）盐渍土作为填料的可用性

盐渍土作为填筑渠道填料的可用性，可参照表 5-19 确定。

三、盐渍土渠道加固处理原则

（1）对盐渍土渠道，应测定盐渍土中易溶盐的成分和含量。氯化钠盐渍土，可不进行处理；碳酸钠盐渍土，宜采用适应基土变形的渠道断面和防渗结构；硫酸钠盐渍土，当硫酸钠含量大于2%时，应进行处理。根据原中国科学院兰州冰川冻土研究所对土体盐胀机理的试验研究，含氯化钠盐渍土随温度降低出现冷缩现象，盐胀率低于1%。含碳酸钠盐渍土，当降温速度为 3 ℃/h 时，盐胀率为零；当降温速度为 1 ℃/h 时，盐胀率可达2%。含硫酸钠盐渍土，盐胀率可达6%～8.4%，并主要出现在 20～5 ℃温度区间。可见，氯化钠盐渍土可不进行处理，碳酸钠盐渍土采用适应基土变形的渠道断面和防渗结构即可，硫酸钠盐渍土应进行处理。

表 5-19　填筑渠道填料的可用性

盐渍土程度	渠道填料的平均含盐量 DT（%）			填料可用性
	氯盐渍土及亚氯盐渍土	硫酸盐渍土及亚硫酸盐渍土	碱性盐渍土	
弱盐渍土	$0.5<DT\leqslant1$	—	—	可用
中盐渍土	$1<DT\leqslant5$①	$0.5<DT\leqslant2$①	$0.5<DT\leqslant1$②	可用
强盐渍土	$5<DT\leqslant8$①	$2<DT\leqslant5$①	$1<DT\leqslant2$②	可用，但应采取措施③
超盐渍土	$DT>8$	$DT>5$	$DT>2$	不可用

注：①填料中硫酸钠的含量不得超过1%。
②填料中易溶的碳酸盐含量不得超过0.5%。
③采取适应土变形的渠道断面和防渗结构，置换非盐胀冻胀土或化学改性措施。

（2）盐胀性土渠道，可用砂砾石或灰土等非盐胀性土置换盐胀性土，也可用化学添加剂$Ca(OH)_2$、$NaCl$、$CaCl_2$等进行化学处理，使盐胀性土转化为非盐胀性土。工程实践证明，用砂砾石或灰土等非盐胀性土置换盐胀性土，可从根本上治理盐胀性土渠基，但其工程造价较高，施工量大。用化学添加剂$Ca(OH)_2$、$NaCl$、$CaCl_2$进行化学处理，使盐胀性土转化为非盐胀性土，工程量小，造价低，应用前景广泛，但其最优掺量，应根据盐渍土中易溶盐的成分和含量，通过试验确定。盐胀性土的处理深度，应综合考虑防盐胀和防冻胀的要求，可等于设计冻深，但堤顶（或戗台）应大于0.5 m，迎水面应大于1.0 m。新疆玛纳斯河灌区混凝土防渗渠道、甘肃省疏勒河流域安西干渠和新疆自治区引额济克干渠已有的盐渍土（硫酸钠盐土）治理经验，可供借鉴。

（3）渠道外坡或挖方渠道戗台以上的渠坡，应根据当地的降雨强度和雨量以及坡高等，设计防水设施和排水系统。渠道外坡或挖方渠道戗台以上的渠坡，当坡高小于4 m时，宜换土5～20 cm厚，种植草皮；当坡高大于或等于4 m时，宜设置10 cm厚的混凝土格栅或土工格栅，种植草皮，每隔10～20 m设置纵、横向混凝土排水明沟系统。

第七节　沙漠渠道

一、已建沙漠渠道概况

一些输水工程要穿越沙漠地区，对于中、小型引水工程多采用钢筋混凝土箱涵或预应力混凝土管道，大型输水工程多采用明渠输水。国内外典型的沙漠渠道工程介绍如下：

（1）土库曼斯坦卡拉库姆运河。该调水渠道全长1 400 km，输水通过新月形流动沙漠。第一期工程从阿姆河到穆尔加布河，全长397 km，渠首引水流量510 m^3/s；第二期调水工程继续向西延伸至捷詹河，全长535 km；第三期输水渠道继续向西经过首都阿什哈巴德，达到奥克泰佩，全长达837 km；第四期对已建第三期工程扩建并继续向西延伸。工程于20世纪60年代后期投入运行，在灌溉、供水和航运等方面相继发挥效益。

(2) 埃及尼罗河向西奈半岛引水工程。该工程从尼罗河三角洲地区起修建萨拉姆引水明渠，将尼罗河水东调，通过西奈半岛沙漠。西水东调工程主干线全长262 km。西奈北部开发工程基本是在沙漠地区，工程于20世纪90年代中期建成。

(3) 美国科罗拉多引水干渠和加利福尼亚南部引水干渠，通过沙漠地区；美国亚利桑那州中央调水工程总长542.6 km，其中有300 km输水渠通过干旱沙漠区，其输水能力84.95 m^3/s。

(4) 国内已建的沙漠明渠工程。我国已建的沙漠明渠是新疆引额供水工程引额济乌一期一步工程的一部分。沙漠明渠由北向南穿过准噶尔盆地中部的古尔班通古特沙漠区，渠道由三个泉倒虹吸出口至沙漠出口，全长166.472 km。

二、我国沙漠渠道风积沙的工程特性

我国在修建新疆引额供水工程引额济乌沙漠渠道时，对穿越沙漠的北部段、中部段和南部段渠基进行了详细的勘探，同时做了许多室内土工试验和现场试验，得出该渠段风积沙特性如下：

(1) 风积沙颗粒较细，比较均匀，小于0.075 mm颗粒含量为13%左右，其工程特性介于沙和土之间。

(2) 沙土在天然状态下大部分干密度在1.6 g/cm^3左右，相对密度D_r在0.6左右，属中密状态。现场碾压试验表明，多种机械碾压后，相对密度D_r为0.7~0.8，能达到密实状态。室内击实试验表明，风积沙在干燥状态下采用振动锤击法或含水量控制在15%左右采用轻型击实仪击实，均能达到较佳的密实效果。

(3) 风积沙室内渗透试验和现场注水试验得到的渗透系数为$1.6\times10^{-3}\sim9.9\times10^{-3}$ cm/s，变化不大，渗透性较强，渗透破坏属流土破坏，临界比降为1.0~1.2。

(4) 承载力标准值都大于100 kPa，表示均有一定承载能力。

(5) 含盐量微弱，在0.07%左右，沙土不存在溶滤变形和湿胀变形。

(6) 沙漠地区干燥少雨，沙土地含水量仅1%左右，沙层厚度较大，即使渠道有少量渗水，也能很快下渗，另外风积沙属于非冻胀性土，渠道可以不考虑土的冻胀问题。

(7) 天然风积沙压缩系数和压缩模量表明，风积沙为低压缩性土，但通过室内浸水压缩试验看，风积沙具有与黄土湿陷性相近的性质，其压缩变形特点是含水量$\omega\leq8\%$时压缩变形缓慢，$\omega=8\%\sim15.6\%$时压缩变形最快，$\omega>15.6\%$时压缩变形反而变缓。

三、沙漠渠道的稳定问题

(1) 沙漠渠道边坡的稳定计算方法与其他土类边坡稳定计算方法完全一样，都是通过土工试验确定沙土的设计密度、强度参数，用极限平衡法进行计算。该工程采用数值分析，再考虑施工的特殊性，取沙漠明渠内边坡系数$m=2.5$，沙漠明渠填方外边坡系数$m=3$。通过几年的运行，表明选定的边坡系数是合适的。

（2）填方渠道基面有植被和黑色生物结皮，要求对表层 50 cm 深度内进行清除，再用振动碾进行碾压，40 cm 深度范围内相对密度 D_r 达到 0.75 以上，验收合格后，方可进行填筑。

（3）沙漠明渠采用条带布置方案，典型剖面见图 5-4。施工过程是：①利用大型推土机和振动碾碾压 54 ~ 64 m 宽的条带（平台）；②在条带成型一段后及时修建两侧巡渠施工道路；③利用道路再进行外边坡治理区域的草方格防护、物资运输，并分段有序地进行；④利用各段道路分别进行渠道开挖或填筑；⑤整修后再进行渠道防渗衬砌工程施工。

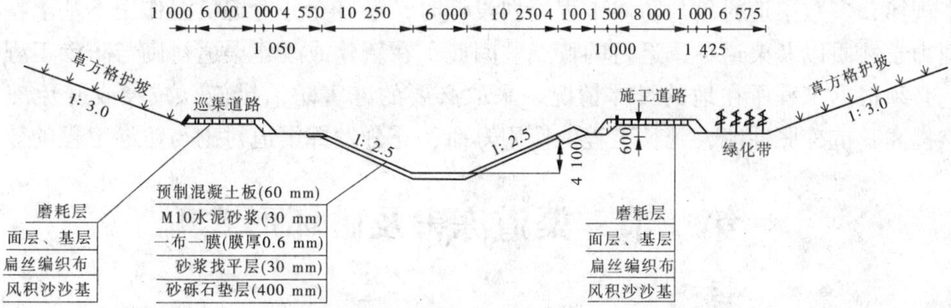

图 5-4　沙漠明渠典型结构布置图　（单位：mm）

（4）施工中机具的选择、填筑厚度、碾压遍数、施工方法及工艺需通过碾压试验确定。

（5）为沙漠渠道的长治久安，必须采取人工辅助措施进行生态绿化和固沙防护，形成临时措施和永久措施、工程措施和生物措施相结合的防风固沙体系。具体为：①在沙漠渠道两侧施工扰动的裸露沙面上采用芦苇草方格进行防风固沙，使得起沙风速增大，减少入渠积沙量；②施工后期利用沙漠渠道通水后的输水优势在草方格内种植林灌草进行生物固沙，改善沙漠渠道沿线气候和生态环境；③对沙垄顶部流动和半流动沙丘也进行防治，达到减弱沙漠化程度，增强抗风蚀能力的综合治理目的，以确保明渠输水安全运行。

第六章　渠道衬砌与防渗工程的冻害防治

在我国北方寒冷地区，由于负温的作用，已建的渠道衬砌与防渗工程都不同程度遭受到冻胀破坏，不仅影响了工程的正常运行，增加了工程管理维修的难度和费用，也影响了防渗效果，有的甚至完全失去了防渗的作用。其主要原因是没有充分认识渠基土的冻胀规律，多数渠道衬砌与防渗工程规划设计时，没有充分考虑负温作用下基土特有的物理力学性质以及渠道冬季运行的特点。因此，在新建或改建渠道衬砌与防渗工程设计时，必须根据工程所在地的具体情况，采取必要的冻害防治措施，减轻或避免冻害破坏，提高其抗冻胀性能，延长工程的使用寿命，充分发挥渠道衬砌与防渗工程的效益。

第一节　渠道冻害及破坏形式

一、冻害类型

我国大部分地区属于温带气候，冬季气温都要降到0 ℃以下，负温对于渠道衬砌与防渗工程有着一定的破坏作用，我们把它统称为对渠道衬砌与防渗工程的冻害。根据负温造成各种破坏作用的性质，冻害可以分为以下三种类型。

（一）冻胀破坏

冻胀破坏是指渠基土冻胀和融沉对衬砌防渗结构的破坏。当渠基土为冻胀性土，且其含水量大于起始冻胀含水量时，在冬季负温的作用下，由于渠基土中的水冻结后体积增大，造成土体膨胀，而使衬砌防渗结构隆起。当冻胀变形超过衬砌防渗结构的允许变形，或因冻胀而产生的冻胀力超过衬砌防渗结构的抗裂强度或抗拉强度时，衬砌防渗结构就会开裂，甚至折断。如不及时维修和处理，并继续输水运行，其冻害将逐渐加剧，直至破坏，完全失去防渗效果。在渠基土冻结期间，如果地下水位较高，或有其他水源流入渠基，将会有大量的水向冻结锋面转移和结冰，其产生的基土冻胀变形加大，从而使冻害破坏更加严重。在春季消融时又造成渠床表土层过湿，使土体失去强度和稳定性，往往会导致衬砌体的滑塌。

（二）冰冻破坏

冰冻破坏是指冬季输水渠道水体结冰对衬砌防渗结构的破坏。我国寒冷地区大部分灌溉渠道在最冷月停止输水，但少数兼有输水发电和向下游输水功能的渠道，在负温期间通水时，渠道里的水体常常会结冰，产生冰冻破坏。渠水结冰时，起初只是形成岸冰，在特别寒冷或严寒条件下，岸冰逐渐向渠道中心扩大，逐步连成一片，最后表面完全封冻。此后，冰冻层逐渐加厚，对渠坡衬砌体产生冰压力，造成衬砌体的移位和破坏，或在冰压力和渠基土冻胀力的作用下鼓胀，发生破坏变形。该冻胀破坏的特点是冻胀量大，鼓得高，鼓起的衬砌板下，冬季输水阶段是冰和冻土，春季消融后是稀泥和空洞。同时，当渠水面封冻后，上游漂浮的冰块或冰屑团，部分钻到冰面以下，当来冰量大于排冰能力时，冰块及冰屑团就将在某个断面的冰面下积累，减小过水断面，逐渐演变到断面完全被封堵，形成冰坝，即会造成渠水漫溢，甚至溃渠的事故。因此，在严寒地区，渠道应尽量避免进行冬季输水。当不得不在冬季输水时，要采取措施保障渠道安全。

（三）冻融破坏

冻融破坏是指刚性衬砌材料内部孔隙水的冻融导致衬砌材料的破坏。渠道衬砌材料具有一定的吸水性，又经常处在有水的环境中，因此材料内总是含有一定的水分，这些水分在负温下冻结成冰，体积会发生膨胀，比原体积增大9%。当这种膨胀作用引起的应力超过材料的强度时，材料就会产生裂缝，第二个负温周期中，其吸水性增大，结冰膨胀破坏的作用更为剧烈，经过多个冻融循环应力的反复作用，最终导致衬砌材料的冻融破坏，如混凝土衬砌板表层剥落、冻酥等。对这类破坏的防治措施，主要是选择适宜的工程材料，改善材料性质，改进施工工艺等。

二、冻害的破坏形式

渠道衬砌与防渗工程，在同一工程地质及水文地质条件下，因衬砌材料和结构形式不同，其冻害的程度和破坏形式也不相同。

（一）混凝土衬砌渠道

混凝土属于刚性衬砌材料，具有较高的抗压强度，但抗拉强度较低，并且衬砌板厚度较薄，适应拉伸变形或不均匀变形的能力较差。在冻胀力或热应力的作用下，容易破坏，其破坏形式归纳如下。

1. 鼓胀及裂缝

在冬季负温条件下，混凝土衬砌板与渠基土冻结成一个整体，承受着冻结力、冻胀力，以及混凝土板本身收缩产生的拉应力等，当这些应力值大于混凝土板在低温下的极限应力时，板体就发生破坏。混凝土衬砌板的冻胀裂缝，多出现在尺寸较大的现浇混凝土板顺水流方向，缝位一般在渠坡坡脚以上1/4～3/4坡长范围内和渠底中部；当冬季渠道积水或行水时，一般渠坡混凝土衬砌板在水位线附近出现裂缝，甚至折断；当缝间止水材料不能适应低温变形时，将在分缝处发生开裂。

冻胀裂缝宽度与基土的冻胀性及其不均匀程度有关。基土冻胀性弱，裂缝小；基土冻胀性强，裂缝大，而且将发展成更严重的其他形式的破坏。温度裂缝和拉裂缝一般呈发射状，但这些裂缝往往都与土的冻胀同时发生，因而缝宽亦随之扩大，特别是其中的纵向裂缝常常成为冻胀缝。

不论上述哪种形式的裂缝，一旦出现，就难以或不可能在基土融化时完全复原。甚至由于裂缝块间相互挤顶而留下宽缝或局部挤碎。裂缝的出现，不但造成渠道漏水，而且由于泥沙通过裂缝被带入板下，污染垫层，加剧土的冻胀。在逐年冻融循环作用下，裂缝宽度和冻胀累积发展，导致衬砌体破坏愈来愈严重。

2. 隆起架空

在地下水位较高的渠段，渠基土距地下水近，冻胀量大，而渠顶冻胀量小，造成混凝土衬砌板大幅度隆起架空。这种现象一般出现在坡脚或水面以上0.5～1.5 m坡长处和渠底中部，有时也顺坡向上形成数个台阶状。

冬季行水渠道水位线以下的土体无冻胀，混凝土衬砌板无变位，水位线以上部分则暴露在大气中，在负温作用下，渠基土冻结膨胀，使衬砌板隆起，春季消融时很难复位，形成架空。冬季行水渠道因冻胀产生的混凝土隆起架空破坏的形状如图 6-1 所示。

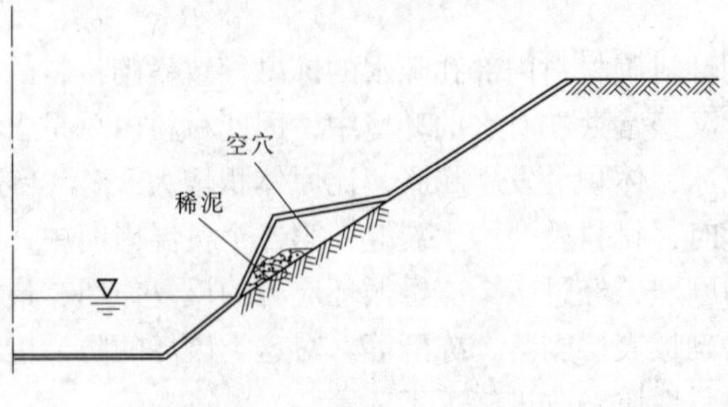

图 6-1　冬季行水渠道因冻胀产生的混凝土隆起架空破坏的形状

3. 错位及滑塌

渠道混凝土衬砌板的冻融滑塌有两种形式：一是由于冻胀隆起架空，使得坡脚支承受到破坏，衬砌板垫层失去稳定平衡，因而基土融化时，上部板块顺坡向下滑移、错位、互相穿插、迭叠，其破坏形式如图 6-2 所示；二是渠坡基土冻胀隆起，融化期大面积滑坡，渠坡滑塌，导致坡脚混凝土板被推开，上部衬砌板塌落下滑，其破坏形式如图 6-3 所示。

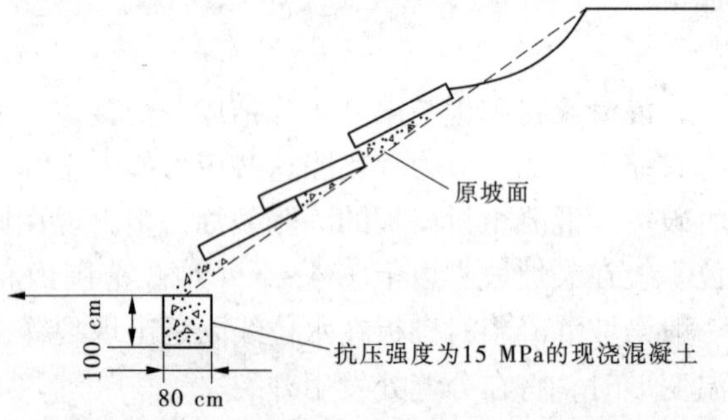

图 6-2　渠道坡脚混凝土板冻胀导致整个护坡破坏的形状

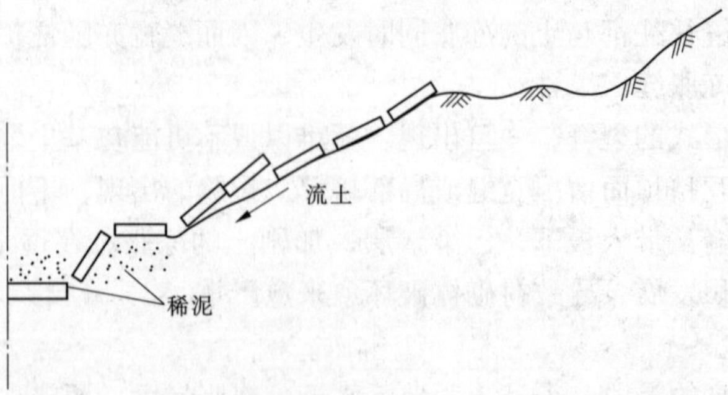

图 6-3　渠坡基土冻融滑坡导致混凝土板滑塌破坏的形状

4. 整体上抬

当渠道断面较小，渠基土冻胀较为均匀，尤其是在弱冻胀地区和衬砌结构整体性较好时，小型混凝土 U 形渠槽可能发生整体上抬，如图 6-4 所示；渠坡长度较短，衬砌体下没有垫层的梯形渠道，在地下水位较深、冻胀量较小的情况下，衬砌体可能发生整体顺坡向上推移，如图 6-5 所示。

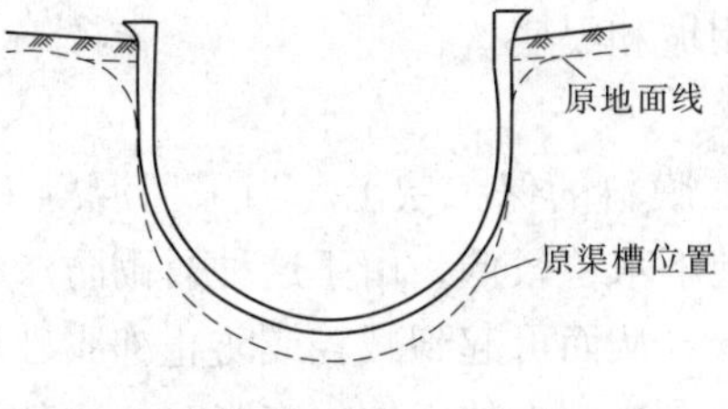

图 6-4　小型混凝土 U 形渠槽发生整体上抬情况

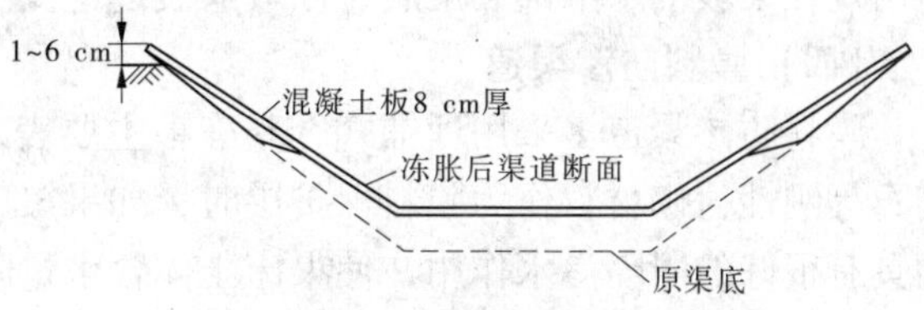

图 6-5　混凝土衬砌整体顺坡向上推移

整体上抬的渠道衬砌体，融化期也可能由于不均匀沉陷和不能恢复原位，以及通水时水流作用导致裂缝、淘刷、错位和塌陷等破坏，在逐年反复冻融作用下，特别是在衬砌体整体性较差时，如上述后一种衬砌板整体上抬的情况下，这种破坏将变得愈加严重。

5. 剥落及酥松

混凝土在凝结硬化过程中会形成许多毛细孔隙，在冬季负温条件下，这些毛细孔隙中的水结冰产生体积膨胀，当压力超过混凝土所能承受的应力时，混凝土内部就会产生微裂缝，孔隙变大。经过年复一年冻融循环，混凝土损伤不断扩大，逐步积累，混凝土中的裂缝相互贯通，强度逐渐降低，造成混凝土破坏。抗冻强度达不到要求和拌制不良的混凝土常发生这种破坏，首先是混凝土表层酥松、剥落，然后向深部发展，以致完全破坏。

另外，混凝土衬砌渠道分为预制混凝土板衬砌和现浇混凝土衬砌。预制混凝土板衬砌渠道，为了便于施工，预制板一般尺寸较小，质量轻，工程运用实践表明，这种衬砌结构形式抗冻害能力差。渠基土的不均匀冻胀，常使预制混凝土板在接缝处开裂或预制板本身产生裂缝；在严重冻胀条件下，出现预制混凝土板块架空、错位、下滑等现象。现浇混凝土衬砌分块较大，接缝少，渗水损失也少，抗冻害能力比预制混凝土板好，这种衬砌结构在渠基土的不均匀冻胀作用下，易产生隆起或出现不规则的裂缝，被裂缝分开的板体间多产生错位。裂缝纵横向都有，但多为纵向裂缝。

（二）砌石衬砌渠道

砌石亦属于刚性衬砌材料，其冻害破坏形式与混凝土衬砌相似，但浆砌石衬砌一般比混凝土衬砌厚度大，整体性好，在强冻胀条件下，冻胀裂缝往往连片发生，并伴随出现局部鼓起、松动、错开、滑塌等现象。浆砌石衬砌渠道的坡面裂缝多分布在靠坡面下部，阳坡裂缝少于阴坡和渠底。此外，浆砌石衬砌渠道，往往还由于勾缝砂浆受冻融作用而开裂。

（三）沥青混凝土防渗渠道

沥青混凝土在低温条件下，仍具有一定的柔性，适应冻胀变形能力较强。但当渠基土冻胀产生的拉应力超过其抗拉强度或拉应变超过极限应变时，沥青混凝土将产生开裂。沥青混凝土的温度收缩系数大，在低温下易产生收缩裂缝，若不及时处理，就会形成渠水入渗的通路，加重负温期间的冻胀破坏。拌和不均匀或碾压不密实的地方，还会出现冻融剥落等破坏现象。此外，在自然条件作用下，沥青混凝土防渗渠道存在逐年老化问题，从而降低了适应冻胀的能力。沥青混凝土防渗渠道因冻胀而产生的裂缝，通常多出现在渠坡的中下部和渠底，阳坡的裂缝也少于阴坡和渠底。

（四）膜料防渗渠道

膜料防渗渠道多采用埋铺式，其冻害主要表现在膜料的保护层上。当采用混凝土、砌石等刚性衬砌材料作为膜料保护层时，如果渠床地下水位较低，由于这种衬砌防渗结构具有很好的阻隔渗水作用，使渠床土体含水量降低，从而可起到减轻或防止冻胀破坏的作用。但如果渠床的地下水位较高，外来水源补给造成较大的不均匀冻胀时，这种衬砌形式则不能起到防止冻胀破坏的作用，其冻胀破坏形式与前述的混凝土、浆砌石等衬砌渠道类似。当采用土料保护层时，常因逐年冻融剥蚀，渠道由规则的梯形变成宽U形，如图6-6所示，保护层局部变薄，甚至膜料外露而遭到破坏。另外，土料保护层的膜料防渗渠道，土料与膜料界面上的积水冬季结冰后会引起保护层的鼓胀破坏，消融后又因水分高、膜面光滑，往往会引起沿膜面的滑塌事故。

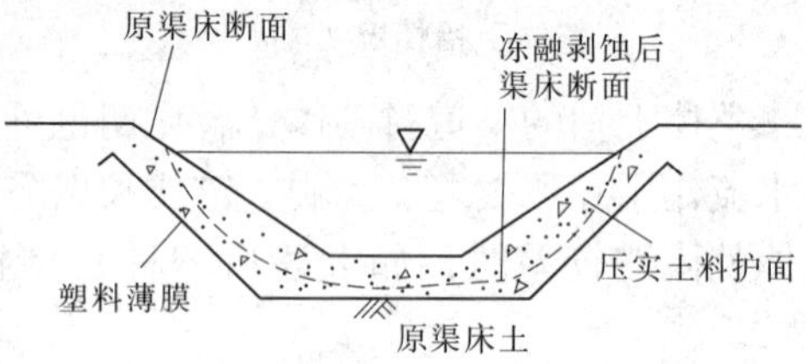

图6-6　保护层冻融剥蚀后膜料外露

采用刚性保护层，一般防冻害的效果较好，但在强冻胀性土区，也可能出现类似于前述刚性材料衬砌的冻害形式。不论采用何种保护层，当膜料和保护层厚度及坡度等处置不当时，都可能发生冻融滑塌。

第二节　渠道冻害成因及特征

渠基土冻胀对衬砌防渗结构的破坏，在我国北方季节性冻土地区比较广泛，对工程的危害程度较大，是渠道衬砌与防渗工程的主要冻害形式。因此，本节主要讲述渠基土的冻胀机理、主要影响因素以及冻胀特征。

一、渠基土的冻胀机理

土体发生冻胀必须具备土质、水分和温度三个条件，称为土的冻胀三要素，三者缺一不可。渠基土发生冻胀也一样，即必须具备以下三个条件：一是具有冻胀敏感性的土质；二是土壤含水量超过起始冻胀含水量（特别是有外来水源补给时）；三是达到土体冻结的负温和一定的持续时间。因此，对于渠道衬砌与防渗工程，采取一定措施控制其中一个条件，就可以减弱或消除渠基土的冻胀，达到防治冻害的目的。

渠基土产生冻胀是土体中的水分冻结成冰后体积发生膨胀的结果。在非饱和土冻结时，土体中水分（孔隙水）的体积增量将首先充填剩余空间，土体冻胀量不是很大，其冻胀危害也不大。但当土体在冻结过程中有外界水源补给时，就会发生冻结水分迁移而形成分凝层，使土体的冻胀量急剧增大，其冻胀危害也增大。

渠基土在冻结前，土体中的液相水形成以土颗粒为中心的结晶核，当土体温度达到相应的冻结温度以下时，土体中的水分冻结成冰，出现冰晶体，使土颗粒之间的凝聚力由未冻前的水膜和水的表面张力改变为土颗粒在冰晶体间的分子力作用，从而改变了原土体的物理力学性质，如抗压强度提高、压缩性显著减小、导热系数及导温系数增大等。土冻结成冰时，土体体积约增大9%，因而发生土体胀大现象。在一定的负温作用下，水分与土颗粒表面相互作用力小于冰的结晶力，结晶的冰层吸附相邻土层的水分，冰晶体不断增长。试验表明，在任意负温下，土体中总有未冻水的存在，因而水分迁移和析冰是连续进行的，但总的强度逐渐减小。

由于在土体冻结过程中发生连续的水分迁移，土体中水分（包括未冻区向冻结锋面迁移补给的水分及孔隙中原有的部分水分）冻结成冰，形成冰层，且成不均匀分布和分层，体积胀大，一方面使下部未冻土层受到压缩，另一方面冻结的渠床表面发生隆起，这种现象称为渠基土的冻胀。

渠基土冻胀宏观上表现为冬季负温时渠床表面的不均匀升高隆起，与其相反的过程是春季融化后渠床表面融沉下降。

二、渠基土冻胀的主要影响因素

渠基土冻胀是水分迁移及其派生的现象，对水分迁移的影响因素也就是对冻胀的影响因素。影响水分迁移强弱的因素主要有渠床土质、土体含水量、温度条件和荷载压力。有效改变或控制这些因素之一即可达到减弱或消除渠基土冻胀的目的。

（一）渠床土质

渠道冻害严重程度与渠基土的冻胀量大小有关，而冻胀量则与土的冻胀敏感性有关。土的冻胀敏感性取决于土颗粒大小、矿物成分和密度等。土颗粒愈小，其比表面积愈大，与水相互作用的能量也愈高。土颗粒的大小即比表面积的差异直接影响到土体冻结过程中水分迁移能力，因而不同土颗粒组成，其冻胀特性不同。一般随着颗粒粒径减小，土的冻胀性增大。土颗粒粒径为0.05～0.005 mm的土具有最大的冻胀量，当粒径更小，达到0.002 mm后，冻结期间水分迁移量减小，冻胀性减弱；土颗粒粒径大于一定值的粗粒土，在其冻结过程中不存在未冻土中的液相水向冻结锋面迁移，这种土体属于非冻胀性土，可用来换填细粒土以防止土体冻胀。在土的冻胀性分类中，《渠系工程抗冻胀设计规范》（SL 23—2006）规定：粗粒土中粒径小于0.075 mm的土粒质量占土样总质量的10%及以下时，为非冻胀性土；细粒土及粒径小于0.075 mm的土粒质量超过土样总质量的10%的粗粒土为冻胀性土。

矿物成分在土体冻结过程中对水分迁移有影响，因而对土的冻胀也有影响。土的密度对冻胀也有一定的影响，在同一含水量下，干密度不同，冻胀系数可相差很大，其变化规律为：在相同条件下，冻胀系数随含水量的增大而增大。一般通过压实提高土的密度，可以减少冻结过程中的水分迁移量，从而减小土体的冻胀量。

（二）土体含水量

渠基土中的水分是其产生冻胀的主要因素。不是所有含水的土冻结时都会产生冻胀，只有当土体中的水分超过某一界限值后，土的冻结才会产生冻胀，这个界限一般称为土的起始冻胀含水量。当土体含水量小于其起始冻胀含水量时，土中有足够的孔隙容纳未冻水和冰，冻结不会产生冻胀。

当无外界水源补给时，渠基土的冻胀性强弱主要取决于土体中的含水量。但当有外界水源补给时，渠基土的冻胀性不仅与起始冻胀含水量有关，而且外界水源的补给可大大增加其冻胀性。国内外研究将地下水埋深大小作为影响渠基土冻胀性的重要指标，即渠底最大冻深线与地下水之间的最小距离（临界影响深度）作为地下水对冻胀是否有影响的判据。表6-1为《渠系工程抗冻胀设计规范》（SL 23—2006）提出的地下水对冻胀的临界影响深度。

表6-1　地下水对冻胀的临界影响深度

土类	黏土、粉土	细粒土质砂	含细粒土砂
临界影响深度（m）	2.0	1.5	1.0

（三）温度条件

温度条件包括外界气温、渠床土体温度、土体中的温度梯度和冻结速度等。渠基土的冻结冻胀过程，实际上是在负气温的作用下土体中温度的变化过程。土体在达到起始冻结温度后开始冻结，然后再降温至起始冻胀温度时开始冻胀，最后达到停止冻胀温度后停止冻胀。在冻结过程中，上层土体水分含量的增加是下层土体水分在温度梯度驱动下向上层迁移造成的。冻结速度对冻胀也有影响，当冷却强度大时，冻结面迅速向未冻部分推移，未冻部分的水来不及向冻结面迁移就在原地冻结成冰，无明显冻胀；当冷却强度小时，冻结面推移慢，未冻水克服沿途阻力后到达冻结锋面结冰，在外部水源补给下，冻结面向未冻部分推移越慢，形成的冰层越厚，冻胀也越大。

在无外界水源补给时，对黏土来说：自土体冻结温度至 −3 ℃左右时，土体冻胀剧烈，冻胀量占最大冻胀量的70%～80%；土体温度为 −3～−7 ℃时，土体冻胀增长缓慢，冻胀量占最大冻胀量的15%～20%；土体温度为 −7～−10 ℃时，土体冻胀极为缓慢，冻胀量占最大冻胀量的5%左右。对于中粗砂，0～−1 ℃为冻胀剧烈阶段，−1～−2 ℃为冻胀增长缓慢阶段，−2～−3 ℃为冻胀增长极为缓慢阶段。冻胀停止温度，黏土为 −8～−10 ℃，亚黏土为 −5～−7 ℃，亚砂土为 −3～−5 ℃，砂土为 −2 ℃左右。

（四）荷载压力

增加土体外部荷载可抑制一部分水分迁移和冻胀。如果继续增加荷载，使其等于土粒中冰水界面产生的界面能量，冻结锋面将不能吸附未冻土体中的水分，土体冻胀停止，此时的荷载称为中断压力。但是，在实际的渠道衬砌与防渗工程中，为防止渠基土冻胀所需要的外部荷载是很大的，因而单纯依靠外部荷载抑制冻胀是不现实的。

三、渠基土的冻胀特征

(一) 渠基土的冻结特征

由于渠道走向不同，其断面不同部位接受日照强度不同，以及断面不同部位土质和水分条件的差异，从而决定了渠道断面上不同部位冻结的不均匀性，而且这种不均匀性与断面形式、尺寸大小有关。

渠道走向对渠基土冻结的影响非常明显。南北走向的渠道，渠道两坡（东坡和西坡）接受日照和风作用的条件相差不大，两坡的冻结规律大致相同。一般来说，渠基土的冻结深度为渠坡上部最大，渠道底部最小，东坡略大于西坡。这是因为渠道上部为双向冻结，并且受风的作用较大。据北京市水利勘测设计院实测，南北走向的渠道东坡冻结深度比西坡冻结深度大 10% ~20%。东西走向的渠道，坡面朝向阴阳分明，接受日照强度相差很大，渠道两坡（阴坡和阳坡）的冻结深度差别很大。阴坡开始冻结日期比阳坡早，冻结深度亦较大。渠道两坡的冻结深度仍然为上部大，下部和渠底小。阳坡上部，虽然日照比渠底强烈，但受风的作用较大，并且渠顶受两向冻结作用，故上部冻结深度仍比渠底大。总的结果是阳坡坡底的冻结深度最小，阴坡上部冻结深度最大。如图 6-7 所示为靖会总干渠（NE75°）冻结线沿渠床横断面分布情况。

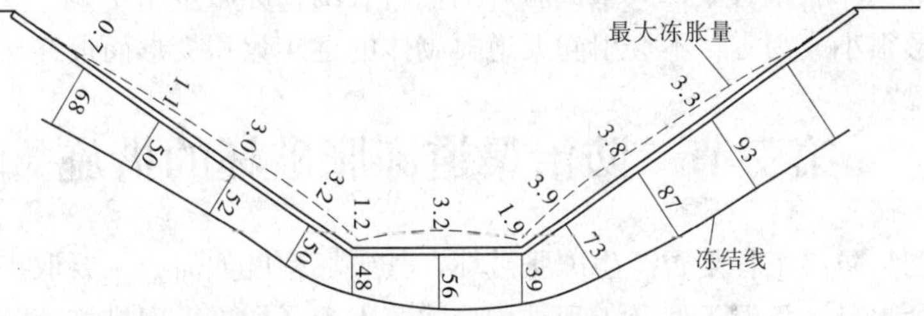

图 6-7　靖会总干渠（NE75°）冻结线沿渠床横断面分布情况　（单位：cm）

(二) 渠基土的冻胀特征

对于均质土渠道，冻胀在渠道断面上的分布一般分为四种类型：①地下水位低于渠底，但小于临界距离，渠道冬季负温期间不行水且无积水，一般为渠底冻胀量最大，渠顶冻胀量最小或无冻胀量出现，渠坡由下向上逐渐减小，其冻胀变形如图 6-8 所示。当阴阳坡向明显时，阴坡冻胀量最大，渠底次之，阳坡冻胀量最小。②地下水位高于渠底，冬季渠道行水或渠底积水，由于渠水表面结冰后具有保温作用，渠底及渠坡冰冻面以下冻胀量较小或不出现冻胀，渠道两坡则由于土体含水量较高和水分迁移的补给水源，在冰面之上一定范围内冻胀量最大。当冰面以上渠堤较高时，渠坡上部可能不会出现冻胀，冰面处的冻胀也将受冰层的限制，其冻胀变形如图 6-9 所示。③地下水位在临界距离以下时，断面上各点的冻胀量取决于土体中含水量的高低，一般只在渠底和坡下部发生轻微冻胀或无冻胀，对衬砌体的破坏作用不大。④渠顶有大量外水补给，如冬灌田间渗水、降雨或地下水位接近坡顶的穿山渠道等，在这种情况下，渠坡上部冻胀量将大于下部，或上下冻胀量分布比较均匀，但此时渠底一般有一定深度的积水，故渠底冻胀量最小或不发生冻胀，其冻胀变形如图 6-10 所示。

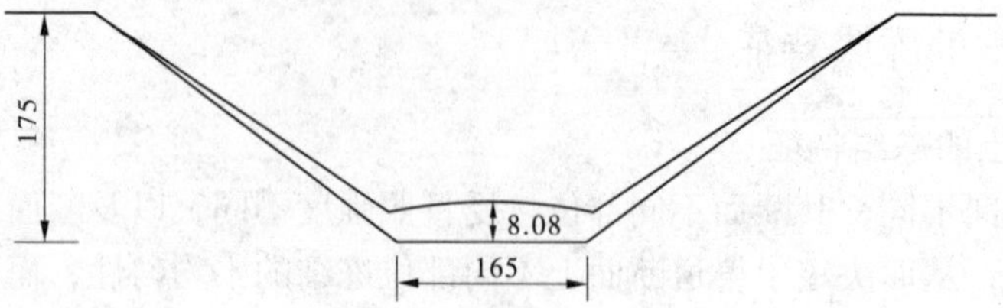

图 6-8　冻胀变形示意图（一）　　（单位：cm）

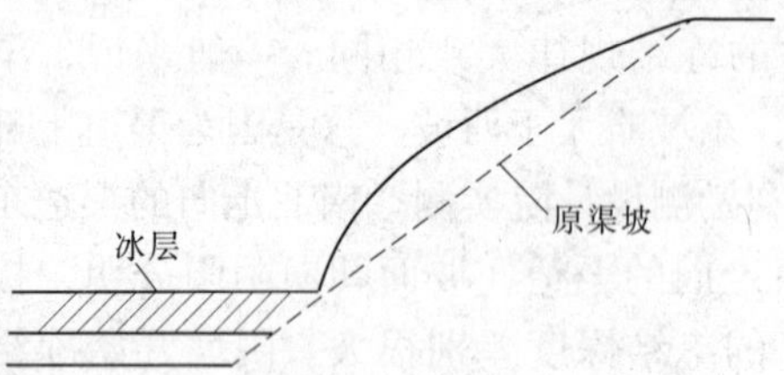

图 6-9　冻胀变形示意图（二）

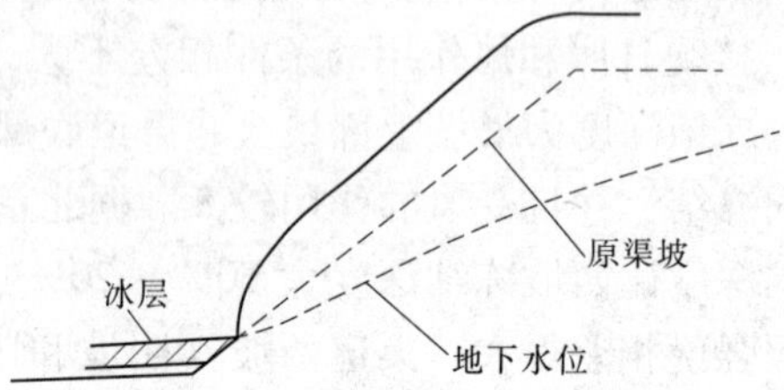

图 6-10　冻胀变形示意图（三）

渠基土发生冻胀变形后，在消融期表面又逐渐回沉。在某些情况下，冻胀变形可全部复原，甚至出现微沉陷量。但有时冻胀变形不能完全复原，而有一定的残余变形。残余变形值与最大冻胀量有关，大量试验观测资料表明，冻胀量小于 2～3 cm 时，融化期末的残余变形很小或为零，不会引起渠道衬砌体的逐年累积变形而最终导致破坏。

第三节　防治渠道冻胀破坏的措施

渠道衬砌与防渗工程是否产生冻胀破坏，其破坏程度如何，主要取决于渠床的土质条件、土体含水量、负温条件及工程结构形式等因素。如果采取措施消除或改善其中一个因素，就可以防止或减轻衬砌防渗结构的冻胀破坏。渠道衬砌与防渗工程多处于黏土、粉质土壤上，渠水易于补给基土，衬砌体质量轻，抗冻胀能力弱，某些渠段无法避免自然和人为的不利条件，易于遭受冻害。实践证明，渠道衬砌与防渗工程的冻害防治，应针对产生冻胀的因素，结合工程具体条件，从渠系规划布置、渠基处理、衬砌材料与结构形式、施工质量和运行管理等方面着手，从回避、适应、削减或消除冻胀三个方面考虑，采取适宜的防治冻害措施。我国在防治渠道衬砌冻胀破坏的实践中，提出了“允许一定冻胀位移量”的新观点和采用“适应、削减冻胀”的防冻害原则及技术措施，总结了一些防渗防冻胀较好的断面和结构形式。断面形式如弧形坡脚梯形、弧形底梯形和 U 形等，结构形式方面对刚性衬砌渠道要求合理分缝，适应冻胀变形，采用柔性结构或柔性膜料防渗加刚性保护层复合衬砌形式，可有效防止渗漏，减轻冻害。本节仅介绍实践中总结出来的一些较为有效的冻害防治措施。

一、回避冻胀

回避冻胀是在渠道衬砌与防渗工程规划设计时，注意避开出现较大冻胀量的自然条件，或者在冻胀性土地区，采取回避冻胀的结构措施，防止冻害发生。

（一）避开较大冻胀的自然条件

在渠道规划选线时，宜结合常规要求，尽可能避开黏土、粉质土壤、淤土地带和松软土层等地段，选择透水性较强（如砂砾石）的不易产生冻胀的地段；避开地下水位高（特别是有傍渗水补给）的地段，使渠底冻结层控制在地下水对冻胀的临界影响深度以上；冬季不输水渠道尽可能采用填方渠道；渠线尽可能布设在地形较高的脊梁地带，避免渠道两侧有地面水（降水或灌排水）入渠；在有坡面傍渗水和地面回归水入渠的渠段，尽量做到渠、路、沟相结合，或者专设排水设施；沿渠道外两侧应规划布置林带，树木有排水作用，树根对土壤能起加固和垫层作用，可以改善渠床土基，如柳树根能改变渠基土壤结构，可使强冻胀性的细粒土改变为弱冻胀性或非冻胀性的有须根的网状土，有利于防冻害，但植树距衬砌防渗结构应有一定距离。

总之，在渠道规划设计中，要尽可能地控制渠床的土质、水分条件，以避免和减少渠道衬砌与防渗工程的冻害。

（二）埋入措施

埋入措施是将渠道构造做成涵或管埋设在冻结深度以下的措施，即采用暗渠（管）输水。埋入措施可以避免冻胀力、热作用力等的作用，是一种可靠的防冻胀措施，并且占地很少，水量损失最小，管理维护简单方便，便于交通和机耕。但一次性投资较大，技术要求较高，一般当流量大、坡度又缓时不经济。暗渠（管）的横断面形式有箱形、城门洞形、正反拱形和圆形等，从节省材料和水力条件考虑，以圆形为好。

（三）置槽措施

置槽措施是将渠槽侧壁全部或部分设置于地面以上，避免侧壁与土接触以回避冻胀，如图6-11所示。一般渠槽断面为矩形，槽侧回填土高度应小于槽深的1/3，并在渠槽底部设置非冻胀性土置换层。常用的有预制混凝土矩形槽、现浇混凝土矩形槽和浆砌石矩形槽。这种渠槽施工简单方便，适用于中、小型填方渠道上，是一种较为经济的防治冻害措施。

（四）架空渠槽

架空渠槽是用桩、墩等构筑物支撑渠槽，使槽体与基土脱离，避开冻胀性基土对渠槽的直接破坏作用，如图6-12所示。但必须保证桩、墩等不被冻拔。这种措施形似渡槽，占地少，易适应于各种地形条件，不受水头和流量大小的限制，管理维护方便，但造价较高，适用于渠基土冻胀量较大的情况。

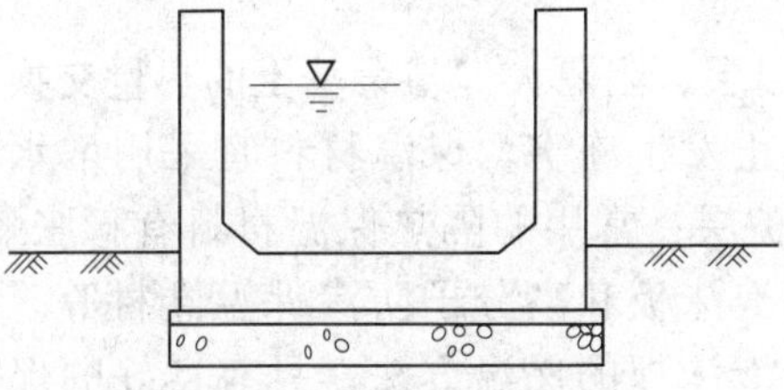

图6-11　置槽措施示意

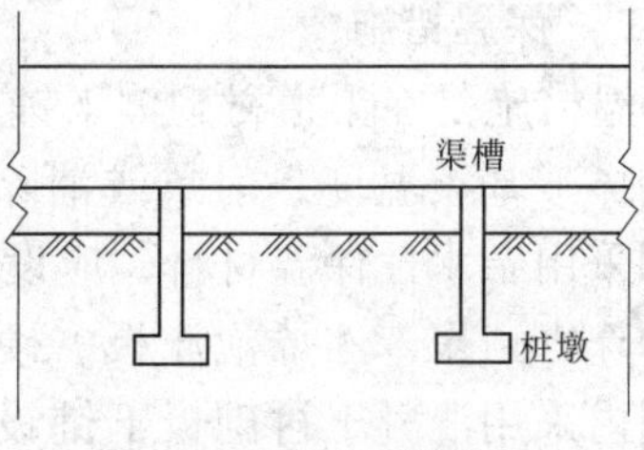

图6-12　架空渠槽示意

二、削减冻胀

当渠基土冻胀量较大，且渠床在冻胀融沉的反复作用下，可能产生冻胀累积或残余变形情况时，可采取适宜的削减冻胀的措施，将渠基土的最大冻胀量削减到衬砌结构允许冻胀位移范围内。

（一）置换措施

置换措施是在冻结深度内将衬砌板下的冻胀性土换成非冻胀性土的一种方法，通常又称铺设砂砾石垫层。砂砾石垫层不仅本身无冻胀，而且能排除渗水和阻止下卧层水分向表层冻结区迁移，所以砂砾石垫层能有效地减少冻胀，防止冻害现象的发生。为完全消除冻胀影响，可将冻结深度全部置换，但用砂砾石置换后，冻结深度会比原渠基扩大（因砂砾石的导热系数比一般土大），若置换到冻不到的深度，工程量必然增加很多。因此，当冻结深度较大时，应根据冻胀强度沿冻深的分布状况和衬砌结构的允许位移值，计算渠床各部位的置换深度，确定置换断面。渠床各部位的置换深度可按公式（6-1）计算：

$$Z_e = \varepsilon Z_d - \delta_0 \tag{6-1}$$

式中　Z_e——渠床某部位的置换深度，cm；

Z_d——渠床某部位的设计冻深，cm；

δ_0——渠床衬砌板厚度，cm；

ε——置换比（%），可结合当地经验，参照表 6-2 选取。

表 6-2　渠床置换比 ε 值

地下水埋深（cm）	渠床土质	ε（%）	
		坡面上部	坡面下部、渠底
$>Z_d+200$	黏土、粉土	50～70	70～80
$>Z_d+150$	细粒土质砂	50～70	70～80
$>Z_d+100$	含细粒土砂	40～50	40～50
小于上述值	黏土、粉土、细粒土质砂	60～80	80～100
	含细粒土砂	50～60	60～80

（二）保温措施

保温措施是在渠道衬砌体下铺设隔热保温层，阻隔大气与渠基土的热量交换，提高衬砌体下基土温度，削减或消除冻胀，防止发生冻害。保温材料宜采用憎水性材料，如采用亲水性保温材料，应设置防水保护层，常用的隔热保温材料有膨胀蛭石、膨胀珍珠岩、聚苯乙烯泡沫板、硬质聚氨酯泡沫板和高分子防渗保温卷材等。近年来，国内采用混凝土衬砌板下铺设聚苯乙烯泡沫板的保温方法，具有良好的保温效果，根据试验资料，1 cm 厚的泡沫塑料保温层相当于 14 cm 厚填土的保温效果，并且具有吸水性小、强度高、耐腐蚀和抗老化等优点。但其价格较高，一般在采用其他防冻胀办法不经济或遇到一些特殊地段时，如在冻深较大、缺少砂石地区或地下水浅埋地区才采用聚苯乙烯泡沫板做保温层。

隔热保温层的厚度，可根据基土土质、含水量、设计冻深或冻结指数通过热工计算加以确定。对于中、小型渠道，聚苯乙烯泡沫板的厚度可按设计置换深度的1/10～1/15取用。冻胀量大的部位取大值，冻胀量小于允许位移值的部位可不设泡沫板。

隔热保温材料要求具有耐久性强、吸水性小及不易变质等特性。当隔热保温材料承受荷载作用时，还要求隔热材料不产生大的变形并具有足够的抗压强度，有些保温材料抗压性能低，当放在荷载较大的衬砌板下时易产生大的压缩变形，影响保温效果。一般说来，隔热效果好的隔热材料其抗压强度小，隔热材料受湿后隔热效果及强度均会下降。多数保温材料的保温效果随着潮湿及吸水率的增大而降低。特别是当地下水位较高时，由于地下水的长期浸泡会使其导热系数增加，进而降低保温效果。物理力学性能较好的聚苯乙烯泡沫塑料的使用寿命也只有30多年。

（三）压实措施

采取压实措施提高渠床土密度以降低冻胀量是一种简单易行的方法。压实法可使土的干密度增加、孔隙率降低、透水性减弱，从而减小渠基土的冻胀变形。密度较高的压实土冻结时，具有阻碍水分迁移、聚集，从而削减甚至消除冻胀的能力。据此，可以通过渠床的压实处理，来达到防止冻害的目的。试验证明，当土的饱和度达到一定值时，土的冻胀性随干密度的增加而下降。

压实处理法，分渠床原状土压实和翻松土压实两种。前者所能达到的深度较浅，一般在0.3 m以内，不宜在严寒地区应用；后者可分层回填，逐层压实，可达较大压实厚度。压实处理渠床时，应先清除淤泥杂草，然后再进行碾压。翻松土压实，还需视土料含水情况，进行扒松晾干或洒水补充，使其接近最优含水量，每次碾压的厚度根据碾压机械的压实功能和土料性质确定，一般不宜过厚，每层需洒水并扒毛表面，以利与下层土层结合，分段接头处应削成缓坡结合，并交错夯实。为确保工程质量，应随时抽碾压土样，现场测定干密度。压实措施尤其对地下水影响较大的渠道有效。地下水位高的渠道，多为强冻胀破坏，滑塌严重，整修渠坡时对填土进行夯实是非常必要的，如果在基土中掺入一定量的石灰，压实效果更好，防冻胀效果好。

（四）隔水与排水措施

当渠基土中的含水量大于起始冻胀含水量时，才会出现冻胀现象。因此，防止渠水和渠堤上的地表水渗入渠基，隔断水分对冻层的补给，以及地下水位高时排除渠基冻胀层的水分，是防止渠基土冻胀的有效措施。

1. 隔水措施

采用塑料薄膜、油毡、膨润土防水毯、复合土工膜等，设置隔水层，隔断渠道渗水、大气降水和地下水等对冻结层的补给，使渠基土的含水量低于起始冻胀含水量，从而削减或消除冻胀。另外，为防止渠堤上的地面径流入渗，需做好沿渠的防洪、排水工程，渠坡衬砌体顶部应做好封顶，以防来水浸入衬砌板，保证施工质量，防止衬砌体的伸缩缝或结构缝漏水渗入渠基。

在混凝土衬砌板下加铺一层土工膜，可大大减少渠水渗漏量，使冻结前渠基土中的含水量尽可能降低，尤其对预制混凝土板衬砌结构，这种作用更为明显。试验表明，预制混凝土板衬砌的渗漏损失可达 12 ~ 310 L/(m^2 · d)，平均为 109 L/(m^2 · d)，而加铺一层膜料后渗漏量减少为 7 L/(m^2 · d)，冻胀量减少 35% ~ 50%。

2. 排水措施

当地下水位高于渠底，或地下水位虽不很高，但渠基土透水性差，渠道的渗漏水和浸入渠基的雨水不能很快渗入基土深处时，应根据渠道所处的地形和水文地质条件，按不同情况设置排水设施，以达到排泄畅通、地基疏干、冻结层无水源补给的目的。排水系统的布置形式应按第四章所述设计。

许多灌区结合渠道的具体特点，采取了形式多样的排水措施，取得了很好的防冻胀效果。新疆金河沟引水干渠采用竖向排水井连通置换垫层和深层砂砾层的排水系统，如图 6-13 所示。该渠道所处位置地下水位深，渠床土质为壤土，厚度为 5 ~ 7.5 m，以下为埋藏很厚的砂砾层，衬砌体下铺设了 20 ~ 50 cm 厚的砂砾垫层，每 25 m 渠段设一道竖井与土层下面的砂砾层连通。竖井断面为矩形，长 1.2 ~ 1.8 m，宽 1.1 ~ 1.9 m，内填粗砾石和卵石。经运行，排水效果很好。但这种形式适应于地下水位较深，并且在渠底不深处具备砂砾石地层的条件。

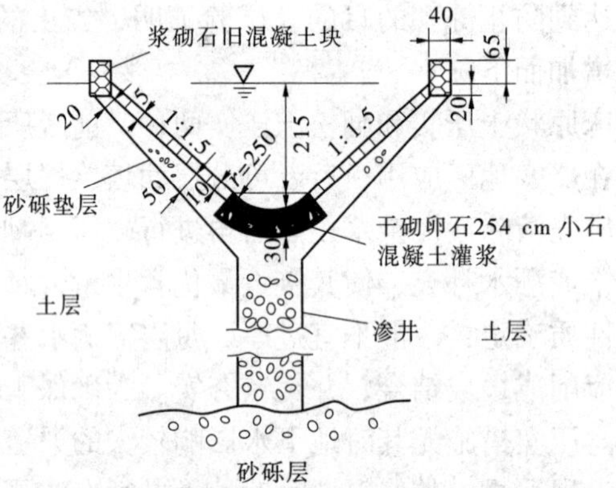

图 6-13 新疆金河沟引水干渠竖向排水设施 （单位：cm）

对于傍向渠道或塬边渠道，当地下水位高于渠底 1 ~ 3 m 时，一般在渠底沿来水边的坡脚，设挖深 1 ~ 1.5 m、宽 0.8 ~ 1.0 m 的渠槽，铺设排水管及反滤层，沿渠纵向排水至适当地点，穿过渠槽做横向排水，将水排出渠堤以外。陕西宝鸡峡塬边干渠的排水设施如图 6-14 所示，渠底排水管（或反滤体）纵比降不小于 1/500。渠内坡面有水时，将内坡挖进 1.0 m，铺设坡面反滤体，如图 6-14（a）所示；在渠中出现泉眼或渗流时，则设分支的反滤体（滤料或土工织物），引入纵向排水管，排水管多用无砂混凝土管（ϕ20 ~ 30 cm）。排水管的滤体上夯填 0.4 ~ 1.0 m 的灰土或素土，有时加一层混凝土板，隔断渠水与地下水的连通。

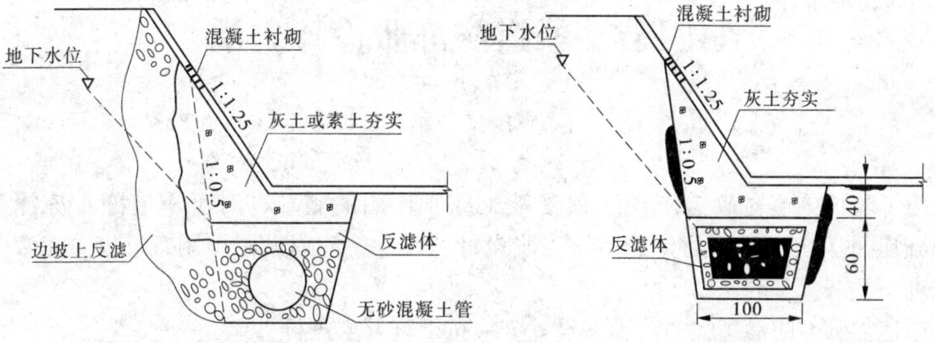

(a)坡面有水　(b)坡面无水

图 6-14　陕西宝鸡峡塬边干渠的排水设施　（单位：cm）

三、结构措施

结构措施就是在设计渠道断面和衬砌结构时，采用合理的形式和尺寸，使其具有削减、适应或回避冻胀的能力。各地通过多年科学试验和生产实践，提出了许多适合当地条件的防冻胀断面形式和结构形式。

适应不均匀冻胀能力较优的渠道断面形式有U形、弧形底梯形和弧形坡脚梯形等，对于不同的渠道应采用不同的断面形式，小型渠道宜采用U形断面，中型渠道宜采用弧形底梯形断面，大型渠道宜采用弧形坡脚梯形断面。

对于混凝土衬砌渠道，采用架空梁板式（预制∏形板）、预制空心板、楔形板和肋梁板等结构形式，具有削减冻胀变形能力，比矩形板的抗冻胀能力强。其结构形式见图4-16。当地下水位较深且无外水源侵入渠基时，采用混凝土板膜复合衬砌防渗结构，具有很好的防冻胀效果。对于砌石衬砌渠道，有在干砌卵石层下设置黏土混凝土防渗层、浆砌石弧形渠底、混凝土板砌渠坡等复合结构形式；也有的矩形渠道，底为反拱砌石，两侧为预制空箱内填砂砾石的挡墙形式。

四、管理措施

运行管理不善会加重渠道衬砌与防渗工程的冻害破坏。当冬季来临时，渠道停水过迟，渠基土中水分不及时排除即开始冻结；开始放水的时间太早，基土还在冻结状态下即行放水，极易引起水面线附近部位的强烈冻胀，或在冻结期放水后又停水，常引起滑塌破坏；对冻胀裂缝不及时修补，造成裂缝年复一年地扩大、变形累积，以致破坏。因此，必须加强运行管理，做好以下管理工作：

（1）冬季不行水渠道，在基土冻结前停水，并在停水后及时排除渠内和两侧排水沟内的积水。

（2）冬季行水渠道，在负温期间宜连续行水，并保持在最低设计水位以下运行。

（3）每年进行一次衬砌体的裂缝修补，使砌块缝间填料保持原设计状态，衬砌体封顶保持完好，不允许有外水流入衬砌体背后。

（4）及时维修排水设施，保证排水通畅。

第四节　渠道防冻胀设计方法

一、基本规定

为了防止渠道衬砌与防渗工程受基土冻胀作用的破坏，对于季节冻土冻深大于10 cm地区的渠道衬砌，必须进行防冻胀设计。设计中应遵循因地制宜、安全可靠、技术先进、经济合理的原则。

渠道衬砌与防渗工程的防冻胀设计，应按下列要求进行：

（1）调查和收集相关资料，在衬砌防渗渠道沿线应按土质、水分条件和渠道走向基本相同的原则，划分不同的渠段。

（2）在各渠段选择1~2个具有代表性的横断面，通过试验观测或计算，确定断面上各代表性计算点（如渠底、坡脚、坡中、坡顶）的设计冻深、冻胀量以及基土的冻胀性级别。

（3）根据渠道各部位的冻深和冻胀量，选择适宜的渠道断面形式、衬砌材料和衬砌结构形式。

（4）验算渠道各部位的冻胀位移量，确定必要的防冻胀措施。

二、基本参数的确定

（一）最大冻深

历年最大冻深是指渠系工程所在地或气温条件相近气象台（站）实测的多年最大冻深值。统计资料系列不宜短于20年。对于小型渠道衬砌与防渗工程，当实测冻深资料短于20年或附近没有条件相近的气象台（站）冻深资料时，最大冻深可根据图6-15中的标准冻深值选取。

（二）设计冻深

设计冻深指计算点的冻结深度设计取用值，可按式（6-2）计算：

$$Z_d = \varphi_d \varphi_w Z_m \tag{6-2}$$

式中　Z_d——渠床某部位的设计冻深，cm；

Z_m——历年最大冻深，cm；

φ_d——考虑日照及遮阴程度的修正系数；

φ_w——地下水影响系数。

考虑日照及遮阴程度的冻深修正系数 φ_d，可根据工程所在纬度及渠道轴线走向，按式（6-3）计算：

$$\varphi_d = \alpha + (1 - \alpha)\varphi_i \tag{6-3}$$

式中　φ_i——典型断面（渠道走向N—S，底宽与深度之比 $B/H = 1.0$，坡比 $m = 1.0$）某部位的日照及遮阴程度修正系数，阴、阳面中部的 φ_i 值可由图6-16查得，底面中部的 φ_i 值可由图6-17查得；

α——系数，可根据工程所在地的气候区由图6-18查得，计算断面的轴线走向、

中国国界线系按照中国地图出版社1989年出版的1：400万《中华人民共和国地形图》绘制

GS(2006)1523号

2006年12月15日 国家测绘局

图 6-15　中国北方季节冻土区标准冻深线图

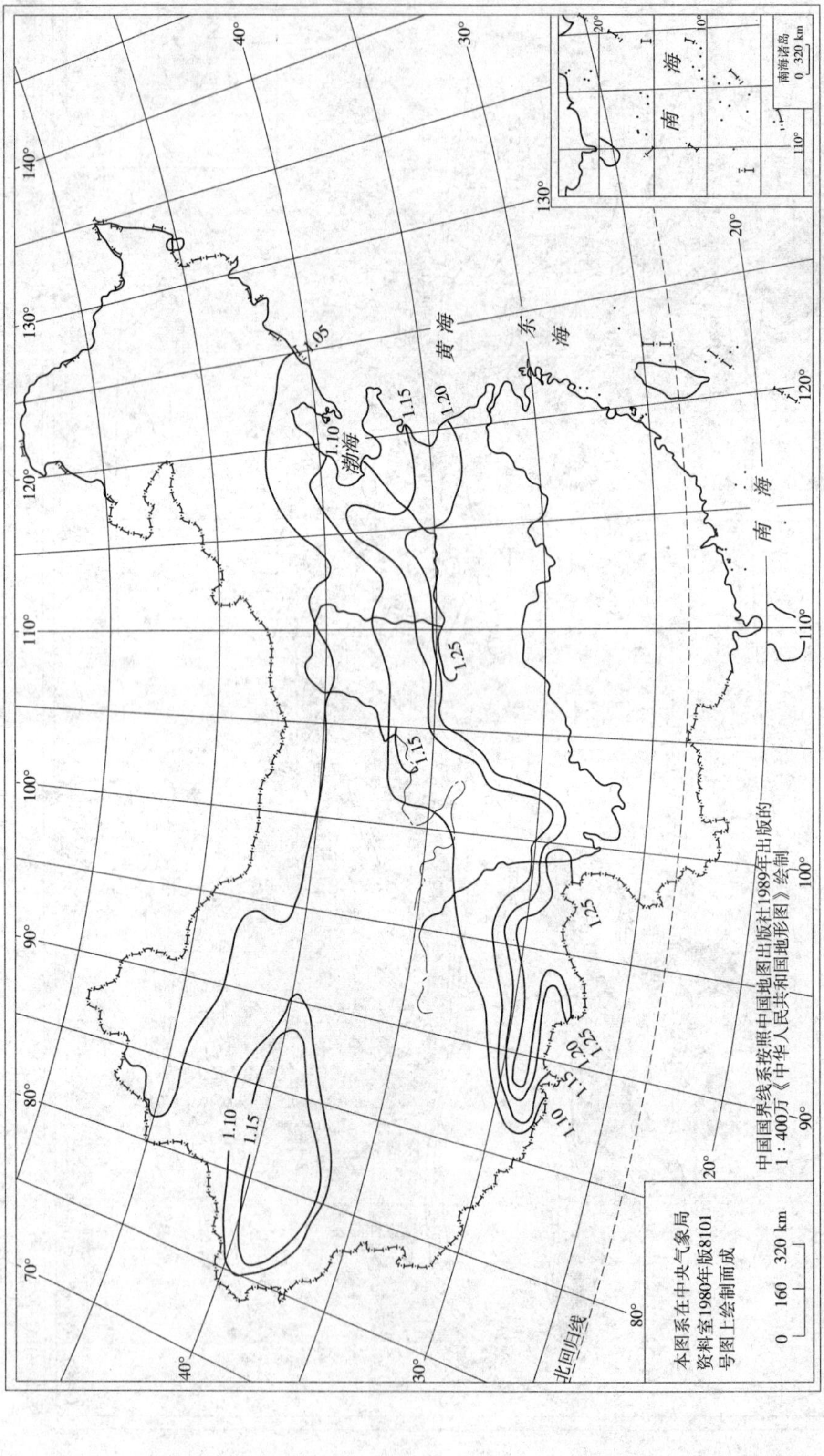

审图号:GS(2006)1523号

2006年12月15日 国家测绘局

图 6-16　阴、阳面中部的 φ_i 值分布图

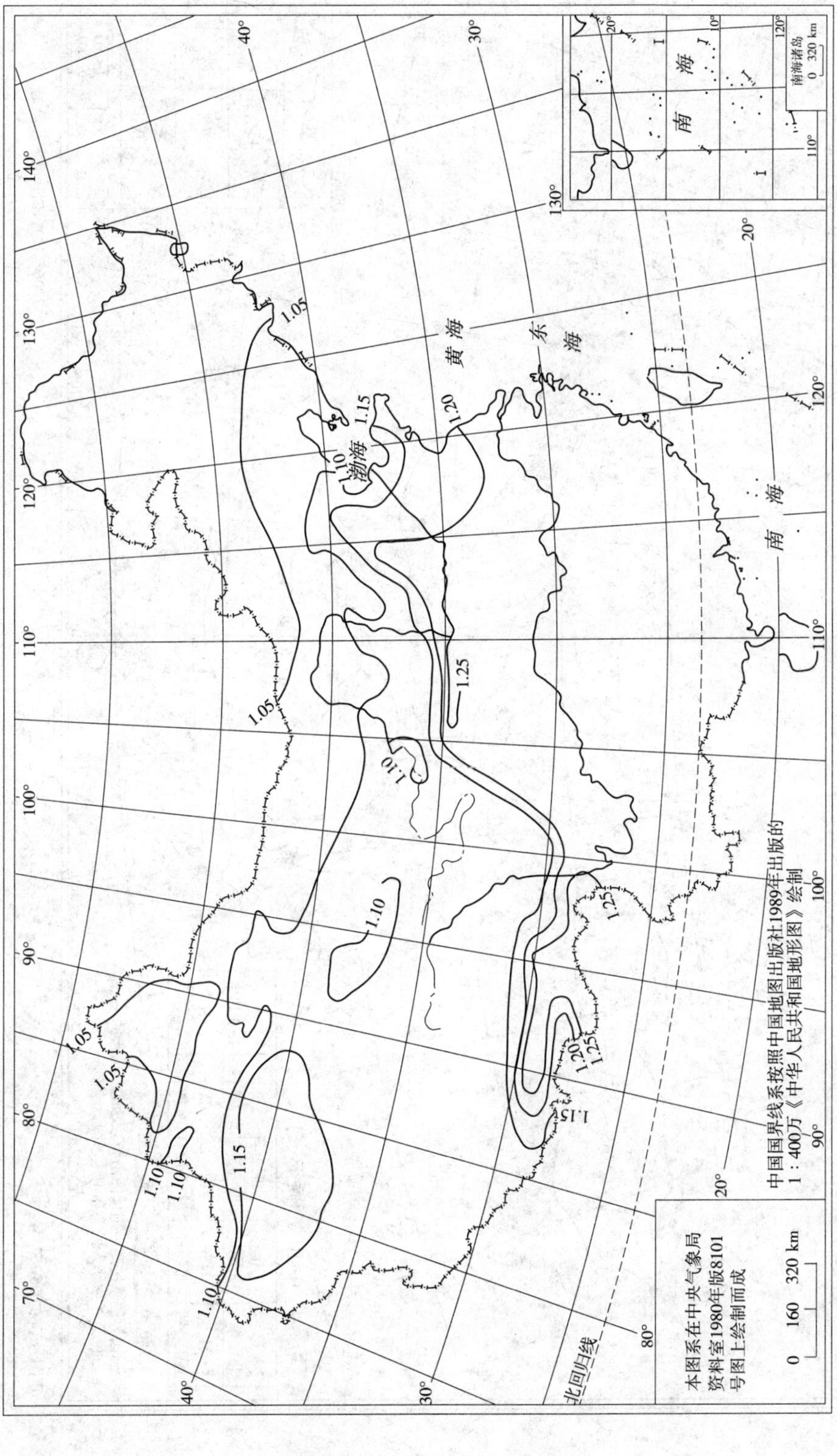

审图号:GS(2006)1523号　2006年12月15日　国家测绘局

图 6-17　底面中部的 φ_i 值分布图

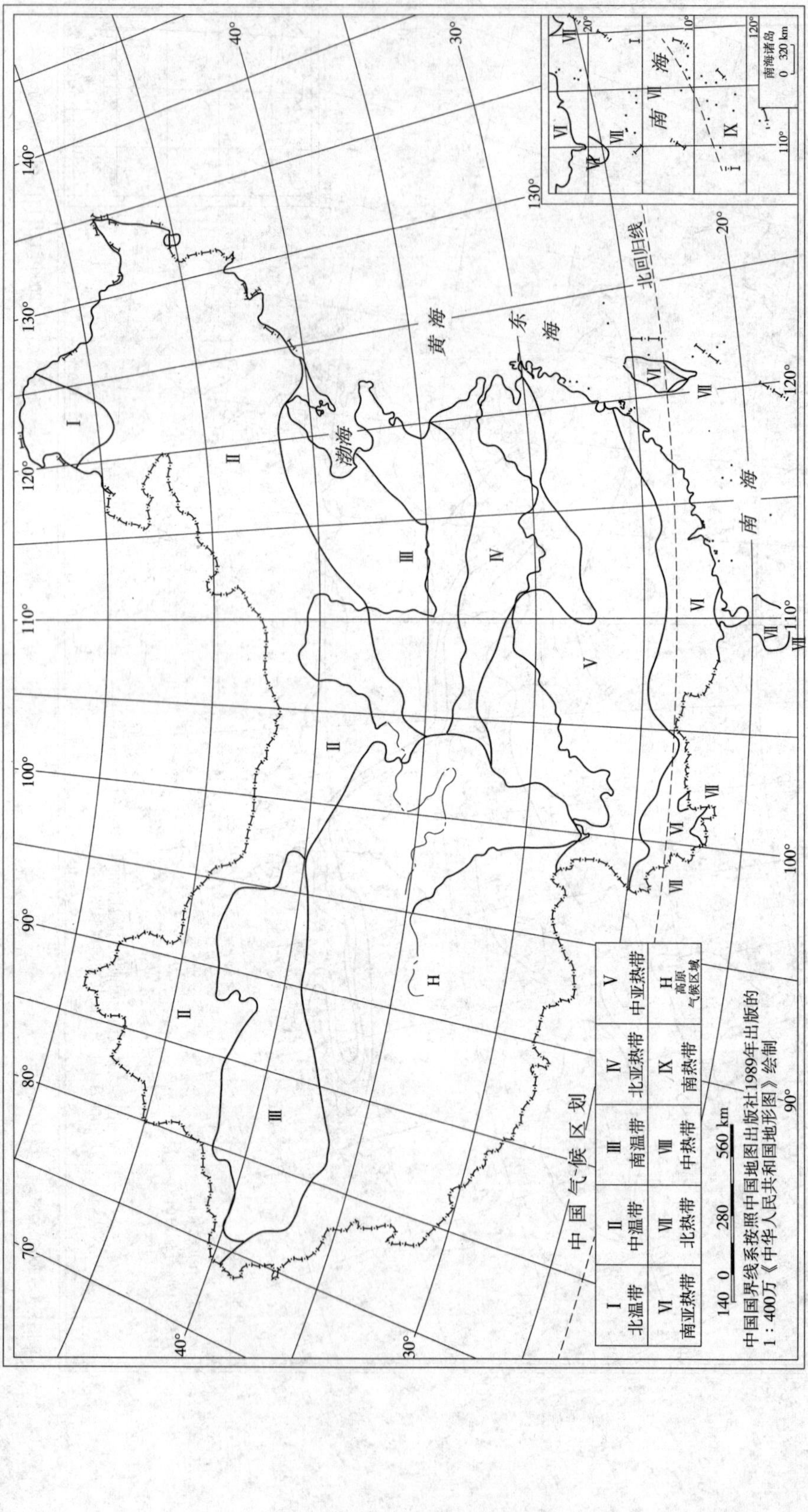

审图号:GS(2006)1523号

2006年12月15日 国家测绘局

图 6-18　中国气候区划图

断面形状及计算点的位置，由表6-3查得，若渠坡较高或上部有遮阴作用，应考虑额外的遮阴影响。

地下水对冻深的影响系数φ_w，可按式（6-4）计算：

$$\varphi_w = \frac{1+\beta e^{-Z_{wo}}}{1+\beta e^{-Z_{wi}}} \tag{6-4}$$

式中 Z_{wi}——计算点的冻前地下水位深度，m，可取计算点地面（开挖面）至当地冻结前地下水位的距离；

Z_{wo}——邻近气象台（站）的冻前地下水位埋深，m，当黏土、粉土$Z_{wo}>3.0$ m、细粒土质砂$Z_{wo}>2.5$ m、含细粒土砂$Z_{wo}>2.0$ m时，可取黏土、粉土$Z_{wo}=3.0$ m，细粒土质砂$Z_{wo}=2.5$ m，含细粒土砂$Z_{wo}=2.0$ m；

β——系数，黏土、粉土取0.79，细粒土质砂取0.63，含细粒土砂取0.42。

表6-3　系数α值

B/H	坡比 m	走向	中温带			南温带			高原气候区		
			阴面	阳面	底面	阴面	阳面	底面	阴面	阳面	底面
0.5	0	E—W	-3.54	-2.42	-2.3	-2.24	-1.80	-2.10	-2.43	-1.62	-2.23
	0.5	E—W	-2.89	3.76	-1.95	-1.70	1.66	-1.57	-1.32	-0.23	-1.76
	1	E—W	-2.55	4.75	-1.46	-1.36	3.96	-0.70	-0.77	0.63	0.07
	1.5	E—W	-2.25	4.42	-0.28	-1.00	4.21	0.59	-0.25	1.06	0.91
	2	E—W	-1.81	3.91	0.62	-0.60	3.42	0.69	0.14	1.20	0.68
1.0	0	E—W	-3.13	1.16	-2.15	-2.03	0.05	-1.8	-1.86	-1.17	-2.22
	0.5	E—W	-2.83	4.45	-1.86	-1.63	2.14	-1.34	-1.21	-0.20	-0.82
	1	E—W	-2.51	5.03	-1.05	-1.33	4.55	0	-0.71	0.70	1.02
	1.5	E—W	-2.24	4.53	0.41	-0.99	4.41	0.70	-0.22	1.10	0.68
	2	E—W	-1.80	3.96	0.73	-0.6	3.55	0.73	0.14	1.21	0.70
2.0	0	E—W	-3.00	2.57	-1.86	-1.89	0.02	-1.34	-1.65	-1.33	-0.82
	0.5	E—W	-2.76	5.12	-1.05	-1.56	3.01	-0.01	-1.09	-0.07	1.02
	1	E—W	-2.49	5.32	0.41	-1.29	4.60	0.70	-0.66	0.81	0.68
	1.5	E—W	-2.22	4.65	0.73	-0.97	4.58	0.73	-0.18	1.15	0.70
	2	E—W	-1.80	4.01	0.79	-0.58	3.85	0.80	0.16	1.24	0.77
5.0	0	E—W	-2.90	3.22	0.73	-1.80	0.32	-0.73	-1.49	-1.19	0.70
	0.5	E—W	-2.69	5.67	0.79	-1.49	4.31	0.80	-0.99	0.08	0.77
	1	E—W	-2.45	5.64	0.86	-1.24	4.42	0.85	-0.60	0.92	0.82
	1.5	E—W	-2.19	4.81	0.89	-0.94	4.70	0.88	-0.15	1.23	0.85
	2	E—W	-1.79	4.10	0.91	-0.56	4.07	0.91	0.18	1.30	0.88
0.5	0	NE45°	-3.36	-2.24	-2.13	-2.12	-1.62	-1.97	-2.30	-1.65	-1.96
	0.5	NE45°	-2.50	0.95	-1.27	-1.46	0.06	-0.98	-1.13	-0.51	-1.06
	1	NE45°	-1.89	2.31	-0.41	-0.94	1.20	-0.24	-0.44	0.32	-0.12
	1.5	NE45°	-1.38	2.59	0.14	-0.51	1.68	0.24	0	0.75	0.33
	2	NE45°	-0.98	2.53	0.45	-0.23	1.79	0.51	0.27	0.95	0.54

续表 6-3

B/H	坡比 m	走向	中温带			南温带			高原气候区		
			阴面	阳面	底面	阴面	阳面	底面	阴面	阳面	底面
1.0	0	NE45°	-2.93	-0.82	-1.75	-1.92	-1.09	-1.46	-1.80	-1.47	-1.79
	0.5	NE45°	-2.40	1.63	-0.81	-1.37	0.39	-0.65	-1.00	-0.39	-0.50
	1	NE45°	-1.85	2.60	-0.09	-0.87	1.21	0.04	-0.37	0.40	0.13
	1.5	NE45°	-1.36	2.72	0.32	-0.49	1.79	0.38	0.05	0.79	0.46
	2	NE45°	-0.97	2.59	0.55	-0.22	1.85	0.59	0.28	0.98	0.63
2.0	0	NE45°	-2.75	0.32	-0.81	-1.75	-0.68	-0.55	-1.56	-1.31	-0.50
	0.5	NE45°	-2.32	2.28	-0.09	-1.28	0.74	-0.05	-0.89	-0.26	0.13
	1	NE45°	-1.80	2.92	0.32	-0.82	1.67	0.38	-0.31	0.49	0.46
	1.5	NE45°	-1.33	2.88	0.55	-0.49	1.94	0.59	0.07	0.85	0.63
	2	NE45°	-0.95	2.68	0.69	-0.20	1.93	0.71	0.31	1.00	0.72
5.0	0	NE45°	-2.63	1.11	0.55	-1.62	-0.37	0.57	-1.40	-1.17	0.63
	0.5	NE45°	-2.23	2.88	0.69	-1.16	1.11	0.69	-0.78	-0.13	0.72
	1	NE45°	-1.75	3.28	0.76	-0.77	2.06	0.77	-0.24	0.60	0.78
	1.5	NE45°	-1.29	3.10	0.81	-0.43	2.17	0.83	0.11	0.93	0.84
	2	NE45°	0.76	0.76	0.83	-0.18	1.87	0.86	0.33	1.05	0.88
0.5	0	N—S	-2.79		-1.95	-1.97		-1.89	-2.06		-1.86
	0.5	N—S	-1.10		0.94	-0.84		-0.90	-0.83		-1.16
	1	N—S	-0.14		-0.24	-0.03		-0.23	-0.08		-0.29
	1.5	N—S	0.34		0.18	0.33		0.18	0.34		0.19
	2	N—S	0.58		0.43	0.56		0.43	0.57		0.46
1.0	0	N—S	-2.11		-1.45	-1.56		-1.36	-1.61		-1.83
	0.5	N—S	-0.79		-0.55	-0.66		-0.52	-0.67		-0.67
	1	N—S	0		0	0		0	0		0
	1.5	N—S	0.42		0.33	0.38		0.32	0.38		0.34
	2	N—S	0.62		0.52	0.58		0.51	0.59		0.56
2.0	0	N—S	-1.56		-0.55	-1.27		-0.48	-1.37		-0.67
	0.5	N—S	-0.48		0	-0.47		0	-0.54		0
	1	N—S	0.18		0.33	0.11		0.32	0.07		0.34
	1.5	N—S	0.51		0.52	0.44		0.51	0.43		0.56
	2	N—S	0.68		0.64	0.63		0.64	0.62		0.67
5.0	0	N—S	-1.13		0.52	-1.03		0.51	-1.20		0.56
	0.5	N—S	-0.17		0.64	-0.27		0.64	-0.40		0.67
	1	N—S	0.38		0.73	0.25		0.76	0.17		0.76
	1.5	N—S	0.63		0.79	0.54		0.78	0.49		0.82
	2	N—S	0.76		0.83	0.69		0.82	0.66		0.85

计算点自底板底面算起的冻深称为基础设计冻深，可按式（6-5）、式（6-6）和式（6-7）计算：

$$Z_f = \left(1 - \frac{R_i}{R_0}\right)Z_d - 1.6\delta_w \quad (Z_f \geqslant 0) \tag{6-5}$$

$$R_i = \frac{\delta_c}{\lambda_c} \tag{6-6}$$

$$R_0 = 0.06 I_0^{0.5} \varphi_d \tag{6-7}$$

式中　R_i——底板热阻，$(m^2 \cdot ℃)/W$；

R_0——设计热阻，$(m^2 \cdot ℃)/W$；

I_0——工程地点的冻结指数，指冻结期日平均负气温连续累计值的绝对值，℃·d；

Z_d——工程地点的天然设计冻深，m；

Z_f——基础下的设计冻深，m；

δ_c——基础板厚度，m；

δ_w——底板之上冰层厚度，m；

λ_c——底板（墙）的导热系数，$W/(m^2 \cdot ℃)$；

其他符号意义同前。

当基础板厚度 $\delta_c \leqslant 0.5$ m 时，可按式（6-8）计算：

$$Z_f = Z_d - 0.35\delta_c - 1.6\delta_w \quad (Z_f \geqslant 0) \tag{6-8}$$

（三）冻胀量

冻胀量是指土在冻结过程中的膨胀变形量。《渠系工程抗冻胀设计规范》（SL 23—2006）规定，对于1、2、3级建筑物，其冻胀量宜通过现场观测资料，按照工程建成后的土质、水分、温度及运行条件等（原型模拟试验）进行修正后确定。对于4、5级建筑物，或没有现场试验观测条件的，其天然状态的冻胀量 h 可根据土质和冻结前地下水位埋深 Z_w 的情况由图6-19～图6-21查得。当地下水水位埋深 Z_w 大于200 cm时，取 Z_w 等于200 cm。

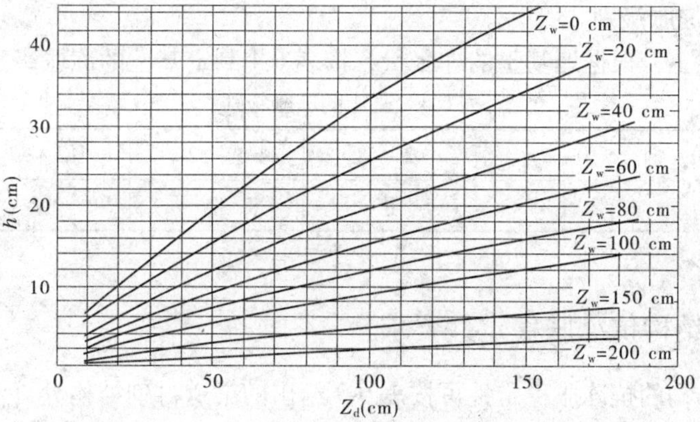

图6-19　黏土冻深与冻胀量的关系曲线

基础结构下冻土层产生的冻胀量可按式（6-9）计算：

$$h_f = hZ_f/Z_d \tag{6-9}$$

式中　h_f——基础结构下冻土层产生的冻胀量，cm；

h——工程地点天然冻土层产生的冻胀量，cm；

其他符号意义同前。

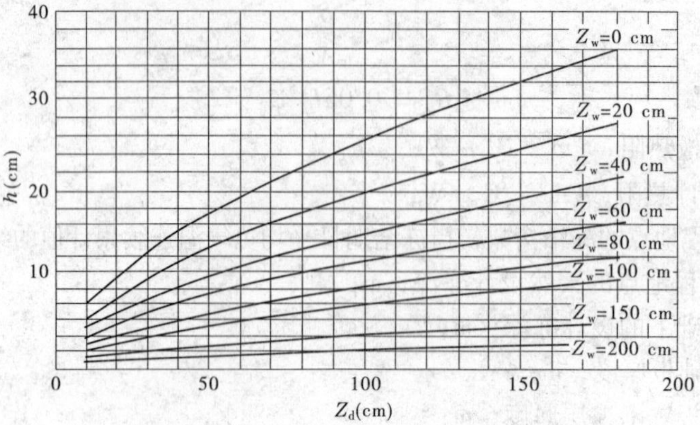

图 6-20　粉土冻深与冻胀量的关系曲线

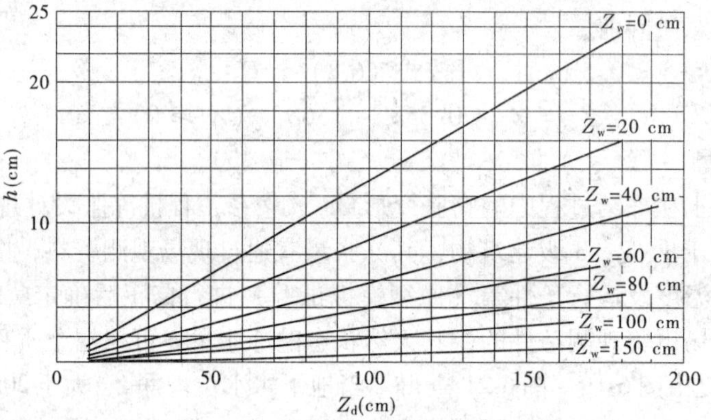

图 6-21　细粒土质砂、含细粒土砂冻深与冻胀量的关系曲线

（四）土的冻胀级别

对于冻胀性土，根据地基土的冻胀量，按表 6-4 判定基土的冻胀级别。

表 6-4　基土的冻胀级别

冻胀量 h_f（cm）	0 ~ 2	2 ~ 5	5 ~ 12	12 ~ 22	> 22
冻胀级别	Ⅰ	Ⅱ	Ⅲ	Ⅳ	Ⅴ

三、衬砌结构抗冻胀稳定性要求

渠道衬砌结构的抗冻胀稳定性可按表 6-5 给出的渠道衬砌结构允许法向位移值作为控制指标。渠道衬砌结构的允许冻胀位移值与衬砌板大小、衬砌板间的约束程度、衬砌板与基土间的冻胀力、冻胀不均匀度和渠道边坡基土的稳定性等有关。《渠系工程抗冻胀设计规范》（SL 23—2006）提出用允许法向位移值作为控制指标，允许法向位移值是指衬砌板在冻胀融沉作用下，不产生累计冻胀或残余位移的允许值，产生此值时渠道衬砌仍能满足设计和正常运用的要求。

表6-5　渠道衬砌结构允许法向位移值　（单位：cm）

渠道断面形式	衬砌结构		
	混凝土	浆砌石	沥青混凝土
梯形断面	0.5～1.0	1.0～3.0	3.0～5.0
弧形断面	1.0～2.0	2.0～4.0	4.0～6.0
弧形底梯形断面	1.0～3.0	2.0～5.0	4.0～6.0
弧形坡脚梯形断面	1.0～3.0	2.0～5.0	4.0～6.0
整体式U形槽或矩形槽	2.0～5.0	3.0～6.0	
分离挡墙式矩形断面（底板）	4.0～5.0	5.0～6.0	7.0～8.0

注：1. 当渠道断面深度大于3.0 m，衬砌块单块长边大于5.0 m或边坡陡于1:1.5时，取表中小值。
2. 当渠道断面深度小于1.5 m，衬砌块单块长边大于2.5 m或边坡缓于1:1.5时，取表中大值。

衬砌结构的冻胀位移值可按渠基土的冻胀量确定，当该位移值大于允许值时，应根据需要和具体条件选取一种或多种适宜的防冻胀措施。同一断面的不同部位可采取不同的防冻胀措施。

对冻结期行水、地下水位高出渠底、渠底有积水（冰）或有傍渗水补给的渠道，在确定其设计冻深时，对于水（冰）面或傍渗水逸出点以上1.0 m范围内的边坡，按地下水位应取水（冰）或傍渗水逸出点高程，选取地下水影响系数；在确定其冻胀量时，对于水（冰）面或傍渗水逸出点以上0.5 m范围内的边坡，应按地下水位埋深为零计算。

四、抗冻胀结构及工程措施

（一）衬砌断面与结构

（1）当渠基土的冻胀级别为Ⅰ、Ⅱ级时，可结合渠道衬砌防渗要求采用下列渠道断面和衬砌结构：①采用整体式混凝土U形槽衬砌结构；②采用弧形断面或弧形底梯形断面形式；③宽浅渠道宜采用弧形坡脚梯形断面，并适当增设纵向伸缩缝，以适应冻胀变形；④梯形混凝土衬砌渠道，可采用架空梁板式（预制Π形板）或预制空心板式结构；⑤浆砌石衬砌等其他结构形式。

（2）当渠基土的冻胀级别为Ⅲ、Ⅳ、Ⅴ级时，可采用下列渠道断面和衬砌结构：①采用地表式整体混凝土U形槽或矩形槽。槽底可设置保温层或非冻胀土置换层，槽侧回填土高度宜小于槽深的1/3。②渠深不超过1.5 m的宽浅渠道，宜采用矩形断面，渠岸采用挡土墙式结构，渠底采用平板结构，墙与板连接处设冻胀变形缝。③可采用桩、墩等基础支撑输水槽体，即架空渠槽，使槽体与基土脱离。桩的允许冻拔量应为零。④可采用暗渠（管）输水。

（二）冻胀变形缝

对于刚性材料衬砌渠道，应设冻胀变形缝，包括横向缝和纵向缝。横向缝可采用矩形或梯形，缝宽20～30 mm；纵向缝采用矩形、梯形或铰形，如图6-22所示，缝宽

20 ~ 40 mm。变形缝内宜填充黏结力强、变形性能大，在当地最高气温下不流淌、最低气温下仍具柔性的止水材料。

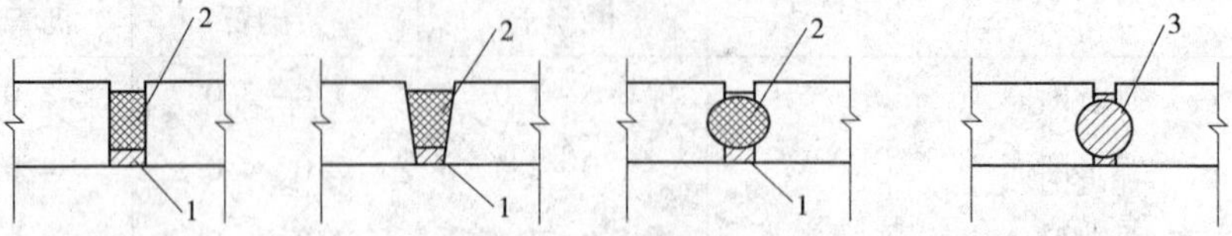

(a)矩形缝　(b)梯形缝　(c)铰形缝

1—填充料；2—弹塑性接缝材料；3—弹塑性止水带

图 6-22　冻胀变形纵向缝形式

（三）置换

当渠基土冻胀级别为Ⅲ、Ⅳ、Ⅴ级时，可采用非冻胀性土置换渠床原状土。置换深度可按式（6-1）计算。置换材料宜采用级配良好且纯净的砂砾石或中粗砂。当置换层有被淤塞危险时，应在置换体迎水面铺设土工膜或土工织物保护；当置换层有可能饱水冻结时，应保证冻结期置换体有排水出路。另外，渠道是线路性工程，置换量过大不一定经济可行。因此，除地下水位较高的渠段和砂砾石料丰富的地区可采用外，一般较少采用。

（四）排水

当采用排水措施防冻胀时，应符合下列规定：

（1）当渠床的冻融层或置换层下不透水层或弱透水层较薄、深层地下水埋深大于工程设计冻深时，可在渠底每隔 10 ~ 20 m 设一眼盲井，使冻融层或置换层与地下水连通。

（2）当渠床的冻融层有排水出路时，可在工程设计冻深底部设置纵、横向排水暗管，把渠床冻融层中的重力水或渠道傍渗水排出渠外。

（3）对冬季输水的衬砌渠道，当渠侧有傍渗水补给渠床时，可在最低行水位以上设置反滤排水体，排水口设在最低行水位处，将傍渗水排入渠内，避免浸湿渠床。

（五）保温

当采取保温措施防冻胀时，应符合下列规定：

（1）在衬砌体（包括封顶板）下铺设保温材料，其性能应符合国家现行标准的相关规定。当采用聚苯乙烯泡沫塑料板时，其物理力学性能应符合表 3-20 的规定。

（2）保温层的厚度，大型渠道可根据基土土质、含水量、设计冻深或冻结指数通过热工计算加以确定；中、小型渠道，聚苯乙烯泡沫板的厚度可按设计置换深度的 1/10 ~ 1/15取用。冻胀量大的部位取大值，冻胀量小于允许位移值的部位可不设泡沫板。

（3）冬季行水渠道，水位按等流量（水位）控制时，在设计最小水位条件下，可按冰（水）保温考虑，在冰（水）面以上渠坡采用保温材料。

（六）隔水

当地下水在渠底以下的埋深大于或等于地下水影响冻结锋面的临界值（$Z_0 + Z_d$），且无傍渗水补给时，可在衬砌体下铺设防渗土工膜；衬砌体与膜料之间可用水泥砂浆、砂砾石或粗砂做过渡层。

（七）膜料防渗渠道的防冻胀措施

以土料或砂砾料为保护层的埋铺式膜料防渗渠道，其防冻胀措施应符合下列规定：

（1）应采用适应冻胀融沉变形的断面形式（弧底梯形或弧形坡脚梯形），宽深比宜大于1，边坡系数可根据类似工程经验选定。

（2）当渠基土冻胀级别为Ⅲ、Ⅳ、Ⅴ级时，应以冻融层交界面或土工膜交界面为滑动面，验算其边坡稳定性。如不满足要求，可采取置换、排水、支挡等综合工程措施。

（3）为防治边坡冻融滑坍，渠坡可采用土工编织布砂（土）袋分层砌筑或土工带拉锚固定。坡脚埋设土工编织布砂（土）袋镇脚。渠坡表面可采用生物护面。

五、其他措施

衬砌防渗渠道的防冻胀还可采取下列措施：

（1）有条件时，衬砌防渗渠道的线路宜避开强冻胀性土和地下水位埋深较浅（或有傍渗水补给）的地段，宜采用填方渠道并使渠底高于地下水位的距离不小于（Z_0+Z_d），对挖方渠道应同时考虑傍渗水的排除措施。

（2）对于强冻胀性地基土，宜选用以土料或砂砾料护面的埋铺式土工膜防渗方案。

（3）冬季不行水渠道，宜在日平均气温稳定进入0 ℃日前10 d停水；冬季连续行水渠道，在负温期宜保持在最低设计水位以上运行。

第七章 渠道衬砌与防渗工程施工

施工是工程建设中的一个重要环节。渠道衬砌与防渗工程施工一般具有工程量大、施工路线长、场地分散的特点，为了保证工程建设质量，使工程建成后能够发挥预期的效益，必须制订详细的施工计划，认真执行设计意图，严格按照施工程序，精心施工。

第一节 施工准备

一、编制施工组织设计

施工组织设计是研究施工条件、选择施工方案，对工程施工全过程实施组织和管理的指导性文件。渠道衬砌与防渗工程一般地处偏僻，战线长，为了保证施工的顺利进行，提高施工效率，保证施工质量，在施工前应编制施工组织设计。在编制过程中，要认真阅读工程设计文件，包括设计说明书、设计图纸等，以便掌握工程的特点和关键技术，明确工程的重点和难点；进行施工现场踏勘，了解施工现场的具体情况和条件，发现、分析和解决施工中可能会遇到的各种问题；拟订切实可行的施工方法和施工进度计划，从而确定人工、材料和机械设备需要的数量和时间，使技术及材料供应工作做到心中有数，施工组织和施工管理处于主动地位。目前，一般工程都实行招标投标制，投标单位必须编制施工组织设计，作为确定投标价和评标的依据。

施工组织设计的编制内容主要包括施工组织方案、施工程序及方法、施工布置、施工进度、主要材料供应计划、施工安全及工程质量保证措施等。对于大型工程，应对不同的施工方案进行分析比较和选择，必要时，对其中的关键技术作出专门论证和设计。小型工程，可以只编制施工方案，其内容包括进度计划（含材料、机械设备、劳动力等计划）及技术措施。渠道衬砌与防渗工程一般应在温暖季节施工，并避开雨季。

二、施工准备工作

（一）进行施工人员培训

施工单位接受工程施工任务后，应根据渠道衬砌与防渗工程的规模大小、工程性质和特点，组建施工组织机构，进行施工任务的具体安排，明确各部门和个人的责任。施工前，要对施工人员进行必要的技术培训和思想教育。在技术上，使施工人员的专业知识和施工技能得到提高，并熟悉设计图纸，掌握施工方法和程序；在思想上，要使施工人员认识到施工对整个工程的重要性。

（二）工程材料和施工机械设备

为保证工程顺利施工，施工前应根据设计选好衬砌与防渗工程材料，做好材料的采购供应工作。工程材料应按照设计要求的规格、数量、型号，由熟悉工程、了解材料技术性能的人员负责采购，并在现场验收合格后根据不同品种、规格，分类保管存放。现场验收包括数量和质量两个方面。为方便施工和质量管理，选用水泥品种以1~2种为好，且品质优良、供应可靠。袋装水泥，水泥袋上应清楚标明产品名称、代号、净含量、强度等级、生产许可证编号、生产者名称和地址、出厂编号、执行标准号、包装时间，否则为不合格产品。散装水泥应提交与袋装标志相同内容的卡片。水泥存放要有防雨、防潮设施，如入库存放、搭建防雨棚，码放水泥的底部应垫高且铺放塑料膜。土料、石料和砂料等，尽量就地取材，但质量应符合要求，其验收一般采用测量体积的方法。

根据施工组织设计所确定的施工方案，准备好需要的施工机械设备，并按施工进度要求，按时到达施工现场，作好施工准备。

（三）施工现场准备

施工现场准备工作主要有：①做好施工用水、电、道路的通畅以及堆料场、拌和场或预制场等施工场地的布置和平整工作。②对试验和施工的设备进行检测与试运转，如不符合要求，应予修理或更换。③根据工程所在地的具体情况做好永久性排水设施或必要的临时性排洪、排水设施，防止洪水流入并淹没基槽，影响工程进度及工程质量。此外，还有通信、施工临建等准备工作。

三、施工应具备的条件

（1）施工单位必须有相应的工程施工执照和资质。

（2）设计文件和施工图纸完整齐全，并已通过审核批准。

（3）临时供水、供电、道路及材料储放场地等设施已能满足施工要求。

（4）施工组织设计或施工方案已经批准，技术交底和必要的技术培训工作已经完成，施工人员已熟悉有关图纸，并了解工程特点、施工方案、工艺要求、施工质量标准等。

（5）工程材料已根据设计选定，并经检验符合质量要求；备料及材料采购计划能够满足施工进度要求。

（6）施工人员和施工机械设备已经就位，且能满足施工技术及进度要求。

第二节　渠道基槽的填筑与开挖

一、施工的技术要求

（一）施工放线

根据设计或施工图纸测量放线，确定填筑与开挖的范围及高程。首先，用经纬仪定出渠道中心线，每隔30~50 m打一桩，标定桩号，遇建筑物或特殊地形地貌地段应加桩。然后，用水准仪测定桩顶高程，标出开挖（或填筑）深度，并沿渠线每隔300~500 m在渠线附近的建筑物、岩石或树墩等上预留固定高程点，以便随时检测防渗工程是否达到设计高程要求。以渠中心桩为准向左右两侧展宽，定出渠槽开挖线。

（二）渠槽断面要求

渠道基槽在填筑与开挖施工时，要严格控制渠槽断面高程、尺寸和平整度。不管采用何种材料，在铺设防渗衬砌层以前，都必须对渠道基槽进行检查验收，确认其符合设计及相关规范的要求。渠槽断面的允许偏差值见表 7-1。

表 7-1 渠槽断面的允许偏差值 （单位：cm）

项目	土渠	石渠
渠底高程	±（2～3）	±（3～5）
渠道中心线	2～3	3～5
渠底宽度	±（3～5）	±（4～10）
堤顶高程	±（2～3）	±（5～10）
渠槽上口宽度	±（4～8）	±（5～10）
渠底及内边坡平整度（用 2 m 直尺检查）	±（2～3）	凸不大于 3 凹不大于 10

注：大、中型渠道取大值，小型渠道取小值。

（三）土方调配

渠道基槽在填筑与开挖施工时，为了降低施工费用，提高施工效率，应根据工程设计或施工图纸、开挖与填筑的施工程序、现场基本情况等因素，进行土方调配，填方部分为挖方部分提供场所，尽量减少弃土。

二、渠道基槽的填筑

渠道基槽填筑施工中，应注意做好新土层与老土层、新填土与岸边土、铺筑层之间的连接，使之紧密结合。渠槽分段填筑施工时，应注意不同施工段填筑面之间的衔接。如两段同时施工，应分层交叠衔接，其搭接长度不小于 2 m；如两段不同时施工，则先填筑渠段按 1∶1 坡度分层留台阶。

（一）新建渠道填方基础的填筑

填筑前应清除填筑范围以内的草皮、树根等杂物，刨松表面，适当洒水湿润，然后摊铺选定的土料，分层压实。每层铺土厚度，机械施工时不大于 30 cm，人工施工时不大于 20 cm。土料含水量一般应按最优含水量控制。小型工程或无条件做土工试验时，可按表 7-2选用最优含水量，或采用近似的方法确定：用手将土捏成紧密的圆球后，挤不出水来，松手后土球仍能保持紧密圆球形状时的含水量，可近似地认为是此种土的最优含水量。

表 7-2 土料最优含水量 （%）

土壤名称	砂壤土	轻壤土	黄土	中壤土	重壤土	黏土
含水量	12～15	15～17	15～21	21～23	22～25	25～28

（二）新建半挖半填式渠道基础的填筑

新建半挖半填式渠道基础施工中，应尽量利用挖方土料进行填筑，填方的填筑方法同前。一般分为两种情况：一是在比较平坦的地方，利用渠槽下部开挖的土方填筑上部两侧，如图7-1（a）所示；二是沿等高线穿过坡地时，利用渠槽一侧开挖的土方填筑另一侧，如图7-1中（b）所示。在开挖和填筑施工中，应尽量避免扰动挖方基槽土的结构。

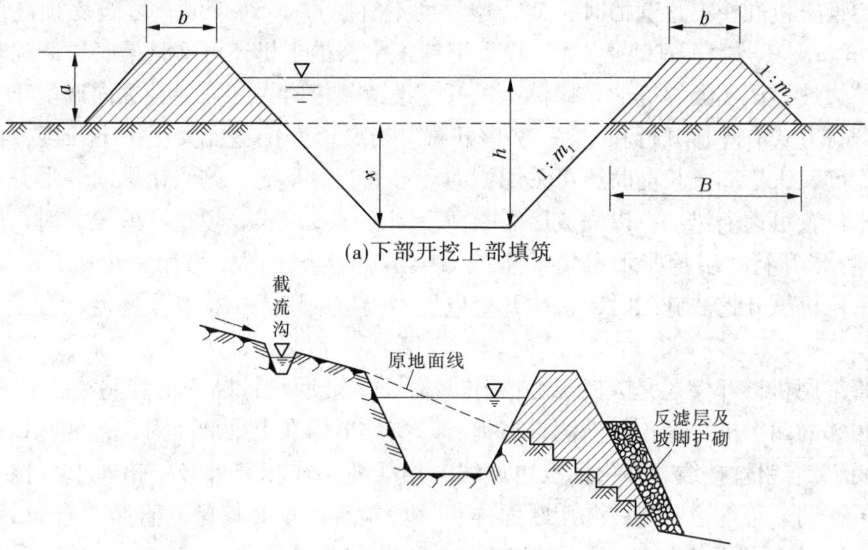

(a)下部开挖上部填筑

(b)一侧开挖一侧填筑

图7-1　半挖半填式渠道基础的填筑

（三）旧土渠改建防渗衬砌渠道时基础的填筑

旧土渠原多为梯形断面，但经过长期输水运用，在水面以下的断面一般均已变成弧形等不规则的断面。要在此种渠槽基础上修建防渗衬砌工程，必须对基础进行填筑。填筑时应注意以下几点：

（1）如渠基含水量很大，甚至为饱和状态，为了填筑施工，应提前停水，使基土风干，或采用抽排、翻晒等方法降低其含水量。如该方法无效，则宜采用干土、湿土掺混的方法填筑。对大型工程，或有防冻要求的工程，可考虑采用换土的方法填筑，换填含水量合适的土料或砂、砾石等。

（2）旧渠运用中渠槽往往杂草丛生、泥沙淤积，或砖块等杂物堆积较多，填筑时应按要求彻底清除。

（3）对于小型渠道，一般填筑时应把全渠槽填满至设计高程后，再按设计开挖至防渗衬砌层铺筑断面。对于大、中型渠道，由于全渠槽填筑土方量较大，故往往采用局部填筑补齐的方法进行填筑，填筑面的宽度应较设计加宽50 cm以上，并使新老土结合紧密，以免新填土体沿旧渠坡滑塌。

三、渠道基槽开挖

渠道基槽开挖的施工方法有人工开挖、机械开挖等。选择开挖方法取决于技术条件、土壤种类、渠道纵横断面尺寸、地下水位等因素。机械开挖可采用铲运机、推土机等机械，小型渠道可采用专用机械或人工开挖。

人工开挖渠道基槽时，应自中心向外，分层下挖，边坡处可按边坡比挖成台阶状，待挖至设计深度时，再进行削坡。必须弃土时，做到远挖近倒，近挖远倒，先平后高。受地下水影响的渠道应设排水沟，开挖方式有一次到底法和分层下挖法，一次到底法适用于土质较好、挖深较小的渠道，分层下挖法适用于土质不好且挖深较大的渠道。

采用推土机开挖渠道基槽时，其开挖深度不宜超过 1.5 ~ 2 m，填筑堤顶高度不宜超过 2 ~ 3 m，其坡度不宜陡于 1∶2。在渠道施工中，推土机还可平整渠底，清除耕植土层，修整边坡，压实渠堤等。采用铲运机开挖渠道基槽时，如需要在纵向调配土方，铲运机的开行方式有环形开行和“8”字形开行。当渠道开挖宽度大于铲土长度，而填土或弃土宽度又大于卸土长度时，可采用横向环形开行。反之，则采用纵向环形开行，铲土和填土位置可逐渐错动，以完成所需断面。当工作线较长，填挖高差较大时，则应采用“8”字形开行。半挖半填渠道或全挖方渠道就近弃土时，采用铲运机开挖最为有利。当采用机械开挖法施工时，机械开挖以后，仍应辅以人工检查及修复，直至符合设计要求。

不管采用机械开挖还是人工开挖，当渠槽开挖接近设计断面时，将中心桩移至渠底，在相邻的两个桩号处，重新测量高程后，挖修出标准土渠槽断面，钉好开口桩和坡脚桩，用 22 号铅丝挂线，即为标准边坡线，用线绳绑在相邻桩号的铅丝上，拉紧线绳自上而下移动，边挖边刷坡，并用断面样板逐段检查，反复修整，直至符合设计要求。开挖时应注意以下几点：

（1）U 形渠道基槽的开挖可以采用专用 U 形开渠机开挖，也可采用人工开挖。人工开挖时，第一步挖去 U 形上部直立段的梯形体，第二步在半圆中间挖个窄道至渠底高程，第三步再挖掉两边的扇形体，然后整修达到设计断面，其开挖方法和步骤见图 7-2。机械开挖时应注意牵引机行进方向要端直。

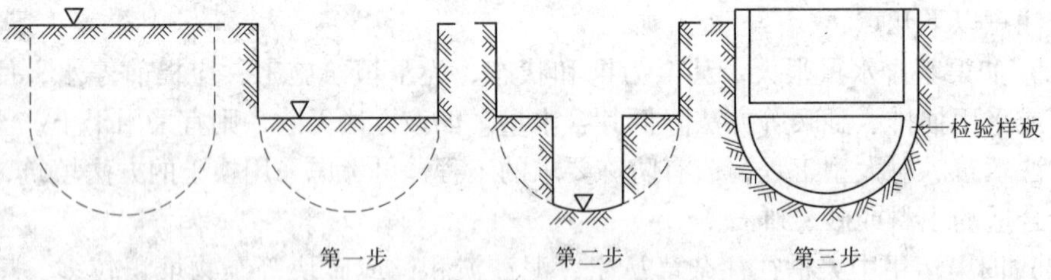

图 7-2　U 形渠道基槽的开挖方法和步骤

（2）半挖半填渠道基槽的开挖，应先开挖基槽，并按设计预留足够厚度的土层，再将渠道两岸填方部分填筑至设计高程，然后整修渠槽，包括挖方和填方部分，达到设计要求。这类渠道基槽的开挖必须与填方施工结合进行，亦即开挖基槽挖方部分的土体按前述填方填筑的方法填筑渠道两岸的填方部分，尽量减少弃土。

（3）旧土渠改建防渗衬砌渠道，采用局部填筑补齐法填筑的渠道基槽开挖，仅开挖填筑时加宽 50 cm 的部分土体，然后按修整渠槽的方法修整渠道基槽，达到设计要求。

（4）对于石质基础渠槽的开挖，一般多用人工开挖。开挖时宜采用小炮，以免造成渠基裂缝，甚至使渠基稳定性降低。开挖好的渠道基槽，亦应尺寸准确，满足设计要求。

四、渠基处理

渠道防渗衬砌层多为表面式、薄层结构，本身的强度有限，为了使渠道衬砌与防渗工程经久耐用，基槽在填筑与开挖中，必须达到坚实、稳定的要求，对于特殊土渠基，应按第五章介绍的方法处理，对于其他不良渠基，应按下列方法进行处理：

（1）弱湿陷性地基和新建过沟填方渠道，可采用浸水预沉法处理。沉陷稳定的标准为连续5 d内的日平均下沉量小于1.0～2.0 mm。强湿陷性地基，可采用深翻回填渠基、设置灰土夯实层、打孔浸水重锤夯压或强力夯实等方法处理。

（2）傍山、黄土塬边渠道，可采用灌浆法填堵裂缝、孔隙和小洞穴。灌浆材料可选用黏土浆或水泥黏土浆，灌浆的各项技术参数宜经过试验确定。对浅层窑洞、墓穴和大孔洞，可采用开挖回填方法处理。

（3）对软弱土、膨胀土和冻胀量大的地基，可采用换填法处理。换填砂砾石压实系数不应小于0.93；换填土料时，大、中型渠道压实系数不应小于0.95，小型渠道压实系数不应小于0.93。

（4）如果渠基为芦苇丛生地区，或为宾草和茅草等易穿透防渗衬砌层的杂草地段，以及采用膜料或沥青混凝土防渗衬砌，应进行灭草处理，即在开挖好的基槽表面先按要求喷洒灭草剂，翻动掺混2～3遍，使灭草剂与土掺混均匀，再按规定夯实、修整成型后，方可铺砌。

（5）地下水位高于渠底的刚性材料防渗渠道和埋铺式膜料防渗渠道，应在渠基设置排水设施，并保证排水出口畅通。对地下水位高于渠底（要考虑汛期和灌溉后地下水上升的情况）的，或地下水位虽不很高，但渠基土透水性差，渠道的渗漏水和浸入渠基的雨水不能很快渗入地基深层时，为了消释地下水对刚性材料和膜料防渗结构的浮托力，减少基土水分，防止冻胀（冻胀性土）、湿陷（大孔性黄土）、滑坍（傍山、塬边渠道）等事故，应区别不同情况，设置排水设施。

（6）改建防渗渠道的地基，应特别注意渠坡新老土的结合，应将老渠坡挖成台阶状，再在上面夯填新土，整修成设计要求的渠槽断面。

第三节　渠基排水设施的施工

根据渠基排水设施的设计，施工前应备好各种管材，需要管壁打孔的应按设计打好孔；买好逆止阀等器材；制备好反滤层和填充排水沟用的砂、砾石、卵石和块石等，分别堆放，并做好质量检查和试验工作。

渠基排水设施应在验收合格的渠道基槽上按下列要求进行施工：

（1）按设计开挖排水沟、集水井、集（排）水管的基槽和排水暗沟等。当有砂砾料换填层时，基槽应按此项设计开挖。开挖时，开挖断面应尺寸准确、平整，并控制好比降。

（2）在挖好的沟、井、槽中，按要求填好卵石或块石，并做好反滤层。如为排水管排水，应在基槽中安装集（排）水管，控制好比降，做好管段之间的接头和管道周围的反滤层。

（3）施工时务必做好排水沟与集水井、排水管与排水沟、集水管和横向排水暗沟、横向引水沟和纵向集水沟等之间的接头工作，保证排水通畅。

（4）在做好以上工作并验收合格后，即可安设逆止阀。逆止阀的安装宜与防渗层施工结合进行，应使逆止阀的周边与防渗层连接紧密且不透水。

渠基排水设施为地下工程，如发生工程质量问题，很难返工和修补。因此，施工中必须随时检查，严格控制施工质量。

第四节　混凝土衬砌渠道施工

混凝土衬砌渠道工程的施工方法分为现场浇筑和预制安装两种，也有采用现场浇筑和预制安装相结合的施工方法，即渠底采用现场浇筑，渠坡采用预制安装。现场浇筑法施工又分为模板法施工、衬砌机械施工和喷射法施工。混凝土构件预制方法分为模板法预制和成型机械预制。衬砌体有钢筋混凝土、素混凝土和喷射混凝土。

一、现场浇筑法施工

（一）现场模板法浇筑施工

大、中型混凝土衬砌渠道，一般多用活动模板现场浇筑。目前，等厚板、楔形板、肋梁板和中部加厚板等结构形式的施工均可采用此方法。

1. 模板制作

现场浇筑法施工的模板与衬砌层结构形式有关，模板尺寸因渠道大小的不同而不同，制作时应根据设计图和选定的施工方法制作稳定坚固、经济合理的模板。一套活动模板一般包括：①侧挡一对。浇筑单数衬砌块时用以控制板块的宽度、厚度及固定仓板两端。②仓板10块。浇筑单数块、双数块各5块板，用以容纳混凝土拌和料，以便振捣。③压梁3根。浇筑单数块1根，双数块2根，用以控制仓板，使浇筑中不致鼓起。④脚蹬钩5个。用以固定侧挡及压梁下端。⑤固定钎15~20个。用以固定侧挡及压梁。⑥缝子板8个。分底、坡两种，各4个，用以控制砌块两侧伸缩缝的形状和尺寸。⑦侧板6块。浇筑渠底单数块用4块，浇筑双数块用2块，其高度应与衬砌厚度相等。另外，多备些木楔、木桩，用以固定仓板和侧板。

模板制作的允许偏差值，应符合表7-3的规定。现浇混凝土模板安装净距，沿渠道纵向的允许偏差值为±10 mm，沿宽度方向的允许偏差值为±30 mm。模板的其他要求应符合《水电水利工程模板施工规范》（DL/T 5110—2000）的规定。

表7-3 模板制作的允许偏差值 （单位：mm）

偏差名称	木模	钢模
与现浇边坡混凝土板设计斜长和表面模板设计长度相应尺寸的偏差	+20	+10
与混凝土板设计厚度和伸缩缝设计深度、宽度相应尺寸的偏差	±3	±2
模板面局部不平整度（用2 m直尺检查）	±3	±2
拼接的相邻两板面高度差	±1	
拼接板的缝隙	±1	
连接配件的孔眼位置		±1

2. 钢筋加工

钢筋混凝土衬砌所用的钢筋，要妥善保管，防止雨淋生锈。钢筋加工前应将其拉直，并刷净表面的浮锈、油渍、浮皮和油漆等。在配料时务必使断头废料尽量减少。钢筋弯钩成半圆形时，其净孔尺寸不得小于钢筋直径的2.5倍，直钩端平直部分不得小于直径的3倍。钢筋扎结时，搭接长度不得小于直径的30倍，且两头要加弯钩。焊接时，搭接长度不得小于直径的10倍。受力钢筋搭接数量应控制在总受力钢筋面积的25%以内，并应错开搭接位置。钢筋的起弯，应成平滑的曲线，其弯曲角度及半径应符合设计规定。钢筋制作成型后，应按设计图检查，其允许偏差不得超过《水工混凝土钢筋施工规范》（DL/T 5169—2002）的规定。加工好的钢筋应按不同规格分别放入仓库内，并标注铭牌，以便于使用。

钢筋和钢筋结构在运输过程中，应尽量避免发生变形。如发生变形，安装前应予矫正。钢筋架设的位置、间距，保护层厚度及各部分钢筋尺寸，应完全符合设计要求，并用预制垫块或小石块支垫牢固。所有钢筋除特殊要求外，应与主筋垂直，钢筋交叉点用20~22号铅丝扎结紧固。钢筋架设完毕后，应再次校正，作出记录。在混凝土浇筑中，应有专人随时检查，防止钢筋变形、错位。

3. 混凝土的拌和

混凝土拌和站的位置，应根据水源、料场的分布和单位渠长的混凝土工程量等因素确定，一般控制渠段长度以100~400 m为宜。地形较平坦的地区，拌和站可设在控制段中间；坡度较大的渠堤，拌和站则应设在中间偏上游，以减少重车爬坡的距离。

混凝土拌和应按试验确定并经监理工程师审核的混凝土配合比进行配料，不应擅自更改。水泥、砂、石、掺合料均应以质量计，水及外加剂可折算成体积加入。小型渠道可将砂、石用量折算成体积配料。掺用外加剂时，应制成一定浓度的外加剂溶液，按规定比例掺入，但外加剂溶液中的水量，应在拌和用水量中扣除。

混凝土拌和过程中，应根据天气变化情况，定时测定砂、石含水量，如遇降雨，应加测，以便调整拌和用水量。同时，应采取措施，保持砂、石含水量的稳定。砂的含水量宜控制在6%以内。

混凝土宜采用机械拌和。先将砂和适量的水投入拌和，使砂表面含水量调节到15%~25%；再将石子加入与湿砂拌匀；然后将全部水泥投入，与润湿后的砂石料拌和；最后将剩余的水和外加剂溶液加入，拌制成混凝土拌和料。混凝土拌和时，从原材料全部投入拌和筒时起，至开始卸出时止，所经历的时间，即拌和时间，不得少于2 min。掺用掺合料、减水剂、引气剂的混凝土及细砂、特细砂混凝土用机械拌和的时间，应较中砂、粗砂混凝土延长1～2 min。如发现有不均匀的情况，应延长拌和时间。每次拌和完后，应彻底清理拌和机具，以备下次再用。

混凝土拌和时出现以下情况均应按不合格料处理：①用错配料单且无法补救，不能满足质量要求；②配料时任意一种材料计量失控或漏配，不符合质量要求；③拌和不均匀或夹带生料；④出机口坍落度超过最大允许值。

4. 混凝土的运输

选择混凝土运输设备及运输能力，应与拌和、浇筑能力、仓面具体情况相适应，一般可用手推车、架子车、翻斗车、自动卸料汽车、混凝土搅拌运输车、混凝土泵和溜槽等。在运输过程中不得使混凝土拌和物发生分离、漏浆、严重泌水和坍落度降低等现象，并应缩短运输时间，减少转运次数，做到随拌、随运、随浇筑。在一般情况下，掺加普通减水剂的混凝土运输时间不宜超过表7-4的规定。

表7-4　混凝土运输时间

运输时段的平均温度（℃）	混凝土运输时间（min）
20～30	45
10～20	60
5～10	90

运送混凝土过程中，如遇降雨或日光强烈，应加以覆盖，因故发生分离、严重泌水等问题时，应在浇筑地点重新拌和。若混凝土初凝，应按废料处理。用溜槽运料时，溜槽一般底宽25～40 cm，高20～30 cm，每节长1～2 m，可用薄钢板或木料制作，溜槽内壁应光滑，木槽内壁应用铁皮包面，运送前用砂浆或水润滑溜槽内壁，当用水润滑时应将水引至仓外；溜槽坡度一般应为1:1.5～1:1.0，不宜过陡；溜槽出料口距混凝土入仓面的自由降落高度不宜大于1 m。

无论采用何种运输工具，每次卸料，都应将所载混凝土卸净。连续运送时，每8 h用水冲洗一次。

5. 混凝土的浇筑

渠道基槽必须经验收合格后，方可进行混凝土浇筑的准备工作。浇筑混凝土前，土渠基应先洒水浸润；在岩石渠基上浇筑混凝土，或需要与早期混凝土结合时，应将基岩或早期混凝土凿毛并刷洗干净，铺一层厚度为1～2 cm的水泥砂浆。水泥砂浆的水灰比，应较混凝土小0.03～0.05。

现场浇筑混凝土，一般采用分块跳仓法施工，渠底有时也按顺序分块连续浇筑。分块跳仓浇筑法的优点是已浇块与新浇块浇筑时间相隔较长，已浇块已经凝固硬化，因此在新浇侧旁混凝土时，其结构不会受扰动。连续浇筑法则易扰动已浇而未凝固的混凝土块的结构。在保证质量的前提下，同一浇筑块应连续浇筑，并且速度越快越好，否则混凝土整平和收面工作不易保证质量。因故间歇时间超过 60 ~ 90 min 时，应对结合面按早期混凝土进行处理。

混凝土衬砌渠道的施工顺序，通常是先浇筑渠底，后浇筑渠坡。这样，先浇筑的渠底衬砌板可作为渠坡浇筑时的支撑，便于渠坡的浇筑。施工时，可按伸缩缝分块浇筑。现场浇筑混凝土施工步骤如下：

（1）立模。浇筑渠底板时，单数块四侧均立侧板，用木桩固定；双数块纵向两侧立侧板，横向两侧紧靠已浇筑单数块立缝子板，板高应与混凝土衬砌面齐平。

浇筑渠坡板时，单数块按浇筑块的长度先立两边的侧挡，后立中部的压梁，下端均用脚蹬钩固定，中部及上部用固定钎固定；双数块先立两边的缝子板，与已浇筑的单数块靠紧，后立中间的 2 个压梁。不论浇单、双块，当用人工或插入式振捣器插捣时，均安设仓板，并用对头木楔固定。如用平面振捣器振捣，则仅立侧挡或缝子板不安设压梁和仓板。为便于拆卸，缝子板安装前应先泡水，所有模板接触混凝土的表面应涂刷废机油或肥皂水。

（2）入仓振捣。入仓的混凝土应先平仓后振捣，严禁以振捣代替平仓，由于人工振捣较难保证施工质量，故一般应采用机械振捣。浇筑渠底板时，待铺满摊平一个仓面后，使用平面振捣器开始振捣，直至出浆为止。

浇筑边坡时，将拌好的混凝土倒入仓板内，随倒随平，使浆与骨料均匀分布。当用小型插入式振捣器振捣时，待装至一块仓板的 2/3 高度后，即开始振捣，至出浆为止，再安设第二块仓板，使板缝合好，上下齐平，用木楔固定牢靠。如此，继续入仓振捣，直至五块活动模板用完。此时拆除第一块仓板，清理干净，随即安设在最上部，继续浇筑。以此类推，直至浇筑完毕。当用平面振捣器振捣时，则将混凝土按侧挡（或缝子板）的高度（应高出1 ~ 2 cm）全部铺满仓面，整平表面，即可开始振捣。施工人员站在堤顶，拉住平面振捣器，接通电源，自下而上依次振捣。振捣器下行时，必须关闭电源，停止振捣，且最好放在木板上或已硬化的混凝土板上滑下，否则会错动或推移摊铺的混凝土料，以致形成横向裂缝。一般振捣两遍即可，第一遍为了振实，移动速度应较慢且均匀，至表面泛浆为止，第二遍为了振平，移动速度可稍快，并应注意边角处的振实，必要时辅以人工插捣。

渠坡混凝土也可采用拖动滑动板法浇筑，即用一个很重的钢面滑动板，滑动板跨度等于浇筑块长度，宽约 70 cm，滑动板用设在堤上的绞车或其他动力拖动，或者在滑板上装自升机，自动升降。混凝土用插入式振捣器在滑动板前振捣（见图 7-3），随铺随振，效率较高，混凝土表面平整。

另外，振捣混凝土时应注意：①使用表面式振动器时，振板行距宜重叠 5 ~ 10 cm。振捣边坡时，应上行振动，下行不振动。②使用小型插入式振捣器，或人工捣固边坡混凝土时，入仓厚度每层应不大于 25 cm，并插入下层混凝土 5 cm 左右。③振捣器不应直接碰撞模板、钢筋及预埋件。④使用插入式振捣器捣固时，边角部位及钢筋预埋件周围应辅以人工捣固。⑤振捣时间应以混凝土开始泛浆时为准。

（3）收面。是混凝土浇筑中重要的工序，做好渠道衬砌混凝土的收面工作，可以降低糙率，提高过水能力，增强防渗效果，延长使用时间。收面应在混凝土浇筑完后，立即用原浆收面，不得另拌砂浆上面。实践证明，另拌砂浆上面，往往与原混凝土结合不好，冬季受冻后，容易造成表层大量脱落，影响工程质量。

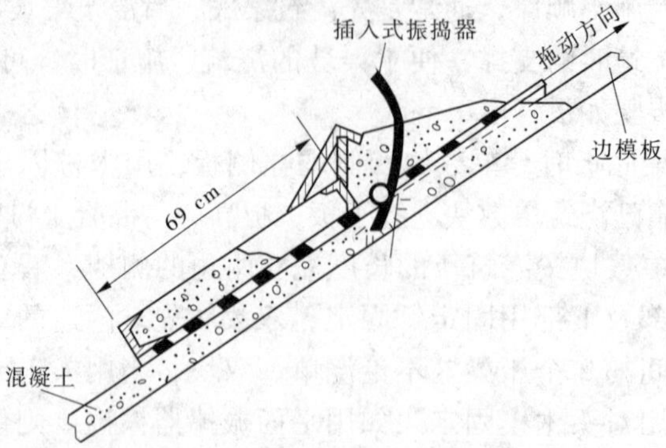

图 7-3　拖动滑动板法浇筑渠坡混凝土

收面工作要求做到表面平整光滑，无石子外露，无蜂窝麻面。具体工序是：先用长木泥抹（30 ~ 50 cm 长）粗抹一遍，使表面平整，稍停，再用铁泥抹细抹一遍，最后待大量水分蒸发后，再用铁泥抹压抹一次，直至达到密实、平整、光滑。

（4）拆模。混凝土浇筑完后即可拆除压梁和仓板，侧挡最好在混凝土初凝后拆除。缝子板应在 2 ~ 3 d 以后再拆除。拆缝子板时，应先将其松动的一头略微撬起，然后用木榔头沿板背轻轻敲打，待全部松动后，再从另一头撬起取出，这样缝子板不易拆坏，同时可以保证缝壁完整。拆模必须小心，不可扰动混凝土的结构。所有模板拆卸后，要立即整修，清除附着物，然后平放保管，以备再用。

（5）养护。混凝土浇筑完毕后，应及时养护，保持混凝土表面湿润。在正常气温下，混凝土浇筑后 12 h 左右，即应开始养护，常用的养护方法有洒水湿润、覆盖湿草帘或湿芦席等。此外，还可在混凝土上面覆盖塑料薄膜，为混凝土创造一个保温、保湿环境，从而使混凝土得以充分养护。每幅塑料薄膜应能将敞露的混凝土全部表面覆盖严密，其四周要压严，以保持膜盖内的凝结水不会蒸发。塑料薄膜覆盖养护与草帘浇水养护相比，一般可缩短养护期 25% 左右，不需要浇水，具有节省能源、操作简便、成本低等优点，所以应用较广泛。养护的时间随水泥品种、气候条件的不同而不同，一般养护期为 14 ~ 28 d。

养护是保证和提高混凝土质量的重要环节，尤其是渠道衬砌板，一般结构较薄，外露面大，养护工作尤为重要。因此，应有专人负责，切实做好养护工作。

（二）衬砌机械现场浇筑施工

采用活动模板现场浇筑混凝土，由于以人工施工为主，较难保证施工质量，并且施工速度慢，效率低。因此，近年来应用衬砌机械现场浇筑混凝土得到很快发展，小型 U 形渠道衬砌机已被广泛应用，大、中型渠道衬砌施工也研制开发了多种衬砌机械。

1. 小型 U 形渠道衬砌机及施工

U 形渠道衬砌机有多种形式，如卷扬机牵引衬砌机、柴油机动力衬砌机、轨道式液压自行衬砌机、CU4 型气动切缝衬砌机、QJ 型小拖拉机动力衬砌机等。它们的结构基本相同，现以卷扬机牵引衬砌机为例简介如下。

卷扬机牵引衬砌机为全断面连续浇筑机械。目前产品有 D30、D40、D60、D80、D100、D120、D140、D160、D180、D200（D 为下部圆弧直径）等 10 种规格，D40～D120 衬砌机的主要技术性能见表 7-5。该衬砌机结构简单，操作方便，浇筑、振捣、稳定、收面一次完成，达到混凝土振捣密实，表面出浆不离析，离模后无塌落。U 形渠道混凝土衬砌机由 5 部分组成，结构示意见图 7-4。

（1）导向部分。是指位于最前部的导向滑板，其断面外形尺寸较渠槽基土断面稍小，借以控制成型的方向和内模的位置。

（2）振动部分。是指振动梁，其断面与成型后的混凝土 U 形渠断面相同，内装振动器，使混凝土振捣密实。为了减少振动的传播，振动梁用成对弹簧吊挂在槽钢梁架上。

（3）进料部分。是包括进料漏斗和分料隔板，将混凝土送至周边部位，漏斗后两侧设有可调整浇筑高度的插板。进料漏斗使进料方便，U 形全断面充料饱满；料腔内的分料隔板使下料通畅，铺料均匀。

（4）收面部分。是设有前后两拖板，其断面形状与浇筑的 U 形渠断面相同，其作用是维护已成型的混凝土 U 形渠道形状，并抹平表面，使之平整光滑。另外，两侧有收顶面板，可调节高度，它可将渠顶混凝土面压实整平。拖板与振动部分采用软连接的方式，达到减振的目的。

表 7-5 常用 U 形渠道衬砌机（D40～D120）的主要技术性能

项目		单位	U 形衬砌机型号				
			D40	D60	D80	D100	D120
牵引动力			DJ－2 型 3 t 慢速卷扬机，线速度 0.4～1.4 m/min				
外形尺寸（长×宽×高）	电动	mm	1 890×590×940	2 150×804×1 100	2 930×1 190×1 320	2 500×1 600×1 300	2 600×1 700×1 300
	柴动		2 400×700×750	2 400×868×860	2 500×1 164×1 070		
总质量	电动	kg	217	464	836	850	980
	柴动		300	370	450		
振动力		kg	430～470	600	860～1 000	1 200	1 200
配套功率	电动	kW	1.1	1.5	2×1.1	2×1.5	2×1.5
	柴动	马力	6（1 马力＝735.499 W）				
成渠过水断面（圆弧半径×渠深）		cm	20×（30～50）	30×（45～65）	40×（55～75）	50×（65～85）	60×（75～95）
衬砌厚度		cm	4	5	6	6	7
工作速度		m/min	0.5～1.0				
设计台班衬砌长度		m	400				
最大衬砌混凝土		m^3/台班	23	35	50	57	76

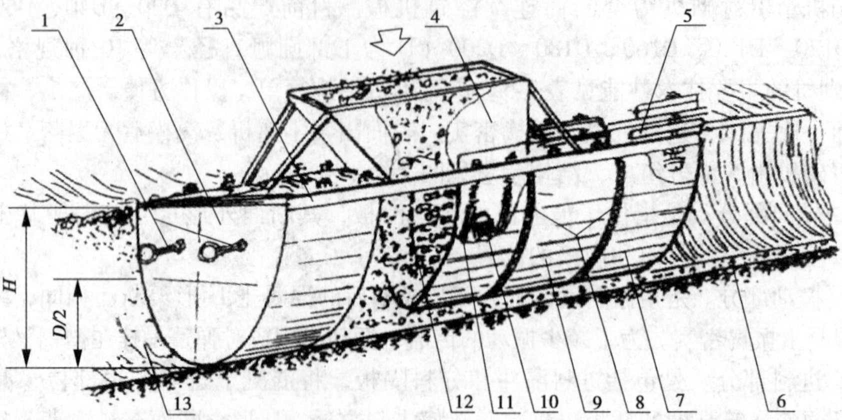

1—牵引钩；2—导向滑板；3—槽钢梁架；4—进料漏斗；5—收顶面板；6—已浇筑渠槽；7—后拖板；8—U 形胶胎；9—前拖板；10—振动器；11—振动梁；12—分料隔板；13—开挖 U 形土渠基面

图 7-4　U 形渠道混凝土衬砌机结构示意

（5）连接部分。是指将以上 4 部分连为整体的槽钢梁架，并承受牵引、振动等外力。

采用该衬砌机进行 U 形混凝土渠道施工时，用慢速卷扬机（线速度 0.4 ~ 1.4 m/min）牵引，匀速前进，同时将拌和好的混凝土连续倒入进料漏斗，由料腔分料板均匀分配到振动模振捣，振动模靠振动器偏心力激振，使混凝土密实，经拖板收面成型。衬砌好的混凝土 U 形渠道，要及时养护，否则会造成早期干缩，降低强度，影响质量。

施工中应根据供料快慢调节前进速度，料斗供料不得小于最低位置，否则造成上口不齐，断面不完整。停止作业时，衬砌机料腔内不能存余料，以防凝固。暂时不用时，要把钢模洗刷干净，涂上废机油，防止生锈。

2. 大、中型渠道衬砌机及施工

（1）QTH200 型渠道衬砌成套设备。该成套设备由混凝土布料机、渠道衬砌机和混凝土养护台车三部分组成，适用于大型梯形混凝土衬砌渠道工程的施工。施工时一次性完成布料、摊铺、密实、提浆、切缝、压光成型和养护工作，一体化连续作业。混凝土布料机为钢架结构，履带行走或轨道式行走，采用液压或机械传动，两侧均可布料，每小时布料大于 50 m；渠道衬砌机采用全液压自动控制，履带行走或轨道式行走，柴油机（康明斯 B3.3－60，功率45 kW，转速2 200 r/min）作动力，衬砌宽度5 ~ 25 m，衬砌速度最大可达 5 m/min；混凝土养护台车采用钢架结构，可自行驱动或由衬砌机牵引。

（2）RWCQ－A20000 型渠道衬砌机。该衬砌机的摊铺车行走由液压马达牵引，可无级变速和快速换向，摊料快慢适当，一次性摊铺均匀，无须来回补料，大大提高施工速度，布料速度可达到 9 m/min；整平滚筒将整平及振实融为一体，提浆效果好，整平平整度高，整平速度达 10.8 m/min；整平车行走由制动电机牵引，可确保整平车行走精确，不滑移；悬梁采用国标方管焊制，坚固牢靠，外形美观；整平车与悬梁之间采用减振橡胶连接，工作既稳定，效果又好；装机功率 22.95 kW；适应于大、中型边坡比为1∶2、1∶2.25和1∶3的梯形渠道混凝土衬砌施工。

（3）SDQTZ型渠道衬砌机。该衬砌机集混凝土振捣、模具、成型于一体，具有入仓流径短、振捣充分均匀、混凝土板成型规则、伸缩缝同步嵌入、衬砌质量高、施工速度快、易于操作等优点，适应于边坡比为1∶1～1∶1.25的梯形渠道混凝土衬砌施工。对于弧形坡脚梯形渠道，仅对衬砌机面板横管架稍作变动，同样可以适用。同类型还有SDQHZ型渠道衬砌机，适用于大弧形底梯形渠道。

（三）喷射混凝土施工

1. 机械设备组成

（1）空气压缩机。排气量为9～12 m^3/min。常用W9/7－1型空气压缩机，排气量为9 m^3/min，额定压力为70 kPa，轴功率小于56 kW。

（2）喷射机。常用HP－25型，喷射量为4 m^3/min，压力为15～55 kPa，功率为3 kW，最大输送骨料粒径为25 mm，耗风量为4 m^3/min。

（3）加压水泵。常用油浸式潜水电泵，型号QY－25，扬程为25 m，流量为15 m^3/h，功率为2.2 kW，出水口直径为52 mm。

（4）皮带运输机。

2. 工作原理

喷射混凝土是以空气压缩机压缩空气，通过喷射机将水泥、砂石的干拌和料送至输料管（D_n=50 mm）与水泵送来的压力水混合后，从喷嘴向工作面高压喷射出混凝土浆料。喷射混凝土施工工艺见图7-5。

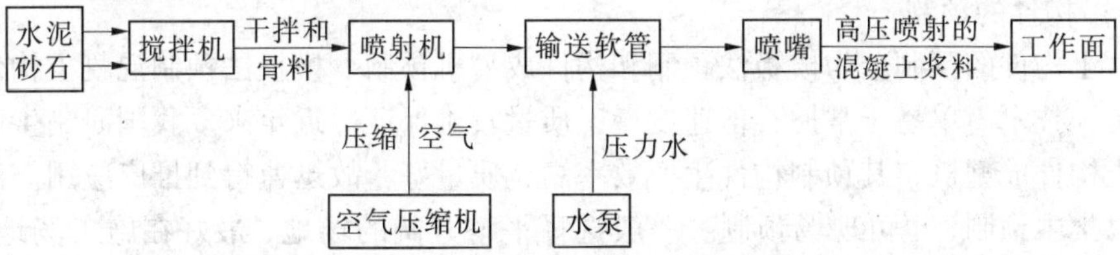

图7-5　喷射混凝土施工工艺

3. 喷射作业

（1）立模。安好边挡板，每5 m^2设一插入土基的控制厚度钢钎。

（2）按设计配合比拌和干料。严格筛选粗骨料粒径，以防堵管。

（3）就近安装喷射机械。布置喷射机械时，应注意距喷射面不宜太远，在条件许可的情况下，宁可多挪动几次喷射机械，也要尽量缩短料管。

（4）喷射施工。喷射手站在渠槽内，喷头基本垂直喷射面，喷头与喷射面保持0.8～1.2 m，按螺旋形轨迹移动。先喷底部2～3 cm一层，再由下向上喷侧（坡）面，一次喷够厚度。

（5）喷完后拔出钢钎，原浆收面抹平抹光，然后养护，继续下渠段作业。

4. 施工注意要点

（1）开机后，先送风、水，后送干料；作业完毕后，先停干料，并将喷射机和管道中的干料清除干净，再停水、风。

（2）掺有速凝剂的干拌和料的存放时间，不应超过 20 min。

（3）喷头处的压力应控制在 0.1 MPa 左右，水压应不小于 0.2 MPa。

（4）一次喷射的厚度：掺有速凝剂时，宜为 7 ~ 10 cm；不掺速凝剂时，宜为 5 ~ 7 cm。

（5）分层喷射时，表面一层的水胶比宜稍大。喷射每层混凝土的间隔时间：掺有速凝剂时，宜为 15 ~ 20 min；不掺速凝剂时，应根据混凝土的初凝时间确定。

（6）喷射作业完毕或因故不能继续作业时，应及时将喷射机和管道中的积料清除干净。

5. 喷射混凝土施工特点

喷射混凝土施工的优点：适用于各种断面的渠道，已在流量 2.4 ~ 58 m^3/s 的 U 形渠道中成功使用了这种机械；喷射混凝土的结构密实，强度高，其衬砌厚度可比人工施工减薄 10% ~ 20%；由于干料是压缩空气通过胶管输送的，因而不受道路限制，有利于深挖高填渠道的浇筑。其缺点是：所需机械设备多，一次投资大；水泥用量大，每立方米混凝土水泥用量达 350 ~ 400 kg，同时回弹料也高达 17% ~ 20%。在渠道防渗衬砌工程实践中，已采取一些措施来克服这些缺点，例如机械设备可以长期使用，用掺合料（黄土、粉煤灰）降低水泥消耗，充分利用回弹料等。工程实践证明，采用喷射混凝土是浇筑大断面渠道很值得推广采用的一种方法。

二、预制装配法施工

（一）构件的预制

混凝土构件的预制分为模板法预制和构件成型机预制。模板法预制混凝土构件一次性投资少，技术简单易于掌握，但速度慢，质量较难保证。近年来，我国研制生产了多种混凝土构件成型机，其预制构件生产效率高，质量好，故迅速得到推广应用。混凝土构件可以集中预制，也可现场预制。一般选择平整开阔的场地，最好在施工场地旁边，且运输便捷，能就地取水、取电的地方，这样能够减少预制件的运输环节，减少搬运过程中的损耗，降低工程造价。

1. 模板法预制构件

模板法预制混凝土构件，一般采用木模或钢模，以人工插捣或机械振捣的方法，在夯实的土基上浇筑。混凝土一般用拌和机拌和，平板式振捣器振捣，浇筑后盖湿草帘养护 14 d 即可搬运。预制施工时，预制混凝土板框架模板两对角线长度差的允许偏差值为 7 mm；为防止模板吸水膨胀变形，须涂以废机油；为便于混凝土板脱模和避免掉边掉角现象，模框内加套模（撑四块木板条或钢板条），模板框口改做成上小下大，套模断面做成上薄下厚，与模框吻合，浇筑捣实抹平后，立刻提去模板，然后拆除套模。这样，脱模快，又能保证质量；在土基上先铺设一层塑料薄膜，再立模浇筑捣实抹平，然后脱模，并用塑料薄膜覆盖严密，进行养护，可以大大提高混凝土板的质量。

U 型槽身一般采用反置浇制，即槽口朝下，以钢、木模板或土坯抹浆制成曲线形状的内模。当用土坯内模时，施工步骤如下：①在地面上做成土坯模，严格检查内模尺寸；②在土坯上抹上水泥黏土砂浆，撒水泥抹平表面，干燥后涂上脱膜剂；③将外模架立牢固；④混凝土要两侧同时填筑，随浇随捣，插捣密实，直至整槽段浇筑完毕；⑤混凝土终凝结硬后（20 ℃，24 h）拆除外模，修整外槽壁，以草帘覆盖并洒水养护；⑥强度达到设计强度的70%以上时，可挖去内模将槽身翻转，整修内槽，并可运输安装。

2. 混凝土构件成型机预制构件

（1）WS－200T全自动混凝土构件成型机是集机、电、液于一体，程序自动切换的高科技新产品。该机可对50 cm×50 cm×10 cm范围内各种四边、多边、透腹、实腹、压花、启口等，混凝土、水泥土、特细砂混凝土实行80～120 MPa工作压力挤压成型。

（2）LZY型U形渠槽系列成型机。该系列成型机主要有LZY－B、LZYB－1、LZY－C、LZY－F四大机型。各机型液压系统均采用西德力士乐集成换向装置，具有手动换向、电磁换向、自动限位行程换向的功能。各机型模具通用互换，均能生产全U形D30、D40、D50和1/2U形D60、D80、D100、D120渠道砌块、路沿石、矩形平板等混凝土、水泥土、特细砂混凝土等构件。

采用LZY成型机预制U形渠槽，单机需生产人员4～5人，每小时生产不同构件60～80件（熟练工人操作）。预制工序：砂石备料→混凝土拌和→成型机压制U形渠槽→脱模养护。预制构件时，混凝土必须严格按要求的配合比采用机械拌和，成型后用专用小车运至养护场地，定期洒水，常温下养护14 d即可搬运。预制U形渠槽输水能力及参数见表7-6。

表7-6 预制U形渠槽输水能力及参数

机制系列构件技术参数 $i=1/500$，$n=0.014$						每立方米混凝土	
规格	渠深（cm）	渠口宽（cm）	板厚（cm）	倾角（°）	过水流量（m^3/s）	生产构件数（块）	建渠（m）
全U形D30	30	42	3.5	20	0.05	66	33
全U形D40	35	52	3.5	20	0.075	56	28
全U形D50	42	62	3.5	15	0.15	50	25
1/2U形D60	50	73	3.5	10	0.22	70	18.5
1/2U形D80	67	94	4.0	10	0.42	47	11.75
1/2U形D100	72	110	4.5	10	0.62	38	9.5
1/2U形D120	85	130	5.0	10	1.20	29	7.25

（二）构件的运输和安装

1. 板型构件的运输和安装

混凝土板型构件可用架子车、拖拉机或汽车运输，用人工或起重设备铺砌。预制板在运输和堆放过程中，应立码挤紧，避免剧烈震动和碰撞，防止损坏。

混凝土板的安装工作分为整修基槽、铺砌、灌缝和养护等几道工序。

（1）整修基槽。沿开挖好的渠道基槽每隔10 m测一横断面，打上桩，在桩上拉上与衬砌面同高程的横向渠底、渠坡线，再在桩之间拉上与渠轴平行的渠底、渠坡纵向水平线，可沿渠底或渠坡水平移动检查，如有凸凹不平处，进行修整，以控制衬砌基槽的准确性，保证衬砌面的高程。

（2）铺砌。将混凝土预制板四周接缝处用钢丝刷刷干净后，铺于夯实的垫层或基槽上，使之平整、稳固。铺砌过程中务必将板下孔隙用中砂垫实，并控制规定的高程和接缝宽度。砌渠道边坡时，由下而上，横向结构缝或伸缩缝可砌成通缝，纵向结构缝一般应错开，但对有膨胀变形的基槽或膜料防渗的混凝土保护层，纵向结构缝则应砌成通缝。

（3）灌缝。结构缝灌前应清理干净，用水冲去浮土，并使缝壁润湿，再用特制勾缝刀将抗压强度不低于10 MPa的水泥砂浆压入缝内，并认真填满、捣实、压平、抹光。伸缩缝亦应清理干净（但不能用水冲），然后填充专门的橡塑质填料，填实、压平、抹光。

（4）养护。结构缝的强度是保证砌筑质量的重要方面，要注意养护，其方法与混凝土养护方法相同。

2. 预制渠槽的运输和安装

由于预制渠槽近似薄壳结构，故在运输过程中，装车、卸车须特别小心，不宜剧烈震动或互相碰撞，以免损坏。为此，一般车箱上应设有专门的支架，槽体与支架的接触处，应垫草垫、泡沫塑料或软木等。

混凝土渠槽安砌工艺因铺设方式的不同而不同，一般分为以下两种：

（1）埋入基槽中的渠槽，其施工程序是：挖成设计断面的基槽（如系旧渠，应清除杂草和淤泥，进行整修）；铺好槽底砂砾石垫层；安砌渠槽构件；回填土时，要两侧同时分层进行，并注意夯捣密实；灌缝；养护。

（2）砌于地面上的渠槽，其施工程序是：平整并夯实沿渠线的地基，安装渠槽构件，灌缝，养护。

三、冬季施工

混凝土衬砌渠道的施工，一般应在温暖季节进行。当寒冷地区的日平均气温稳定在5 ℃以下或最低气温稳定在－3 ℃以下、温暖地区的日平均气温稳定在3 ℃以下施工时，应采取冬季施工的措施。混凝土冬季施工方法有以下几种。

（一）调整配合比法

调整配合比法主要适用于在0 ℃左右温度下的混凝土施工。具体做法如下：

（1）要选择适当品种的水泥。选择适当的水泥品种是提高混凝土抗冻的重要手段，试验结果表明，应使用早强硅酸盐水泥。该水泥水化热较大，且在早期释放强度最高，一般3 d抗压强度大约相当于普通硅酸盐水泥7 d的强度，效果比较明显。

（2）合理降低水灰比。要根据施工工程的实际情况，合理降低水灰比，稍增水泥用量，从而增加水化热量，缩短达到龄期强度的时间。

（3）掺用引气剂。在保持混凝土配合比不变的情况下，可以加入引气剂后生成气泡，相应地增加水泥浆的体积，提高拌和物的流动性，改善其黏聚性及保水性，缓冲混凝土内水结冰所产生的水压力，提高混凝土的抗冻性。掺引气剂时，含气量应控制在3%～5%，最好与减水剂并用。

（二）蓄热法

蓄热法即预热混凝土的原材料。在施工过程中，适当对原材料（水、砂、石）进行加热，使混凝土在搅拌、运输和浇灌以后，还储备有相当的热量，以加快水泥水化放热的速度，保证混凝土正常凝固，并达到所要求的强度。

水的加热比较简单，可在铁锅或锅炉内烧热。砂石料由于其量大、体重，加热比较麻烦，一般尽量不用人工加热方法，而采用间歇覆盖，即在白天有太阳时敞开，使其吸收阳光的热量，夜间覆盖保温。必要时可用几块钢板将砂石架起，下面生火进行烘烤加热；也可将热空气或蒸汽通入砂石堆中加热。一般用32.5级普通水泥拌制混凝土时，水温不宜超过60 ℃，砂石温度不宜超过40 ℃，拌成的混凝土温度不宜超过40 ℃，亦不得低于10 ℃，混凝土拌和物入模温度不得低于5 ℃。如无条件加热砂石料，也可将水加热到超过规定温度，先与砂石拌和，使水中热量被砂石料吸收一部分，然后再加入水泥拌和成混凝土。因此，在冬季条件下，混凝土的拌和时间要比常温下规定的时间多50%。

采用蓄热法时，在施工过程中，要加强对混凝土的保温，以保证在温度降到0 ℃以前使新浇混凝土具有足够的抗冻能力，避免角部与外露表面受冻，且要延长养护龄期。在冬季混凝土施工中，蓄热法施工要求工艺比较简单，容易操作，而且成本也比较低，是比较理想的冬季混凝土施工方法。

（三）掺加防冻剂

混凝土拌和时，对混凝土拌和物掺加一种能降低水的冰点的化学剂，使混凝土在负温下仍处于液相状态，水化作用能继续进行，从而使混凝土强度继续增长。目前，常用的有氯化钙、氯化钠等单抗冻剂及亚硝酸钠加氯化钠复合抗冻剂。掺入氯化钙能促进水泥的水化和硬化，并能与水泥熟料中的矿物成分相化合，从而获得坚固、密实和耐冻的混凝土。但掺入过多，会使混凝土冷凝过快，给施工操作带来困难，同时还会降低混凝土的强度。为解决此问题，需要用适量的氯化钠来代替部分氯化钙。氯化钠不与水泥起化合作用，但它能降低水的冻结温度，使水泥在低温下继续有效地水化。同时，可以调节水泥硬化过程中的内部应力，提高混凝土的抗冻性。

氯化钠和氯化钙的适宜掺量，因寒冷程度的不同而不同，一般素混凝土氯盐含量（以无水氯化钙计）不应超过水泥质量的3%。

（四）外部加热法

外部加热法是通过加热新浇筑混凝土周围的空气，将热量传给混凝土，或直接对混凝土加热，使混凝土能正常硬化。在施工过程中，外部加热法主要有以下几种：

（1）火炉加热。如果是在比较小的工地，可以选择火炉加热。但是要注意，虽然火炉加热操作比较简单，但是往往不能很大程度提高温度，而且比较干燥，同时放出的二氧化碳会使新浇混凝土表面碳化，这在一定程度上会对工程的质量造成影响。

（2）蒸汽加热。也是比较容易控制的，并且加热的温度比较均匀，可以使每个部位的温度基本保持均衡，使混凝土在湿热条件下硬化。但是此种方法也有缺点，成本比较高，需专门的锅炉设备，且热量损失较大。

（3）电加热。在施工过程中，可以将钢筋作为电极，或将电热器贴在混凝土表面，通过这样使电能转变为热能，以提高混凝土的温度。虽然这种方法操作起来也比较简单，但需要消耗电能，而且在施工操作过程中危险性比较大。

采用外部加热法的同时，可以在混凝土浇筑渠段架设保温暖棚，这样加热效果会更好。除了以上三种加热方法，还可以采用红外线加热法，以高温电加热器或气体红外线发生器，对混凝土进行密封辐射加热。

渠道混凝土工程的冬季施工，应根据施工期间的气温情况、工程特点和施工条件等，在保证质量、加快进度、节约能源、降低成本的前提下，综合比较，选择适宜的冬季施工措施。如果气温在 0 ℃左右，可采用调整配合比法；如果气温在 －10 ℃左右，可选择蓄热法；如果气温在 －10 ℃以下，为了保证混凝土浇筑和养护所需要的温度，可采用外部加热法。另外，冬季施工期间，施工单位应与气象部门保持密切联系，随时掌握天气预报和寒潮、大风等情况，以便及时采取防护措施。

第五节　砌石衬砌渠道施工

一、干砌石衬砌渠道施工

（一）干砌卵石

1. 铺设垫层

在铺砌卵石之前，首先按设计要求备好合格的砂砾料，然后在开挖好的渠道基槽上，分段先渠底后边坡铺设垫层。如边坡较陡，则可边铺垫层边砌卵石，垫层与砌石同时升高。如加设膜料防渗层，应将垫层土料（过渡层）铺在膜上，边铺膜，边压土，边砌石。

2. 砌筑要点

干砌卵石砌筑时，只有砌紧靠实，砌平整，错开缝，使渠道断面整齐、稳固，才能保证工程质量。为此，要求做到以下几点：

（1）卵石长边应垂直渠底或渠坡砌筑，即立砌，并且卵石的较宽侧面应垂直于水流方向。不应前俯后仰、左右倾斜或砌成石阶，使卵石不能靠紧，容易松动。

（2）按整齐的梅花形砌筑，要求卵石六面靠紧，只准有三角缝，不准有四角眼。不能用乱插花和鸡抱蛋（即中间一块大石头周围小石头）的方法砌筑，具体如图 7-6 所示。

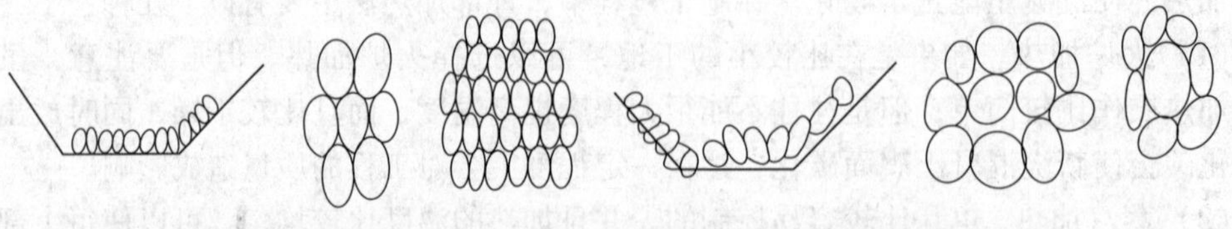

(a)正确的砌石方法　　　　(b)不正确的砌石方法

图 7-6　砌石方法

（3）卵石应与砂砾石垫层牢固接触，并随砌随用小砂砾石填实基础，不应出现脱空和松动现象。

（4）先砌渠底后砌渠坡。其优点是：①渠底与渠坡衔接较好，渠道坡脚处无明显的接缝；②砌好的渠底可以作为砌坡的支撑面，一方面渠坡容易砌牢固，另一方面在砌筑过程中，渠坡砌石对渠底有挤压作用，使渠底砌石更紧密、稳固；③渠底（特别是弧形渠底）较渠坡容易被冲坏，先砌底便于选择较大、较优质的卵石用于底部，把好料用在重要部位；④先砌渠底从上向下运石方便。

（5）渠底两边和渠坡脚的第一排卵石，应比其他卵石大 8～12 cm。因渠道脚坡容易冲毁，故应选用较大的卵石砌筑，有的地区为了提高渠坡砌石的稳定性，在坡脚处修成宽 50 cm 左右、深 15～30 cm 的干砌石基础。

（6）砌有大小头的锥形卵石时，小头朝上能砌得牢固，大小头交错砌筑。如大头朝上砌筑，只要保证质量，也是可以的。如交错砌筑，最好将大头朝上的卵石砌低 2～3 cm，以免因受水流冲刷而拔出。

（7）砌筑时应注意挑选石料，每行卵石力求长短厚薄相近，行列力求整齐，相邻各行卵石亦力求大体均匀，这样便于前一行与下一行错开茬口，挤紧砌实。

（8）为了防止因局部冲毁而引起大面积塌垮事故，应每隔一定距离（10～20 m）用较大的卵石干砌（或浆砌）隔墙一道。

3. *砌筑方法*

（1）砌隔墙。隔墙分底、坡两种。渠坡隔墙应砌成平直形，渠底隔墙应砌成拱形，拱顶迎着水流方向，以便加强隔墙的抗冲强度。但不论是渠底隔墙还是渠坡隔墙，都要垂直于渠床砌筑，砌筑的深度要考虑渠道可能的冲刷深度，否则就起不到隔墙的作用。一般隔墙的深度为 30～80 cm（为砌石厚度的 1.5～2.0 倍），隔墙的宽度为 0.6～1.0 m。

（2）砌渠底。渠底砌筑分为横砌和纵砌两种砌法，如图 7-7 所示。横砌指砌缝垂直于水流方间，纵砌指砌缝平行于水流方向。根据实践经验，横砌法无顺水夹缝，基础不易被水流淘刷，同时抗水流的阻力也较大，易于挂淤，故较好。砌筑时，同一排卵石的大小应一致，如尺寸不够一致，为使砌面平整，可将大石侧卧横砌，小石直砌。

砌渠底时宜从下游向上游砌筑，砌同一排卵石时，平渠底宜从渠坡脚的一边砌向另一边，弧形渠底应从渠中线开始向两边砌筑。同时，对于弧形渠底，在修隔墙后，可隔一定距离设置弧形模型板，用以控制渠道断面的形状。

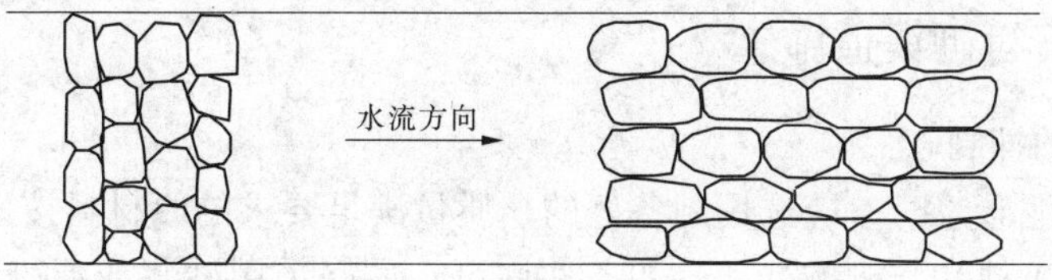

(a)横砌　　(b)纵砌

图 7-7　渠底砌筑方法

（3）砌渠坡。渠坡砌筑宜自下而上逐排砌筑，最后用较大的卵石水平砌筑封顶石。砌渠坡一般有分排及不分排两种砌法。分排砌筑的优点是整齐好看，好施工，但此法有纵向通缝，卵石之间咬合不紧，一旦一个石块松动，就会迅速波及其他卵石，故不如不分排的砌法好。如全为长而扁的卵石，则长边宜垂直渠坡立砌筑；如为不易衔接的卵石，则应上下层向相反方向倾斜成人字形砌筑。

(4) 灌缝与卡缝。卵石砌筑完毕，经验收合格后，即可进行灌缝和卡缝，使砌体更密实和牢固。灌缝时，采用直径 10 mm 左右的钢钎，把根据孔隙大小选用的粒径 1 ~ 5 cm 的小砾石灌入砌体的缝内，灌至半满，但要灌实，防止小石卡在卵石之间。灌缝用的石子应尽量大一些，使水流不易淘刷冲走。缝隙灌完后，再进行卡缝。卡缝宜选用长条形或薄片形的卵石，用小木榔头或小石头轻轻打入，使卡缝石下部与灌缝石接触且三面紧靠卵石，同时较砌体卵石面低 1 ~ 2 cm。卡缝打入不可用力过猛，以防震松砌筑的卵石。

(二) 干砌块石

干砌块石与干砌卵石施工方法相似，但干砌块石施工技术要求较高，施工中由于种种原因，常常出现各种施工质量问题。因此，为保证施工质量，在砌筑过程中，应做到以下几点：

(1) 砌筑时应根据块石不同形状，先行试放，不合适的地方适当用手锤修凿，使石块相互咬嵌紧密，分层砌筑，各层缝口应错开，避免出现通缝。

(2) 块石之间的缝隙应边砌边用小石填实，缝隙的表层应用合适的小石块填塞，并用手锤敲击，使小石块楔进挤紧，做到砌石面平、底实、稳固，任何块石包括砌缝里的小片石用手扒不松动，人在上面走无松动感。

(3) 为了减小糙率，砌体的面石应选用平整的较大的石块砌筑。对因块石的棱角影响而砌筑凸出的部分，应用手锤修整，力求表面平整。

(4) 干砌块石渠道的衬砌厚度小于 20 cm 时（小型渠道），只能用一层块石砌筑，不能用两层薄块石叠放，更不允许表面盖一层薄石，下面堆积很多小石块。如果所备块石较小，可以立砌，这样虽加大了糙率，但衬砌坚固，不易破坏。如衬砌厚度较大，砌筑中，在填腹石时，应做到相互交错，衔接紧密，把缝隙填塞密实。

(5) 砌渠底时，宜采用横砌法，将块石的长边垂直水流方向铺砌，坡脚处应用大块石砌筑。块石也可以平行水流方向铺砌，但为了增强抗冲能力，必须在平砌 3 ~ 5 m 后，扁立竖砌 1 ~ 2 排，同时错缝填塞密实。在渠坡砌石的顶部，可平砌一层较大的封顶石。

二、浆砌石衬砌渠道施工

(一) 砂浆的拌制

拌制砌石水泥砂浆时，应选用制备好的、质量满足要求的原材料按设计配合比拌制均匀。砂浆有人工拌和与机械拌和。如条件许可，最好采用砂浆或混凝土拌和机拌和，以保证浆料的均匀性。机械拌和一般每次 3 ~ 5 min，即可使用。采用人工拌和，一般要“干三湿四”，即先在薄钢板上把干料拌和三次，使颜色完全一致后，再分次加水湿拌四次，一般可拌和均匀。如为细石混凝土，拌制方法相同。如为水泥石灰砂浆或石灰砂浆，应先将石灰膏加入拌和水中，搅拌均匀后，再加入水泥拌和。拌制砂浆时，切忌随意加水及耗失水量。砂浆应随用随拌，不宜拌得过多和停放的时间过长，一般自出料到用完，其允许间歇时间不应超过 1.5 h。如果砂浆放置时间过长变得干稠，不准再拌水使用。

（二）砌筑要点

浆砌石渠道衬砌工程，根据石料不同分为浆砌块石、浆砌料石、浆砌卵石、浆砌石板等。另外，因石料不同，其砌法亦不同。但不管是哪种石料、哪种砌法，砌石前，为了控制好衬砌断面及渠道坡降，都要隔一段距离（直段 10 ~ 20 m，弯道可以更短一些）先砌筑一个标准断面，然后以此断面为准，拉线开始砌筑，并且在砌筑过程中，应避免人踩、石料砸碰砌体，以致影响砌筑质量，必要时应采取保护措施，尽量减少外力对凝固前砌体的破坏。浆砌石渠道衬砌施工时，应按照下列要求砌筑。

1. *砌筑顺序*

（1）梯形明渠。宜先砌渠底后砌渠坡。砌渠坡时，从坡脚开始，自下而上分层砌筑；U 形、弧形底梯形和弧形坡脚梯形明渠，从渠底中线开始，向两边对称砌筑。

（2）矩形明渠。宜先砌两边侧墙，后砌渠底；拱形和箱形暗渠，可先砌侧墙和渠底，后砌顶拱或加盖板。

（3）各种明渠，渠底和渠坡砌完后，及时砌好封顶石。

2. *石料安放*

（1）浆砌块石应花砌，大面朝外、错缝交接，并选择较大、较规整的块石砌在渠底和渠坡下部。

（2）浆砌料石和石板，在渠坡应纵砌（料石或石板长边平行于水流方向），在渠底应横砌（料石或石板长边垂直于水流方向）。料石错缝距离宜为料石长的 1/2。

（3）浆砌卵石，相邻两排应错开茬口，并选择较大的卵石砌于渠底和渠坡下部，大头朝下，挤紧靠实。

（4）浆砌块石挡土墙式防渗结构，应先砌面石，后砌腹石，面石与腹石交错连接；浆砌料石挡土墙式防渗结构，面石中应有足量的丁石与腹石相连。

3. *石料砌筑*

（1）砌筑前石料表面的泥垢、水锈等杂质应清除干净，并洒水润湿渠基。

（2）浆砌料石和块石，应随铺浆随砌石，干摆试放分层砌筑，坐浆饱满。每层铺水泥砂浆厚度，料石宜为 2 ~ 3 cm，块石宜为 3 ~ 5 cm。块石缝宽超过 5 cm 时，应填塞小片石。

（3）卵石可采用挤浆砌筑，也可干砌后用水泥砂浆或细砾混凝土灌缝。

（4）浆砌石板应保持砌缝密实平整，石板接缝间的不平整度不超过 1 cm。

4. *勾缝*

（1）浆砌料石、块石、卵石和石板，宜在砌筑砂浆初凝前勾缝。

（2）勾缝前必须清缝，用水冲净并保持槽内湿润，砂浆应分次向缝内填塞密实。

（3）勾缝砂浆强度等级应高于砌体砂浆，勾缝应自上而下用砂浆充填、压实和抹光。

（4）浆砌料石、块石和石板宜勾平缝；浆砌卵石宜勾凹缝，缝面宜低于砌石面 1 ~ 2 cm。

（三）浆砌块石渠道施工

1. 坐浆法

浆砌块石衬砌渠道施工常用坐浆法。首先，在渠道基础上先铺一层水泥砂浆，其厚度为石料高度的1/3～1/2，然后砌石。砌筑时，先将表面石定位，必要时敲去石料尖角部分，并用手锤敲击，使石料安放平稳，再砌填腹石，填腹石时，应根据石块的自然形状，交错放置，尽量使石块之间缝隙最小，但不能没有间隙，然后在缝隙中填塞砂浆至一半高度，再根据各个缝隙的大小和形状，填入合适的小石块或小片石，用手锤轻轻敲击，使石块全部挤入缝隙的砂浆中，直到填满整个缝隙为止。砌块石一般采用花砌法分层砌筑，错开竖缝，下层砌好后，再砌上一层。砌好的石体，在砂浆初凝后，不得再用锤击或撬动，也不能在上面拖拉重物，以免影响砌体的整体性和结构强度。如确有必要移动，应轻轻垂直提起石块，清除旧砂浆，重新坐浆再砌。砌石总的要求是要做到稳、紧、满（浆料满实），表面平整、上下错缝、内外搭砌，面石与腹石相互交错连接，上下两层石料亦应错缝，不能出现通天缝。砌缝要密实紧凑，但也应避免缝隙太小，影响砂浆进入。浆缝宽度一般为1～3 cm。砌筑渠坡时，相邻两个块石段间应尽可能等高地进行施工，其高差最好不大于1 m。

砌筑完毕后，在砌筑砂浆初凝前，应及时进行勾缝，最好是随砌随勾缝，以便使砌筑砂浆与勾缝砂浆结合紧密，整体性好。勾缝的形式有平缝、凹缝、凸缝三种。砌石渠道衬砌工程，为了减小糙率，一般多用平缝，也有的采用凹缝，但不采用凸缝。勾缝工作一般应在剔好缝（剔缝深度不得小于3 cm）并刷洗干净、保持湿润的情况下进行。勾缝时，勾缝砂浆强度等级应高于砌体砂浆，填塞要压实压紧，表面要反复抹压平整，使之与石体结合紧密，严格杜绝虚缝、空缝。对凹形缝的勾缝工作，尤应注意保证质量。总之，勾缝是砌石衬砌渠道防渗效果好坏的关键性工序，务必做到勾缝严密、光滑、无毛边、无裂纹等。

砌完石并勾完缝，开始凝结后，应及时清理现场，扫除残留的砂浆，立即进行养护，防止干裂。一般应覆盖草帘或草席，经常洒水保湿，其时间不少于14 d。特别是夏季施工，应做到随砌随盖随洒水养护。一般最好不要在冬季施工，如必须施工，应按冬季混凝土及砂浆施工的要求和有关规定采取保温防冻措施，以确保工程质量。

2. 坐浆灌浆相结合法

在渠道基础面上铺好厚为石块高度1/4～1/5的砂浆后，即安砌块石。其砌法及质量要求基本上与坐浆法相同。砌筑时，应分工段逐层依次砌筑，砌好一层后，用合适尺寸的碎石填塞砌石体的孔隙，并用较黏稠的砂浆填实砌石的外露缝隙，以免灌浆时漏浆。然后，用较稀的砂浆灌注砌石体的孔隙。要边灌边填塞小碎石，并仔细插捣，直到碎石填实、砂浆灌饱为止。不能有架空或砂浆未灌到的空洞。如发现，应及时补灌。灌浆应逐层进行，不能双层并灌。每层灌浆应从砌层的一头开始，灌到另一头。灌浆所用的砂浆应保持一定的强度、配合比及稠度，不能任意加水。灌浆时，要边灌边搅拌砂浆，防止发生离析现象。

砌筑边坡时，工段之间砌筑高度的差距不得大于一层的高度。每次休工前，应将最后砌层的灌浆、填石等工序完成后，才能中断砌筑。下次继续施工时，应先清除砌体上的污物，并用水润湿，然后铺砂浆，继续砌筑。勾缝与养护工作与坐浆法相同。

（四）浆砌料石渠道施工

浆砌料石渠道多为矩形断面，一般渠坡采用平行水流方向的纵砌法施工，但也有个别渠道采用横砌法及人字形的斜砌法，而渠底多采用横砌法。

料石一般规则平整，砌筑前应干摆试放，如个别料石厚度不够，需在四角先垫合适的片石再放置料石，看其是否与砌石面齐平，如已齐平，则取下料石，铺盖砂浆再正式进行砌筑。砌筑时，要求坐浆饱满，表面平整；上下层砌石应错缝砌筑，砌缝应横平竖直，均匀紧凑，一般缝宽1～3 cm；可用手锤轻击已砌料石顶面，检查砌体是否有洞，如有应返工衬填砂浆，直至密实为止。

勾缝及养护工作与浆砌块石施工相同。

（五）浆砌卵石渠道施工

浆砌卵石渠道一般也采用坐浆法砌筑，其施工方法及质量要求与浆砌块石基本相同。但在甘肃、新疆、贵州等省（区），认为采用坐浆法砌筑卵石时，卵石互相不紧靠，没有结构强度，虽有砂浆凝固连接，但其强度较低，一旦被水流冲坏，将引起整个卵石砌体的破坏。为了提高浆砌卵石衬砌渠道的防渗抗冲能力，这些地方采用坐浆干靠挤浆法、干砌灌浆法及干砌灌细粒混凝土法，效果很好。

1. 坐浆干靠挤浆法

坐浆干靠挤浆法施工时，先铺厚3～5 cm的砂浆，然后按干砌卵石的施工方法砌卵石。使卵石相互靠紧，下端嵌入砂浆内，较长的卵石嵌得深些，尽量使砌石面平整。底部的砌石缝隙随砌随用砂浆填实并挤紧，将砂浆挤出，沿缝子压实。如进行勾缝，则砂浆面应低于卵石面2～3 cm。砌筑时，砂浆摊铺面不宜过大，应与砌筑速度互相配合，以免砂浆初凝。采用该方法施工，每平方米需水泥18～36 kg，较干砌卵石渠道每平方米需增加工时0.1～0.2 d。

2. 干砌灌浆法

干砌灌浆法施工，先按干砌卵石的施工方法砌好卵石，然后向砌缝中灌注砂浆。灌浆要用小铁铲或专门的半圆形小槽逐缝喂灌，并用铁钎细心插捣，直到灌满为止。较大的三角缝应用细长的卵石填塞，使其密实。砂浆一般灌至卵石与卵石的接触点的中部即可，不可太多，也不需要专门进行勾缝，只需要略加整平即可。干砌灌浆法用水泥较少，每平方米需水泥15～25 kg。

3. 干砌灌细粒混凝土法

干砌灌细粒混凝土法施工，也是先干砌卵石，再灌细粒混凝土。有人工灌缝及机械振捣灌缝两种方法。机械振捣灌细粒混凝土的方法，是先在砌好的卵石表面上铺设细粒混凝土厚3～5 cm，再将平面振动器置于其上，徐徐振动，使混凝土灌注入卵石的缝隙，应随振随加，保证灌注密实。渠道边坡部分的灌注施工比较困难，一般应由坡下向坡上边振动边补浆料，细心灌注，直到密实为止。另外，对细粒混凝土原材料的质量、配合比及和易性等，施工中均应严格控制。机械法较人工法可节约劳力55%，提高工效1.25倍，同时可以保证灌缝的质量，提高防渗效果。该方法水泥用量较干砌灌浆法多，较坐浆干靠挤浆法少，但工程质量好，抗冲能力强，故采用者较多。

上述三种浆砌卵石方法的养护工作，与坐浆法砌块石施工相同。

（六）浆砌石板渠道施工

浆砌石板渠道砌筑时，首先在验收合格的渠道基槽上摊铺一层厚度为2~3 cm的砂料，或低标号砂浆做垫层，然后将制备好的石板砌于其上，务必使石板与垫层结合密实，表面平整。石板与石板之间的接缝用水泥砂浆填实，并用较高强度的砂浆细心勾缝，砌缝宽度为2 cm左右。同时，像其他砌石施工一样，必须做好养护工作。

因石板一般较薄，在有冻害地区的土基上修筑浆砌石板渠道时，最好铺设砂砾石垫层，防止冻胀破坏。

第六节 膜料防渗渠道施工

一、膜料加工

膜料渠道防渗工程施工时，为了提高施工效率，在铺设前，可以根据设计要求和渠道大小将膜料加工成大幅备用。膜料加工，包括剪裁、接缝和整理等工作。

（一）剪裁

成卷膜料应根据铺膜基槽断面尺寸大小及每段长度剪裁，以方便铺设。纵向铺膜时，应按基槽断面尺寸计算所需膜料的幅数；横向铺膜时，以铺设基槽断面的长度为一幅。由于膜料具有一定的伸缩性，并考虑到温度变化和施工时不能拉得太紧等因素，剪裁时，一般应比基槽实际尺寸长度长5%。剪裁的长度，应以其大块膜料便于搬运和铺设为宜，一般小型渠道为50~60 m，大、中型渠道为20~40 m。

（二）接缝

对于膜料渠道防渗工程，要保证膜料的防渗效果，必须处理好膜料之间的接缝，并作好接缝的质量检查。

1. 接缝方法

膜料接缝常用方法有搭接法、焊接法和黏结法等。

1）搭接法

搭接法主要用于大块膜料施工中的现场连接，或小型的膜料防渗渠道。搭接宽度一般为20 cm。膜层应平整，层间应洁净，而且要上游一幅压下游一幅，并使缝口吻合紧密。

2）焊接法

聚氯乙烯、氯化聚乙烯、低密度聚乙烯、高密度聚乙烯等土工膜宜采用焊接法。下列几种方法可供选用。

（1）电热锲焊接法。电热锲夹在两层被焊土工膜之间将膜加热，热锲向前移动时，两辊轮一起向前移动将两膜压合在一起，如图7-8所示。两层膜叠合宽度约1.5 cm焊接在一起，成为1.0~1.2 cm宽的焊缝。此法可焊接0.2~2 mm的聚乙烯膜或聚氯乙烯膜，焊缝抗拉强度为12 MPa以上，焊接工效在100 m/h左右。当膜片厚度为0.2~1.0 mm时，可用ZPR型焊接机焊接，其工作原理是利用高温的热楔，将膜片加热到熔化时再用橡胶履带压轧在一起，具有操作简单、体积小便于携带、价格低廉、焊接效果好等优点。

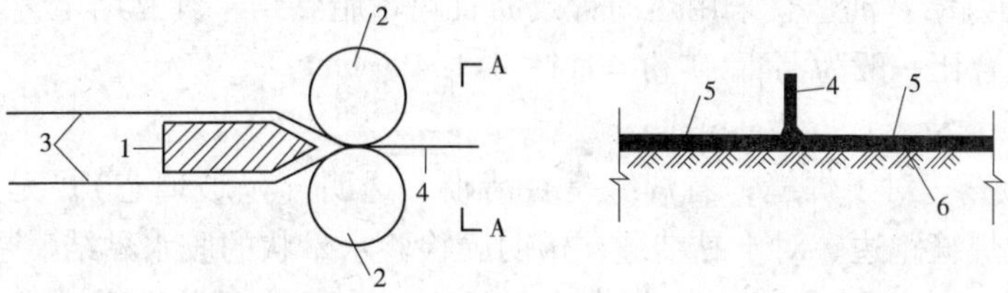

(a)平面图　　(b)剖面A—A

1—电热锲；2—双辊轮；3—土工膜；4—已焊接的土工膜；

5—铺设在坡面上的土工膜；6—坡面

图 7-8　电热锲焊接法示意

（2）电烙铁焊接法。把两层膜搭接5.0～6.0 cm，下垫木板或钢板，用电烙铁焊机沿缝移动，焊机中电烙铁将膜加热熔化，滚筒随着施压，搭接的两片膜便熔接成一体。焊接时温度和移动速度视被焊膜的种类和厚度而定。宜用较为先进的自动调温热焊机，焊接质量高。这种热焊机分为两种：一种是双焊线，有两块电烙铁和两个滚筒，焊成两条焊线，每条焊线宽 12 mm，两线净间距 10 mm；另一种是单焊线，有一个电烙铁和一个滚筒，焊成一条焊线，线宽 15～20 mm。

（3）电熨斗热接法。主要工具及设备为调温电熨斗（140～180 ℃）和木膜架。木膜架如图 7-9 所示，长度视需要而定。其连接方法是先在膜架顶部铺一层稍宽于顶部的纸（报纸或水泥袋纸），再将下膜料齐膜架沿接缝口拉顺、拉齐、铺平，擦拭干净，然后铺上层接缝膜料，最后再铺一层纸，用预热至规定温度（一般 160～180 ℃，可在现场试验决定）的调温电熨斗，以每分钟约 30 cm 的速度沿膜架顶均匀加压进行。行进中所加的压力，可在接缝接好的前提下，经试验确定。

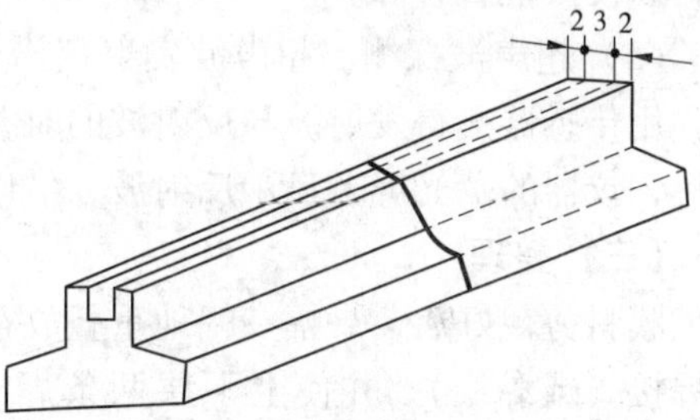

图 7-9　热接法木膜架　（单位：cm）

3）黏结法

（1）聚氯乙烯膜的黏结。聚氯乙烯膜可用聚氯乙烯胶或聚氨酯类胶（铁锚 101 胶或 902 胶）进行黏结。其方法是将聚氯乙烯膜边宽 5～8 cm 用砂布打毛揩净，将铁锚 101 胶甲、乙两组胶以 10∶1～10∶5 调和均匀，在刷毛的膜上涂布两遍，待第一遍胶稍干，再涂第二遍胶，呈风干状态时立即黏合，用滚筒压两遍，固化 24 h。

（2）复合土工膜的黏结。复合土工膜中的聚氯乙烯膜可用上述方法黏结，两面的丙纶土工织物可用 LDJ246 氯丁橡胶黏结。将土工布表面尘屑清除干净，并用酒精擦拭后，涂布 LDJ246 胶两遍，待第一遍胶稍干，再涂第二遍胶，呈风干状态时立即黏合，然后滚压两遍，固化 12 h。

（3）聚乙烯膜的黏结。聚乙烯膜可用 KS 热溶胶黏结。其方法是将胶水现场加热，膜下垫一块平木板，用一金属刮片将胶水涂抹在膜片上，然后用橡胶锤子敲击膜面，使两胶面充分结合。

（4）油毡的黏结。油毡宜采用热沥青或沥青玛琋脂黏结。其黏结工艺与塑膜类同。沥青玛琋脂的配合比一般为沥青∶矿粉 =1∶1 ~1∶1.4。

2. 接缝的质量检查

（1）外观检查。对于焊缝，看焊缝是否清晰、透明（呈玻璃态），无夹渣、气泡，无漏点、熔点、焊缝跑边。对于黏结缝，透明膜检验水晕状的胶水黏结痕是否有两边相通的。

（2）双焊线充气加压检测。接缝隙为双焊线时，可向双焊线之间的空腔充气。充气压力约为 200 kPa，充气长度为 50 ~60 m。充气后 10 ~20 min，压力无明显下降，表明焊缝不漏气，在此气压下，焊缝未脱开，亦表明焊缝隙强度合格。如漏气脱缝，则需补焊。

（3）双焊线注水加压检测。用 0.05 MPa 压力水针在焊接双缝间注入彩色水，不漏为质量合格。

（4）火花试验。焊接时将金属丝放在缝内或放在其背后，试验用的金属刷充高压电流（15 ~30 kV），将此金属刷沿焊缝移动，在焊缝漏焊处，金属丝无土工膜焊接材料包裹，与空气连接，则与金属刷之间发生火花。此种试验仪器可记录发生火花的位置，以便按位置补焊。

（5）超声波探测。超声波发射仪沿焊缝隙发射超声波，脉冲从土工膜底部反射回来，用传感器测得发射波与反射波的时差，如果焊缝隙有漏焊，则反射波返回快，时差缩短，仪器的荧光屏上显示反射波，借以测定时差，探明漏焊部位以便补焊。

（三）整理

膜料剪裁好后，一幅一幅地重叠放在一起，然后在每幅两侧分别与上下层按上述方法焊接（或黏结），并使上下层两条焊（黏）缝分别错开，以形成“琴箱”式叠放，便于展开铺衬。或者将加工成大幅的膜料整理成“卷”，以备施工使用。

二、膜料铺设

（一）铺膜基槽断面的开挖

铺膜基槽断面的开挖往往与渠道基槽施工结合进行，但其要求更高，需要彻底清除渠床杂草、树根、瓦砾、料姜石、硬土块等杂物和淤积物，以防刺破、顶破或擦破膜料，影响防渗效果。

对于渠道开挖部分，梯形铺膜基槽，可一次挖到铺膜断面；台阶形基槽，先根据设计尺寸挖成梯形基槽，再按台阶高度，平行渠底挖出台阶即可；锯齿形基槽，先根据设计尺寸挖梯形基槽，再按设计齿距在边坡上挖出一条条底边垂直于边坡的三角形小沟，其垂直于边坡的沟深等于设计的齿高，然后削去小沟之间多余的土方，即成齿状；五边形基槽，先根据设计开挖到铺膜高度，然后再按不同的边坡分别开挖即可。以上四种基槽断面挖成后，都应根据设计和铺膜高度，开挖膜层顶部。对于渠道填方部分，应先填到铺膜高度，其上部可与保护层一起填筑。填土应分层夯实，其干密度应符合填方的标准（壤土不小于 1.65 g/cm³）。填土应超出 20 ~ 25 cm，再挂线削坡至设计标准。

小型渠道基槽挖出的土可堆放在渠道两侧的渠堤上，以便做保护层时再用。渠底较宽的渠道，可先开挖半边基槽，土堆放在未开挖的一边，将膜料铺好回填后，再挖另半边基槽，土堆放在已回填的一边，待铺膜后回填；也可先将渠底挖开，土方堆放在两边坡上，待渠底铺膜回填后，再开挖两边坡，土堆放在渠底，待两边坡铺膜后回填。

铺膜基槽断面基槽开挖中，必须按设计标准，严格控制基槽的高程和断面尺寸，以保证保护层的厚度，并防止超挖。岩石或砂砾石基槽，要用适宜材料（砂浆、水泥土和砂等）铺设过渡层。

（二）膜料铺设

铺膜基槽或过渡层检验合格后，按先下游后上游的顺序，上游幅压下游幅，接缝垂直于水流方向铺设膜层。铺设时，将按设计尺寸加工的大幅膜料叠成"琴箱"式，先横向放在下游基槽内，再将膜料下游端与已铺膜料或原建筑物焊接（或黏结）牢固并填土压实，然后向上游拉展铺开。但不要拉得太紧，要留有均匀的小折皱，并平贴渠基，膜下空气应完全排出。铺好后，随即用湿土先压住边缘，再全面压实或者填筑过渡层。也可将成卷的膜料，由渠道一岸经渠底向另一岸铺设。膜层顶端应按设计铺埋。铺膜速度应和过渡层、保护层的填筑速度相配合，当天铺膜，应当天填筑好过渡层和保护层，以免膜层裸露时间过长。

膜料在装卸、运输和施工过程中，很容易擦破或顶破，必须细心包装、搬运、放置和铺设，并应随时注意检查，如发现破孔应立即采用粘贴法修补，修补膜应超出破孔周边 10 ~ 20 cm。施工人员应穿胶底鞋或软底鞋，谨慎施工。

三、保护层的填筑

（一）土保护层的施工

施工前应对土料的原材料进行加工粉碎，加工后的素土粒径不应大于 0.5 cm，且不含石块、树根、草根等杂物。土料含水量应接近最优含水量，其偏差值不应大于 ±1%。保护层的施工顺序应为先渠底后渠坡，一般采用压实法施工；当保护层土料是砂土、湿陷性黄土等不易压实的土料，或中、小型渠道不易采用压实法时，可采用浸水泡实法。

1. 压实法

填筑土料时，根据保护层的厚度，可一次回填或分层回填。保护层的厚度大于 15 cm时，应分层铺筑，第一层最好使用湿润松软的土料，从上游向下游填土，并注意排气。人工夯实，虚土每层铺料厚度不宜大于 20 cm，并应边铺料边夯实，直至达到设计的干密度，不得漏夯。砂壤土和壤土的干密度不小于 1.50 g/cm³。机械夯实，虚土每层铺料厚度不宜大于 30 cm。层与层之间，需洒水、扒松，以利结合。各回填段接茬处应按斜面衔接，并交错行夯，使各回填段形成牢固的整体。边坡需超出 20 ~ 25 cm，以便削坡修整，达到设计断面。

采用机械夯实土保护层时，禁止使用羊角碾。

2. *浸水泡实法*

浸水泡实法可按设计要求一次性填筑好保护层。填筑过程中，将填土稍加拍实。填筑断面尺寸留 10% ~15% 的沉陷量。先放小水后逐渐抬高水位，待保护层反复浸水沉陷稳定后，缓慢泄水，填筑裂缝，并拍实、整修成设计断面。砂壤土、轻壤土、中壤土采用浸水沉实法施工时，其干密度宜为 1.4 ~1.45 g/cm^3。

（二）砂砾料和刚性材料保护层的施工

用砂砾料或刚性材料做保护层时，当膜料铺好后，应先铺设膜面过渡层，施工人员也应穿胶底鞋或软底鞋，尽量避免膜料破损。若发现膜层孔洞或被穿破，应立刻采用粘贴法修补。如果采用复合土工膜（一布一膜或两布一膜），可不铺设膜面过渡层。

采用砂砾料保护层，其级配应符合设计要求。铺设时逐层振压密实，压实度应不小于 0.93。采用砌石、混凝土等刚性材料保护层，其施工方法与砌石衬砌和混凝土衬砌施工方法相同。

第七节　沥青混凝土防渗渠道施工

一、原材料准备

沥青混凝土防渗工程所用的原材料包括石料、砂料、矿粉和沥青等，这些材料有的需要预先加工后运到工地，有的是在制备沥青混合料的地点加工。一般情况下石料、砂及矿粉是在料源产地加工，沥青则是在生产沥青混合料的地点加工。不管怎么样，这些材料都应按照设计要求准备，石料应采用质地坚硬、新鲜的碱性岩石轧制的碎石，制备时最好使用反击式碎石机。用做填料的矿粉最好采用石灰岩粉，存放必须防雨防潮，勿使杂物混入。砂、石料等应分别过筛并分仓堆放。

二、沥青混合料的制备

（一）制备方式的选择

沥青混合料的制备方式有三种：一是机械式制备，即采用沥青混凝土拌和机制备；二是半机械式制备，即采用干燥滚筒加热砂石料，简易拌和机实施拌和；三是人工制备，即人工炒拌沥青混合料。半机械式制备存在原材料称量不准、砂石料加热温度变化幅度大、生产的混合料温度不稳定、生产效率低等问题；人工制备过去采用较多，但无法保证沥青混合料质量。因此，现在多采用沥青混凝土拌和机制备。

目前，沥青混凝土拌和机的类型很多，按作业方式分为循环作业式、连续作业式和综合作业式三种。循环作业式的特点是混合料中各类材料的烘干、称量、拌和、出料等工艺过程，都是按一定的时间间隔周期进行的，即按份拌制；连续作业式的特点是混合料中各类材料的烘干、称量、拌和、出料等工艺过程，都是连续进行的；综合作业式的特点是砂石料的供给、烘干与加热是连续进行的，而砂石料与沥青的称量、拌和及出料是按一定的时间间隔周期进行的，它实际上是循环作业式和连续作业式的综合。以上三种作业方式，循环作业式虽然初配比较准确，但由于没有砂石料的再称量设备，所以会影响到成品料的配合比，且生产率较低；连续作业式生产率最高，单个料的配合比不准确；综合作业式配合比准确，生产率较高，且燃料消耗较少，因此目前运用比较广泛。按拌和方式分为强制拌和式、自由拌和式两种。强制拌和式的特点是砂石料的烘干、加热及与热沥青的拌和，是先后在不同的设备中进行的。拌和是利用旋转的叶浆，将热砂石料和沥青强制搅拌，拌和的质量较好。自由拌和式的特点是砂石料的烘干、加热及与热沥青的拌和，是在同一滚筒中进行的。拌和是依靠砂石料在旋转滚筒内的自由跌落实现与沥青的裹敷。其生产工序有周期进行的，也有连续进行的。

沥青混凝土渠道防渗工程宜采用连续烘干、间歇计量、强制拌和的综合作业式沥青混凝土拌和机。对于小型沥青混凝土渠道防渗工程也可以采用人工制备沥青混合料。

（二）沥青的熔化

在拌和沥青混合料前，应按要求对沥青进行熔化脱水。沥青熔化可以采用火池（锅）加热法或连续式蒸汽化油法。火池（锅）加热法熔化沥青，设备比较简单，但熔化速度慢，损耗量大，一般适用于小型工程。连续式蒸汽化油法是将沥青放入安有蒸汽排管的沥青池内，使用时通入蒸汽使其熔化，适用于沥青用量较大的大、中型工程。在加热容器中，沥青的数量应控制在容器的60%～70%。熔化后的沥青通过专用管道或专用沥青泵输送至燃油式沥青加热锅脱水、加热。沥青脱水温度控制在120 ℃±10 ℃，加热温度控制在150～170 ℃，恒温时间不得超过6 h，以防沥青老化。

（三）沥青混合料的拌和

沥青混合料的拌和是把按设计要求制备的石料、砂料、矿粉与沥青材料加热到规定温度，然后按照设计配合比例混合均匀。拌和一般分配料、加热、拌和等工序。

1. 配料

沥青混合料拌和时，要严格按照监理工程师批准的配料单进行配料。配料时，沥青、石料、砂料和矿粉均以质量计，称量误差控制沥青小于±5.0%，石料小于±2.0%，砂料小于±2.0%，矿粉小于±1.0%。若配料不准或精度较差，则沥青混凝土的施工质量和防渗效果就难以保证。

2. 加热

对原材料的加热，其温度必须控制在要求的范围内，若沥青或砂石料加热过高，则易造成沥青老化，使沥青的针入度下降、软化点升高和延度减小，影响工程质量。

砂石料宜采用燃油（或燃煤）内热式烘干机加热，加热温度一般要求170～190 ℃，不宜大于200 ℃。当使用量不大时，也可在炒盘上直接加热砂石料，但要加强搅拌，防止局部过热。采用综合作业式沥青混凝土拌和机时，冷的砂石料进入烘干机前进行初配，并连续向烘干机加料升温，加热后经提升进行二次筛分，按粒径尺寸贮存在热料斗内，这样可以避免砂石料温度不均衡的缺陷。最后按热料斗内的砂石料调节配合比例，并随时供配料使用。

沥青加热温度应控制在160 ℃±10 ℃。矿粉拌和前不加热。

3. 拌和

沥青混合料的拌和可采用机械拌和和人工拌和两种方法。机械拌和应采用强制式搅拌机，拌和时应先将骨料与矿粉干拌，再加入热沥青一起拌和至均匀，直到不出现花白料为止。下面以综合作业式沥青混凝土拌和机为例介绍其工作原理。

综合作业式沥青混凝土拌和机由干燥机和拌和机组成。干燥机的作用是烘干加热砂石料，拌和机的作用是按一定的配合比，将热砂石料和热沥青拌制成所需的沥青混合料。其工艺流程为：湿的砂石料在给料器中初配后，由冷料升运机连续不断地供入到烘干转筒内烘干加热。烘干、加热好砂石料，经热料升运机连续送入筛分机内，由筛分机筛分成几种不同规格，并分别贮存于热贮料仓的各个斗内。当贮料仓内的砂石料积存过多时，多余的部分由溢流管排于地下。热贮料仓共有四个斗，其中三个斗分别贮存各种不同规格的热砂石料，分别卸入矿料称量斗内，按一定的质量比例称量。称好一份卸入拌和器内。与此同时，热沥青由称量桶称好后，经沥青泵送到拌和器内，喷洒在热矿料上。各料在拌和器中进行拌和。拌和好的混合料进入成品料贮料仓贮存，或卸入运输车辆的车箱内，经试验检验合格后，运往铺筑工地，其工艺流程如图 7-10 所示。

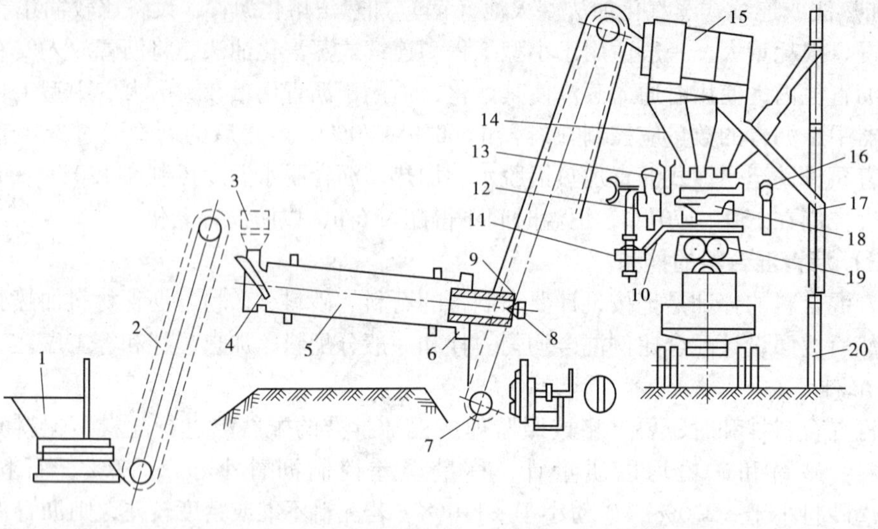

1—给料器；2—冷料升运机；3—烟囱；4—加热槽；5—烘干筒；6—卸料箱；7—燃料升运机；8—喷燃器；9—燃烧室；10—沥青管；11—沥青泵；12—沥青量桶；13—沥青称重指示器；14—燃料贮仓；15—筛分机；16—矿料称量指示器；17—溢流管；18—矿料称量斗；19—拌和器；20—石料升运机

图 7-10　综合作业式沥青混凝土拌和机的工艺流程示意

该类拌和机具有以下优点：配合比准确，适应性强，可拌和任何比例的混合料；可根据技术要求，控制拌和时间；所有工序的操作、计量等，均可由特制的设备、仪表和显示器等电器设备实行自动控制，生产效率高。

人工拌和是在工地上就近砌筑拌和炉灶，拌和锅为平底浅锅，拌和的方法是先将每盘已称好的砂、石料放入锅内，边加热边翻转，直至料温达到规定后，将预先加热至预定温度并称好的沥青均匀地浇洒在烘好的砂、石料上，边洒边翻转搅拌，直到均匀，最后将称好的矿粉撒在搅拌均匀的混合料堆上，同样边掀边翻转拌和，翻转要快，直到全部矿料为沥青包裹，颜色一致，不露白点为止。搅拌过程中，也要按规定控制温度。同时，每拌一盘后，锅底要全部铲除清理干净后，再按照以上工序拌制下一盘。

不管采用机械拌和还是人工拌和，必须严格控制拌和温度，一般应控制在 160 ~

180 ℃。温度过高或过低，都将影响工程质量。若拌和出的沥青混合料温度高，易造成沥青老化；若拌和出的沥青混合料温度低，将造成摊铺和碾压困难，难以达到规定的孔隙率和渗透系数，影响防渗效果。

三、现场浇筑法施工

（一）沥青混合料的运输

沥青混合料的运输机具和运输能力应与拌和能力及铺筑机械的生产能力相适应，要求在运输过程中不得中途转运，尽量缩短运输时间，减少热量散失。当其温度不能满足摊铺和碾压要求时，应作废料处理，并运往指定的弃置地点堆放。沥青混合料摊铺和碾压的温度控制标准见表 7-7。因此，运输工具应采取适当的保温措施，特别是在低温季节施工或运距过长时，更应如此。在卸料和运输过程中应避免沥青混合料出现离析和分层现象。运输机具停用时应及时清理干净。如遇雨天应停止施工。

表 7-7　沥青混合料摊铺和碾压的温度控制标准

施工项目	摊铺	开始碾压	终止碾压
温度控制标准（℃）	130 ~ 150	120 ~ 140	85 ~ 120

（二）现场摊铺试验

在渠道沥青混凝土防渗工程施工开始前，必须进行现场摊铺试验，现场摊铺试验应在要施工的渠道上进行。通过现场摊铺试验，检验渠道摊铺和碾压设备的运行情况，确定沥青混合料的摊铺厚度、压实温度、碾压遍数和压实系数等施工工艺参数，确保工程质量以及施工的顺利进行。

（三）沥青混合料的摊铺

沥青混合料应按试验确定摊铺厚度，沿渠道方向水平摊铺，或沿垂直渠道轴线方向依次分成条幅摊铺，摊铺条幅宽 3 ~5 m。对于工程量较大的渠道，宜采用水平摊铺的方式进行铺筑，这样铺筑的强度较高，接缝较少，有利于保证施工的质量。渠坡上垂直渠道轴线方向铺料时，应自下而上，每次到顶，避免造成水平接缝。

摊铺前，可进行必要的放样工作，实地画出摊铺地带的宽度，定出垂直标高。摊铺的厚度，应使压实后的厚度达到设计要求值。为此，应进行必要的计算。一般沥青混合料的压实系数为 1.2 ~1.5，亦即摊铺材料厚度应为设计厚度的 1.2 ~1.5 倍，亦可根据一次运料量的多少，按式（7-1）计算应摊铺的面积

$$F = \frac{Q}{h\rho} \tag{7-1}$$

式中　F——摊铺面积，m^2；

Q——一次运到的沥青混合料重，t；

h——设计防渗层厚度，m；

ρ——沥青混凝土的设计密度，t/m^3。

沥青混凝土防渗层应连续摊铺，尽量减少施工冷缝。当不是连续摊铺时，应将已铺好的铺筑层修成斜坡，在下次铺新料前涂上一薄层热沥青或热玛瑞脂，或预热已铺砌的

沥青混凝土层，以便达到紧密的结合。施工中，应当特别注意新铺与已铺沥青混凝土的连接，如连接缝处理得不好，往往形成渗水通路，降低防渗效果。当设有整平胶结层时，防渗层的施工接缝应与整平胶结层的接缝错开。结合面应干燥、洁净，并涂一薄层热沥青或乳化沥青，其涂刷量不超过 1 kg/m^2。

（四）沥青混合料的碾压

沥青混合料宜采用振动碾按试验选定的压实温度和遍数进行压实，不能漏压。小型渠道可采用静压或平面振动器压实。碾压时，应先静压 1 ~ 2 遍，再振动碾压。当振动碾沿渠道边坡上下方向碾压时，应在上行时振动，下行时不振动，以防止碾压表面发生细微水平裂缝。沥青混合料的碾压温度应通过现场碾压试验确定，一般情况下可按初始碾压温度为 120 ~ 140 ℃，终止碾压温度为 85 ~ 120 ℃。施工接缝处与碾压带之间，应重叠碾压 10 ~ 15 cm。

在与混凝土建筑物连接附近以及其他特殊部位，应采用人工摊铺沥青混合料，并使用小型压实机具压实或辅以人工压实。人工摊铺和压实后应达到的技术指标与机械施工相同。

（五）涂刷封闭层

1. 沥青玛琋脂封闭层

当采用沥青玛琋脂作为封闭层时，封闭层的施工应尽量采用专用玛琋脂摊铺机施工，沥青玛琋脂的涂刷厚度为 2 ~ 3 mm。施工中，沥青玛琋脂要搅拌均匀，涂刷时的温度应在 160 ℃以上，涂层应厚薄均匀，涂刷量为 2 ~ 3 kg/m^2，涂刷后发现鼓泡或脱皮应及时处理。涂刷后禁止人、畜和机械在上面行走。

2. 改性乳胶沥青封闭层

改性乳胶沥青封闭层为冷施工，施工时应注意材料配合比的精度，在涂刷时要均匀，在局部表面不平整处，可采用浓度较稠的腻子型改性乳胶沥青进行找平。

四、预制安砌法施工

预制安砌法施工的优点是可以工厂化生产，预制板的质量容易保证，不受施工季节和气候的影响，施工机具可以大大简化，同时还可以缩短工期，节约投资。但预制安砌法的施工接缝如果处理不好，容易开裂，生长杂草，降低防渗效果。

（一）预制板的制作

1. 预制板的尺寸

预制板是矩形板，如果采用人工安装，一般以 100 cm × 50 cm × 5 cm 为宜，每块重 60 kg 左右，同时最好用钢质模板，这样，预制件尺寸比较标准。如果采用机械吊装，预制板尺寸依据渠道大小和施工机具而定。

2. 制作方法

沥青混凝土预制板的制作宜采用钢模板。预制板应振压密实、尺寸准确、六面平整光滑，无缺角、无石子外露等缺陷。在钢质底模板上，小型工程也可在夯实并平整好的地面上安放固定好模板，然后在模板内壁涂刷废机油，将加热并拌和好的沥青混合料倒入模板内，采用人工夯实或小型振捣器加压振动的方法压实成型。加压振动成型法的密度可达 2 340 kg/m^3，人工压实的密度可达 2 300 kg/m^3。

如果采用机械吊装施工，其预制板的尺寸一般较大，在预制板中间需要加玻璃纤维格栅或铁丝网。制作时，先摊铺一层沥青混合料，紧接着放置玻璃纤维格栅或铁丝网，然后摊铺第二层混合料，用滚筒来回滚动均匀，再用碾压设备压实。

（二）预制板安砌

在渠床按设计开挖、压实并整修好后，即可开始安砌沥青混凝土预制板。一般多在土基上安砌预制板，板与板之间预留砌筑缝，不留伸缩缝。砌筑缝要互相错开，在有冻害地区，应在垂直水流方向留通缝，不在顺水流方向留通缝，以提高抗冻胀的能力。预制板下需设砂砾料垫层的渠道，可以先做好垫层并压实整平表面，然后安砌预制板并做到平整稳固。为了防止工作缝处的接缝填料流入垫层，可预先在有关部位（全面做更好），用 1:9 热沥青砂浆涂刷厚 1 cm 的涂层，效果很好。

采用机械吊装施工时，应将预制板卷在专用滚筒上，吊装于运输工具上送至铺筑现场，依据渠道断面尺寸选定吊装设备。如果渠道两岸距离较近，可选用横跨两岸渠道纵向行走的行车式吊装机，两岸相距较远则可在两岸分别设置汽车吊，铺设时要求预制板与渠道基槽面接触平稳。

（三）砌筑缝的处理

沥青混凝土预制安砌的防渗层，常在砌筑缝处裂缝，其原因是填缝材料与预制板的黏结能力不够。因此，除提高和改进填缝材料的性能外，填缝时，还应采用红外线灯或电炉丝烘烤方法对缝的接触面加热，以促使其与填料更好地黏结。在缝的接触面被加热后，即可用细粒沥青混凝土、沥青砂浆、沥青玛琋脂等填缝材料填筑缝，并要填筑密实压平，使填料与预制沥青混凝土板紧密结合。

砌筑缝也可用界面胶黏结。其施工方法是先轻轻掀起一侧板边，将两边涂好界面胶的止水条粘贴于另一侧预制板边，缓缓放下掀起的板边，挤压止水条自行密实，再用木锤夯平。界面胶配制比例为胶∶固化剂 = 10∶3，应随配随用，配制好的胶必须在 1 h 内用完。

（四）涂刷封闭层

在处理好砌筑缝以后，即可涂刷封闭层。涂刷的材料及方法与现场浇筑施工法相同。

第八节　伸缩缝的填充

填充伸缩缝是一项非常细致的工作，施工前除做好材料、工具等的准备工作外，对初次参加施工的人员还应进行培训，以确保填充质量。采用热施工材料时，施工中应注意防火、防烫伤等事故。伸缩缝的填充施工应按下列步骤进行。

一、清缝

如果伸缩缝内潮湿和不干净，填料便不能与缝壁很好黏结。因此，伸缩缝填充前，应清除缝内杂物、粉尘，并保持缝壁干燥。清缝一般包括清扫现场，用小钩或扒钉掏去缝中杂物，用竹刷或钢丝刷刷净缝壁、缝底，用吹风器（如“皮老虎”）吹净缝中粉尘，或用破布、棉纱擦净缝底、缝壁；如果缝壁潮湿，应设法使其干燥。

二、填缝材料制备

（一）沥青砂浆制备

沥青砂浆是用沥青、普通水泥（或滑石粉、粉煤灰）、细砂或中砂制成的。制备步骤如下：

（1）将沥青在锅中加热，使之熔化、脱水，捞去杂质。如为大块沥青，可打碎至5 cm左右，再入锅熔化。脱水时，要边加热边搅拌，直到不冒气泡为止，此时水已脱净。为避免溢锅和其他事故，锅内沥青不能超过其容积的2/3。

（2）按设计配合比分别称取砂料和水泥（或粉煤灰等），一并倒入另一锅内，在搅拌下，均匀加热至160 ℃。如砂料为湿料，称料时应进行校正。

（3）按配合比称取脱了水并加热至180 ℃的热沥青，徐徐倒入已加热至160 ℃的砂料和水泥的锅内，边倒边搅拌，直至稀稠均匀，颜色一致，即成沥青砂浆。

（二）石油沥青聚氨酯接缝材料（PTN）制备

该材料为双组分，制备时将甲组分和乙组分按照质量比1∶1～1∶3倒入容器中进行配制，充分搅拌至均匀即可。

三、填充伸缩缝

伸缩缝必须根据设计要求填充，施工中应做到缝形整齐、尺寸合格、填充紧密、表面平整。常用材料填充工序如下。

（一）填充沥青砂浆

填充时，将制备好的沥青砂浆向已清理干净的缝中填塞，边填边用窄小的木板或小铁抹子填满压实抹光，使沥青砂浆与缝壁紧密黏结。

如果采用预制沥青砂浆板条填充，则先将制备好的沥青砂浆倒入按伸缩缝尺寸制成的木模中，待冷却后，即预制成板条。填充时，将预制板条填入伸缩缝中，板条与缝壁之间用热沥青填塞，务必使其密实且不漏水。

（二）填充石油沥青聚氨酯接缝材料（PTN）

采用石油沥青聚氨酯接缝材料（PTN）填充伸缩缝时，一般先采用聚乙烯泡沫棒、泡沫板、木板或其他塑性材料等在缝底部作垫缝处理，然后填充制备好的PTN材料。对于水平缝，用带有V形缺口的小铁桶向伸缩缝中灌注，边灌边用小木棍靠缝边搅动，使其与缝壁、缝底充分黏结。对于立缝和斜缝，施工时有两种方法：一是用纸带或胶带纸将缝口封好，将PTN材料灌入，4 h过后撕去封口纸带或胶带即可；二是将混合料放置一段时间后，直至垂直状态不流淌时，用灰刀、泥抹子将PTN填入缝中，将缝面抹平，4 h后，待PTN材料凝固后，揭去缝边保护纸带或胶带纸即可。

（三）填充高分子止水管（带）

有特殊要求的伸缩缝，宜用高分子止水管（带）等材料。高分子止水管配用专用胶填塞入缝内，与缝壁挤紧粘牢；高分子止水带在防渗衬砌结构现场浇筑时，按设计要求浇筑于缝壁内。止水管（带）塞置好后，用沥青砂浆填塞保护层，并要填平抹光。

第九节　施工质量的控制与验收

渠道衬砌与防渗工程建设中，施工质量是工程建成后能否发挥预期效益的保证。因此，无论采用何种材料和结构，施工中都必须严把质量关，把施工质量的控制贯彻在施工的全过程中，精心施工，务必使施工质量达到设计标准。为此，应做到如下各点：

（1）建立健全质量管理体系，明确质量责任，层层落实，分头把关，做好工程建设质量管理工作；根据国家有关技术标准，制定渠道衬砌与防渗质量和检测的标准，使工程现场的质量控制有据可依；大、中型工程应设立工地质量检测实验室，小型工程可委托专门的实验室进行质量检测。

（2）工程施工质量检测中使用的计量器具、试验仪器仪表及设备应定期进行检定，并具备有效的检定证书；检测人员应熟悉检测业务，了解被检测对象性质和所用仪器设备性能，经考核合格后，持证上岗。

（3）填筑与开挖好的渠道基槽，应尺寸准确，平整密实，其断面尺寸的允许偏差值见表7-1。土基渠槽填筑时，应控制施工时土的含水量和干密度，使干密度不小于设计干密度，其离差系数应小于0.15，一般干密度应不小于1.65 t/m^3；开挖时，要严格控制渠道断面尺寸，不得多挖，亦不能少挖。石基渠槽应主要控制其断面的尺寸和平整度。

（4）施工过程中，对原材料要分期分批取样检验，并报监理机构复核。不合格产品，不得使用。使用材料的配合比应随时抽检复查。施工中各种材料的称量允许偏差值应满足表7-8的要求。

表7-8　材料的称量允许偏差值

材料类别及名称	沥青砂浆、沥青玛琋脂、沥青混凝土				土料、水泥土、砂浆、混凝土						
	沥青	矿粉	细骨料	粗骨料	水	外加剂	石灰	土	水泥	砂	石
称量允许偏差值（%）	±0.5	±1.0	±2.0	±2.0	±2.0	±1.0	±3.0	±5.0	±2.0	±3.0	±3.0

（5）大、中型渠道衬砌与防渗工程施工前应先进行试验性施工，检验设计配合比是否合理，确定施工机具的有关参数和施工时的铺筑厚度等。

（6）不同材料衬砌与防渗渠道工程施工中，应分别检查如下内容：①混凝土衬砌，在配合比合理的基础上，应检查拌和的均匀性、振捣的密实性等，还应留制试样进行混凝土的强度、抗渗和抗冻性试验。②砌石衬砌应检查砌石尺寸、砌筑质量和密实性。③膜料防渗应检查渠基是否平整，施工中膜料的接缝是否黏结完好，铺膜中膜料是否有损伤等。如有损伤，应修补后再进行下一工序的施工。④沥青混凝土防渗应检查原材料的脱水、加热和拌和的温度、拌和的均匀性、摊铺的厚度和压实的密度，必要时，还应在现场用渗气法检查防渗层的密实性和渗透系数。

（7）施工中的各道工序，应严格检查验收。前道工序质量经验收合格后，方可进入下道工序施工。未经验收合格的工序，不得进入下道工序施工。

（8）从施工开始到工程竣工，所有施工质量检验记录及签证，均必须随时记录在案，登记造册，整理归档，妥为保管。

（9）渠道衬砌与防渗工程竣工后应全面检查，并按有关工程验收的规范和规程进行竣工验收，施工质量应满足设计要求。渠道应断面尺寸准确、平整坚实，其断面尺寸的允许偏差值见表7-9。

表7-9　防渗渠道断面尺寸和防渗层尺寸的允许偏差值

项目		允许偏差值（cm）	
		土基	石基
渠底高程		±（1~3）	±（1~2）
渠道中心线		±（1~3）	±（1~2）
渠底宽度		+（2~4）	+（3~5）
断面上口宽度		+（3~5）	+（4~6）
平整度		±（1~2）	±（1~2）
伸缩缝间距	现场浇筑施工	±2	±2
	预制铺砌施工	±5	—
边坡防渗层斜长度		+（1~2）	+（1~2）
现浇施工，渠坡、渠底防渗层纵向分块长度		±（0.5~1）	±（0.5~1）
现浇施工，渠坡、渠底防渗层横向分块长度		+（3~5）	+（1~6）
预制板两对角线长度差值		±0.7	—
防渗层厚度	现场浇筑施工	±5%	-（5%~15%）
	砌石防渗及预制铺砌施工	±（5%~10%）	—

注： 大、中型渠道应符合大值要求，小型渠道应符合小值要求。

第八章　渠道衬砌与防渗工程的测验

第一节　测验的目的、原则及内容

一、测验目的

渠道衬砌与防渗工程受各种工程环境条件的影响，其状态和工作情况在不断变化，为了及时掌握渠道工程变化情况和性质，必须进行测验。利用各种仪器设备，对投入运行的渠道衬砌与防渗工程进行定期、系统的现场观测和试验，其目的是监测工程在运行期间的状态变化和工作情况，发现不正常现象时，及时分析原因，采取措施，防止发生事故，并改善运行方式，保证工程安全，充分发挥效益；分析研究测验资料，掌握运行情况和变化规律，验证原设计及试验的数据，提高工程的设计、施工和管理水平，并为科学研究提供必要资料。实践证明，渠道衬砌与防渗工程的测验，对监控工程安全、充分发挥效益、提高设计水平、改进施工方法等都具有重要意义。

渠道衬砌与防渗工程测验包括渗漏测验、变形测验及冻胀测验等。不同的测验具有不同的目的和要求，具体介绍如下：

（1）渗漏测验。为对比各种渠道的渗漏损失，论证采用衬砌与防渗措施的必要性；检验渠道防渗效果，对施工质量进行评价；推算渠系（渠道）水利用系数；进行渠道衬砌与防渗技术的试验研究与材料防渗性能检验等，应选择测验段，进行渠道渗漏损失测验。渠道渗漏损失宜采用静水法或动水法进行测验。

（2）变形测验。为监测渠道衬砌与防渗工程的稳定性，保证渠道安全运行，应对高填方、特殊土渠基、地下水位高的重要渠段，进行变形测验。变形测验宜在渠道试运行期或经过一个输水周期后进行。

（3）冻胀测验。为了解渠道衬砌与防渗工程冻胀防治措施的性能，监测工程安全，在季节性冻土地区应进行冻胀测验。冻胀测验宜在渠道衬砌与防渗工程经过冬季实际运行后进行。

二、测验原则

渠道衬砌与防渗工程测验应遵循以下原则：

（1）测验项目要能满足监测工程工作情况，了解工程变化规律的需要，并有明确的针对性。既要有重点，又要全面考虑。对互有联系的测验项目，要结合进行。

（2）测验设备要合理布置，精心设计，正确埋设，做到能了解工程全貌，特别是能掌握工程重要部位和薄弱环节的变化情况。

（3）测验次数和时间，要能掌握测点变化过程，保持资料连续性。在特殊情况下，除规定的外，还应增加测次，增加测点及其有关的测验项目。

（4）测验资料要保证准确真实，反映客观实际。测验必须按时进行，观测数据必须符合精度要求，计算正确无误，资料分析全面客观。

三、测验工作内容

（1）测验设计。包括测验项目的确定和布置，测验仪器设备的选用、埋设和安装，并绘制测验设计总图、主要测验仪器设备布置和结构图。

（2）测验仪器设备的埋设和安装。要严格按设计要求进行。竣工后要绘制竣工图。

（3）现场测验。包括巡回观察和定位测验。按规定的测验项目、测次、时间，在现场进行观测记录，并要做到无缺测、漏测、违时和不符精度，随观测、随记录、随计算、随校核。为利于提高观测精度和效率，应固定专人、仪器、测次和时间。

（4）测验资料的整理分析。对现场测验成果要进行校对，防止差错，及时绘制过程线和关系曲线，进行分析。如发现异常情况，应找出原因，采取措施。如原因一时查不清，应加强观测，分析成果，并及时上报。

（5）定期进行资料整编，并对测验工作进行技术总结，对工程工作状态作出鉴定，提出工程运行和维修意见。

工程管理单位应根据工程具体情况，制订工程测验工作细则，包括测验项目、测次、时间、顺序、人员分工、精度要求、资料整理分析保管，以及观测仪器设备保护、率定、检修、安全操作等有关各项工作制度，并将其作为工程管理制度的组成部分，认真执行。必要时应在测验前对测验人员进行培训，以保证测验工作的顺利完成。

第二节　渗漏测验

渠道渗漏损失可通过计算或实测的方法确定，计算方法在第二章第三节中已讲述，本节主要讲述渗漏损失的实测方法，即渠道渗漏损失的测验方法。渠道渗漏损失的测验可采用静水法或动水法。静水法精度高，适用于各类渠道，但测验工作量大，需在渠道停水后进行；动水法可在不影响渠道正常运行的情况下进行，但测验精度比静水法差，一般适用于测量上、下两测试断面间渠段的总体渗漏量，为满足测量精度的要求，宜在渗漏量大的渠道上进行，且要求测试渠段长，测试次数多。因此，工程实践中应根据测验目的进行比较选择，如检验渠道防渗效果，对施工质量进行评价，进行渠道衬砌与防渗技术的试验研究以及材料防渗性能检验等可优先选择静水法。

另外，有同心环测渗法、渠下集渗法、钟罩形测渗仪法、渗漏轮廓法、电阻法、室内渗透仪法等。这些方法，有的费用高或局限性大，有的是精度较差，一般很少采用。

一、静水法

静水法是在渠道测验段的上下游设置临时横隔堤，然后向测验段内注水形成静水池，然后测定渗漏损失。具体方法有两种：一是水位下降法，通过测验池中水面降落速率，推算测验段的渗漏量及渗漏强度；二是称量法，通过计算为维持池中水位稳定不变而在一定时间内向池中补加的水量来推算渗漏量及渗漏强度。

（一）测验段的选择和设置

1. 测验段的选择

静水法在测验前应进行详细的渠道调查，根据渠道类别、断面大小和水文地质条件等，选择具有代表性、渠段顺直完整、断面规则、具备水源和交通条件，并具备暂时停水测渗可能的典型渠段。

2. 测验段长度的确定

确定测验段长度时，应考虑注水条件、渠道大小及其纵坡与渗漏情况等因素，并能代表测验渠道渗漏特性。一般测验段长度宜为 30 ~ 50 m，渠道断面越大，测验段越长。为使纵坡陡于 1/100 的渠道和引洪灌溉的宽浅式渠道测验段中的水深能接近过水水深和实际渗漏情况，测验段长度还应满足式（8-1）的要求：

$$\frac{2(h_2 - h_1)}{h_2 + h_1} \times 100\% \leqslant 10\% \tag{8-1}$$

式中　h_1——测验段首端水深，m；

h_2——测验段末端水深，m。

3. 测验水位的确定

确定测验水位应能反映渠道实际过水情况。恒水位观测时，宜采用渠道设计水位。渠道流量经常偏离设计流量时，可采用经常过流水位作为测验水位。变水位观测时，从渠道设计水位或经常过流水位开始，到水位降至 1/6 ~ 1/8 测验段中间水深时停测。

4. 横隔堤及渗漏平衡区的修筑

在测验段两端修筑横隔堤及渗漏平衡区，其纵断面如图 8-1 所示。

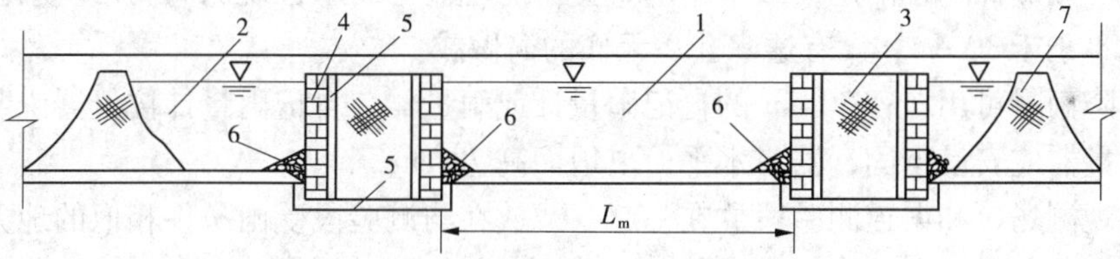

1—渗漏测验段；2—渗漏平衡区；3—横隔堤；4—砖墙；5—塑膜；6—止水；7—外侧隔堤

图 8-1　测验段纵断面图

修筑横隔堤前，应对测验段进行整修，清除渠道内的淤积物、杂物及草木等。但运行多年的渠道，不影响渠道运行的淤积层，可不清除。保持渠道断面、纵坡及边坡规则、平整、均匀一致。渠堤顶应排水良好，不允许雨水流入测验段。

横隔堤应稳固、严密止水和不允许渗漏变形，邻测验段一侧表面应竖直。对混凝土、砌石等衬砌渠道，横隔堤应切断衬砌防渗层，插入土基 20 ~ 40 cm，并与衬砌防渗层间作止水连接；对土渠，横隔堤应插入渠底和边坡土层 30 ~ 50 cm，横隔堤与土层的接缝用黏土填塞夯实。横隔堤顶应高于测验水位 10 ~ 15 cm。横隔堤可采用双砖墙内铺塑膜，中间夯填土做夹层。夹层厚度按不发生渗漏变形的允许水头坡降确定，并不小于 1. 0 m。渗漏平衡区外侧隔堤可用黏土夯筑，高度应高于最高测验水位。每个渗漏平衡区的长度不应小于5倍测验渠段水深。

5. 测验段长度和宽度的测量

测量测验段的渠宽时，将测验段由上游向下游分为10等份，并以测验段中间水深为准，将渠坡按水深分成几层（边坡变化的渠道，可在变坡点处增加一层）等高等距点，分别测量各高程各等距点的渠道宽度（读至mm），求出渠道各高程的平均宽度。

测量测验段长度时，丈量两端隔堤间相同高程对应位置点的距离（读至mm），至少量左、中、右三点，求出各高程的平均长度。

6. 观测设备的设置

设置前应检查各种观测设备是否完好并能正常使用。设置水位测量设备和称水、量水器具以及降雨、蒸发观测设备，应符合下列要求：

在测验段两端及中间，分别设置水位测尺、测针或其他水位测量仪器。水位测尺最小刻度至mm，并应校核无误。

测验段两端的水尺，应紧靠横隔堤垂直安设。测验段中间的水尺，与水平面成一定夹角倾斜安设，水尺零点一端固定在渠底上，另一端固定在横跨渠道的刚性梁上。中间水尺起始零刻度与渠道底部齐平。中间水尺安设的夹角可选用14.5°或30°。斜尺上水位变化数乘以0.25或0.50，即为水位垂直变化数。也可在测验段中间断面设置测针，与水尺配合使用。测针装在渠道横挡上，要求横挡不变形。旁设跳板，以便于观测测针读数。测针外罩防浪筒，采用直径不小于30 cm的无底筒做成，筒壁设有透水孔。

水尺的底座和固定物应稳固，保证测验期间水尺不下沉、不移位、不摆动。

水面不平稳，不能保证水位尺读数至mm时，应设置观测井。观测井与测验段用连通管连通，测井的面积约为0.1 m^2。连通管截面面积不小于测井面积的10%。测井水位用水位尺和测针配合测定，或采用垂直置于测验段中的水位观测筒测量。水位观测筒采用直径不小于30 cm、设有透水孔、无底的筒做成。

观测降雨量可用口径20 cm的自记雨量计或雨量器。自记雨量计按仪器说明书要求安设；雨量器应安设牢固，器口水平，离地面高70 cm。

降雨观测场应和渠道测验段放在一起，或放在与测验段受雨条件相似的地方。

观测水面蒸发量宜采用改进后的E－601型蒸发器，也可用口径80 cm带套盆的蒸发器，或口径20 cm的蒸发皿。

蒸发器（皿）宜安置在测验段或渗漏平衡区漂浮于水面的木筏上。

7. 加水系统

根据渗漏平衡区的最大渗漏强度，估计测验段的渗漏强度。加水系统的供水能力，应大于测验段最大渗漏强度的1.5倍。

（二）静水法的要点及工作内容

1. 静水法的步骤

（1）向测验段快速注水，达到测验规定水位；

（2）进行恒水位观测；

（3）进行变水位观测；

（4）在恒水位、变水位观测时，同时进行降雨量和蒸发量观测。

需要说明的是，恒水位观测结束后，应紧接着进行变水位观测，保证渠床处于稳渗状态，节约观测时间。只要求测验设计水位或经常过流条件下的稳渗强度时，可不进行变水位观测。不要求测初渗超额量时，可先注水泡渠至恒水位（观测规定水位），经判断已达到稳渗阶段后再测出要求的稳渗强度。

2. 注水要求

（1）测初渗量时，尽快地连续注水。加水后水位等于测验水位加上 1/2 加水前、后水位的差值。

（2）刚停止输水的渠道，待渠道干涸、地下水位恢复正常后，方可进行初渗量测验。

（3）土渠测验段注水应防止渠面冲刷。

（4）同时向测验段及渗漏平衡区注水，并使两侧水位基本相同。

静水法测验某一水位渠道渗漏强度，有一个水位下降变化幅度。刚加了水的水位，即水位变幅的上限，称为加水后水位。随着渗漏水位降到一定高度，又要加水使水位恢复到原加水后水位，这个未加水前的低水位，即水位变幅的下限，称为加水前水位。加水前水位和加水后水位都不能代表测验水位的渗漏情况，只有加水前、后水位的平均值才能代表实际渗漏情况。为消除实际平均水位和测验水位不同引起的渗漏误差，要求加水前水位和加水后水位偏离测验水位的高差相等。因此，要求加水后水位要等于测验水位加1/2加水前、后水位的差值。同时，为了测到全部初渗量，应尽快地连续注水到加水后水位。

3. 观测过程和测验方法

渠道的渗漏过程可按渗漏强度随时间的变化划分为初渗和稳渗两个阶段。渠道充水以后到渗漏强度稳定以前的时段为初渗阶段，渗漏强度达到某一稳定值（即稳渗强度）以后的时段为稳渗阶段（见图 8-2）。

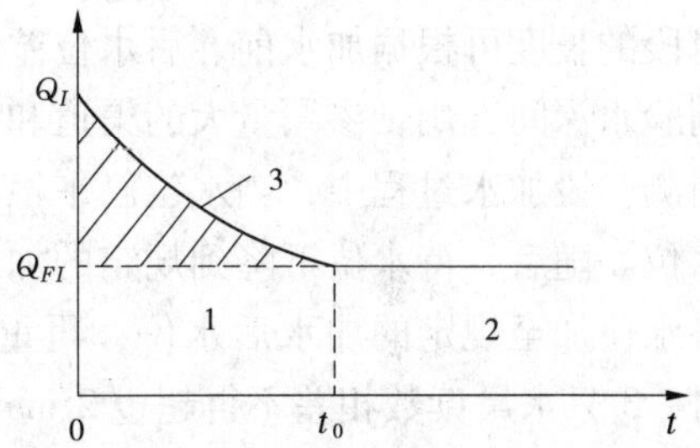

1—初渗阶段；2—稳渗阶段；3—初渗超额量 W_E；
t—观测时间；Q_I—渗漏强度

图 8-2　渗漏阶段划分

静水法可分为恒水位测验和变水位测验两个过程。恒水位测验的目的在于测出渠道在设计水位或经常过流条件下的稳渗强度及相应的初渗超额量，变水位测验的目的在于求出渠道在稳渗阶段的稳渗强度随渠道水深的变化规律。

如前所述，渗漏量测定有两种方法，即水位下降法和称量法。

（1）水位下降法，是在测验段中通过测定水位下降一个固定值所需要的时间，来推算渗漏量的方法，也可称为渠内量水法，适用于断面规则的较大流量渠道和渗漏量大的渠道。其要点是：每一个观测时段开始和末了水位不同，有个差值，根据这个差值计算该时段水位变化量。在观测时段内不给测验段加水，观测完毕尽快向测验段中补加水，恢复到时段开始规定的加水后水位，即恒水位，然后开始下一段观测。因此，水位下降法的测验过程由渗漏观测时段和加水时段两部分组成，且交替重复进行，如图 8-3 所示。水位下降法的特点是：每个观测时段开始水位尽量相同，并等于加水后水位；加水时段不计入观测时段。

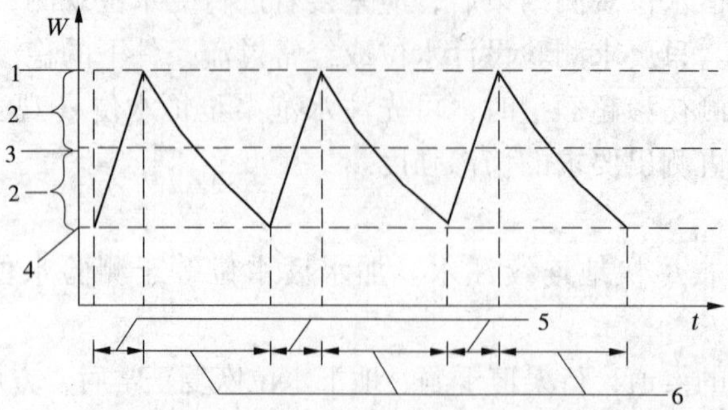

1—加水后水位；2—1/2 加水前、后水位差；3—测验水位；4—加水前水位；
5—加水时段；6—观测时段；t—测验时间；W—渠中水位

图 8-3　水位下降法时段划分

为把水位下降引起的湿周变化对实际渗漏面积影响造成的计算渗漏量强度的误差消除，要求加水前、后水位的平均值等于测验水位。为了控制水位变幅，规定加水前水位和加水后水位的差值可在 5% ~10% 测验水深间选用，渗漏量大的渠道和测验水深小于 1. 0 m 的渠道取大值，反之取小值。水位下降量选定后，观测时段的长短取决于渠道渗漏情况，一般在开始测验的 1 h 内，约 20 min 观测一次，随后 1 h 观测一次；24 h 后，每 2 h 观测一次。

水位下降法测验的要求：使加水前水位和加水后水位的平均值等于测验水位；观测时段的长度可根据加水前、后水位差的大小确定。加水前、后水位差值可在 5% ~10% 测验水深间选用，渗漏量大的渠道和测验水深小于 1. 0 m 的渠道取大值，反之取小值；向测验段加水过程中，当水位已平稳，且达到规定的加水后水位时，记录此时间及相应水位。随后，待水位下降到规定的加水前水位时，记录其时间及相应水位。同时，迅速将水位加至规定的加水后水位，再重复做下一时段观测；观测水位应准确。水面平稳时，3 只水尺读数相差不得超过 2 mm。

（2）称量法适用于小流量或渗漏量小的渠道。其要点是：观测时段开始和结束时，测验段内水位完全一致，并等于加水后水位，称为恒水位。称量法按图 8-4 所示的时段划分方法进行测验，并准确量测记录在每时段内向测验段补加的水量、加水时间、等待超量加水水位回落时间以及加水不足补加水时间等。由图 8-4 可以看出，相邻两时段，前一时段的结束时间就是下一时段的开始时间，中间无间隔时间。

称量法测验的要求：使每个观测时段加水前、后水位的平均值等于测验水位。加水前、后水位差值，可同于水位下降法规定值。待水位下降至加水前水位，再迅速加水至加水后水位。准确测读加水前、后水位，并称量每一观测时段的加水量；加水时间包括在各观测时段内。每次水位达到加水后水位的时间，即为上一观测时段的结束时间，也是本观测时段的开始时间。两观测时段间没有间隔。

4. 恒水位测验

恒水位测验时，当连续出现 10 次以上观测时段相同，渗漏量接近，渗漏强度的最大值、最小值差满足式（8-2）时，方可认为渗漏稳定，恒水位渗漏测验完成。

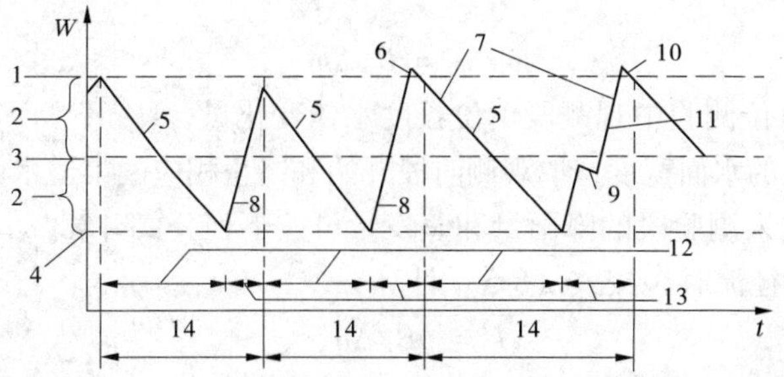

1—加水后水位；2—1/2 加水前、后水位差；3—测验水位；4—加水前水位；5—渗漏过程；6—加水超量；7—延长观测时段；8—加水过程；9—加水不足；10—补加水超量；11—继续补加水；12—渗漏时段；13—加水时段；14—观测时段；t—测验时间；W—渠中水位

图 8-4　称量法时段划分图

$$\frac{Q_{I\max} - Q_{I\min}}{\overline{Q}} \times 100\% \leqslant 10\% \tag{8-2}$$

式中　$Q_{I\max}$——同一时间连续 10 次测验的最大渗漏强度，L/(m^2 · h)；

$Q_{I\min}$——同一时间连续 10 次测验的最小渗漏强度，L/(m^2 · h)；

$\overline{Q}$——同一时间连续 10 次测验的渗漏强度平均值，L/(m^2 · h)。

5. 变水位测验

恒水位测验结束后，应紧接着进行变水位测验。只做变水位测验时，应先注水至测验水位加上 1/2 加水前、后水位差值处，泡渠 2 ~ 4 d，并满足式（8-2）时，方可进行观测。

变水位测验的要求：采用水位下降法时，可用等水位降落差值测至最低水位，也可用等时段观测；采用称量法时，应从最高测验水位加上 1/2 加水前、后水位差值处开始，至每个欲测验水位结束，记录各测试水位起止时间和所加水量，同一水位应重复测验 2 ~ 3 次。

6. 降雨量观测和蒸发量观测

降雨量观测与渗漏量观测应同步进行；渗漏量很小的渠道，同一时段蒸发量占蒸发与渗漏总量的 2% 以上时，蒸发量观测与渗漏量观测应同步进行。

（三）测验成果的整理

（1）观测时段内，测验段单位长度水体的变化量可按下列规定计算：

恒水位测验。如采用水位下降法进行观测，可用式（8-3）计算。如采用称量法计算，测验段各观测时段所添加的水量除以测验段长度，得出各个观测时段单位长度水体的变化量 ΔW_{BI}。

$$\Delta W_{BI} = B_W \Delta h \tag{8-3}$$

式中　ΔW_{BI}——恒水位测验中测验段单位长度水体的变化量，L/m；

B_W——测验段的水面宽度，取渠道水面宽度的多点测量平均值，m；

Δh ——观测时段水深变化量，即加水前、后水位差值，mm。

变水位测验。采用水位下降法时，可用式（8-4）计算。采用称量法时，计算方法同恒水位称量法。

$$\Delta W_{BF} = B_W \Delta h \tag{8-4}$$

式中　ΔW_{BF}——变水位测验中观测段单位长度水体变化量，L/m；

B_W——测验段的水面宽度，取观测时段开始和终止相应的渠道水面平均宽度，m。

（2）观测时段进入测验段的降雨量和蒸发量可按下列公式计算。

小雨渠坡不产生径流时，按式（8-5）计算：

$$I = pB_W \Delta t \tag{8-5}$$

式中　I——测验段单位长度的降雨量，L/m；

p——平均降雨强度，mm/h；

Δt——观测时段长度，h。

中雨和大雨时，应计入由渠坡流入的水量，按式（8-6）计算：

$$I = pB\Delta t \tag{8-6}$$

式中　B——测验段渠道堤顶口宽，m。

观测时段内，测验段单位长度水面的蒸发量，按式（8-7）计算：

$$E = eB_W \Delta t \tag{8-7}$$

式中　E——测验段单位长度水面蒸发量，L/m；

e——观测时段内平均水面蒸发强度，mm/h。

（3）观测时段中测验段的渗漏量应按下列公式计算。

恒水位测验按式（8-8）计算：

$$\Delta W_I = \Delta W_{BI} + I - E \tag{8-8}$$

式中　ΔW_I——测验段单位长度的稳定渗漏量，L/m。

变水位测验按式（8-9）计算：

$$\Delta W_F = \Delta W_{BF} + I - E \tag{8-9}$$

式中　ΔW_F——测验段单位长度的稳定渗漏量，L/m。

（4）恒水位测验各观测时段的渗漏强度应按下列公式计算。

初渗阶段时渗漏强度按（8-10）计算：

$$Q_I = \frac{\Delta W_I}{\chi \Delta t} \tag{8-10}$$

式中　Q_I——初渗阶段各观测时段在恒水位时的渗漏强度，L/(m²·h)；

χ——测验水位相应的渠道湿周，m。

当测验段入渗稳定后，稳渗强度按式（8-11）计算：

$$Q_{FI} = \frac{\sum_{i=1}^{10} Q_{Ii}}{10} \tag{8-11}$$

式中　Q_{FI}——恒水位测验的稳渗强度，L/(m²·h)；

Q_{Ii}——测验段入渗稳定后，连续10次观测满足《渠道防渗工程技术规范》（SL 18—2004）第9.2.6条规定的第i次渗漏强度，L/(m²·h)。

（5）变水位测验各观测时段的稳渗强度应按式（8-12）计算：

$$Q_F = \frac{\Delta W_F}{\bar{\chi}\Delta t} \tag{8-12}$$

式中　Q_F——测验段在不同水深时的稳渗强度，L/(m^2·h)；

$\bar{\chi}$——测验时段开始和终止时的渠道平均湿周，m。

（6）初渗超额量的计算。

采用称量法观测时，可按式（8-13）计算：

$$W_E = \sum_{i=1}^{n_1}(Q_{Ii} - Q_{FI})\Delta t_i \tag{8-13}$$

式中　W_E——初渗超额量，L/m^2；

Q_{Ii}——初渗阶段第 i 个观测时段的渗漏强度，L/(m^2·h)；

Q_{FI}——测验第 i 个观测时段内不同水深的稳渗强度，L/(m^2·h)；

Δt_i——第 i 观测时段的长度，h；

n_1——初渗阶段的观测时段数。

采用水位下降法观测时，可按式（8-14）计算：

$$W_E = \sum_{i=1}^{n_1}(Q_{Ii} - Q_{FI})\Delta t_i + \sum_{j=1}^{n_2}(Q_{Ij} - Q_{FI})\Delta t_j \tag{8-14}$$

式中　Q_{Ij}——初渗阶段第 j 个加水时段的渗漏强度，取该次加水时段前后相邻两个观测时段渗漏强度的平均值，L/(m^2·h)；

Δt_j——第 j 个加水时段长度，h；

n_2——初渗阶段总加水时段数。

（7）测验成果的回归检验。

测验段在各个观测时段所得出的各种稳渗强度和相应平均水深，应按式（8-15）进行回归计算，求出稳渗强度随渠道水深变化的规律：

$$Q_F = Ch^D \tag{8-15}$$

式中　h——测验段水深，m；

C、D——稳渗回归系数和指数。

对渠道防渗结构形式、质量状况、几何尺寸和地质情况基本相同的渠道，在同一时期测出不同测段的变水位测验数据，可放在一起进行回归计算，得出该类型渠道渗漏规律的相关关系式。

回归所得相关关系式，应进行相关检验。单个测验段的测验数据回归计算的相关检验置信度可取0.95，相关检验如不能满足数理统计要求，可研究采用分段回归，同时对相关的合理性进行分析。不同测段的测验数据进行回归的置信度可取0.90，能满足相关检验要求时，可代表该类型渠道的渗漏规律。

静水法测定渠道渗漏损失的观测记录及计算表见附录E。

二、动水法

动水法是选定一测试渠段，分别测量渠道上游进水断面和下游出水断面的流量，二者的差值即为该渠段的渗漏损失量。常以每千米损失流量占进入该渠段流量的百分数表示，即：

$$\delta = \frac{Q_1 - Q_2}{Q_1 L} \times 100\% \tag{8-16}$$

式中　δ——每千米损失的流量占进入该渠段流量的百分数（%）；

Q_1——上游进水断面的流量，m^3/s；

Q_2——下游出水断面的流量，m^3/s；

L——渠段长度，km。

选择测试渠段时，渠道类别、大小和水文地质条件等要有代表性，并有足够的长度。当正常流量 $Q<1\ m^3/s$ 时，测试渠段长度 $L\geqslant1$ km；当 $Q=1\sim10\ m^3/s$ 时，测试渠段长度 $L\geqslant3$ km；当 $Q=10\sim30\ m^3/s$ 时，测试渠段长度 $L\geqslant5$ km；当 $Q=30\sim100\ m^3/s$ 时，测试渠段长度 $L\geqslant10$ km。对于透水性弱或有衬砌防渗层的渠道，测试渠段应更长些。如果测试精度要求较高，测试渠段的长度应根据测流仪器的精度、测试量精度，经误差分析后估算确定。上、下游观测断面应选择在渠道的顺直段，其长度不小于 10 倍渠宽，水流均匀，无旋涡和回流。

动水法测试前应对渠段全程进行勘察，了解渠道的完好情况，分水口和涵管的位置、数量、淤积及障碍物情况，并及时进行渠道清淤、清障、清除杂草，严密封堵分水口及涵管等。观测期间流量要稳定，中间无分流，保证渠道水位不变。否则，就要把渠段内所有分出和泄走的水量准确测量，计入出水部分；从周围地带进入渠段的水量也要准确测量，计入进水部分。渗漏损失很小的渠道，流程上的蒸发量应与渠道流量测量同步进行，并计入出水部分。渠段降水量也应与流量测量同步进行，计入进水部分。测验段上、下游断面观测条件、观测仪器应一致。

同一渠道在不同季节和通过不同流量时，其渗漏损失不同。因此，应分别测定不同季节、不同流量情况下的渠道渗漏损失。此外，渠道渗漏损失还随渗漏过程中所处的不同渗漏阶段而不同。因此，需考虑渗漏强度随输水时间的变化，最好是测定渠道从初渗到稳渗的全过程，并绘出渗漏损失过程线进行分析。由初渗到稳渗的时间，一般是 3 ~ 5 d，也有的是 5 ~ 7 d 或更长。

实测断面流量，有流速仪、量水堰、量水槽等方法，可根据具体情况选用。一般大型渠道多用流速仪法，小型渠道用量水堰法。采用流速仪测流时，测速垂线的数目应根据断面流速分布的均匀程度而定，一般不宜少于 5 条。每根测速垂线上的测点数应根据测试精度的要求和水深而定，一般可选用五点法、三点法、二点法或一点法。每个测点上计算流速仪转数的测速历时不宜小于 100 s。测点的具体位置应符合表 8-1 的规定。

表 8-1　测速垂线上的流速测点分布位置

测法	相对水深位置
五点法	水面附近，0.2 h，0.6 h，0.8 h，渠床附近
三点法	0.2 h，0.6 h，0.8 h
二点法	0.2 h，0.8 h
一点法	0.6 h

注： 1. h 为测点所在测线处水深。

2. 相对水深位置由水面算起。

流量测试达到一定次数后，应计算各断面流量的标准差、随机不确定度及测试渠段的渗漏损失水量。该值满足测试要求时即可结束测试，具体流量、标准差、随机不确定度的计算见附录F。

在渠道运用过程中，也可利用渠系建筑物（如进水闸、涵洞、渡槽、跌水等）测流，确定两个建筑物之间的渠道渗漏损失。具体方法是：在渠道行水期间，记录进入上游建筑物的流量、流入各分水渠道的流量以及通过下游建筑物的流量，按式（8-17）计算该渠段的渗漏损失。在测流期间，渠道水位应尽量保持稳定，如果渠道水位有变化，则上、下游建筑物和各分水口测流的时间必须和水的流程时间相适应。

$$\delta = \frac{Q_1 - (\sum Q_f + Q_2)}{Q_1 L} \times 100\% \tag{8-17}$$

式中　δ——每千米损失的流量占进入该渠段流量的百分数（%）；

Q_1——进入上游建筑物的流量，m^3/s；

Q_2——通过下游建筑物的流量，m^3/s；

$\sum Q_f$——流入各分水渠道流量的总和，m^3/s；

L——渠段长度，km。

动水法，简单易行，对渠道正常行水的影响不大，适用于渠段较长或渗漏损失大的渠道。在小型渠道上用量水堰测流，简单方便，精度较高，利于测定渠系水的渗漏损失，但要求测流人员要有熟练的技术，才能保证测量精度。

第三节　变形测验

一、变形测验

渠道衬砌与防渗工程在运行期间，由于受到各种条件和因素的影响，经常会发生沉陷、位移、裂缝等变形，对高填方、松软渠基、地下水位高的重要渠段，应进行变形测验，监测渠道的状态变化和工作情况，研究并掌握其变化规律，以便在发生不正常情况时，及时分析原因，采取措施加固，保证运行安全，防止事故发生。另外，变形测验也是对设计、施工的一种检验，对于采用的新结构、新施工方法、新工艺，通过变形测验来验证其效果，以便于改进和提高设计、施工质量，也可作为科研的依据，为科学试验服务。

变形测验应设置变形观测点、基准点和工作基点。渠道变形测验应选择有代表性的断面，在渠底、堤顶及特殊需要的地方设置固定标点，如图8-5所示。作为变形观测点，观测其垂直与水平变形值，观测标点一般应在表面布置。垂直与水平变形的观测基准点，应设置在变形区以外的稳定地区，通常设置在两岸便于观测的基岩、坚实土基或建筑物基座上，观测基准点埋深不应小于60 cm，寒冷地区应大于1～1.5倍土壤冻深。观测基准点的构造见图8-6。一般为了观测方便及提高观测精度，基准点距离变形观测点远时，可在观测断面附近布设工作基点。通视条件较好时，可不设立工作基点，直接在基准点上测定变形点。

垂直位移观测，通常是用水准仪根据起测基点的高程，测定标点的高程变化。水平位移观测，通常是用经纬仪按视准线法、小角度法和三角网法，根据工作基点测定标点的水平位置变化。

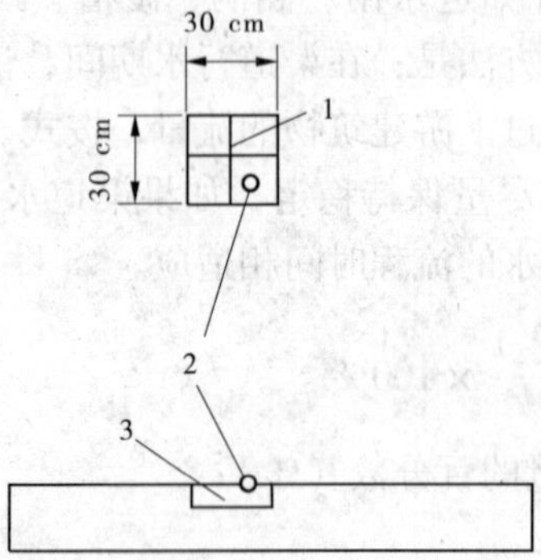

1—十字线；2—标点头；3—铁板

图 8-5　变形观测标点的构造

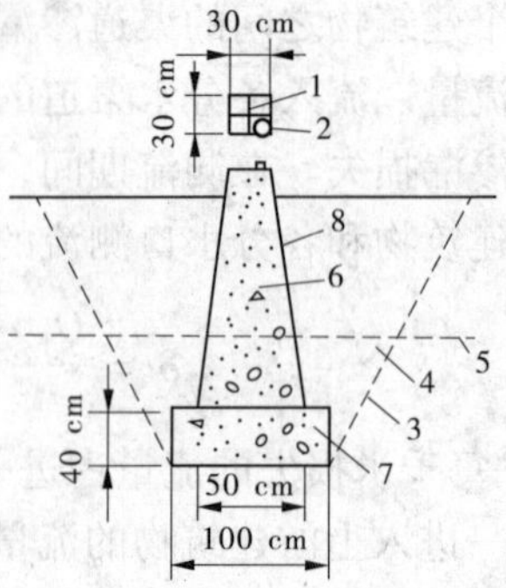

1—十字线；2—标点头；3—开挖线；4—回填砂砾石；5—冻结线；6—立柱；7—底板；8—涂沥青

图 8-6　变形观测基点的构造

垂直与水平变形观测必须配合进行，并应同时观测渠道水位，对于混凝土衬砌渠道还应同时观测混凝土温度和气温。观测次数和时间可按需要确定，渠道衬砌与防渗工程运行初期和渠道水位发生骤降时，应适当增加观测次数。

渠道变形观测精度应满足下列要求：

（1）水准仪测垂直变形值。

由水准基点引测，校测起测基点，其往返闭合差应小于式（8-18）规定的值：

$$-0.72\sqrt{n} \leqslant \Delta h_1 \leqslant 0.72\sqrt{n} \qquad (8\text{-}18)$$

式中　Δh_1——由水准基点引测，校测起测基点所得的往返闭合差，mm；

n——测点数。

由起测基点观测标点，其往返闭合差应小于式（8-19）的规定值：

$$-1.4\sqrt{n} \leqslant \Delta h_2 \leqslant 1.4\sqrt{n} \qquad (8\text{-}19)$$

式中　Δh_2——由起测基点观测标点所得的往返闭合差，mm。

（2）视准线法测水平变形值，误差不应大于 4 mm。

（3）小角度法测水平变形值应满足的要求：①望远镜照准一目标，水平度盘对径分划线应重合两次，测微器两次重合读数差不得超过0.4″；②一个测回中，两个半测回小角值之差不应超过3″；③同一测点，各测点小角值较差不应超过2″。

观测应作好记录，并及时分析整理，发现问题，及时复测。根据观测资料，绘制某一测点的垂直、水平变形值图，或绘制同一时间的某一渠道横断面上不同测点的垂直、水平变形值图。

二、裂缝观测

如果变形超过允许限差，刚性衬砌板就会发生裂缝。为了解裂缝的发展情况，分析其产生的原因和对工程安全的影响，以便进行处理，应进行裂缝观测。必要时还应同时观测衬砌板温度、气温、水温、水位等相关因素。

衬砌板出现裂缝后，应对裂缝的分布、位置、长度、宽度、深度，以及是否形成贯穿缝作出标记，进行观测。有漏水情况的裂缝，还应同时观测漏水情况。对于重要的裂缝，应选择有代表性的位置，设置固定标点，对其宽度的变化或发展情况，进行定期观测。裂缝观测标点，应具有可供量测的明晰端面或中心。观测期较长时，可采用镶嵌或埋入墙面的金属标志、金属杆标志或楔形板标志；观测期较短或要求不高时可采用油漆平行线标志或用建筑胶粘贴的金属片标志。要求较高、需要测出裂缝纵横向变化值时，可采用坐标方格网板标志。使用专用仪器设备观测的标志，可按具体要求另行设计。

在裂缝出现初期，应每天观测一次，当裂缝发展缓慢后，可适当减少测次。在出现最高、最低气温和最高、最低水位时，或气温和水位变化较大时，或裂缝有显著发展时，均应增加测次。经过长期观测，判明裂缝已不再发展时，可停止观测，但仍应进行观察。

裂缝的位置和长度，可在裂缝两端用油漆画线作标志，或在衬砌板表面绘制方格坐标，进行丈量。

裂缝宽度，通常用有刻度的放大镜测定，也可在裂缝两侧各埋设一个金属标点，用游标卡尺测定，两标点间距的变化值即为裂缝宽度的变化值，精度可量至 0.1 mm。图 8-7 为混凝土裂缝观测金属标点结构示意。对于特别重要的裂缝，或为科学研究提供资料，要求更精确了解裂缝宽度变化时，可在裂缝测点上安设固定百分表、千分表等精密量具进行观测。必要时，可采用拍照的方法，记载裂缝的发展情况。图 8-8 为固定百分（或千分）表安装示意。

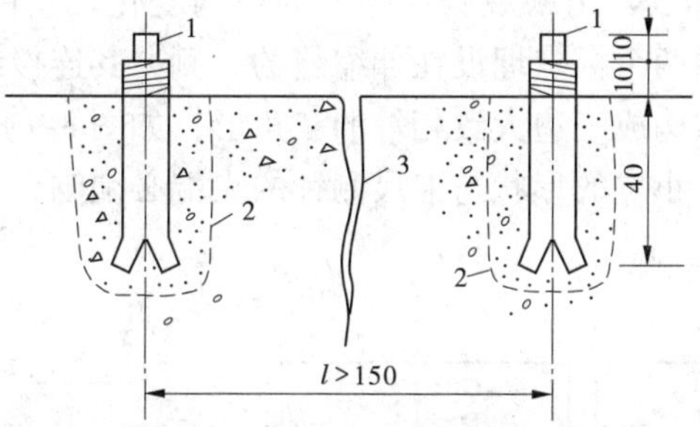

1—游标卡尺卡着处；2—钻孔线；3—裂缝

图 8-7　混凝土裂缝观测金属标点结构示意　（单位：mm）

裂缝深度，一般采用金属丝探测。

裂缝观测的周期应视其裂缝变化速度而定。通常开始可半月测一次，以后一月左右测一次。当发现裂缝加大时，应增加观测次数，直至几天或逐日一次的连续观测。

裂缝观测中，裂缝宽度数据应量取至 0.1 mm，每次观测应绘出裂缝的位置、形态和尺寸，注明日期，附必要的照片资料。

裂缝的观测成果，应绘制裂缝分布位置图、裂缝平面形状图或剖面展视图、裂缝发展过程线图，并同时绘出相应的水位、气温、衬砌板温度过程线，以便分析比较。

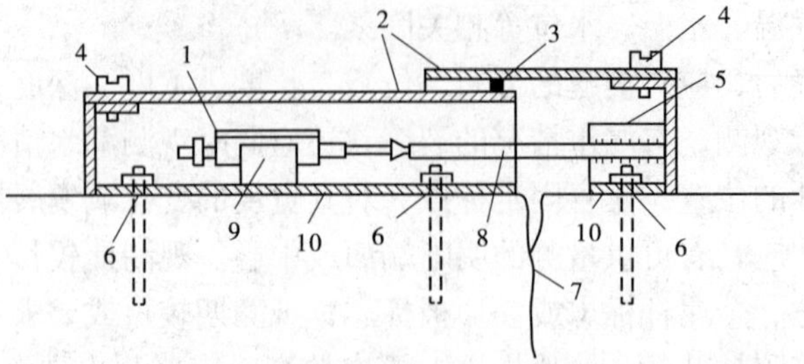

1—百分（或千分）表；2—可相互移动的保护盖（与底座焊接）；3—密封胶垫；4—连接螺栓；
5—测杆座；6—固定螺栓；7—裂缝；8—测杆（$\phi>20$ mm，与测杆座焊接）；
9—固定百分（或千分）表支架（与底座焊接）；10—底座

图 8-8　固定百分（或千分）表安装示意

三、伸缩缝观测

为了解刚性衬砌板伸缩缝的开合情况，掌握其变化规律，以供综合分析渠道衬砌与防渗工程的变化状态，应进行伸缩缝观测。必要时还应同时观测衬砌板温度、气温、水温和水位等相关因素。

在渠道不同部位，选择有代表性的伸缩缝各 1～2 条，每条伸缩缝上的测点不得少于 2 个。每个测点，埋设金属标点或测缝计，以量测缝的变化。

观测伸缩缝的金属标点的结构、埋设和量测方法如下：

（1）在伸缩缝两侧各埋设一个金属标点，用游标卡尺或千分卡尺测量。

（2）三点式金属标点，用以观测伸缩缝的空间变化。它由大致在同一平面上的三个金属标点组成，其中两个标点埋设在伸缩缝的一侧，其连接线平行于伸缩缝，并与在缝的另一侧的一个标点构成三边大致相等的三角形，如图 8-9 所示。在金属标点的顶部钻有一个圆锥形小坑，小坑的形状与卡尺测针的尖端必须吻合。

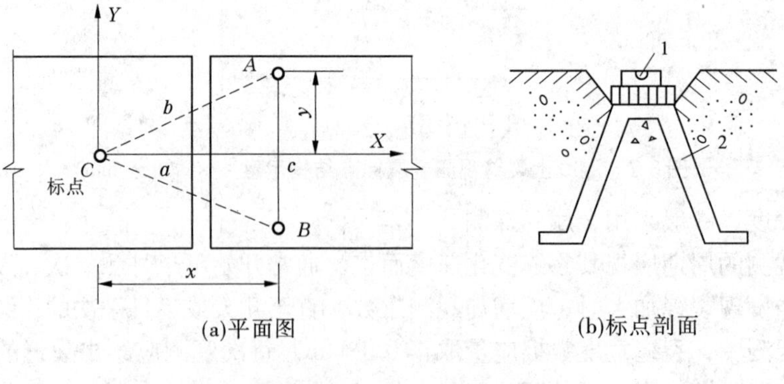

1—卡尺测针卡着的小坑；2—锚筋

图 8-9　三点式金属标点结构示意

测试的量具是一种特制的卡尺，尺身卡 700 ~ 800 mm，刻度为 mm。尺上附有一个水准管，在尺的一端安有一根可以上下移动的测针，用止动螺钉固定。尺上还附有一个游标，游标带着一根可以上下微动的测针。当两测针对准刻度，同时水泡在水准管中心时，则两侧针尖端在同一平面上。卡尺的垂直和水平最小读数为 0.1 mm。游标卡尺结构见图 8-10。

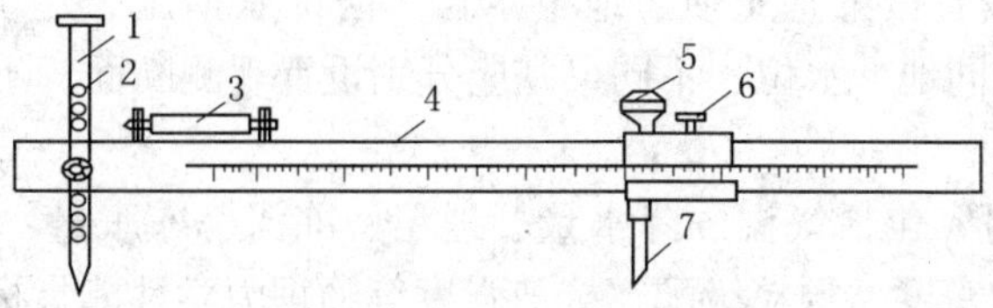

1—测针；2—定位小孔；3—水泡；4—尺身；5—垂直测微螺钉；6—水平测微螺钉；7—测针

图 8-10　游标卡尺结构

金属标点埋设以后，测出各标点间的水平距离 a、b、c 及标点 A、C 之间的高差 Za，并算出以 C 为原点时，标点 A、B 的空间坐标。在观测时，仍按上述方法重新量测标点间的水平距离和垂直高差，计算出 A、B 新的坐标位置。新坐标位置与初始坐标位置相比较，其变化即代表伸缩缝的变化情况，其计算式如下：

$$\text{标点 }A\text{ 的坐标：}\begin{cases} x = \sqrt{b^2 - y^2} \\ y = \dfrac{b^2 + c^2 - a^2}{2c} \\ z = Za \end{cases} \qquad \text{标点 }B\text{ 的坐标：}\begin{cases} x = \sqrt{a^2 - y^2} \\ y = \dfrac{a^2 + c^2 - b^2}{2c} \\ z = Zb \end{cases} \tag{8-20}$$

伸缩缝观测成果，应绘制缝宽与衬砌板温度、气温过程线，以及缝宽与温度关系曲线。

（1）缝宽与衬砌板温度、气温过程线。以时间为横坐标，以缝宽、温度为纵坐标，分别绘制缝宽与衬砌板温度、气温过程线，如图 8-11 所示。

（2）缝宽与温度关系曲线。以缝宽为横坐标，以其相应期间的衬砌板温度或气温为纵坐标，绘制缝宽与温度关系曲线，如图 8-12 所示。

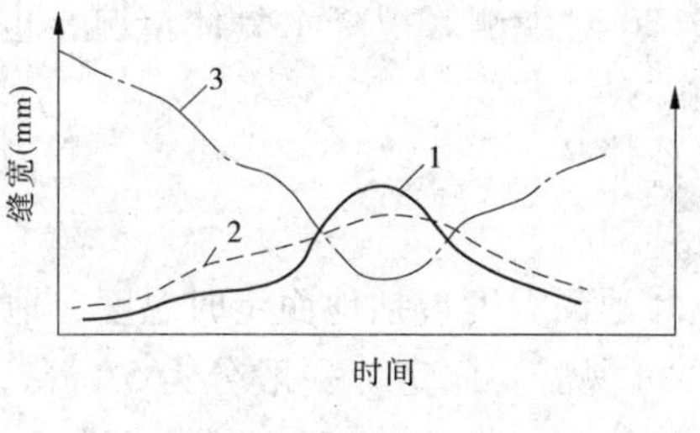

1—气温过程线；2—衬砌板温度过程线；3—裂缝宽度过程线

图 8-11　缝宽与衬砌板温度、气温过程线

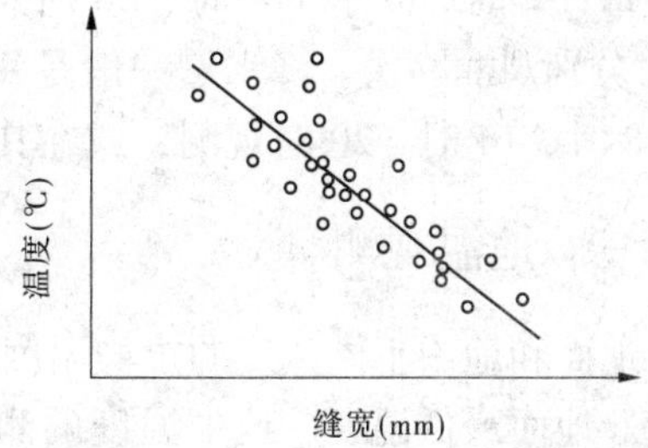

图 8-12　缝宽与衬砌板温度关系曲线

第四节　冻胀测验

一、一般要求

（1）冻胀测验段宜按渠基土质、地下水位、防冻胀措施、建筑物的位置等划分；同一防冻胀措施，不同地下水位、不同渠基应分别设置观测断面；不同防冻胀措施，也应分别设置观测断面。

（2）冻胀观测内容包括气温、降水量、地温、冻深、冻胀量、土壤水分、地下水位和渠基土质（土的密度、颗粒级配、抗剪强度等物理力学性能指标）。

（3）在测验渠段上，应按下列要求设置观测点：①地温、冻深、冻胀量和土壤水分观测点应沿渠道横断面分别设置。观测点的数量，可根据渠道断面大小确定，一般大型渠道应不少于11个测点，小型渠道的测点数可适当减少。②观测设施埋设应垂直渠道横断面。穿过衬砌防渗层时，应注意交界处的密封和夯实，严防渠水渗入渠基。③冻土器胶管内的水可采用当地的地下水。④宜在观测段附近设置气象观测点。⑤应在渠堤外设置地下水位观测井。

（4）观测工作应按下列要求进行：①观测前必须检查校正好仪器设备。②观测项目应同步进行。观测时间与次数，可在全面了解和分析冻胀全过程的前提下具体确定。③在观测过程中,应随时观察渠道外观的变化及裂缝等情况。④作好观测记录，并及时整理分析，发现问题及时复测纠正。

（5）整理分析观测结果，绘制某一观测点冻胀量与冻深的关系曲线，绘制某一观测点观测时间与冻深、冻胀量、气温、含水量的关系曲线，绘制测验段沿渠道横断面不同位置的最大冻胀量、冻胀率与相应的气温、地下水位等关系曲线。

二、气温和降水量观测

在渠道测验段附近设置百叶箱、雨量器等设备，观测气温（包括定时气温、日最高气温、日最低气温）和降水量。

每日2时、8时、14时、20时观测定时气温四次，日最高气温、最低气温，每日20时分别观测一次。降水量一般是每日8时、20时观测。视降水具体情况，也可在2时、8时、14时、20时观测，或在其中间加测。

三、地温观测

地面和地中不同深度的土壤温度称为地温。地面温度包括地面定时温度、地面最高温度、地面最低温度。地中温度的测定深度，可视需要而定，一般分为5 cm、10 cm、15 cm、20 cm、40 cm、80 cm、160 cm、320 cm。

测温仪器有：最高、最低温度计（仅用于地表），直管地温计，遥测土壤温度表，电阻温度计，热电偶和梯温计等。直管地温计的埋设方法，可采取在测点上呈水平直线布置，垂直地表打孔埋设，管间距离30 ~ 40 cm。梯温计，用于野外土壤梯度温度测定，是用配套土钻打孔，然后插入孔中。遥测土壤温度表、电阻温度计和热电偶，可采用钻孔的方法，将测温元件按要求距离先固定在木条上，再将木条插入孔中，然后细心地用原土回填钻孔，但必须注意不能碰坏测温元件。最高、最低温度计安设于测点表面，感应部分应半埋半露，二者间距约 5 m。

0 cm、5 cm、10 cm、15 cm、20 cm、40 cm 地温计，每日 2 时、8 时、14 时、20 时观测。地面最高、最低温度计，每日 20 时观测一次，并随即进行调整。80 cm、160 cm、320 cm 地温计，每日 14 时观测一次。

四、冻深观测

目前现场观测冻深的方法有直接测量法和间接测量法两种。

（一）直接测量法

直接测量冻深采用的仪器是冻土器（见图 8-13）。冻土器由内管、外管和盖帽三部分组成。选用冻土器时，应根据工程所在地可能出现的最大冻土深度，采用长度规格适宜的冻土器。

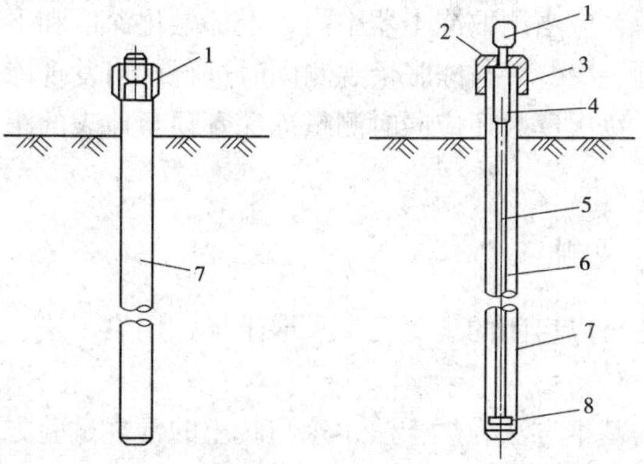

1—提环；2—毡垫；3—盖帽；4—内杆；5—细铜丝；6—乳胶管；7—外管；8—重锤

图 8-13　冻土器构造及埋设示意

1. 内管

冻土器的内管是由 ϕ10 mm 左右的乳胶管制成，表面标有深度尺寸。为了防止乳胶管的伸长和冰柱位移，管内挂有限定长度的细铜丝或细链条。胶管的上下两端有可拆卸的螺钉或垫圈，以供注水时用。使用时将整个内管充满埋设地点的地下水。

2. 外管

外管由硬塑料管或硬橡胶管制成。外管的表面有埋置深度的指示线，它与内管刻度的零点相一致。

3. 盖帽

冻土器的盖帽也是不可缺少的元件之一。在盖帽里面安有毡垫，以保证与外管上口盖的严密，防止管内空气上下对流。

冻土器的埋设应在冰冻前完成，保证有足够的时间使被扰动的土体复原。埋设时通常采用麻花钻，先钻成孔径等于外管直径（ϕ5 cm 左右）的埋设孔，其深度应与冻土器零点指示线以下长度相同，然后再将外管插入钻孔中，插入土中深度应使外管埋深指示线同地面齐平。如果钻孔直径大于外管直径，一定要把空隙回填夯实，以保证外管与土体紧密结合和不易被拔出外管。安装合格后，再将内管插入。观测时提出内管，用手轻捏，即可找到管内冰和水的分界线，由其上的刻度或用尺量测确定冻结深度。

冻土器埋设后，冰冻前要测记冻深管顶至地面的距离，并用水准仪测量管顶的高程。在冬季观测期内，每半个月左右用水准仪校核一次管顶高程的变化。

（二）间接测量法

间接测量冻深一般是通过测量沿垂直深度不同高程的温度来确定冻深。

用温度计测量冻深时，一般以 0 ℃ 所在的位置与原始地面的距离作为冻结深度。为此，至少要在自地表至最大可能的冻结深度范围内沿垂直方向按一定间距埋设一组温度计。由于0 ℃点不一定正好出现在某一温度计上，故此时可取相邻正负温度的两支温度计测值用内插法确定0 ℃的位置（冻结深度）。

由于冻深是随时间而变化的，所以应当根据需要定期定时测取读数，以便绘制冻深的历时曲线。一般从地表开始稳定冻结时观测，到冻土层完全融化透为止，一个完整的周期。地表开始融化后，应当测取冻土器中内管上部融化深度和下部的冻结位置。

冻深每日 8 时观测一次，并与冻胀量观测同时进行。当发现冻土器周围地表由于冻胀超过埋深指示线时，每次读数还应同时测量冻深管顶至地表的距离，以进行实际冻深的校核。

五、基土含水量观测

在观测断面上预留可以启闭的观测孔，采取土样，用烘干法、酒精燃烧法等，测定基土含水量。

冻土含水量测定的基本方法为烘干法，这与暖土的常规试验方法相同。但由于冻土结构上的特点，在用烘干法测定冻土含水量时，试样的选取、制备和试验要求与暖土含水量的测定有所不同。

如果需要在现场快速测定冻土含水量而又不具备使用烘箱进行烘干的条件，可以采用酒精燃烧法。此外，测定冻土含水量的方法还有炒干法、比重法等。

（一）烘干法

1. 需用的仪器设备

（1）烘箱：电热烘箱或其他能恒温在 105～110 ℃的加热干燥设备。

（2）天平：称量 100 g、感量 0.01 g，称量 5 000 g、感量 0.1 g 各一台。

（3）称量盒及其他，如搪瓷盘、切土刀、吸水球、滤纸和干燥器等。

2. 测验步骤和方法

对于整体状结构的冻土，每个试样质量应不少于 50 g。将其放入已知质量的称量盒内，立即盖好盒盖，用感量为 0.01 g 的天平，一并称重；揭开盒盖，置于温度 105～110 ℃的烘箱或其他加热设备中，恒温下烘干至恒重；将烘干后的试样和盒取出，放入干燥器内冷却后盖好盒盖再称重。

测验结束后，按下式计算含水量

$$\omega = \frac{W_1 - W_s}{W_s} \times 100\% \tag{8-21}$$

式中　ω——冻土含水量（%）；

W_1——冻土试样重，g；

W_s——烘干后的干土重，g。

每层土应进行两个试样的平行测定，取其算术平均值为该层冻土的含水量，允许平行差值应符合要求。平行试验的允许误差为1%。含水量为10%～30%时，允许误差为2%；含水量大于30%时，允许误差为3%。

对于层状或网状冻土，可采用平均试样法。在现场用刻槽法取出土样，用四分法取1 000～2 000 g，在保持天然含水量的冻结状态下立即称重（W_1），准确到0.1 g。所取试样的质量视土的结构而异，结构较均匀的可小些，结构不均匀的要大些。称重后的冻土倒入搪瓷盘中使其融化，再搅拌成均匀的糊状。为使土具有糊状，融化后的土较干时可加入少许清水，若过稀，可让其在空气中自然蒸发、晾干，或待水分澄清后用吸水球、滤纸将多余水分吸出，再将糊状土样称重（W_2）。然后在糊状土样中用四分对角法取15～30 g试样，装入称量盒内称重（W_3），并按前述方法测出糊状试样的含水量（ω_n）。测验同样进行两次平行测定，当含水量小于40%时允许误差为1%，大于40%时允许误差为2%。

测得含水量（ω_n）后，即可按下式计算出冻土的含水量

$$\omega = \left[\frac{W_1}{W_2}(1 + \omega_n) - 1\right] \times 100\% \tag{8-22}$$

式中　ω——冻土含水量（%）；

W_1——冻土试样重，g；

W_2——调成糊状的土样重，g；

ω_n——平均试样含水量，以小数表示，计算至0.1%。

（二）酒精燃烧法

酒精燃烧法是在土样中加入酒精，利用酒精能在土上燃烧，使土中水分蒸发，将土样烘干。该方法不需要烘箱及其他加热干燥设备，是快速测定法中较准确的一种，适用于现场测试。

1. 需用的仪器设备

（1）称量盒。

（2）天平：感量0.01 g。

（3）酒精：纯度95%。

（4）滴管、火柴、调土刀等。

2. 测验步骤和方法

取代表性的冻土试样，放入称量盒内称湿土重。用滴管将酒精注入放有试样的称量盒中，直到盒中出现自由液面为止。为使酒精在试样中充分混合均匀，可将盒底在桌面上轻轻敲击；点燃盒中酒精，燃至火焰熄灭；每次燃烧火焰熄灭后，应待试样冷却片

刻，再倒入酒精点燃。一般试样要重复燃烧三次。在第三次火焰熄灭后，盖上盒盖并立刻称重。称重精度和记录、计算方法等均与烘干法相同。

用酒精燃烧法时，试样质量不宜过大，否则酒精用量太多，烘干的时间过长。测定暖土含水量时，对于黏性土，其试样重为 5 ~ 10 g，砂性土为 20 ~ 30 g。而测定冻土含水量时，这样少的土很难有代表性，所以只在采用平均试样法的情况下，才能用酒精燃烧法。

实践证明，酒精燃烧法与烘干法测得的结果相差不大。用酒精燃烧法现场测定冻土含水量的精度，是可以满足工程实用要求的。但是对于含有有机质的土，不宜采用这种方法。

六、地下水位观测

（一）观测井的布设

根据地形条件和地下水的流向布设观测井（见图 8-14）。井管可用钢管或塑料管，管径不小于 5 cm，长度大于最低水位埋藏深度 50 ~ 100 cm。管壁钻有梅花形的圆孔，并缠上数层过滤沙网或土工织物，管顶加保护盖。观测井施工时，用土钻按设计深度打孔，将井管放入，管壁与孔壁间的空隙，先在其滤水部位充填砂砾，然后回填当地土料，并捣实。

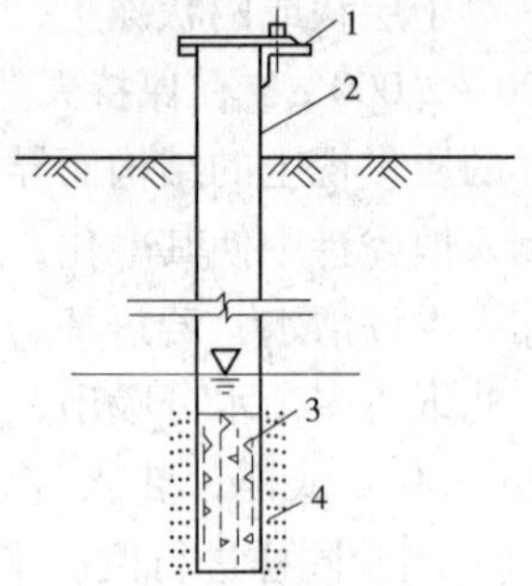

1—管盖；2—套管；3—过滤器；4—充填砂砾

图 8-14　地下水位观测井示意

（二）观测仪器和方法

观测地下水位的仪器和方法有测钟法、电测法、自记水位计等。

测钟法简便易行，目前比较常用。它是根据测钟与水面接触时发生响声来确定水位深度的。测钟是高 3 ~ 5 cm、直径 3 ~ 4 cm 的圆柱形金属钟罩，用一根有长度标记的测绳系住测钟，观测时放入测井内，当钟口碰到水面发出"嗡"声时，测出测钟底至测井顶的距离，减去测井顶至地面的高度，即为地下水位埋藏深度。

电测水位计观测时，将电极放入测井内。当电极与水面接触时，电路闭合，电流计偏转（或指示灯亮）。此时，根据电线上的长度标记，即可确定测井顶至水面的距离，减去测井顶至地面的高度，即为地下水位埋藏深度，如图 8-15 所示。

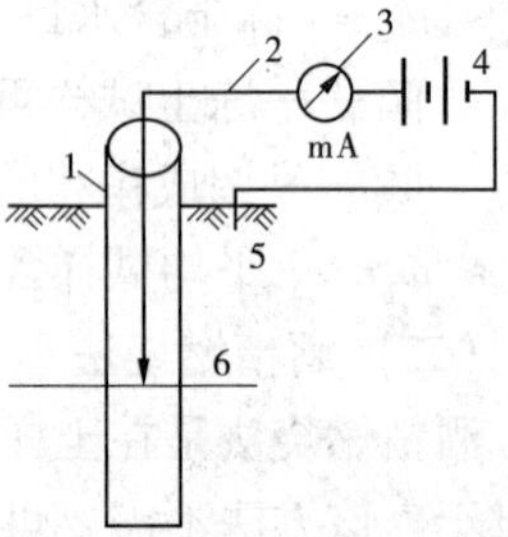

1—观测井；2—绝缘电线；3—电流表或指示灯；4—电源；5—电极；6—水位

图 8-15　电测水位计观测地下水位示意

地下水位观测，不管采用何种方法，其测量精度都与测绳的长度标记是否准确，测钟或电极等是否刚好与水面接触有关。因此，放测钟或电极至水面时，要根据测钟响声大小或指针偏转（指示灯亮灭）情况，轻轻地反复作升降测试，以测出刚好接触水面时的准确位置。测绳的长度标记要经常校正，一般要求 5 m 以内的长度误差不超过 5 mm。

另外，还可采用简易地下水位观测仪量测地下水位。简易地下水位观测仪包括观测管、浮子、标尺杆，观测管的下端置于地中，上端伸出地面并安装有端盖，观测管的下端设有渗水孔；浮子和标尺杆位于观测管中，标尺杆的一端与浮子相连，另一端穿过端盖伸出观测管外并设有刻度。

七、冻胀量观测

冻胀量观测分为土壤分层冻胀量观测和总冻胀量观测。一般情况下，渠道衬砌与防渗工程只需观测土壤总冻胀量，观测仪器设备可采用水准仪、位移传感器和冻胀仪等。分层冻胀量和总冻胀量均可采用分层冻胀仪进行观测。

（一）水准仪观测

当量测地表总冻胀量和不便于埋设冻胀仪的测点，以及校核各种固定装置时，可采用水准仪观测。

（二）位移传感器观测

位移传感器可安装于固定杆的支架上量测冻胀量，其精度较高，室内外测试均可采用，并且可遥测。采用位移传感器量测冻胀量时，为避免风沙雨雷侵蚀，保证量测精度，需注意加设保护罩。

（三）冻胀仪观测

分层冻胀仪包括单独式分层冻胀仪和叠合式分层冻胀仪两种。另外，还可采用磁环法观测土壤分层冻胀量。

1. 单独式分层冻胀仪

单独式分层冻胀仪主要由测杆、固定杆和定位盘（板）三部分组成，如图 8-16 所示。测杆一般可用直径 8 ~ 12 mm 的钢筋，其下端焊接（或用螺丝固定）一直径为 50 mm 的薄铁板。测杆必须保证同薄铁板垂直，不得弯曲。测杆长度视埋设深度而定，一般取测杆长度 $l = h_i + h'$（l 为测杆长度；h_i 为埋设深度；h'为高出地面部分的测杆长度）。固定杆一般可用直径为 10 ~ 15 cm 的钢管，其长度 $L \geqslant H_f + h' + 100$ cm（L 为固定杆长度；H_f 为最大冻结深度；h'为伸出地面的长度）。分层冻胀仪的定位盘可用薄铁板焊接成图 8-16（a）所示的形式，或用螺丝牢固于固定杆顶部。指针个数与埋设的测杆数相等。定位盘的直径取决于埋设的测杆数和测杆的间距，可取 $d =$ （10 ~ 12）n（d 为定位盘直径，cm；n 为测杆数）。若用图 8-16（b）所示的形式，定位板可用 3 ~ 4 cm 宽的角钢。每根角钢的长度，可取 $D =$ （30 ~ 40）（$n/3 + 1$） cm（n 为测杆数），但最长一般不超过 150 cm。因其长度越大，测杆分布范围越大，就可能因测量范围内场地冻胀不均匀而影响测量的可靠性。同时，长度过大，定位板易晃动，从而影响测量精度。根据测杆埋设的间距，在角钢的平板上钻有相应间距和略大于测杆直径的孔。角钢与固定杆之间可用螺丝连接。

测杆的数量，取决于最大冻深和分层数。最大冻深越大，分层越密，测杆数越多，从而测杆布置的范围越大，定位盘（板）的直径（或长度）就越大；而分层过稀又不利于了解土的分层冻胀性质。测杆的埋设间距过小，将产生相互间的影响。因此，测杆之间和测杆与固定杆之间的水平距离一般应不小于 30 ~ 35 cm。各层测杆埋设深度之差（分层的厚度），在冻深较大地区一般可取 20 cm 或更大一些，或根据具体情况采用不同深度差的埋设方法。最深的测杆应达到最大冻深。

定位盘（板）距原始地面的高度，视当地土的冻胀性而定，一般可取 20～40 cm。测杆顶应超过定位盘（板）一定高度（5 cm 左右），否则可能因测杆随土层下沉而影响读数精度。

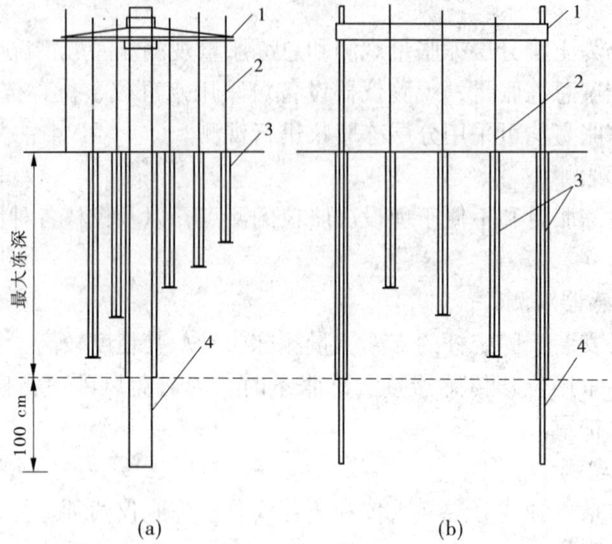

1—测量定位盘（板）；2—测杆；3—套管；4—固定杆

图 8-16　单独式分层冻胀仪示意

单独式分层冻胀仪的埋设步骤和要求如下：

（1）定位。在预定埋设冻胀仪的位置，按固定杆和测杆的相互位置定好孔位。可把定位盘（板）放在预埋位置上，按指针（或角钢上的孔）实地定出固定杆和测杆的埋设孔位。

（2）钻孔。根据固定杆和测杆底盘的尺寸，用土钻在已定的孔位逐个钻孔，到预定深度后，夯平孔底土面，并校核孔底深度，使其符合要求。

（3）埋设。在钻好的测杆孔内，放入测杆，并注意不能把孔壁的土碰落到孔底。截取其长度等于测杆埋深的塑料套管，套入放好测杆的孔内。用它将测杆底盘压紧。套管与孔壁间的空隙用原土或砂充填密实。孔口要用带孔木板或其他材料盖上，以免土或杂物落入孔内。测杆与管壁间必要时可充填黄油或工业凡士林。

将固定杆放入钻孔并对准中心，将其打入土中，打入深度应超过孔底（最大冻深线）以下 1 m。截取其长度等于孔深的塑料套管，套入孔内，并按前述测杆孔口和孔隙保护的要求进行处理。最后，安装定位盘（板）。

在埋设安装过程中要作好记录，特别是各测杆埋设的实际深度。埋设安装完毕后，检查各部位是否牢固、稳定和配合是否得当。最后，测读测杆顶到定位指针或定位盘（板）的高度，即为土冻胀前的原始读数。

2. *叠合式分层冻胀仪*

叠合式分层冻胀仪主要由安装有测杆的冻胀环、隔离护环和安装有测筒（或定位板）的固定杆三部分组成，如图 8-17 所示。

这种冻胀仪的冻胀环可用木质或硬质塑料制成，其内径的大小与整个冻胀仪的冻胀环（测杆）数量有关，一般可取 10 cm，环壁应有一定厚度（可取 2 ~3 cm），以便能牢固地固定在土壁内，高度可取 1 ~2 cm。测杆用直径为 6 ~8 mm的钢筋，固定在环的内壁，其长度 $l = h_i + h'$（h_i 为埋设深度；h'为测杆伸出地面的高度）。冻胀环的个数与冻深和分层距离有关，一般分层间距可取 20 cm 或取不等距。

隔离护环可用 ϕ10 cm 的硬质塑料管，其高度等于分层间距。

固定杆可用直径为 2. 54 cm 的钢管，其长度 $l \geqslant h + h' + h''$（h 为最大冻深；h'为伸出地面的高度，视地表总冻胀量而定，一般可取 20 ~40 cm；h''为打入最大冻深以下的不冻土层内的深度，不小于 100 cm）。测筒（或定位板）固定在固定杆顶部，测筒上刻尺有分度为 1 mm 的刻度线，直径以测杆能贴接筒壁高度为度，一般为 7 ~8 cm，其高度与地表总冻胀量有关，一般可取 20 ~40 cm。采用测筒，可直接在筒上读出各层的冻胀量，但固定杆和测筒的高度较大，故亦可用直径与测筒相同的定位板，用直尺量测杆顶与定位板间的距离。

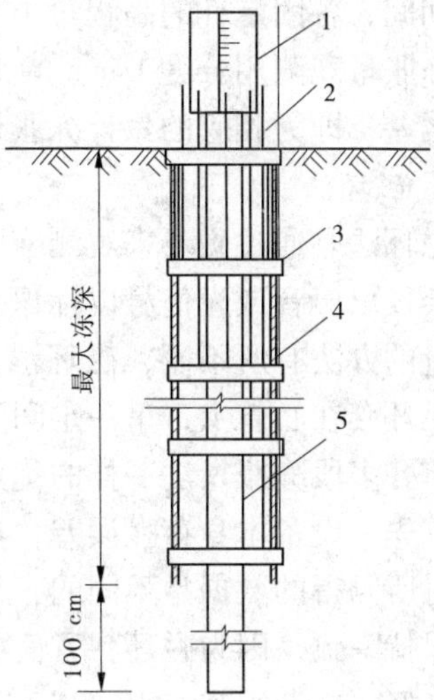

1—测筒；2—测杆；3—冻胀环；
4—护环；5—固定杆

图 8-17　叠合式分层冻胀仪示意

叠合式分层冻胀仪的埋设步骤和要求：

先在预定地点挖一深度等于最大冻深的坑。将固定杆垂直打入坑底以下，打入深度应不小于 1 m。夯平坑底，将冻胀环、护环依次叠好。叠放时，护环内壁要对好冻胀环内壁。每个冻胀环的测杆要均匀错开，同时要保持以固定杆为中心，并且垂直。然后，用原土按原来密度、含水量要求分层回填夯实。此时，要特别注意冻胀仪附近周围回填夯实并要均匀，切勿使各个冻胀环和护环错位。回填好后，冻胀仪上口应加保护盖，以防土、雪及其他杂物进入。固定杆（位于冻胀环一侧时）还应加套管，必要时用黄油或工业凡士林充填固定杆与套管壁间的空隙。由于这种形式的分层冻胀仪是先开挖土坑，再回填埋设，为使回填土与原状土达到或接近一致，埋设工作至少在结冻前一个月完成。

分层冻胀仪也可用实心木质圆台的形式。它与冻胀环式分层冻胀仪的不同之处是自上而下都是由实心圆台组成的，测杆从圆台上钻成的小孔穿出。冻胀仪的直径自上而下逐渐减小，以便埋设后能与上壁接触紧密，冻胀仪外壁无突出部分。埋设方法是先钻出直径等于下部圆台直径的孔，再将冻胀仪组合好后压入钻孔内。固定杆和定位板设在冻胀仪旁侧一定距离。采用这种叠合式分层冻胀仪可在临结冻前和不破坏原土的情况下埋设。

埋设完毕后，用水准仪测量各固定杆的高程，同时测记各测点的初始读数。在冬季观测期间，各固定杆的高程每半月左右进行一次水准测量校核。

冻胀量观测用分度 1 mm 的钢板直尺，量测杆顶与定位板固定线之间的高度与初始读数之差，即为相应的累计冻胀量。观测时间，应每日 8 时观测一次。

3. *磁环法*

磁环法是通过磁环来观测冻胀量的，观测时需要借助磁信号探头，当探头经过磁环时，会发出声音或光信号以标识磁环的位置。与前面通过观测冻胀尺顶端高程变化计算冻胀量的方法有所不同，磁环法是通过观测各个磁环与孔口的间距来计算分层冻胀量的。磁环套在心管上，呈一定间距布置，心管用来放置磁信号探测器。这种方法除了具有和单孔多段冻胀尺法一样的优点，还有埋设简单、测量方便的优点，但是也有不足之处：首先，设备本身存在误差，探头对磁环信号感应的精度一般为 1 cm，探头上行和下行时所测得的数据是不同的，往往要采用平均值；其次，磁环的升降不容易与土体的变形保持一致，因为磁环一方面要能够在心管外壁自由滑动，另一方面还要与周围土体结合良好，二者很难兼得。

在进行上述观测资料的整理时，应注意冻胀仪、冻深器和地下水位观测管所在位置的地面高程应一致。因此，在埋设时，需尽可能互相靠近。如果其高程不一致，地下水位的深度应以冻胀仪所在的地面高程为基准进行校正。

八、渠道冻胀变形观测

为了解渠道衬砌与防渗结构在基土冻胀或融化时有无变形和变形量的大小，应对衬砌防渗结构进行变形观测。由于渠道断面形式的特点，渠坡的变形既取决于本身冻胀量大小，也受坡脚冻胀的作用，故坡面上各点不仅冻胀量不同，其冻胀变形方向亦不相同。总的说来，各点的变形方向与坡面成不同的交角。因此，要确切地研究渠道的冻胀变形规律，不能只简单地用水准测量或埋设冻胀仪的方法来实现。

图 8-18 是测量渠道变形的一种装置示意图。该装置是由固定的杆（管）、角钢和固定标板牢固连接成的固定架。其埋设方法与单独式分层冻胀仪的埋设相同。埋设后各部件应稳定和不变形。其中的固定标板牢固固定在角钢上，标板上刻划有刻度坐标，当坡面冻胀时，即可以通过埋在坡上的测杆指针（测杆不宜过长，一般不超过 5 ~ 10 cm）在标板上的指示值，测出测杆所在点的冻胀位置（水平位移和垂直位移），从而得出冻结期间的冻胀位移轨迹。测点的数量可根据需要而定。固定杆的数量根据坡长确定，以角钢不致变形为原则，并尽量避免在坡上设固定杆。当需要在坡上加设固定杆时，套管的孔径应稍大些。同时，固定杆的位置要偏向坡顶一侧，以免因渠坡向上位移时顶推固定杆。固定杆与坡脚一侧管壁之间，一般应有大于 3 cm 的空隙。为了避免坡上设固定杆，固定架还可采用桁架形式，但它用角钢较多。总之，采用这两种的任一种形式或其他形式，应以冻结期装置稳定和不变形为原则，根据具体情况而定。

当不能按以上方法观测变形时，可对测杆进行水准测量，同时用尺测量各点间距离的变化，然后假定坡脚点的冻胀变形方向垂直，用作图或计算法估算渠道断面各点的冻胀变形方向。

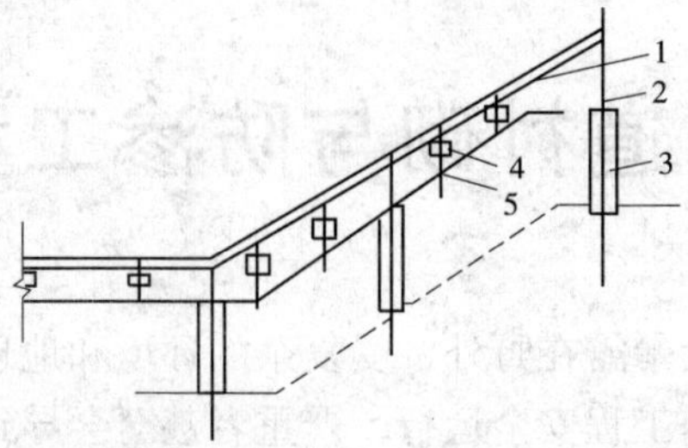

1—固定角钢；2—固定杆；3—套管；4—固定标板；5—测杆

图 8-18　渠道变形观测装置示意

第九章　渠道衬砌与防渗工程的管理

渠道衬砌与防渗工程一般暴露在野外，受复杂的环境和地理条件影响较大，如管理运用不当，很容易损坏，影响工程安全运行，严重者甚至会导致工程失事，造成严重后果。因此，为使工程保持正常工作状态和安全运行，充分发挥工程效益和功能，延长工程使用寿命，必须加强管理，及时认真做好管理维修工作。

第一节　管理措施

一、施工期间的管理

在工程施工期间，管理单位即应派管理人员全程参加施工的各个环节，做到全过程控制；工程竣工验收时，要严格履行交接手续，设计、施工单位应将勘测、设计和施工资料一并移交管理单位；管理单位应健全工程管理机构，按照相关法律、技术规范等要求，制定具体的管理制度和技术细则，为工程的安全、高效运行打下良好基础。

二、运行期间的管理

在工程运行期间，应做好以下管理工作：

（1）严禁在渠堤及渠堤保护区内垦植、取土、爆破、采石、放牧、修坟、堆放杂物和违章修建建筑物等。

（2）不得向渠内倾倒垃圾、排污、抛掷砖石、擅自开口和埋管取水。

（3）渠道内坡不得植树，外坡植树距衬砌防渗层应有一定距离，防止树根将渠道衬砌与防渗工程拱起破坏现象的发生。对于根系不甚发达的杨树等，植树距衬砌防渗层的距离不应小于1.0 m；根系或须根较发达的泡桐、柳树等，植树距衬砌防渗层的距离不应小于1.5 m；其他树木的最小安全距离，应经调查研究后确定。

（4）严禁人畜在膜料防渗渠道的土料、水泥土保护层上踩踏。

（5）采取各种有效措施，防止风浪、雨雪、水流、冰凌以及虫、鼠、蛇、兽等危害。

（6）应及时清除渠内一切阻水障碍物，特别是勾缝内杂草要彻底清除，以保障渠道输水畅通。

（7）渠道正常运行期间的水位不应超过设计水位，特殊情况下不应超过校核水位。衬砌防渗渠道，特别是土料保护层膜料防渗渠道的水位不宜骤涨骤落，1 h和24 h的变幅分别不宜超过0.15 m和0.5 m。

（8）渠道在放水前、后或暴雨后，应进行全面检查。针对存在问题，认真进行维修，并达到下列要求：①排洪设施完好、通畅，渠堤顶无积水，雨水和融雪水不得流入衬砌防渗层背后；②防渗层封顶板稳固、完好，周围无空穴、裂缝；③衬砌体无裂缝、错位、下滑、沉陷、破碎、脱落、孔洞等现象；④伸缩缝和砌筑缝完好，且不漏水；⑤地下水的排水设施完好、通畅；⑥渠内无淤积、杂草，渠堤无陷穴、冲坑、裂缝和滑坡等；⑦渠堤顶和渠岸道路要保持设计宽度，渠边的防护设施和标志完好；⑧各种观测设施完好。

（9）对于严寒和寒冷地区渠道衬砌与防渗工程还应满足以下要求：

①冬季不行水渠道，宜在日平均气温稳定小于0 ℃前停水，在日平均气温稳定超过0 ℃后通水；在负温期，冬季行水渠道应连续行水，并保持在冬季最低水位以上运行，防止回归水补给渠道。与挖方渠道相邻的农田及林带，宜在气温降低至负温前15～30 d结束灌水。

②在每年春灌或秋灌前，应对渠道衬砌与防渗层的裂缝进行修补。

③冬季供水结束后封冻前，要将渠道内多余的水及时排出，特别是建筑物上下游的水应尽量排净；同时，渠堤外不应积水。

④对于大型渠道衬砌与防渗工程，应选择不同类型和工程环境条件的断面，按《渠道防渗工程技术规范》（SL 18—2004）的有关规定进行冻胀观测。

（10）做好必要的测验工作。管理单位应坚持进行渠道衬砌与防渗工程的测验。大型渠道每隔3～5年测验渠道渗漏量一次，以对比防渗效果的变化；定期进行变形观测，对工程运行状态进行定量分析，发现问题后及时处理。为监测渠道防渗工程的稳定性，保证运行安全，对高填方、特种土渠基、地下水位高的重要渠段等，应进行变形测验。

（11）重视建档工作。管理单位应严格执行档案管理制度，对工程的设计、施工、验收、测验和管理运行中的有关数据资料、文件以及工程问题处理与经验总结等资料，均应建立文字与电子档案，以便备查。

第二节　维修措施

工程建成后，要本着“经常养护，随时维修，养重于修，修重于抢”的原则，及时做好防护工作，防止工程病害的发生和发展。维修养护一般可分为经常性维修、岁修、大修和抢修。经常性维修是根据经常检查发现的问题而进行的日常保养维修和局部修补；岁修是根据汛后或年度灌溉用水结束后检查所发现的问题，编制计划并报批的年度维修；当工程损坏较严重或工程存在较严重的隐患，且维修工程量大、技术复杂时，需要专门立项报批进行大修；抢修是当工程发生影响安全运行的重大事故时，应立即进行的维修工作，如险情危急，则应采取紧急抢护措施，也称抢险。

渠道衬砌与防渗工程若出现病害，应及时查明原因，分别按下列方法处理。

一、渠基维修

对于渠基沉陷、滑坍、裂缝、孔洞等病害，一般有翻修和灌浆两种维修方法，有时也可采取上部翻修、下部灌浆的综合措施。

（一）翻修

翻修就是将病害处挖开，重新进行回填的方法。该法处理病患比较彻底，但对于较深病患，由于开挖回填工作量大，且需在停水季节进行，应根据具体条件分析比较后，方可确定是否采用。翻修时应注意以下事项：

（1）开挖前向裂缝内洒入白灰水，以利掌握开挖边界。

（2）根据查明的病害情况确定开挖坑槽范围。开挖中如发现新情况，必须跟踪开挖，直到全部挖尽为止，但不得掏挖。

（3）开挖坑槽的底部宽度应根据土质、夯压工具及开挖深度等具体条件确定，一般不少于 0.5 m，边坡应满足稳定及新旧填土接合的要求。

（4）较深坑槽也可开挖成阶梯形，以便出土与安全施工。

（5）挖出的土料不要大量堆积在坑边，且不同土质应分区存放。

（6）开挖后的坑口，应避免日晒、雨淋或冰冻，并清除积水、树根、苇根及其他杂质等。

（7）回填前，当开挖坑槽内有积水、树根、苇根及其他杂物时应彻底消除。回填的土料应根据渠基土料和裂缝性质选用。重要的大型渠道工程，对回填土料应进行物理力学性质试验。对沉陷裂缝应用塑性较大的土料，控制含水量大于最优含水量的 1% ~2%；对滑坡、干缩和冰冻裂缝的回填土料，应控制含水量小于等于最优含水量的 1% ~2%。对于挖出的土料，鉴定合格后才能使用。

（8）回填土应分层夯实，填土层厚度以 10 ~ 15 cm 为宜，压实密度应比渠基土密度稍大。回填高度应略高于原堤顶，以预留沉陷。

（9）对新旧土接合处，应刨毛压实，必要时应做接合槽，以保证紧密接合，并要特别注意边角处的夯实质量。

（二）灌浆

对于埋藏较深、翻修工程量过大的病患，可采用黏土浆或水泥黏土浆灌注处理。其处理方法有重力灌浆法和压力灌浆法两种。重力灌浆法不加压力，仅靠浆液自重灌入缝隙；压力灌浆法除浆液自重外，还通过机械压力，在较大压力作用下将浆液灌入缝隙。一般可结合钻探打孔进行灌浆，在预定压力下，至不吸浆为止。

（三）翻修与灌浆相结合

对于中等深度的病患，以及不易全部采用翻修法处理的部位以及开挖有困难的部位，上部采用翻修法，下部采用灌浆法处理。维修时，首先沿裂缝开挖至一定深度，并进行回填，在回填时预埋灌浆管，然后用重力灌浆法或压力灌浆法进行灌浆处理。

对于傍山、塬边渠道，可采用灌浆法填堵较深的裂缝、孔隙和小洞穴，灌浆材料可用黏土浆或水泥黏土浆。对浅层窑洞、墓穴和大孔洞，可采用开挖回填法处理。

渠基处理好以后，就可进行原防渗衬砌层的施工，并使新旧防渗衬砌层接合良好。

二、混凝土衬砌层的维修

（一）现浇混凝土衬砌层的裂缝修补

现浇混凝土衬砌层的裂缝宜在晴天处理，按下列方法进行：

（1）当混凝土衬砌层产生裂缝后，如仍大致平整，无较大错位，且缝宽较小，可只用涂料粘贴玻璃纤维布处理。

（2）对于缝宽较大的渠道，宜采用填充法处理。其具体方法可按填充伸缩缝的步骤进行。

（3）对缝宽较大的大型渠道，可按下列填塞与粘补相结合的方法处理：①清除缝内、缝壁及缝口两边的泥土、杂物，使其清洁、干燥；②将石油沥青聚氨酯接缝材料（PTN）填入缝内，填压密实，使表面平整光滑；③填好缝1～2 d后，沿缝口两边各宽5 cm涂刷过氯乙烯涂料一层，之后沿缝口两边各宽3～4 cm粘贴玻璃纤维布一层，涂刷涂料一层，贴第二层玻璃纤维布，再涂一层涂料。涂料要涂刷均匀，玻璃纤维布要粘平贴紧，不能有气泡。

伸缩缝填料和裂缝处理材料的配合比、制作方法如下：

（1）石油沥青聚氨酯接缝材料（PTN）。该材料为甲、乙双组分，制备时将甲组分和乙组分按质量比1:2～1:4倒入容器中进行配制，充分搅拌至均匀即可。冬季气温较低施工时，乙组分较稠，可加热，以便于倒出和混合，但要避免与明火接触。

（2）过氯乙烯胶液涂料。制作时，过氯乙烯与轻油的配合比（质量比）为1:5，并将过氯乙烯加入轻油中，溶化24 h即可使用。

（二）预制混凝土防渗层砌筑缝的修补

预制混凝土板的砌筑缝多为水泥砂浆缝，容易出现开裂、掉块等病害，如不及时修补，将逐渐加重病害，造成更大的渗漏损失。修补方法是：凿除缝内水泥砂浆块，将缝壁、缝口冲洗干净，用与混凝土板同强度等级的水泥砂浆填塞，捣实抹干后进行保湿养护，且保湿养护不得少于14 d。

（三）混凝土衬砌板表层损坏的修理

混凝土衬砌板表层如出现剥蚀、空洞等损坏，在修补之前，应先凿除已损坏混凝土，并对修补面凿毛和清洗后再进行修补。凿除的方法有人工凿除、人工结合风镐凿除、机械切割凿除等，应根据损坏的部位和程度选用。在清除表层损坏混凝土时，要保证不破坏表层以下或周围完好的混凝土。混凝土衬砌板表层的修补方法一般有以下几种。

1. 水泥砂浆修补

首先，凿除已损坏的混凝土，并进行凿毛处理、喷湿；其次，用铁抹将拌和好的砂浆抹到修补部位，反复压光后，按普通混凝土施工要求进行养护。修补深度较大时，为增强砂浆强度和减少砂浆干缩，可掺入适量的砾料。砂浆的强度等级，一般不应低于原有标准。

2. 预缩砂浆修补

预缩砂浆是经拌和好之后归堆放置30～90 min，再使用的干硬性砂浆。

修补时，先将修补部位的损坏混凝土清除，进行凿毛、冲洗干净后，再涂一层厚1 mm的水泥浆（水灰比为0.45～0.50），然后填入预缩砂浆，并用木锤捣实，直到表面出现少量浆液为止，最后用铁抹反复压平抹光，并盖湿草袋、洒水养护。

预缩砂浆具有较高的强度，不仅可以保证强度和平整度，而且收缩性小，成本低廉，施工方便。配制预缩砂浆，水灰比为0.3～0.4（一般为0.32或0.34），应根据天气阴晴、气温高低、通风情况等因素适当调整。砂浆含水量多少以用手能将砂浆握成团状且手上有潮湿而又无水析出为准。由于加水量少，要保证水分均匀分布，防止阳光照射，避免出现干斑而降低砂浆质量。灰砂比为1:2～1:2.5，并掺入水泥质量1/10 000的加气剂，翻拌3～4次（此时砂浆仍为松散体，不是塑性状态），归堆放置30～90 min，使其预先收缩后再使用。

3. 喷浆修补

喷浆修补是将水泥、砂和水的混合料，通过喷头喷射至修补部位，分为湿料法与干料法两种。湿料法是将水泥、砂、水按一定比例拌和后，利用高压空气喷射至修补部位；干料法是把水泥和砂的混合料，通过压缩空气的作用，在喷头中与水混合喷射。一般多采用干料法喷浆修补。

喷浆修补具有工效高、强度大、密实性好、耐久性高等优点。但因水泥用量多、层薄、不均匀等因素，喷浆层易产生裂缝，影响使用寿命。

4. 喷混凝土修补

喷混凝土修补是通过高压将混凝土拌和料以很高速度注入修补部位的方法。其特点是密度和强度高、抗渗能力较强、黏着力大，而且能把运输、浇筑、捣固等各环节有机结合在一起，节省模板，效率高。

喷混凝土的工作原理、喷射方法、养护要求与喷浆基本相同。

5. 压浆混凝土修补

压浆混凝土修补是将有一定级配的洁净骨料预先埋入模板中，并埋入灌浆管，然后通过灌浆管用泵把水泥砂浆压入粗骨料间的空隙中，经过胶结而成为密实的混凝土的方法。由于施工中粗骨料在前，水泥砂浆在后，所以又称为预填粗骨料混凝土。

为满足施工要求，用压浆法浇筑混凝土的砂浆，应有一定的流动性和保水性。压浆混凝土的配合比，应根据试验所得压浆混凝土强度与砂浆强度的关系确定。为节省水泥，并使制成的砂浆具有良好的不分层性及和易性，可掺入一定数量的掺合料（掺合料以粉煤灰最多）。掺入粉煤灰不仅可延缓凝结时间，还可降低水化热，也有利于提高抗渗和抗蚀性能。

压浆混凝土具有收缩率小、拌和工作量小、可用于水下修补等优点。但对模板要求高，同时灌浆管较多，易产生质量事故。

6. 环氧材料修补

环氧树脂俗称万能胶，是含有环氧基树脂的总称。固化后的环氧树脂具有强度高、黏结力大、收缩性小、抗冲耐磨、抗蚀、抗渗和化学稳定性好的特点，对金属和非金属有很强的黏合力。用于混凝土表层修补的有环氧基液、环氧石英膏、环氧砂浆和环氧混凝土等。

当修补面积较大且深度超过2 cm时，环氧材料修补宜与其他修补方法配合使用，即先用其他材料填补，并预留0.5～1.0 cm厚度，再涂抹环氧材料做保护层。环氧材料有毒、易燃且价格高，种类和配方也很多。因此，应结合当地条件，选用固结体无毒、符合环保要求的环氧材料。特别对居民生活用水渠道更要慎重选择修补材料。

（四）混凝土衬砌层的翻修

当混凝土衬砌层损坏严重时，如破碎、错位、滑坍等，应拆除损坏部位，处理好土基，重新浇筑。浇筑时要特别注意将新旧混凝土的接合面处理好。接合面凿毛冲洗后，需涂一层厚 1 mm 的水泥净浆，才能开始浇筑混凝土。浇筑好的混凝土，要注意保湿养护。

翻修中拆除的混凝土要尽量利用。如现浇板能用的部分，可以不拆除；预制板能用的，尽量重新使用；破碎了的混凝土，能用的石子，也可作混凝土骨料用等。

三、砌石衬砌层的维修

砌石包括干砌石和浆砌石。砌石衬砌层破坏主要包括沉陷、脱缝、掉块等病害。根据衬砌层损坏的轻重程度，可采用下列方法维修。

（一）填补翻筑

对于施工质量差而引起的局部松动、塌陷、隆起、底部淘空、垫层流失等，可采用填补翻筑。翻筑时，以砌石原坡面为基准，在纵、横方向挂线控制，自下而上错缝竖砌，紧靠密实，塞垫稳固，并做到大块封边、表面平整。浆砌石应先坐浆，后砌石，砌缝内砂浆应饱满，缝口应用比砌体砂浆高一等级的砂浆勾平缝，并应洒水养护。个别不满浆的缝隙，再由缝口填浆，并予捣固，务必使砂浆饱满。对较大的三角缝隙，可用手锤楔入小碎石，做到稳、紧、满。缝口可用高一级的水泥砂浆勾缝。

（二）增设阻滑齿墙

当衬砌层由于局部淘空破坏而导致上部衬砌层滑动坍塌时，可增设阻滑齿墙。阻滑齿墙沿边坡每隔 3 ~5 m 设置一道，平行渠道纵线嵌入渠堤。齿墙一般宽 0.5 m，深 1 m（含垫层厚度）。

（三）细石混凝土灌缝

细石混凝土灌缝就是在原有衬砌层的块石缝隙内灌注细石混凝土，将块石胶结起来，连成整体，以增强抗冲刷能力，减轻对衬砌层的破坏。

灌缝前，应将块石缝隙内泥沙和杂物清除，并用水冲洗干净；灌缝时，缝内要灌满捣实，缝口抹平。

（四）浆砌石（或混凝土）框格

浆砌石框格是利用原衬砌层尺寸较小的块石浆砌成框格，起到框架作用，中间再砌较大块石。框格的形式可砌成正方形或菱形，其宽度一般不小于 0.5 m，深度不小于 0.6 m，冰冻地区按防冻要求加深，框格间距不小于 4 m。每隔 3 ~4 个框格设宽 1.5 ~2.0 cm 的变形缝。

对一般较平整的裂缝，可沿缝凿开，并冲洗干净，然后用高一级的水泥砂浆重新填筑、勾缝、抹平。对于外观无明显损坏、裂缝细而多、渗漏较大的渠段，可在砌石层下进行灌浆处理。

四、膜料防渗渠道的维修

膜料防渗层除在施工中发生损坏时应及时修补外，对在运行中膜料保护层的损坏，如保护层裂缝或滑坍等，可按相同材料防渗层的修补方法进行修补。对于土料保护层出现的裂缝、破碎、脱落、孔洞等病害，应将病害部位凿除，清扫干净，用黏性土、灰土等材料分别回填夯实，然后修理平整。

五、沥青混凝土防渗层的维修

沥青混凝土防渗层常见的病害主要是裂缝、隆起和局部剥蚀等。对于1 mm细小的非贯穿性裂缝，春暖时都能自行闭合，一般不必处理。对于2～4 mm的贯穿性裂缝，可用喷灯或红外线加热器加热缝面，用铁锤沿缝面锤击，使裂缝闭合粘牢，并用沥青砂浆填实抹平。裂缝较宽时，往往易被泥沙充填，影响缝口闭合，因此应在缝口张开最大时（每年1月左右）清除泥沙、洗净缝口、加热缝面，用沥青砂浆填实抹平。对剥蚀破坏部位，经冲洗、风干后，先刷一层热沥青，然后再用沥青砂浆或沥青混凝土填补。如防渗层鼓胀隆起，可将隆起部位凿开，整平土基后，重新用沥青混凝土填筑。

六、渠道运行中的抢修

渠道在运行过程中，如出现局部决口、毁板等情况，应紧急停水或降低水位，迅速用草袋或土工织物袋装土堵塞，并辅以填土夯实等临时处理措施。如当时没有现成的草袋或土工织物袋，情况又十分紧急，可就近利用柴草、树木等进行堵塞，同时挖土填埋。之后，在行水过程中，对于上述险工段特别是决口处，应密切观察，发现问题及时处理，避免事故的再次发生。待行水结束后，将临时堵复的工程全部挖掉，然后按正规施工程序进行维修。

第十章　工程实例

一、基本资料

某项目区位于一黄河流域提水灌区下游，面积2 900亩，主要种植作物为小麦、玉米、豆类等。项目区属河流滩地地貌，地势平坦开阔，地面海拔为332～334 m，相对高差1 m左右，总体地势西高东低。土壤主要为潮土和淤土，土壤干容重为1.4 t/m^3，田间持水量22%（质量比），土层深厚，质地良好，适种作物广泛。

项目区属暖温带半干旱季风气候，四季冷暖、干湿分明，光热资源丰富，降水偏少，干旱是影响农业生产的主要自然灾害。年日照时数2 385.2 h，年总辐射量526.7 kJ/cm^2，年平均气温13.4 ℃，最冷月（1月）平均气温－1.4 ℃，最热月（7月）平均气温26.8 ℃，极端最高气温42.8 ℃，极端最低气温－16.5 ℃，最大冻土层深度35 cm。平均早霜始于10月27日，晚霜终于3月27日，无霜期212 d。多年平均年降水量514 mm，降水多集中于7、8、9三个月，占全年降水量的51.2%。项目区地下水埋深15 m左右，地下水质主要为$Cl\cdot HCO_3$—Na型，苦咸，矿化度一般大于2 g/L，最大可达5 g/L以上，不能用于农业灌溉。项目区属于一提水灌区灌溉供水范围，灌区干渠从项目区西侧经过，田间原有灌溉与排水渠道布置基本完善，干渠为混凝土衬砌渠道，支渠、斗渠和农渠均为土渠，干渠和支渠上的混凝土分水闸和节制闸基本完好。灌区干渠在该地段的设计流量为2.1 m^3/s，加大流量为2.8 m^3/s，原支渠设计供水流量为0.32 m^3/s。渠水为多泥沙水源，悬沙平均粒径为0.036 mm，最大含沙量为12%（质量比）。

项目区自然条件较好，交通便利，土壤肥沃，但由于地处灌区下游，加之田间工程设施差，灌水技术落后，灌溉用水渗漏损失大，用水浪费严重，灌溉保证率低，作物产量低而不稳，严重制约了项目区农业生产的发展。同时，由于地下水矿化度高，地下水位逐年上升，对农业生产和生态环境将产生不利影响。根据这一实际情况，决定对项目区的支渠及以下渠道进行续建配套与更新改造，在原渠系规划布置的基础上，对支渠和斗渠进行混凝土衬砌防渗，减少渠道渗漏损失，有效地控制地下水位，提高渠道输水效率，以满足农作物高产稳产的需水要求。

二、工程总体布置

根据项目区水源、地形、田间生产路、作物种植等具体情况，计划充分利用已有的渠道及渠系建筑物，在复核原土渠相关水力参数的基础上，进行支渠、斗渠和农渠规划布置。支渠利用干渠已有的节制闸和分水闸引水，支渠沿程比降为1∶2 000；支渠两侧结合2 m宽生产路修建10条斗渠，斗渠沿程比降为1∶1 500，斗渠上修建配水闸与农渠连接，农渠沿程比降1∶800。斗渠垂直于支渠，沿生产路东侧布置，斗渠间距400 m左右。农渠垂直于斗渠，结合田间生产路和田块边界布置，农渠间距200 m左右。根据项目区田间道路、排水沟道布置情况，为减少田间跨越建筑物的数量，降低工程投资，便于机械化作业，斗渠均采用单向控制。项目区规划总控制灌溉面积 2 900 亩。

支渠和斗渠均采用 U 形混凝土衬砌结构形式。渠道衬砌防渗工程平面布置图见图 10-1。

三、渠道纵横断面设计

（一）设计参数

（1）田间持水量：$\beta_{田}=22\%$；

（2）土壤干容重：$\gamma=1.4\ t/m^3$；

（3）灌溉保证率：$P=75\%$；

（4）渠系（支渠及其以下固定渠道）水有效利用系数：$\eta_{渠}=0.80$；

（5）田间水有效利用系数：$\eta_{田}=0.90$；

（6）灌溉水有效利用系数：$\eta=0.72$；

（7）U 形混凝土衬砌渠道糙率：$n=0.013$；

（8）渠底比降：支渠 $i=1/2\ 000$，斗渠 $i=1/1\ 500$，农渠 $i=1/800$。

（二）渠道设计流量计算

1. 灌水定额的确定

项目区主要种植作物为小麦、玉米、豆类，小麦与玉米或小麦与豆类间作，一年两熟，玉米生长期正逢雨季，当地豆类种植一般不灌溉，小麦是灌溉需水量最大的作物。因此，该区以满足冬小麦生长为依据，确定设计灌水定额。其设计灌水定额计算如下：

$$m = 1\ 000\gamma h(\beta_1 - \beta_2) \tag{10-1}$$

式中 m——设计灌水定额，mm；

γ——土壤干容重，t/m^3；

h——土壤计划湿润层深度，m；

β_1、β_2——土壤适宜含水量（质量含水量）的上限、下限（%）。

取土壤适宜含水量上限、下限分别为田间持水量的 60%、95%，土壤计划湿润层深度为 0.6 m，则设计灌水定额

$$\begin{aligned} m &= 1\ 000\gamma h\beta_{田}(95\% - 60\%) \\ &= 1\ 000 \times 1.4 \times 0.6 \times 0.22 \times (95\% - 60\%) \\ &= 64.68(\text{mm}) \\ &= 43.12(\text{m}^3/\text{亩}) \end{aligned}$$

取设计灌水定额 $m=45\ m^3$/亩。

2. 支渠设计流量的确定

项目区现状复种指数为 1.2，工程实施完成后，根据水源条件，作物种植比例可适当调整，复种指数调整为 1.6，种植比例为小麦:玉米:豆类比例为 8:6:2。根据作物的设计灌水定额，各种作物种植比例及灌水时间，由式（10-2）计算支渠设计流量

$$Q_{支} = \frac{\partial\ Am}{3\ 600tT\eta} \tag{10-2}$$

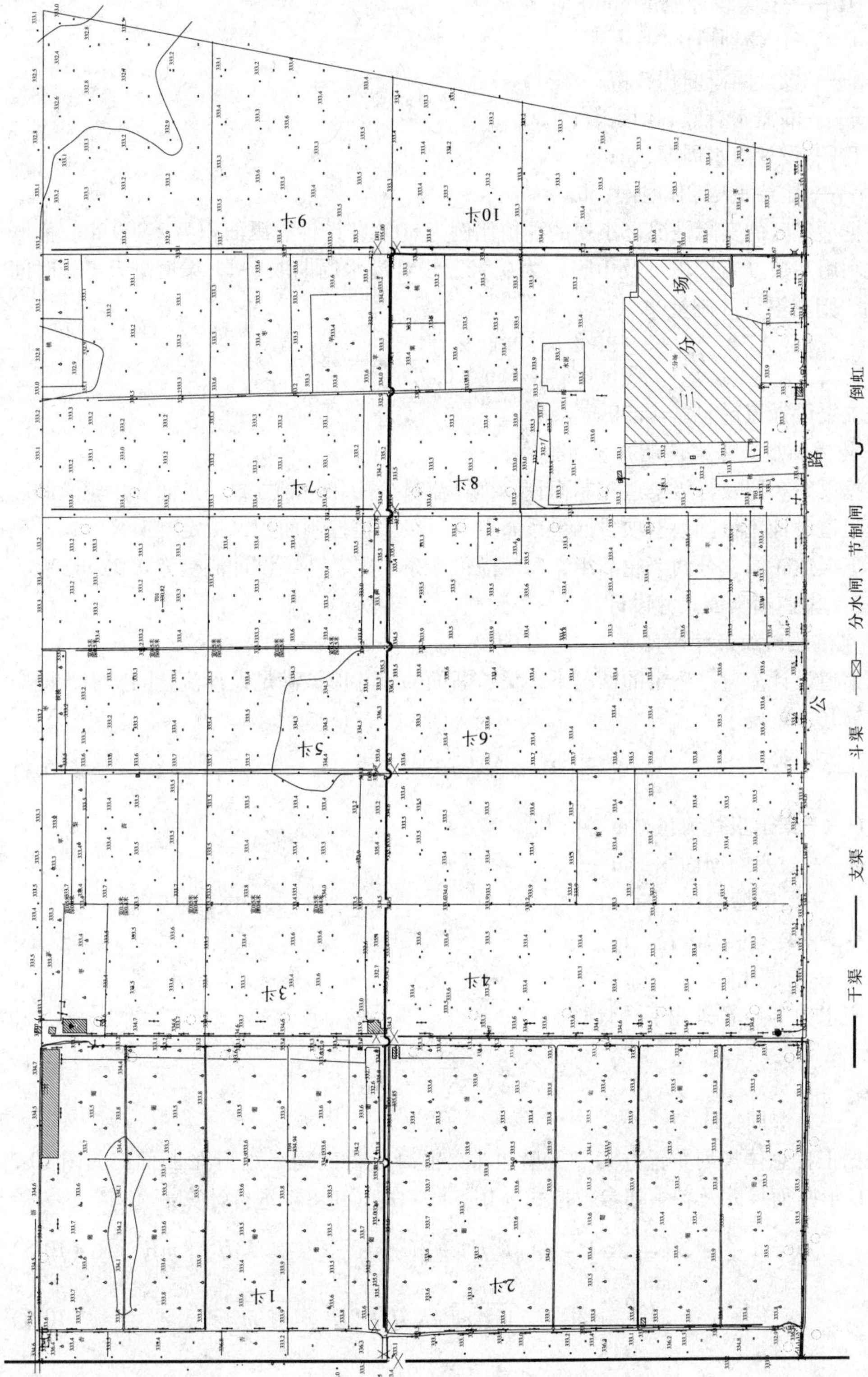

图10-1 渠道衬砌防渗工程平面布置图

式中 $Q_{支}$——支渠设计流量，m^3/h；

∂ ——作物种植比例；

A——设计灌溉面积，亩；

η——灌溉水有效利用系数；

T——设计灌水周期，d；

t——渠道每天工作时间，h。

根据项目区的实际情况，小麦的种植比例为80%，设计灌溉面积为2 900亩，灌溉水有效利用系数（支渠以下及田间）为0.72，设计灌水周期取6 d，渠道每天工作时间为24 h，则支渠设计流量

$$Q_{支} = \frac{80\% \times 2\,900 \times 45}{3\,600 \times 24 \times 6 \times 0.72} = 0.28(m^3/s)$$

取支渠设计流量 $Q_{支}=0.30\ m^3/s$。

3. 轮灌制度及斗渠设计流量的推算

根据渠系布置及各级渠道控制面积，推算流量分配和轮灌方式，进而确定轮灌制度和各级渠道设计流量。根据项目区渠系布置及各级渠道控制面积，拟定支渠续灌，斗渠及其以下渠道轮灌，分两个轮灌组，每轮灌组5条斗渠，斗渠设计流量为0.06 m^3/s。

（三）渠道横断面尺寸设计

1. 渠道横断面尺寸的计算

当渠道设计流量已确定的情况下，渠道断面的尺寸应该满足设计流量的要求，即应符合式（10-3）要求：

$$Q = \omega \frac{1}{n} R^{2/3} i^{1/2} \tag{10-3}$$

式中 Q——渠道设计流量，m^3/s；

ω——过水断面面积，m^2；

n——渠道糙率；

R——渠道水力半径，m；

i——渠道比降。

渠道水力半径 R 采用下式计算：

$$R = \frac{\omega}{\chi} \tag{10-4}$$

式中 χ——湿周，m。

根据工程总体规划布置方案，支渠和斗渠混凝土衬砌均采用U形断面，如图10-2所示。U形断面尺寸及各主要参数按式（10-5）~式（10-8）进行计算：

$$\omega = \left(\frac{\theta}{2} + 2m - 2\sqrt{1+m^2}\right)K_r^2 H^2 + 2(\sqrt{1+m^2} - m)K_r H^2 + mH^2 \tag{10-5}$$

$$\chi = 2\left(\frac{\theta}{2} + m - \sqrt{1+m^2}\right)K_r H + 2H\sqrt{1+m^2} \tag{10-6}$$

$$K_r = \frac{r}{H} \tag{10-7}$$

$$b = 2r/\sqrt{1+m^2} \tag{10-8}$$

式中　θ——渠底圆弧的圆心角，rad；

H——断面水深，m；

r——渠底圆弧半径，m；

b——弧形底的弦长，m；

m——渠道上部直线段的边坡系数，$m=\cot(\theta/2)$。

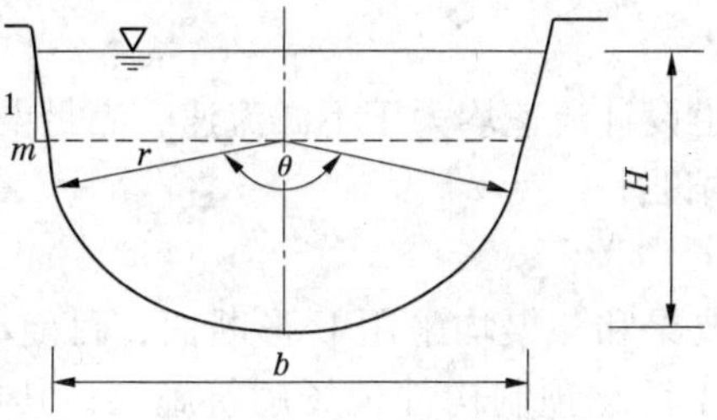

图 10-2　U 形断面示意图

已知渠道支渠设计流量为 0.30 m^3/s，支渠的渠道比降 i 为 1/2 000，渠道糙率 n 为 0.013，根据 θ 和 m 结合渠道挖取情况由表 4-12 选定 K_r 为 0.65，取 $r=40$ mm，$\theta=151°56'$，$m=0.25$，通过式（10-3）~式（10-8）试算得支渠横断面尺寸，结果见表 10-1。

与支渠横断面尺寸计算方法相同，已知渠道斗渠设计流量为 0.06 m^3/s，斗渠的渠道比降 i 为 1/1 500，渠道糙率 n 为 0.013，由表 4-12 选定 K_r 为 0.50，取 $r=20$ mm，$\theta=151°56'$，$m=0.25$，通过式（10-3）~式（10-8）试算得斗渠横断面尺寸，结果见表 10-1。

表 10-1　渠道横断面尺寸计算结果

渠道	设计流量 Q（m^3/s）	圆弧半径 r（m）	设计水深 H（m）	过水断面面积 ω（m^2）	湿周 χ（m）	水力半径 R（m）	弧形底的弦长 b（m）	计算流量 Q_1（m^3/s）
支渠	0.30	0.40	0.60	0.427	1.673	0.255	0.776	0.296
斗渠	0.06	0.20	0.32	0.116	0.878	0.132	0.388	0.060

2. 流速校核

渠道设计流速采用下式计算：

$$v = \frac{Q}{\omega} \tag{10-9}$$

计算得支渠设计流速 $v_{支}=0.692$ m/s，斗渠设计流速 $v_{斗}=0.517$ m/s。

1）不冲流速校核

该支渠、斗渠设计均采用 U 形混凝土衬砌渠道，混凝土现场浇筑施工渠道允许不冲流速为 3.0 ~ 5.0 m/s，因此渠道设计流速小于不冲流速，满足渠道不冲流速要求。

2）不淤流速校核

该灌区地处黄河中游地区，灌溉水源为多泥沙水源，因此渠道设计流速必须大于不淤流速，渠道不淤流速采用下式计算：

$$v_0 = C_0 Q^{0.5} \tag{10-10}$$

式中　v_0——渠道不淤流速，m/s；

C_0——不淤流速系数，按表4-4取0.4。

将设计流量及不淤流速系数代入式（10-10），计算得支渠不淤流速为0.22 m/s，斗渠不淤流速为0.10 m/s。

从以上计算可知，渠道设计流速均大于不淤流速，满足渠道不淤流速要求。

（四）渠道横断面结构设计

1. 衬砌结构形式和厚度

根据工程总体方案，支渠和斗渠均采用U形断面，目前小型混凝土U形渠道一般都采用现场浇筑法施工或工厂化预制构件现场砌筑施工，其衬砌结构形式均采用等厚板，衬砌板厚度根据表4-23混凝土结构层的最小厚度要求，支渠衬砌板厚度取7 cm，斗渠衬砌板厚度取5 cm。

2. 超高的确定

该项目区支渠、斗渠设计流量均小于1 m^3/s，根据表4-7衬砌层超高均取0.15 m。

3. 堤顶宽度的确定

混凝土衬砌渠道的堤顶宽度根据渠道设计流量按表4-10选用，支渠、斗渠设计流量分别为0.30 m^3/s、0.06 m^3/s，支渠堤顶宽度取100 cm，斗渠堤顶宽度取80 cm。

4. 边坡系数的确定

该项目区支渠、斗渠均为填方渠道，并采用U形混凝土衬砌结构，其衬砌断面形式前面已确定，这里只需要确定外坡的边坡系数。填方渠道外坡的边坡系数可根据表5-4填方渠道最小边坡系数的要求选用，该支渠、斗渠外坡的边坡系数均取1。

5. 伸缩缝的确定

支渠、斗渠采用U形混凝土衬砌结构，因此均应设置伸缩缝。伸缩缝间距确定为4 m，宽度为2 cm，用弹塑性止水材料填充。

6. 渠道横断面结构的确定

根据前面渠道横断面尺寸计算结果及确定的衬砌结构形式、衬砌层超高、衬砌板厚度、堤顶宽度、边坡系数和渠道外坡的边坡系数，结合当地小型U形混凝土衬砌渠道的施工机械，最终确定的渠道横断面结构见表10-2和图10-3。混凝土强度等级采用C15。

表10-2　渠道横断面结构尺寸及流量

渠道	横断面尺寸								流量（L/s）
	r（cm）	H（cm）	θ	H_1（cm）	B（cm）	δ（cm）	a（cm）	D（cm）	
支渠	40	60	151°56′	75	100	7	10	100	296
斗渠	20	40	151°56′	55	56	5	10	80	60

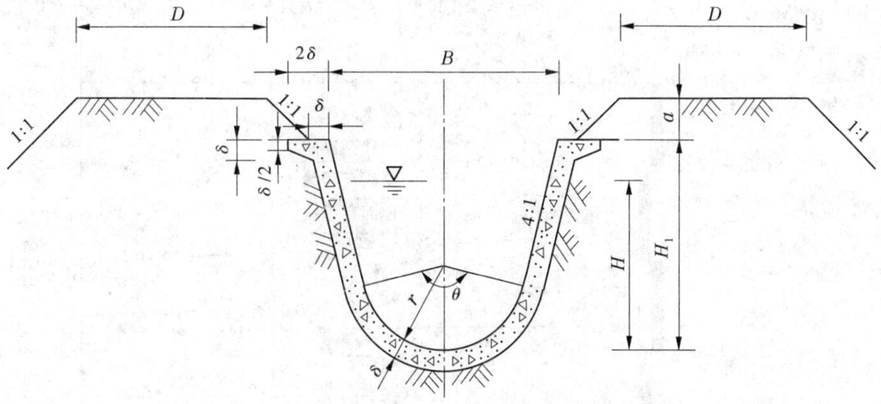

图 10-3　渠道横断面结构设计图

渠道横断面结构设计时应注意，小型 U 形混凝土衬砌渠道目前一般都采用现场浇筑法施工或工厂化预制构件现场砌筑施工，在计算渠道横断面尺寸时应结合当地常用施工机械性能参数确定。另外，对于小型 U 形混凝土衬砌渠道，如果当地有标准的工程图集，也可以根据工程实际要求，直接选用相应的渠道衬砌结构形式和横断面尺寸。

（五）渠道纵断面设计

灌溉渠道不仅应满足输送流量的要求，还应满足自流灌溉对水位控制的要求，保证渠道控制面积内都能进行灌溉。渠道纵断面设计时，先确定不同桩号处的设计水位高程，再根据设计水位确定渠底高程和堤顶高程，标出建筑物类型等。

1. 渠道水位的推算

为了满足自流灌溉的要求，支渠和斗渠取水口或分水口都应具有足够的水位高程。该水位高程是根据项目区灌溉范围内控制点的地面高程，加上各种水头损失，自下而上逐级推算出来的，水位高程采用下式计算：

$$H_r = A_0 + h_1 + \sum Li + \sum f \tag{10-11}$$

式中　H_r——渠道进水口的设计水位，m；

A_0——灌溉范围内控制点的地面高程，m；

h_1——控制点地面与附近末级固定渠道设计水位的高差，一般取 0.1 ~ 0.2 m，本工程设计取 0.2 m；

L——渠道的长度，m；

i——渠道的比降；

f——水流通过渠系建筑物的水头损失，m。

2. 渠底高程

设计水位减去设计水深即为该断面渠底高程，即$\nabla_{底} = H_n - h$。

3. 堤顶高程

渠道堤顶高程为设计水位加安全超高。

渠道纵断面设计中应保证水位平稳衔接，当不能满足时，可设置节制闸抬高水位。渠道纵断面设计见图 10-4 斗渠（9 斗）纵断面设计图和图 10-5 支渠纵断面设计图。

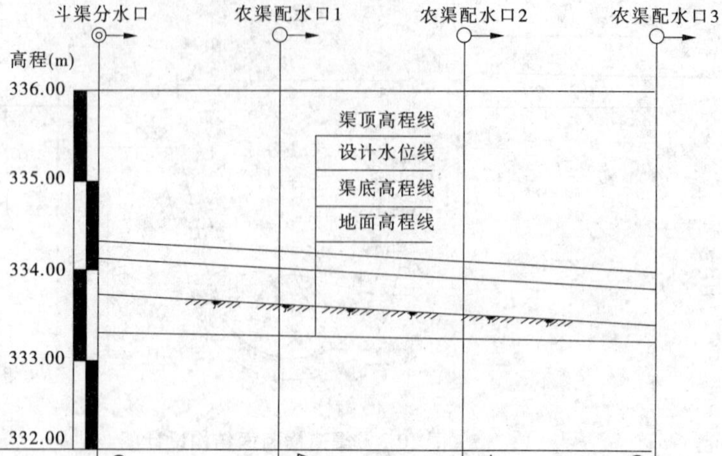

桩号	0+000	0+167	0+334	0+500
渠顶高程	334.38	334.27	334.16	334.05
渠底高程	333.73	333.62	333.51	333.40
设计水位	334.13	334.02	333.91	333.80
地面高程	333.30	333.30	333.25	333.20
比降	1/1 500			

图 10-4　斗渠（9 斗）纵断面设计图

四、渠道防冻胀设计

项目区所在地最大冻土层深度为 35 cm，因此应进行渠道防冻胀设计。该支渠为 E—W 走向，斗渠为 N—S 走向，下面以支渠为例进行渠道防冻胀设计。

（一）设计冻深计算

设计冻深可按下式计算：

$$Z_{\mathrm{d}} = \varphi_{\mathrm{d}}\varphi_{\mathrm{w}}Z_{\mathrm{m}} \tag{10-12}$$

式中　Z_{d}——渠床某部位的设计冻深，cm；

Z_{m}——历年最大冻深，cm；

φ_{d}——考虑日照及遮阴程度的修正系数；

φ_{w}——地下水影响系数。

考虑日照及遮阴程度的冻深修正系数 φ_{d}，可根据工程所在纬度及渠道轴线走向，按式（10-13）计算：

$$\varphi_{\mathrm{d}} = \alpha + (1 - \alpha)\varphi_i \tag{10-13}$$

式中　φ_i——典型断面（渠道走向 N—S，底宽与深度之比 $B/H = 1.0$，坡比 $m = 1.0$）某部位的日照及遮阴程度修正系数，阴、阳面中部的 φ_i 值可由图 6-16 查得，底面中部的 φ_i 值可由图 6-17 查得；

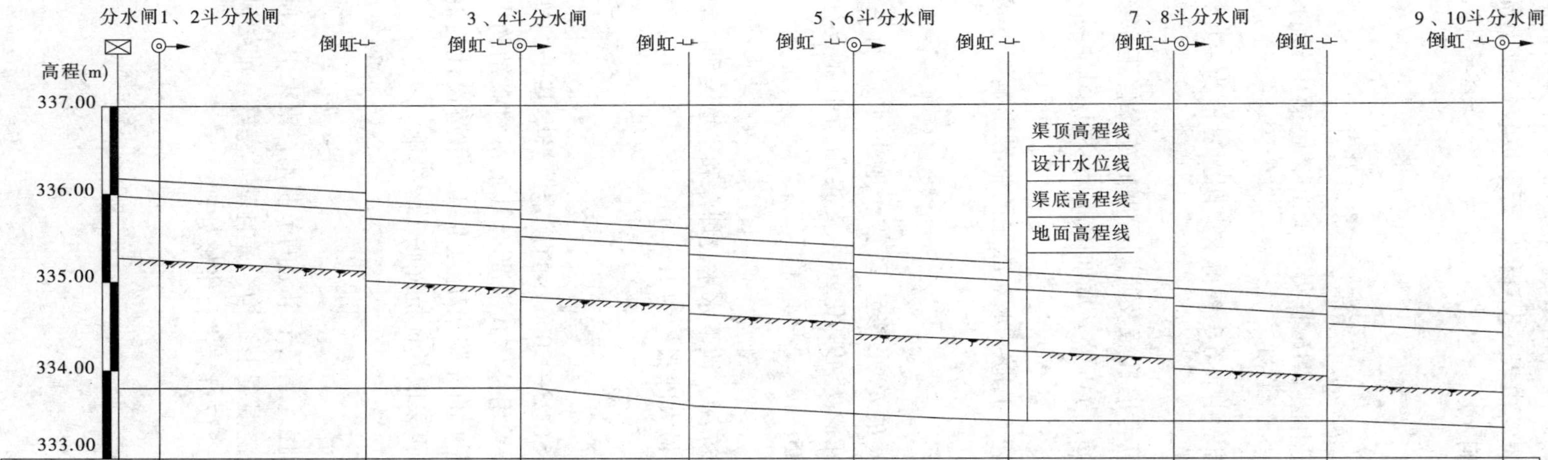

桩号	0+000	0+050		0+308		0+500		0+708		0+916
渠顶高程	336.11	336.09	335.96	338.86	335.76	335.66	335.56	335.46	335.35	335.25
渠底高程	335.26	335.24	335.11	335.01	334.91	334.81	334.71	334.61	334.50	334.40
设计水位	335.86	335.84	335.71	335.61	335.51	335.41	335.31	335.21	335.10	335.00
地面高程	333.80	333.80	333.8	333.8	333.8	333.8	333.6	333.6	333.5	333.5
比降	1/2 000									

桩号		1+108		1+313		1+503		1+725
渠顶高程	335.16	335.06	334.96	334.86	334.76	334.66	334.55	334.45
渠底高程	334.31	334.21	334.11	334.01	333.91	333.81	333.70	333.60
设计水位	334.91	334.81	334.71	334.61	334.51	334.41	334.30	334.20
地面高程	333.4	333.4	333.4	333.4	333.4	333.4	333.3	333.3
比降	1/2 000							

图 10-5　支渠纵断面设计图

α——系数，可根据工程所在地的气候区（由图 6-18 查得）、计算断面的轴线走向、断面形状及计算点的位置，由表 6-3 查得，若渠坡较高或上部有遮阴作用，应考虑额外的遮阴影响。

1. 最大冻深

项目所在地历年最大冻深为 35 cm。

2. 支渠横断面不同部位考虑日照及遮阴程度的冻深修正系数计算

支渠典型断面阴、阳面中部的 φ_i 值由图 6-16 查得为 1.15，底面中部的 φ_i 值由图 6-17查得为 1.20。

由图 6-18 查得项目区所在地为南温带，由表 6-3 查得支渠阴面 α 值为 -1.83，支渠阳面 α 值为 1.10，支渠底面 α 值为 -1.57。

分别将 φ_i 、α 值代入式（10-13）计算考虑日照及遮阴程度的冻深修正系数 φ_d 得：支渠阴面中部 φ_d 为 1.42，支渠阳面中部 φ_d 为 0.98，底面中部 φ_d 为 1.51。

3. 地下水影响系数

项目区地下水埋深 15 m 左右，根据表 6-1 地下水对冻胀的临界影响深度可知，该处地下水对渠基土冻胀不产生影响。

4. 支渠横断面不同部位设计冻深计算

将最大冻深、考虑日照及遮阴程度的冻深修正系数、地下水影响系数代入式（10-12），计算得支渠阴面中部设计冻深为 49.70 cm，支渠阳面中部设计冻深为 34.30 cm，支渠底面中部设计冻深为 52.85 cm。

（二）冻胀量计算

根据支渠横断面不同部位基土的设计冻深、地下水水位埋深和土壤类别，查图 6-20 粉土冻深与冻胀量的关系曲线得支渠基土最大冻胀量为 1.6 cm，按表 6-4 判定其基土的冻胀级别为 Ⅰ 级。

（三）抗冻胀工程措施

根据《渠系工程抗冻胀设计规范》（SL 23—2006）的规定，当渠基土的冻胀级别为Ⅰ、Ⅱ级时，可结合渠道衬砌防渗要求采用整体式混凝土 U 形槽衬砌结构、弧形断面或弧形底梯形断面形式等。本工程渠基土的冻胀级别为 Ⅰ 级，渠道设计为混凝土 U 形槽衬砌结构，满足其抗冻胀要求，不必再采取其他抗冻胀工程措施。

五、渠系建筑物

该项目为灌区节水改造与续建配套工程，灌区干渠上的节制闸、支渠引水闸和分水闸、斗渠上的量水堰等渠系建筑物均为现浇混凝土结构，并且基本完好，能够满足渠道设计要求，本次节水改造中不再进行设计，仅对其进行维修处理。

附录 A　埋铺式膜料防渗渠道土料保护层边坡稳定计算

一、计算条件

（1）土料保护层失稳时，假定沿图 A-1 所示的 *abcd* 线滑动，对黏性土 *ab*、*bc* 为直线，*cd* 为弧线，对非黏性土 *ab*、*bc* 及 *cd* 均为直线。*c* 点为最小安全系数时降落后水位的水平延长线与膜层的交点，通过试算确定。

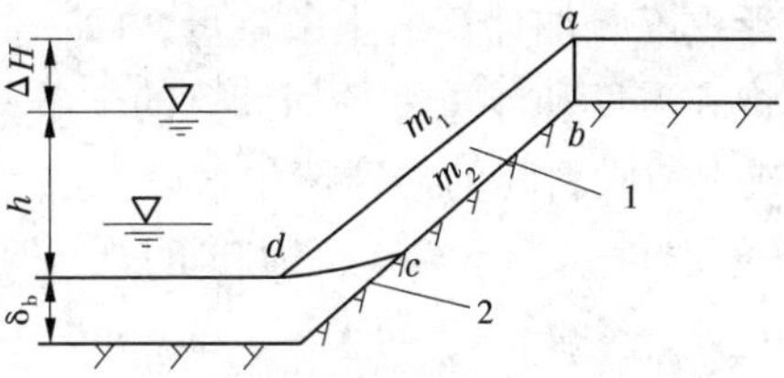

1—黏性土保护层；2—膜料防渗层

图 A-1　土保护层失稳示意

（2）土料保护层边坡稳定分析的控制时期为渠水位骤降期。

（3）采用简化法计算渗透压力，即最高水位以上的土重按湿重度计算；计算滑动力时，最高水位至骤降后的水位间的土重按饱和重度计算，骤降水位以下的土重按浮重度计算；计算抗滑力时，最高水位以下的土重均按浮重度计算。

二、计算方法

（1）膜料防渗渠道土料保护层边坡稳定宜采用简化简布法，亦称圆弧普遍分条法（参见图 A-2），按下列公式进行分析计算：

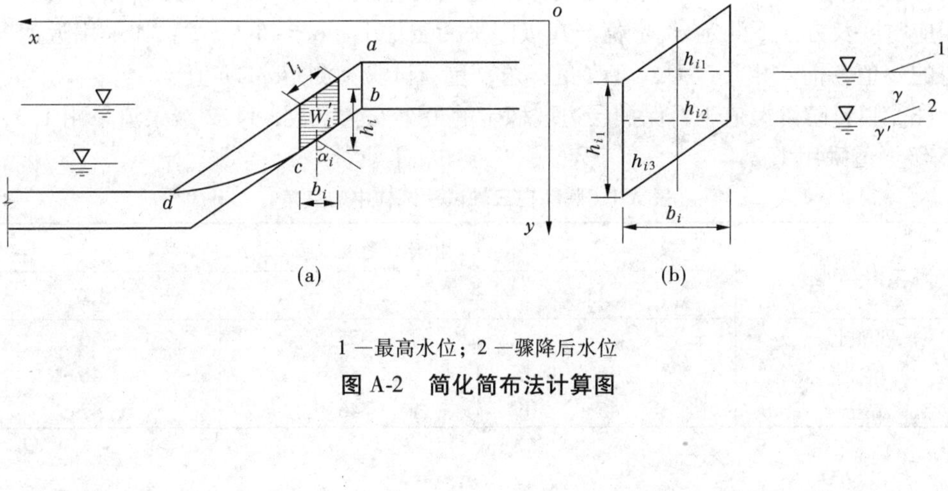

1 —最高水位；2 —骤降后水位

图 A-2　简化简布法计算图

$$F_s=\frac{\sum(c_il_i\cos\alpha_i+W'_i\tan\varphi_i)\dfrac{\sec^2\alpha_i}{1+\tan\alpha_i\tan\varphi_i/F_s}}{\sum W''_i\tan\alpha_i} \tag{A-1}$$

或

$$F_s=\frac{\sum\left[(c_ib_i+b_i(h_{i1}\gamma+h_{i2}\gamma'+h_{i3}\gamma')\tan\varphi_i\right]\dfrac{\sec^2\alpha_i}{1+\tan\alpha_i\tan\varphi_i/F_s}}{\sum b_i(h_{i1}\gamma+h_{i2}\gamma_m+h_{i3}\gamma')\tan\alpha_i} \tag{A-2}$$

式中 F_s——边坡稳定安全系数；

c_i——滑动面上土或土与膜料间的凝聚力，kPa；

l_i、b_i——土条分条的底边斜长、宽度（$l_i\cos\alpha_i=b_i$），m；

α_i——N_i 与铅垂线的夹角，(°)；

W'_i——按湿重度和浮重度叠加计算的土条重量，kN；

W''_i——按湿重度、饱和重度和浮重度叠加计算的土条重量，kN；

φ_i——滑动面上土或土与膜料间的内摩擦角，(°)；

γ、γ'、γ_m——土条的湿重度、浮重度、饱和重度，kN/m^3；

h_{i1}、h_{i2}、h_{i3}——相应于 γ、γ'、γ_m 的水深，m。

（2）计算中抗剪强度指标 φ、c 值的选用。

φ、c 值的选用应与采用有效应力法或总应力法的计算方法相对应。即采用有效应力法计算时，应采用有效应力情况下实测的 φ、c 值（采用直剪仪试验时，应采用饱和慢剪法测定；采用三轴仪试验时，应采用饱和不排水剪法测定，同时测孔隙水压力，确定有效应力下的 φ、c 值）；采用总应力法计算时，应采用总应力情况下实测的 φ、c 值（用直剪仪试验时，采用饱和快剪法测定；用三轴仪试验时，采用饱和不排水剪法测定）。

计算中，滑动面的 ab 和 cd 段应采用土的 φ、c 值；在 bc 段应采用土与膜料之间的 φ、c 值。因 ab 段很小，且土体在滑动前，往往先在 ab 处产生裂缝，故计算时，略去 ab 段的抗滑力。

土与膜料之间 φ、c 值的测定方法：①用直剪仪试验时，可将膜料夹在剪切面部位，在相应设计密度下，采用前述相应方法试验。②用三轴仪试验时，根据不同土质和不同密度可按本附录表 A-1 选用膜料在试样中近似的置放夹角（α）。将膜料放入试样中，在相应密度及方法下测定 φ、c 值。在极限平衡条件下，$\alpha=45+\varphi/2$，如采用近似 α 角求得的 φ 值与前式相差过大，可改变 α 角，重新试验和测定 φ、c 值。

（3）膜料防渗渠道土料保护层边坡稳定的最小安全系数，1、2 级渠道采用 1.3，3、4、5 级渠道采用 1.2。

表 A-1 膜料在三轴试验试样中的夹角 (°)

土壤类别	土壤干密度（g/cm^3）		
	1.35	1.5	1.7
砂壤土	52	55	56
壤土	46	47	48
黏土	45	46	47

附录 B　弧形底梯形渠道水力最佳断面及实用经济断面的计算方法

（1）弧形底梯形渠道的水力最佳断面可按式（B-1）~式（B-5）计算：

$$H_0 = 1.542\left[\frac{Qn}{\sqrt{i}(\theta + 2m)}\right]^{3/8} \quad (B-1)$$

$$r_0 = H_0 \quad (B-2)$$

$$b_0 = \frac{2H_0}{\sqrt{1 + m^2}} \quad (B-3)$$

$$\omega_0 = \left(\frac{\theta}{2} + m\right)H_0^2 \quad (B-4)$$

$$\chi_0 = (\theta + 2m)H_0 \quad (B-5)$$

式中　H_0——水力最佳断面水深，m；

r_0——水力最佳断面渠底圆弧半径，m；

b_0——水力最佳断面弧形底的弦长，m；

ω_0——水力最佳断面的过水断面面积，m^2；

θ——渠底圆弧的圆心角，rad；

χ_0——水力最佳断面湿周，m。

（2）弧形底梯形渠道水力最佳断面及实用经济断面之间应符合式（B-6）~式（B-10）的规定：

$$a = \frac{\omega}{\omega_0} = \left(\frac{R_0}{R}\right)^{\frac{2}{3}} = \left(\frac{\omega_0\chi}{\omega\chi_0}\right)^{\frac{2}{3}} = \left(\frac{1}{a}\frac{\chi}{\chi_0}\right)^{\frac{2}{3}} \quad (B-6)$$

$$AK_r^2 + BK_r + C = 0 \quad (B-7)$$

$$A = (2m - 2\sqrt{1 + m^2} + \theta)^2 - 2a^4(2m + \theta)\left(\frac{\theta}{2} + 2m - \sqrt{1 + m^2}\right) \quad (B-8)$$

$$B = 4\sqrt{1 + m^2}(2m - 2\sqrt{1 + m^2} + \theta) - 4a^4(2m + \theta)(\sqrt{1 + m^2} - m) \quad (B-9)$$

$$C = 4(1 + m^2) - 2a^4(2m + \theta)m \quad (B-10)$$

式中　ω——实用经济断面的过水断面面积，m^2；

R_0——水力最佳断面的渠道水力半径，m；

R——实用经济断面的渠道水力半径，m；

χ——实用经济断面的湿周，m；

K_r——实用经济断面的渠底圆弧半径 r 与水深 H 之比；

a——实用经济断面与水力最佳断面的过水断面面积之比。

（3）弧形底梯形渠道实用经济断面计算步骤如下：

①在已知渠道流量 Q、渠道比降 i、渠道糙率 n 的条件下，选定渠道边坡系数 m，

并计算水力最佳断面的水深 H_0、过水断面面积 ω_0、湿周 χ_0。

②选择几种拟采用进行比较的 a 值。

③针对每种 a 值按式（B-7）~式（B-10）计算出相应的渠底圆弧半径与水深之比值 $K_r = r/H$。

④按式（B-11）~式（B-15）计算出相应于不同 a 值的各项实用经济断面指标：

$$H = \frac{(2m + \theta)a^{\frac{5}{2}}}{(2m - 2\sqrt{1 + m^2} + \theta)K_r + 2\sqrt{1 + m^2}}H_0 \tag{B-11}$$

$$r = K_r H \tag{B-12}$$

$$b = \frac{2r}{\sqrt{1 + m^2}} \tag{B-13}$$

$$\omega = a\omega_0 \tag{B-14}$$

$$\chi = a^{\frac{5}{2}}\chi_0 \tag{B-15}$$

式中　H——实用经济断面水深，m；

r——实用经济断面渠底圆弧半径，m；

b——实用经济断面弧形底的弦长，m。

⑤对不同 a 值的实用经济断面进行综合比较后确定选用方案。

（4）各种不同 a 值相应的 K_r、H_0/H、b/H、χ/χ_0 可由表 B-1 ~表 B-4 查出。

表 B-1　实用经济断面 K_r 值

a	边坡系数 m					
	0.50	1.00	1.25	1.50	1.75	2.00
1.01	1.555	1.904	2.146	2.436	2.776	3.166
1.02	1.832	2.365	2.734	3.176	3.693	4.287
1.03	2.063	2.757	3.235	3.809	4.479	5.248
1.04	2.271	3.114	3.694	4.388	5.200	6.132

表 B-2　水力最佳断面与实用经济断面水深比值 H_0/H

a	边坡系数 m					
	0.50	1.00	1.25	1.50	1.75	2.00
1.01	1.140	1.159	1.164	1.167	1.169	1.171
1.02	1.193	1.222	1.229	1.235	1.238	1.241
1.03	1.229	1.268	1.278	1.285	1.290	1.293
1.04	1.257	1.305	1.318	1.326	1.332	1.336

表B-3　实用经济断面的 b/H 值

a	边坡系数 m					
	0.50	1.00	1.25	1.50	1.75	2.00
1.00	1.789	1.414	1.249	1.109	0.992	0.894
1.01	2.782	2.693	2.681	2.703	2.754	2.832
1.02	3.277	3.345	3.416	3.523	3.665	3.834
1.03	3.691	3.899	4.042	4.225	4.444	4.694
1.04	4.063	4.404	4.615	4.868	5.160	5.488

表B-4　实用经济断面与水力最佳断面湿周比值 χ/χ_0

a	1.00	1.01	1.02	1.03	1.04
χ/χ_0	1.000	1.025	1.050	1.077	1.103

附录 C　弧形坡脚梯形渠道水力最佳断面及实用经济断面的计算方法

（1）弧形坡脚梯形渠道水力最佳断面，在已知 Q、n、i、m、θ_1 并拟订 K_r 的条件下，可按式（C-1）~式（C-5）计算：

$$H_0 = 1.542\left[\frac{nQ}{\sqrt{i}[(4\sqrt{1+m^2}-4m-2\theta_1)(K_r-1)^2+2\theta_1+2m]}\right]^{\frac{3}{8}} \tag{C-1}$$

$$r_{10} = K_r H_0 \tag{C-2}$$

$$\omega_0 = \frac{1}{2}[(4\sqrt{1+m^2}-4m-2\theta_1)(K_r-1)^2+2\theta_1+2m]H_0^2 \tag{C-3}$$

$$\chi_0 = [(4\sqrt{1+m^2}-4m-2\theta_1)(K_r-1)^2+2\theta_1+2m]H_0 \tag{C-4}$$

$$b_{10} = 2H[\sqrt{1+m^2}-m+(\theta_1+3m-3\sqrt{1+m^2})K_r+(2\sqrt{1+m^2}-2m-\theta_1)K_r^2] \tag{C-5}$$

式中　H_0——水力最佳断面水深，m；

r_{10}——水力最佳断面渠底坡脚圆弧半径，m；

ω_0——水力最佳断面的过水断面面积，m^2；

χ_0——水力最佳断面湿周，m；

b_{10}——水力最佳断面的渠底水平段宽，m。

（2）弧形坡脚梯形渠道的水力最佳断面和实用经济断面之间应符合式（C-6）~式（C-12）的规定：

$$a = \frac{\omega}{\omega_0} = \left(\frac{R_0}{R}\right)^{\frac{2}{3}} = \left(\frac{\omega_0\chi}{\omega\chi_0}\right)^{\frac{2}{3}} = \left(\frac{1}{a}\frac{\chi}{\chi_0}\right)^{\frac{2}{3}} \tag{C-6}$$

$$K_b^2 + 4BK_b + 4C = 0 \tag{C-7}$$

$$K_b = \frac{b_1}{H} \tag{C-8}$$

$$B = [m'-(m'-m-\theta_1)K_r] - a^4[(2m'-2m-\theta_1)(K_r-1)^2+\theta_1+m] \tag{C-9}$$

$$C = [m'-(m'-m-\theta_1)K_r]^2 - a^4[(2m'-2m-\theta_1)(K_r-1)^2+\theta_1+m]\times[m+2(m'-m)K_r-(2m'-2m-\theta_1)K_r^2] \tag{C-10}$$

$$K_r = \frac{r_1}{H} = \frac{r_{10}}{H_0} \tag{C-11}$$

$$m' = \sqrt{1+m^2} \tag{C-12}$$

式中　a——实用经济断面与水力最佳断面的过水断面面积之比；

ω——实用经济断面的过水断面面积，m^2；

R_0——水力最佳断面的水力半径，m；

R——实用经济断面的水力半径，m；

χ——实用经济断面的湿周，m；

b_1——实用经济断面的渠底水平段宽，m；

H——实用经济断面的水深，m；

r_1——实用经济断面坡脚圆弧半径，m。

（3）弧形坡脚梯形渠道实用经济断面的计算步骤如下：

①在已知渠道流量 Q、渠道比降 i、渠道糙率 n 的条件下，选定渠道断面上部直线段的边坡系数 m，并拟订涉及断面形式的 K_r 值。

②按式（C-1）~式（C-5）计算水力最佳断面条件下的 H_0、r_{10}、ω_0、χ_0、b_{10}。

③当认为水力最佳断面的渠道宽深比不够理想需要进行调整时，可先拟订不同的 a 值，再按式（C-7）或查表 C-1 得出 K_b。

表 C-1　弧形坡脚梯形渠道实用经济断面 K_b 值

m	a	K_r				
		0.2	0.4	0.6	0.8	1.0
0.50	1.01	1.779	1.494	1.234	0.999	0.791
	1.02	2.236	1.940	1.673	1.435	1.225
	1.03	2.642	2.338	2.065	1.823	1.612
	1.04	3.028	2.716	2.437	2.191	1.979
0.75	1.01	1.625	1.404	1.197	1.004	0.826
	1.02	2.091	1.864	1.653	1.458	1.279
	1.03	2.505	2.273	2.059	1.861	1.682
	1.04	2.899	2.663	2.445	2.245	2.065
1.00	1.01	1.542	1.363	1.193	1.032	0.879
	1.02	2.031	1.849	1.677	1.514	1.361
	1.03	2.467	2.282	2.107	1.944	1.790
	1.04	2.881	2.694	2.517	2.352	2.198
1.25	1.01	1.509	1.360	1.217	1.080	0.948
	1.02	2.033	1.883	1.738	1.600	1.467
	1.03	2.500	2.348	2.202	2.063	1.930
	1.04	2.944	2.790	2.643	2.503	2.370
1.50	1.01	1.512	1.386	1.263	1.144	1.028
	1.02	2.079	1.951	1.828	1.708	1.592
	1.03	2.584	2.455	2.330	2.210	2.094
	1.04	3.064	2.934	2.808	2.687	2.571
1.75	1.01	1.542	1.432	1.325	1.220	1.117
	1.02	2.157	2.046	1.938	1.832	1.730
	1.03	2.704	2.593	2.484	2.378	2.275
	1.04	3.224	3.112	3.003	2.897	2.794
2.00	1.01	1.590	1.494	1.398	1.305	1.213
	1.02	2.257	2.160	2.064	1.970	1.878
	1.03	2.851	2.753	2.656	2.562	2.470
	1.04	3.415	3.316	3.220	3.126	3.033

（4）按式（C-13）求出实用经济断面的水深

$$H = \frac{(4\sqrt{1+m^2} - 4m + 2\theta_1)(K_r - 1)^2 + 2\theta_1 + 2m}{(2\theta_1 + 2m - 2\sqrt{1+m^2})K_r + 2\sqrt{1+m^2} + K_b} H_0 a^{\frac{5}{2}} \qquad (C\text{-}13)$$

按式（C-8）求出实用经济断面渠底水平段宽 b_1，按式（C-11）求出实用经济断面渠底坡脚圆弧半径 r_1，再按式（C-6）求出实用经济断面的过水断面面积 ω 和实用经济断面的湿周 χ。

（5）校核各种 a 条件下的渠道流速是否满足不冲不淤的要求，并通过比较，选定渠道的断面尺寸。

附录 D　渠道纵断面设计

渠道纵断面设计的任务是根据灌溉水位要求确定渠道的空间位置，先确定不同桩号处的设计水位高程，再根据设计水位确定渠底高程、堤顶高程等，绘制渠道纵断面图。

一、渠道水位的推算

为了满足自流灌溉的要求，各级渠道入口处都应具有足够的水位。这个水位是根据灌溉面积上控制点的高程加上各种水头损失，自下而上逐级推算出来的。渠道的水位高程采用下式计算：

$$H_r = A_0 + h_1 + \sum L_i + \sum f \tag{D-1}$$

式中 H_r——渠道进水口的设计水位，m；

A_0——灌溉范围内控制点的地面高程，m；

h_1——控制点地面与附近末级固定渠道设计水位的高差，一般取 0. 1 ~0. 2 m；

L——渠道的长度，m；

i——渠道的比降；

f——水流通过渠系建筑物的水头损失，m。

二、渠道纵断面设计中的水位衔接

渠道纵断面的水位衔接是处理渠道与建筑物、渠道上下段和上下级之间的水位关系问题。

（一）不同渠段间的水位衔接

由于渠段沿途分水，渠道流量逐渐减小，渠道过水断面亦随之减小，为了使水位衔接，可以改变水深或底宽。衔接位置一般结合配水枢纽或交叉建筑物布置，并修建足够的渐变段，保证水流平顺过渡。

（二）建筑物前后的水位衔接

渠道上的交叉建筑物（渡槽、隧洞、倒虹吸等）一般都有阻水作用，会产生水头损失，在渠道纵断面设计时，必须予以充分考虑。如建筑物较短，可将进、出口的局部水头损失和沿程水头损失累加起来（通常采用经验数值），在建筑物的中心位置集中扣除。如建筑物较长，则应按建筑物位置和长度分别扣除其进、出口的局部水头损失和沿程水头损失。跌水上、下游水位相差较大，由下落的弧形水舌光滑连接。但在纵断面图上可以简化，只画出上、下游渠段的渠底和水位，在跌水所在位置处用垂线连接。

（三）上、下级渠道的水位衔接

在渠道分水口处，上、下级渠道的水位应有一定的落差，以满足分水闸的局部水头损失。在渠道设计时，一般以设计水位为标准，上级渠道的设计水位高于下级渠道的设计水位，以此确定下级渠道的渠底高程。

三、渠道纵断面图的绘制

渠道纵断面图包括：沿渠地面高程线、渠道设计水位线、渠道最低水位线、渠底高程线、堤顶高程线、分水口位置、渠道建筑物位置及其水头损失等，如图 D-1 所示。

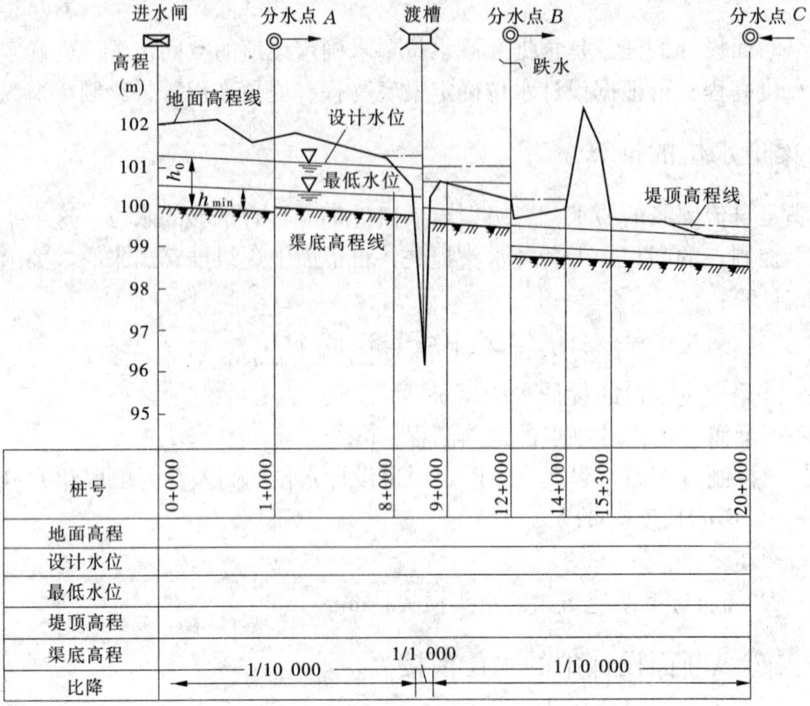

图 D-1　渠道纵断面示意

渠道纵断面图按以下步骤绘制：

（1）绘地面高程线。建立直角坐标系，横坐标表示桩号，纵坐标表示高程。根据渠道中心线的水准测量成果（桩号和地面高程）按一定的比例（水平 1/5 000 ~ 1/25 000，垂直 1/50 ~ 1/200）点绘出地面高程线。

（2）标绘分水口和建筑物的位置。在地面高程线的上方，用不同符号标出各分水口和建筑物的位置。

（3）绘渠道设计水位线。参照水源或上一级渠道的设计水位，沿渠地面坡度，各分水点的水位要求和渠道建筑物的水头损失，确定渠道的设计比降，绘出渠道的设计水位线。该设计比降应作为横断面水力计算的依据。如横断面设计在先，绘制纵断面图时所确定的渠道设计比降应和横断面水力计算时所用的渠道比降一致，如两者相差较大，难以采用横断面水力计算所用比降，应以纵断面图上的设计比降为准，重新设计横断面尺寸。所以，渠道的纵断面设计和横断面设计要交错进行，互为依据。

（4）绘渠底高程线。在渠道设计水位线以下，以渠道设计水深 h 为间距，画设计水位线的平行线，该线就是渠底高程线。

（5）绘制渠道最小水位线。从渠底线向上，以渠道最小水深（渠道设计断面通过最小流量时的水深）为间距，画渠底线的平行线，即渠道最小水位线。

（6）绘渠顶高程线。从渠底线向上，以加大水深（渠道设计断面通过加大流量时的水深）与安全超高之和为间距，作渠底线的平行线，即渠道的堤顶线。

（7）标注桩号和高程。在渠道纵断面的下方画表格（见图D-1），把分水口和建筑物所在位置的桩号、地面高程线突变处的桩号和高程、设计水位线和渠底高程线突变处的桩号和高程以及相应的最低水位和堤顶高程，标注在表格内相应的位置上。

（8）标注渠道比降。在标注桩号和高程的表格底部，标出各渠段的比降。

附录 E　渠道静水法测渗的观测记录及计算表

渠道静水法测渗的观测记录及计算表见表 E-1 ~ 表 E-10。

表 E-1　降雨量观测记录表

渠名　　　　　　　　　　　　测验段编号　　　　　　　　　　　　测验日期

日期	降雨时段			降雨量（mm）			降雨强度 p（mm/h）	备注
	起	止	时段（h）	初测	复测	平均		
(1)	(2)	(3)	(4)	(5)	(6)	(7) = [(5) + (6)] /2	(8) = (7) / (4)	(9)

观测人

表 E-2　蒸发量观测记录表

渠名　　　　　　　　　　　　测验段编号　　　　　　　　　　　　测验日期

皿内原状水		经蒸发后剩余水量		皿内水量差值（mm）	观测时段（h）	蒸发强度 e（mm/h）
加水时间	水深（mm）	观测时间	水深（mm）			
(1)	(2)	(3)	(4)	(5) = (2) - (4)	(6) = (3) - (1)	(7) = (5)/(6)

观测人

表 E-3　恒水位水位下降法记录表

渠名　　　　　　　　　　　　测验段编号　　　　　　　　　　　　测验日期

（观测时段开始）加水后水深				（观测时段结束）加水前水深				水深变化量 Δh				测验水深计算值 h（mm）	每米渠长水体变化量 ΔW_{BI}（L）
观测时间	斜尺（mm）	首尺（mm）	末尺（mm）	观测时间	斜尺（mm）	首尺（mm）	末尺（mm）	斜尺（mm）	首尺（mm）	末尺（mm）	变化量（mm）		
(1)	(2)	(3)	(4)	(5)	(6)	(7)	(8)	(9) = [(2) - (6)] × K	(10) = (3) - (7)	(11) = (4) - (8)	(12)	(13) = [(2) + (6)] × K/2	(14) = (12) × 水面宽

注：1. 下一观测时段开始时间［第（1）栏］，减上一观测时段结束时间［第（5）栏］，即为加水时段。
2. 第（12）栏变化量计算值在水面平静时可采用（9）栏斜尺水位。（9）栏中 K 值：当斜尺倾角为 14.5°时取 0.25；当斜尺倾角为 30°时取 0.5；在水面波动或风天测尺差值超过 2 mm 时，采用三尺水深变化量平均值（12） = [(11) + (9) + (10)] /3。
3. 第（13）栏测验水深 h 应等于加水后水深和加水前水深平均值，并应等于恒水位的水深。每次加水前后水深变化量应保持相等。

观测人

表 E-4　恒水位称量法记录表

渠名　　　　　　　　　　　　测验段编号　　　　　　　　　　测验日期

观测时间	加水后水深			加水前水深			补加水重			加水前后水深变化量 Δh (mm)	测验水深计算值 h (mm)	每米渠长水体变化量 ΔW_{BI} (kg)
	斜尺 (mm)	首尺 (mm)	末尺 (mm)	斜尺 (mm)	首尺 (mm)	末尺 (mm)	加水次数	每次水重 (kg)	加水总重 (kg)			
(1)	(2)	(3)	(4)	(5)	(6)	(7)	(8)	(9)	(10)	(11) = [(2) − (5)] × K	(12) = [(2) + (5)] × K/2	(13) = (10)/测验段长度

注：1. 第（1）栏每格是上一观测时段结束时间，也是本观测时段开始时间。加水时段包括在观测时段之中，加水前水深相应的时间，为加水开始时间，无须进行记录。

2. 第（11）栏中 K 值，当斜尺倾角为14.5°时取0.25，当斜尺倾角为30°时取0.5。读数以斜尺为准，首尺、末尺读数供校核使用。

3. 第（12）栏测验水深计算值 h 应等于加水后水深和加水前水深的平均值，并应与恒水位的水深相等。每次加水前后水深变化量 Δh 值，应保持相等。

观测人

表 E-5　恒水位初渗及稳渗强度计算表

渠名　　　　　　　　　　　　测验段编号　　　　　　　　　　测验日期

观测时间	观测时段 Δt_i (h)	加水时段 Δt_j (h)	每米渠长水体变化量 ΔW_{BI} (L)	每米渠长降雨量 I (L)	每米渠长蒸发量 E (L)	每米渠长渗漏量 $\Delta W_I = \Delta W_{BI} + I - E$ (L)	相应于测验水深的湿周 χ (m)	观测时段渗漏强度 Q_{Ii} [L/(m²·h)]	加水时段渗漏强度 Q_{Ij} [L/(m²·h)]
(1)	(2)	(3)	(4)	(5)	(6)	(7) = (4) + (5) − (6)	(8)	(9) = (7)/[(2) × (8)]	(10)

注：1. 第（1）栏对于水位下降法，应依次取自表E-3第（1）栏和第（5）栏；对于称量法取自表E-4第（1）栏。

2. 对于水位下降法，应分别按观测时段与加水时段计算。对于加水时段 Δt_j 第（4）栏 ΔW_{BI} 无观测值，加水时段渗漏强度 Q_{Ij}，取与其相邻的两次观测时段渗漏强度 Q_{Ii} 的平均值。

3. 第（4）栏 ΔW_{BI} 取自表E-3或表E-4，第（5）栏根据表E-1计算得到，第（6）栏根据表E-2计算得到。

观测人　　　　　　　　　　计算人

表 E-6　初渗超额量计算表

渠名　　　　　　　　　　测验段编号　　　　　　　　　　测验日期

观测时间	观测时段的 Q_{Ii} 或加水时段的 Q_{Ij} [L/(m² · h)]	观测时段 Δt_i 或加水时段 Δt_j (h)	恒水位稳渗强度 Q_{FI} [L/(m² · h)]	单位面积初渗超额量 W_E (L/m²)
(1)	(2)	(3)	(4)	(5) = [(2) − (4)] × (3)

注：1. 第（4）栏恒水位稳渗强度 Q_{FI}，取恒水位进入稳渗后，连续 10 次渗漏强度的平均值。

2. 第（2）栏取自表 E-5 的第（9）栏与第（10）栏。第（3）栏取自表 E-5 的第（2）栏与第（3）栏。

观测人　　　　　　　　计算人

表 E-7　变水位水位下降法记录及计算表

渠名　　　　　　　　　　测验段编号　　　　　　　　　　测验日期

观测时间	水尺读数				测验水深计算值 (mm)	相应于测验水深计算值的水面宽 (m)	相邻两水深平均值 h (mm)	相邻两水面宽度平均值 B_W (m)	相邻两水深变化量 Δh (mm)	每米渠长水体变化量 ΔW_{BF} (L)	每米渠长降雨量 I (L)	每米渠长蒸发量 E (L)	每米渠长稳渗量 $\Delta W_F = \Delta W_{BF} + I - E$ (L)	观测时段 Δt (h)	相邻两水深相应的平均湿周 χ (m)	变水位稳渗强度 $Q_F = \Delta W_F/(\Delta t\chi)$ [L/(m² · h)]	备注
	斜尺 (mm)	折算斜尺水深 (mm)	首尺水深 (mm)	末尺水深 (mm)													
(1)	(2)	(3)	(4)	(5)	(6)	(7)	(8)	(9)	(10)	(11) = (9) × (10)	(12)	(13)	(14) = (11) + (12) − (13)	(15)	(16)	(17) = (14)/[(15) × (16)]	(18)

注：1. 第（12）栏每米渠长降雨量 I 和第（13）栏每米渠长蒸发量 E 的计算见表 E-5 注 3。

2. 第（6）栏测验水深计算值在水面平静时可采用斜尺水深，在水面波动或风天测尺差值超过 2 mm 时，采用三尺平均数。

观测人　　　　　　　　计算人

表E-8　变水位称量法记录及计算表

渠名　　　　　　　　　　　　　　测验段编号　　　　　　　　　　　　测验日期

观测时间	加水前(加水后)水尺读数				加水前(加水后)水深计算值 h (mm)	加水前、后水深平均值 $\bar{h}$(mm)	相应于水深平均值的水面宽 B_W (m)	补加水量		
	斜尺 (mm)	折算斜尺水深 (mm)	首尺水深 (mm)	末尺水深 (mm)				加水次数	每次水重 (kg)	加水总重 (kg)
(1)	(2)	(3)=(2)×K	(4)	(5)	(6)	(7)	(8)	(9)	(10)	(11)=(9)×(10)

每米渠长水体变化量 ΔW_{BF} (kg)	每米渠长降雨量 I (kg)	每米渠长蒸发量 E (kg)	每米渠长稳渗量 $\Delta W_F=\Delta W_{BF}+I-E$ (kg)	观测时段 Δt (h)	相应于水深平均值的湿周 χ(m)	变水位稳渗强度 $Q_F=\Delta W_F/(\Delta t_\chi)$ [kg/(m²·h)]
(12)=(11)/试段长度	(13)	(14)	(15)=(12)+(13)-(14)	(16)	(17)	(18)=(15)/[(16)×(17)]

注：1. 测验水位应等于加水前、后水深平均值 $\bar{h}$。

2. 第（3）栏中的 K 值当斜尺倾角为14.5°时为0.25，当斜尺倾角为30°时为0.5。

3. 第（6）栏水深计算值采用三尺平均数。

4. 每米渠长降雨量 I 和蒸发量 E 计算所用水面宽度应采用第（8）栏数值。

观测人　　　　　　　　计算人

表E-9　变水位稳渗强度曲线回归计算表

渠名　　　　　　　　　　　　　　测验段编号　　　　　　　　　　　　测验日期

序号	h (m)	$T=\lg h$	T^2	Q_F [L/(m²·h)]	$M=\lg Q_F$	M^2	MT	$\bar{T}=\frac{\sum T}{n}$　$\bar{M}=\frac{\sum M}{n}$
(1)	(2)	(3)	(4)	(5)	(6)	(7)	(8)	$Q_F=Ch^D$ 式中：$C=10^{(\bar{M}-D\bar{T})}$ $D=\dfrac{\sum(MT)-\frac{1}{n}\sum M\times\sum T}{\sum T^2-\frac{1}{n}(\sum T)^2}$ $R=\dfrac{\sum(MT)-\frac{1}{n}\sum M\times\sum T}{\sqrt{\left[\sum T^2-\frac{1}{n}(\sum T)^2\right]\times\left[\sum M^2-\frac{1}{n}(\sum M)^2\right]}}$

注：1. 第（2）栏、第（5）栏取自表E-7、表E-8。

2. n 为数组数，R 为回归相关系数。

计算人

表 E-10　静水法测验渠道渗漏成果汇总

<table>
<tr><td colspan="2">测验段情况</td><td colspan="4">渠道防渗情况</td><td colspan="2">渠道情况</td><td>其他情况</td></tr>
<tr><td>渠名</td><td></td><td colspan="2">防渗形式</td><td colspan="2"></td><td>流量(m^3/s)</td><td></td><td rowspan="6">1. 测验中有无降雨
2. 代表何类渠道
3. 测验方法（水位下降法或称量法）</td></tr>
<tr><td>测验段号</td><td></td><td colspan="2">防渗质量类别</td><td colspan="2"></td><td>地下水埋深(m)</td><td></td></tr>
<tr><td>测验时间</td><td></td><td colspan="4">测验段几何尺寸</td><td>渠基土类</td><td></td></tr>
<tr><td>测验负责人</td><td></td><td>长度（m）</td><td>底宽（m）</td><td>纵坡</td><td>其他说明</td><td>渠基土壤干密度（g/cm^3）</td><td></td></tr>
<tr><td>测验人员</td><td></td><td></td><td></td><td></td><td></td><td>渠基土壤含水量（%）</td><td></td></tr>
<tr><td>恒水位测验水深（m）</td><td>恒水位稳渗强度 $Q_{FI}[L/(m^2 \cdot h)]$</td><td colspan="4">单位面积初渗超额量 $W_E(L/m^2)$</td><td colspan="2">稳渗强度 Q_F 和水深 h 的回归关系</td></tr>
<tr><td></td><td></td><td colspan="4"></td><td colspan="2"></td><td></td></tr>
<tr><td colspan="6">测验人员对测验过程的简述：</td><td colspan="3">测验段及测验段周围地貌描述：</td></tr>
</table>

附录 F　渠道动水法测渗的流量、标准差及随机不确定度的计算

一、测速垂线上平均流速的计算

一条测速垂线上有 1 ~5 个测点时，测速垂线上平均流速 $\bar{v}$ 按表 F-1 中的公式进行计算。表中 $v_{0.0}$、$v_{0.2}$、$v_{0.6}$、$v_{0.8}$、$v_{1.0}$分别为水面附近、相对水深 0. 2h、相对水深 0. 6h、相对水深 0. 8h 和渠底附近测点的流速。

表 F-1　测速垂线上平均流速 $\bar{v}$ 的计算式

测法	测速垂线上平均流速 $\bar{v}$ 的计算式
五点法	$\bar{v}=\frac{1}{10}(v_{0.0}+3v_{0.2}+3v_{0.6}+2v_{0.8}+v_{1.0})$
三点法	$\bar{v}=\frac{1}{3}(v_{0.2}+v_{0.6}+v_{0.8})$　或 $\bar{v}=\frac{1}{4}(v_{0.2}+2v_{0.6}+2v_{0.8})$
二点法	$\bar{v}=\frac{1}{2}(v_{0.2}+v_{0.6})$
一点法	$\bar{v}=v_{0.6}$

二、过水断面流量计算

用流速仪在多条测速垂线多个测点测出流速后，全断面通过的流量应等于每一对相邻测线间过水断面上的流量及靠两岸最外侧的测线至岸边水深为零处的过水断面上通过流量之总和（见图 F-1）。

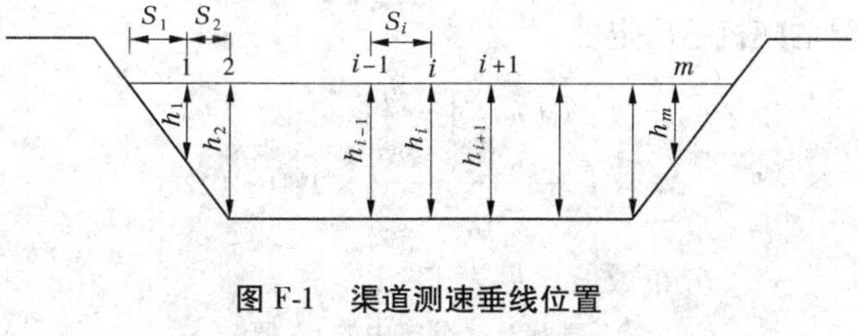

图 F-1　渠道测速垂线位置

（1）两测速垂线之间过水断面上的流量应按式（F-1）计算：

$$Q_i=\frac{\bar{v}_i+\bar{v}_{i-1}}{2}\frac{h_i+h_{i-1}}{2}S_i \tag{F-1}$$

式中　Q_i——测速垂线 i 及测速垂线 $i-1$ 之间过水断面上的流量，m^3/s；

$\bar{v}_i$、$\bar{v}_{i-1}$——测速垂线 i 及测速垂线 $i-1$ 上的平均流速，m/s；

h_i、h_{i-1}——测速垂线 i 及测速垂线 $i-1$ 处的水深，m；

S_i——测速垂线 i 及测速垂线 $i-1$ 之间的距离，m。

（2）最靠近岸边的测速垂线至岸边水深为零处范围内的过水断面流量，当其水深是均匀地变浅至零时，以图 F-1 中测速垂线 1 至岸边为例，按式（F-2）计算：

$$Q_1 = \alpha \bar{v}_1 \frac{h_1 S_1}{2} \tag{F-2}$$

式中　Q_1——测速垂线 1 至左侧岸边过水断面上的流量，m^3/s；

$\bar{v}_1$——测速垂线 1 上的平均流速，m/s；

S_1——测速垂线 1 至岸边水深为零处的距离，m；

α——折算系数，取 0.67 ~ 0.75。

三、测试结果的误差分析

（1）对于上、下两个测试断面中每个断面，经过 n 次（$n>10$）测试后可按式（F-3）计算样本方差 S_Q，用其作为测试值标准差的估计值。

$$S_Q = \sqrt{\frac{1}{n-1}\sum_{i=1}^{n}(Q_i - \overline{Q})^2} \tag{F-3}$$

式中　S_Q——测试断面流量的样本方差；

Q_i——第 i 次测试出的流量，m^3/s；

n——已测试次数；

$\overline{Q}$——n 次测试流量的均值，m^3/s。

$$\overline{Q} = \sum_{i=1}^{n}\frac{Q_i}{n} \tag{F-4}$$

（2）对 n 次测试结果逐项检查，当某一项测试值 Q_i 符合式（F-5）时，则认为该项结果具有伪误差性质，应予以剔除。

$$|Q_i - \overline{Q}| > 3S_Q \tag{F-5}$$

剔除之后应重新计算保留的各项测试值的样本标准差。

（3）对剔除检验后保留的结果数值，按式（F-6）计算在置信水平 $1-\alpha=0.95$ 条件下一个断面流量的随机不确定度

$$\Delta_1 = \frac{t_{\alpha/2}(n-1)\dfrac{S_Q}{\sqrt{n}}}{\overline{Q}} \times 100 \quad (\%) \tag{F-6}$$

式中　$t_{\alpha/2}$（$n-1$）——t 分布数值，见表 F-2。

表 F-2　t 分布中的 $t_{\alpha/2}$ 值

n	10	12	14	16	18	20	22	24	26	28	30	40	60
$t_{\alpha/2}$	2.23	2.18	2.15	2.12	2.10	2.09	2.07	2.06	2.06	2.05	2.04	2.02	2.00

当 $\Delta_1 \leqslant 5\%$ 时即可认为 $\overline{Q}$ 是该断面的流量，否则应继续加大测试次数。

（4）满足以上要求的上断面流量均值 $\overline{Q}_1$ 及下断面流量均值 $\overline{Q}_2$ 的差值 $\overline{Q}_1 - \overline{Q}_2$ 即为

测试渠段的渗漏量。

四、随机不确定度计算

水源有条件实现较长期的稳定时，可加大测试次数，并按式（F-7）～式（F-11）计算两个断面流量差 $\overline{Q}_1-\overline{Q}_2$ 的随机不确定度 Δ_2（%）。

$$\Delta_2=\frac{U_{\alpha/2}\sqrt{\frac{S_1^2}{m}+\frac{S_2^2}{n}}}{\overline{Q}_1-\overline{Q}_2}\times 100 \tag{F-7}$$

$$\overline{Q}_1=\sum_{i=1}^{m}Q_{1i}/m \tag{F-8}$$

$$\overline{Q}_2=\sum_{i=1}^{n}Q_{2i}/n \tag{F-9}$$

$$S_1^2=\frac{1}{m-1}\sum_{i=1}^{m}(Q_{1i}-\overline{Q}_1)^2 \tag{F-10}$$

$$S_2^2=\frac{1}{n-1}\sum_{i=1}^{n}(Q_{2i}-\overline{Q}_2)^2 \tag{F-11}$$

式中 $\overline{Q}_1$——上断面测试 m 次的流量均值，m^3/s；

$\overline{Q}_2$——下断面测试 n 次的流量均值，m^3/s；

S_1^2——上断面测试样本方差；

S_2^2——下断面测试样本方差；

$U_{\alpha/2}$——$\alpha=0.05$ 条件下的正态分布值，可由相应概率论及数理统计书中查出，为1.96。

一般情况下可选择 $\Delta_2\leqslant 10\%$，并据此确定测试次数。

参 考 文 献

[1] 李安国，建功，曲强. 渠道防渗工程技术［M］. 北京：中国水利水电出版社，1998.

[2] 刘肇祎，朱树人，袁宏源，等. 中国水利百科全书·灌溉与排水分册［M］. 北京：中国水利水电出版社，2004.

[3] 何武全，刘群昌. 我国渠道衬砌与防渗技术发展现状与趋势［J］. 中国农村水利水电，2009（6）.

[4] LaGatta M D , Boardman B T, Cooley B H, et al. Geosynthetic Clay Liners subjected to differential settlement［J］. Geotechnical and Geoenvironmental Engineering, 1997，123（5）.

[5] Harvey F E，Sibray S S. Delineating Ground Water Recharge from Leaking Irrigation Canals Using Water Chemistry and Isotopes［J］. Ground Water. 2001，39（3）.

[6] 中华人民共和国水利部. GB 50288—99 灌溉与排水工程设计规范［S］. 北京：中国计划出版社，1999.

[7] 冯广志，周福国，季仁保. 渠道防渗、衬砌技术发展中的若干问题与建议［C］//渠道防渗技术论文集. 北京：中国水利水电出版社，2003.

[8] 山西省渠道防渗工程技术手册编委会. 山西省渠道防渗工程技术手册［M］. 山西：山西科学技术出版社，2003.

[9] 李安国. 我国渠道防渗工程技术综述［J］. 防渗技术，2006（1）.

[10] 何武全，等. 渠道防渗抗冻新材料与新技术［J］. 节水灌溉，2003（1）.

[11] 水利部农村水利司，中国灌溉排水发展中心. 节水灌溉工程实用手册［M］. 北京：中国水利水电出版社，2005.

[12] 岳跃真，郝巨涛，孙志恒，等. 水工沥青混凝土防渗技术［M］. 北京：化学工业出版社，2007.

[13] 周正兵，王钊. 用于渠道防渗的两种新型土工复合材料［J］. 防渗技术，2001，7（3）.

[14] 王慧，朱步祥，朱步纲. 渠道防渗新材料——土壤固化剂及其应用［J］. 节水灌溉，2000（6）.

[15] 李亚杰. 建筑材料［M］. 4 版. 北京：中国水利水电出版社，2001.

[16] 邢义川，李远华，何武全，等. 现代渠道与管网高效输水新材料及新技术［M］. 郑州：黄河水利出版社，2006.

[17] 冯广志，张展羽，吴玉柏. 渠系改造［M］. 北京：中国水利水电出版社，2004.

[18] 中华人民共和国水利部. SL 18—2004 渠道防渗工程技术规范［S］. 北京：中国水利水电出版社，2005.

[19] 中华人民共和国水利部. GB/T 50363—2006 节水灌溉工程技术规范［S］. 北京：中国计划出版社，2006.

[20] 中华人民共和国水利部. SL 352—2006 水工混凝土试验规程［S］. 北京：中国水利水电出版社，2006.

[21] 中国长江三峡工程开发总公司. DL 5362—2006 水工沥青混凝土试验规程［S］. 北京：中国电力出版社，2007.

[22] 刘祖典. 黄土力学与工程［M］. 陕西：陕西科学技术出版社，1997.

[23] 乔平定，李增均. 黄土地区工程地质［M］. 北京：水利电力出版社，1990.

[24] 中华人民共和国水利部. SL 386—2007 水利水电工程边坡设计规范 [S]. 北京：中国水利水电出版社，2007.
[25] 左名麒，刘永超，孟庆文，等. 地基处理实用技术 [M]. 北京：中国铁道出版社，2005.
[26] 刘特洪. 工程建筑中的膨胀土问题 [M]. 北京：中国建筑工业出版社，1997.
[27] 王观平，张来文，阎仰中，等. 分散性粘土与水利工程 [M]. 北京：中国水利水电出版社，1999.
[28] 徐攸在. 盐渍土地基 [M]. 北京：中国建筑工业出版社，1993.
[29] 中华人民共和国建设部. GB 50025—2004 湿陷性黄土地区建筑规范 [S]. 北京：中国计划出版社，2004.
[30] 陈祖煜. 土质边坡稳定分析 [M]. 北京：中国水利水电出版社，2003.
[31] 张立德，王远超，周小兵，等. 沙漠明渠工程设计施工关键技术研究与实践 [M]. 北京：中国水利水电出版社，2006.
[32] 中华人民共和国水利部. SL 176—2007 水利水电工程施工质量检验与评定规程 [S]. 北京：中国水利水电出版社，2007.
[33] 中华人民共和国水利部. SL 23—2006 渠系工程抗冻胀设计规范 [S]. 北京：中国水利水电出版社，2007.
[34] 余玲，刘群昌，程先军，等. 塑料在节水灌溉中的应用 [M]. 北京：化学工业出版社，2002.
[35] 余书超，宋玲，欧阳辉. 冬季输水的混凝土渠道防冻胀破坏的研究 [C] // 渠道防渗技术论文集. 北京：中国水利水电出版社，2003.
[36] 张启岳，等. 土石坝观测技术 [M]. 北京：水利电力出版社，1993.
[37] 左东启，顾兆勋，王文修. 水工设计手册·第八卷·灌区建筑物 [M]. 北京：水利电力出版社，1984.
[38] 何武全，周东让，等. 季节性冻土地区衬砌渠道的冻害成因与防治措施 [J]. 水科学与工程技术，2010 (1).
[39] 汪志农. 灌溉排水工程学 [M]. 2 版. 北京：中国农业出版社，2010.
[40] 催亦昊. 分散性土均质土坝渗透破坏性及溃坝原因 [J]. 水利水电技术. 2004，12 (35).
[41] 华东水利学院土力学教研室. 土工原理计算 [M]. 北京：水利出版社，1979.
[42] 中华人民共和国国家标准. GB 50021—2001 岩土工程勘察规范 [S]. 北京：中国建筑工业出版社，2009.
[43] 中华人民共和国国家标准. GB/T 50123—1999 土工试验方法标准 [S]. 北京：中国建筑工业出版社，1999.